教育部人文社会科学重点研究基地山东师范大学
齐鲁文化研究院重点项目

山东师范大学廉洁文化研究中心资助项目

儒家思想与古代社会
研｜究｜书｜系

吕文明　主编

官吏自箴

清代官箴书研究

仝晰纲　任福兴　等　著

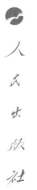

人民出版社

责任编辑:宫　共

封面设计:胡欣欣

图书在版编目(CIP)数据

官吏自箴:清代官箴书研究/仝晰纲 等著. —北京:人民出版社,2023.12

ISBN 978-7-01-026109-6

Ⅰ. ①官…　Ⅱ. ①仝…　Ⅲ. ①政治-谋略-研究-中国-清代　Ⅳ. ①D691

中国国家版本馆 CIP 数据核字(2023)第 219997 号

官吏自箴

GUANLI ZIZHEN

——清代官箴书研究

仝晰纲　任福兴　等　著

人民出版社 出版发行

(100706　北京市东城区隆福寺街 99 号)

北京汇林印务有限公司印刷　新华书店经销

2023 年 12 月第 1 版　2023 年 12 月北京第 1 次印刷

开本:710 毫米×1000 毫米 1/16　印张:27　字数:412 千字

ISBN 978-7-01-026109-6　定价:82.00 元

邮购地址 100706　北京市东城区隆福寺街 99 号

人民东方图书销售中心　电话 (010)65250042　65289539

总　序

　　儒家思想是中国传统文化中最重要的组成部分，对中华文明的发展产生了深远影响。儒家思想记载了中华民族自古以来在建设家园的奋斗中开展的精神活动、进行的理性思考、创造的文化成果，反映了中华民族共同的精神追求，是中华民族生生不息、发展壮大的丰厚滋养。在两千多年的发展演变过程中，儒家思想逐渐成为中国古代社会的核心价值观念，对中国古代社会的政治、经济、文化、教育等都产生了深远影响。

　　儒家思想的产生有着深厚的历史文化根源。西周礼乐文化是儒家思想产生的重要文化背景，它为孔子和早期儒家提供了重要的世界观、政治观和伦理观基础。同时，西周礼乐文化也并非无根之木、无源之水，它是三代文化发展演进的重要产物。中国上古时期的文化主要是巫觋文化，后来逐步发展为祭祀文化，并在殷商时期达到高峰，祭祀文化在西周有了明显的理性化趋势，陈来先生认为："周公的思想极大影响了周人的天命信仰，使中国文化由自然宗教发展为具有伦理宗教水平的文化形态，价值理性在文化中开始确立根基。"礼也由此产生，并最终发展为理性化的规范体系。西周文化推崇德性，讲求孝悌人伦，有明显的人文导向，这种人文性最终成为儒家思想形成的直接来源。

　　孔子继承了周公开创的礼乐文化，并对礼乐文化的内在精神实质进行高度概括，提出了"仁"的思想。孔子一方面竭力守护作为文明精粹的礼乐文化，另一方面又通过把"仁"所代表的道德意识引入外在约束的礼制之中，重建了政治和伦理秩序的基础，即"归礼于仁"。除了思想上的重大突破，孔子还突破了当时"学在官府"的局限性，开办私学，收徒讲学，《史记·孔子世家》载："孔子以诗书礼乐教，弟子盖三千焉，身通六艺者七十有二人。"孔子死后，弟子们散居各地，传播儒家思想，思想上的分化也逐渐产生，不过其中最具影响力的当属孟子、荀子二人，他们"咸遵夫子之业而润色之，以学显于当世"。孟子发展了孔子重仁的一面，把人性作为仁政的基础，认为发挥人性之善即可行仁政。荀子则发展了孔子重礼的一面，强调外在约束的重要，要隆礼重法，所以，其弟子韩非和李斯都成了法家的代表人物。

秦汉时期，儒家思想的发展经历了较大的起伏。"秦王扫六合，虎视何雄哉"。秦始皇统一全国后，实行"焚书坑儒"政策，凸显出政权的暴虐与文化上的专制，因此二世而亡。汉朝建立后，以秦为鉴，休养生息，无为而治，文化也逐渐复苏，以经学为代表的儒学逐渐发展起来，儒家经典《诗》《书》《礼》《易》《春秋》都形成了较为完备的诠释系统。其中，《春秋》公羊学大师董仲舒给汉武帝上《天人三策》，提出"推明孔氏，抑黜百家"的建议，得到汉武帝的肯定。武帝还设置五经博士，制定了博士弟子员与弟子员迁官制度，将经学与选官制度相联系，有效地促进了经学的官学化，深刻影响了中国古代政治。西汉末年，经学大师刘歆发现《周礼》，又推崇《春秋左氏传》，以《周礼》《左传》为本，力图弥补今文经学"抱残守缺"之不足，促成了古文经学派的形成。刘歆欲为《左传》立博士，而今文学者反对，今古文之争遂起，并持续近二百年。直到东汉末年，兼通今古文经学的郑玄出现，他"括囊大典，网罗众家，删裁繁诬，刊改漏失"，以礼制为核心，实现了今古文经学的融合，经学进入"小一统"时代。

魏晋时期，儒家思想内部发生裂变，旧思想逐渐被扬弃和改造，而新思想从旧思想中生发出来，其中最突出的表现就是玄学的兴起。汤一介言："魏晋玄学是指魏晋时期以老庄思想为骨架企图调和儒道，会通'自然'与'名教'的一种特定的哲学思潮。"当时的玄学家非常注重《老子》《庄子》和《周易》，他们以道家思想解释儒家经典，以调和儒道、会通名教与自然为学术旨趣，以抽象思辨与清新玄远的文风一洗经学繁琐细碎的诠释风格，发展出与两汉经学完全不同的理论体系。南北朝时期，儒学发展深受佛教影响，经学义疏体兴起。同时，南朝经学与北朝经学各有特色，北朝以郑学为主，南朝更多地受到玄学影响。隋唐是继汉代之后中国经学发展的又一个重要时期，在经籍校勘、训诂、释义等方面都有较大成绩。唐太宗时期，孔颖达等人奉诏编成《五经正义》，儒家经典的诠释实现了统一。

宋朝偃武修文，儒家思想得到充分发展。当时出现了不少思想流派，如周敦颐的"濂学"、程颢程颐的"洛学"、王安石的"新学"、张载的"关学"、苏轼的"蜀学"、司马光的"涑水之学"、邵雍的"数学"等，其中，"二程"的学问传承有序，影响逐步扩大。后来宋室南渡，偏安一隅，"二程"的弟子、再传弟子继续在南方传播"洛学"，直到朱熹出现。朱熹不仅吸收"二程"的思想，还广泛接受周敦颐、张载、邵雍等人的思想，建立起一个庞大的理学体系。他把《论语》《孟子》《大学》《中庸》合编在一起，称为"四书"，并加以注释，写成《四书章句集注》一书，使得"四书"成为宋以后高于五经的经典体系。与朱熹同时的陆九渊在思想上与朱熹并不同调，陆九渊更加注重"发明本心"，他认为具有永恒性和普遍性的"心"才是儒家道德原则确立的根源，所以他的学问被称为"心学"。从南宋末到明朝前中期，朱熹的理学思想一直处于主流地位，科举考试也以朱子一派的经典思想诠释为准。

明朝中期，王阳明的出现打破了朱子理学的一统局面。王阳明是明代"心学"的代表人物，他不满于朱熹的格物穷理说，而提出"心外无理"，认为事物之"理"的根源并不在心外。他提倡"致良知""知行合一"，认为既要扩充自己的良知，又要把良知付诸行动，加强为善去恶的道德实践。明代后期，王阳明的思想如狂风骤雨般在全社会蔓延开来，产生重大影响，社会风气和审美风尚为之一变。王门后学遍布全国，黄宗羲就曾以地域为标准，将王门后学分为浙中、江右、南中、楚中、北方、闽越、泰州七派，他们均从不同方面传承和发展了阳明思想。同时，受阳明学高扬个人思想主体性的影响，士人中也出现了"荡轶礼法，蔑视伦常"的现象，因此对于阳明学的检讨和反思也随之而来，这在一定程度上促成了清代理学的复兴与考据学的兴起。

清代是传统思想文化的总结时期，也是新思想的开创时期。清代的学术思想主要分为三个阶段，早期是实学思潮与理学复兴，中期是乾嘉考据学兴盛，晚期是今文经学异军突起。清代早期，王夫之、顾炎武、黄宗羲、颜元、唐甄等人都主张经世致用，对明朝的弊政与思想多有反思，他们都重视经史之学，希望从经学、史学之中找到救亡之道。清代中期，文字狱盛行，知识分子纷纷转向故纸堆中，考据学兴盛起来，诸如音韵、训诂、校勘、辑佚等学问得到很大发展。清代晚期，社会危机加重，如何以儒学回应西学挑战、以儒学回答救国兴国的时代问题，成为近现代儒学理论的核心，从龚自珍、魏源，到廖平、康有为，再到梁漱溟、熊十力"现代新儒家"的出现，近现代儒学进入一个思想大变革的时代。

儒家思想历经两千多年发展，对中国古代社会发展产生了深远影响，成为中华文明的重要标识。自汉代以来，儒家思想长期居于统治思想的地位，深刻影响着中国古代政治、经济、文化等社会生活的方方面面。儒家思想对于中国典制的影响尤其巨大，著名历史学家陈寅恪曾说："儒者在古代本为典章学术所寄托之专家。李斯受荀卿之学，佐成秦治。秦之法制实儒家一派学说之所附系。《中庸》之'车同轨，书同文，行同伦'，（即太史公所谓：'至始皇乃能并冠带之伦'之伦）为儒家理想之制度，而于秦始皇之身而得以实现之也。汉承秦业，其官制法律亦袭用前朝。遗传至晋以后，法律与礼经并称，儒家《周官》之学说悉采入法典。夫政治社会一切公私行动莫不与法典相关，而法典为儒家学说具体之实现。"依据陈氏所说，儒家之学本为典制之学，儒家思想对于中国社会的影响，其实质是对中国社会政治制度方面的影响，举凡如中央集权制、科举制、郡县制、监察制度等，无不在儒家天下为公的"大一统"思想影响下才得以形成。儒家思想对中国古代经济制度的选择和经济观念的形成也有深刻影响。孔子说："庶之，富之，教之。"又说："不患寡而患不均。"孔子在经济观念上主张鼓励人口增长，发展经济，提升人民生活水平，同时又提出要注意经济发展的均衡性。儒家不主张毫无节制的自由经济，而提倡由政府依据实际情况进行经济调控，以使社会不至于有大富大贫之分，此正如董仲舒所谓"圣者使富者足以示贵而不至于骄，贫者足以养生而不至于忧，以此为度而调均之"的经济观念。儒家思想也注重人的情感涵养与人格养成，因此特别重视家庭。"身体发肤，受之父母"，这种观念使得中国人始终把家庭和谐视为幸福生活的基础，这也保证了中华民族的生生不息、代有传人。儒家思想也影响了中国文艺审美风尚的形成，中国古代的文章、诗词、艺术等无不透露着儒家的思想旨趣。曹丕说："盖文章，经国之大业，不朽之盛事。"刘勰说："论文必征于圣，窥圣必宗于经。"他们都认为文学的作用并不仅仅是抒写个人情感，而应该是致力于以文章表达家国理想，阐述至道鸿教。

习近平总书记指出："从历史的角度看，包括儒家思想在内的中国传统思想文化中的优秀成分，对中华文明形成并延续发展几千年而从未中断，对形成和维护中国团结统一的政治局面，对形成和巩固中国多民族和合一体的大家庭，对形成和丰富中华民族精神，对激励中华儿女维护民族独立、反抗外来侵略，对推动中国社会发展进步、促进中国社会利益和社会关系平衡，都发挥了十分重要的作用。"① 习近平总书记对以儒学为代表的中华优秀传统文化的深入思考和阐释，清楚地表明，在实现中华民族伟大复兴的中国梦的关键时期，儒家思想具有重要的推动作用。儒家思想是中华民族的精神根脉，对中华民族精神的形成和塑造起着至关重要的作用。中国人脚踏实地、实事求是，中国人注重经世致用、知行合一、躬行实践，中国人推崇仁者爱人、以德立人，中国人主张以诚待人、讲信修睦，中国人讲求俭约自守、力戒奢华，这些精神品格都深深融入中国人的血液中，成为中国人立身做事的根本准则。

山东师范大学齐鲁文化研究院作为山东省属高校唯一的教育部人文社会科学重点研究基地，立足山东，面向全国，担负着传承弘扬齐鲁文化和儒家思想的重任。齐鲁文化研究院自成立以来，一直将儒家思想作为重要研究方向，先后推出《孟子文献集成》《三礼学通史》"山东文化世家研究书系"等一系列重要学术成果，主办"文明互鉴视域下的儒家思想与齐鲁文化"学术会议、"三礼学与中国传统文化高端论坛"等重要国际国内会议，在学术界产生广泛影响。为进一步深入阐发儒家思想的丰富内涵及其时代价值，弘扬中华优秀传统文化，推动儒家思想在新时代的创造性转化创新性发展，我

---

① 习近平：《在纪念孔子诞辰 2565 周年国际学术研讨会暨国际儒学联合会第五届会员大会开幕会上的讲话》，《人民日报》2014 年 9 月 25 日。

们决定编纂"儒家思想与古代社会"研究书系。本书系视野开阔，内容广博，既有前儒家思想史研究，同时涵盖了儒家不同发展阶段的思想面貌，全景展现儒家思想的深刻内涵及其对中国古代社会发展产生的深刻影响，具有非常重要的学术价值。

"周虽旧邦，其命维新。"在全面建设社会主义现代化国家的新征程中，以儒学为代表的中华优秀传统文化正迎来传承发展的新纪元，中华文明正焕发出勃勃生机。作为新时代的文化研究者，我们应该充分挖掘中华优秀传统文化的精神内涵和时代价值，推出一批具有重大显示度和学术影响力的标志性代表性成果，为实现中华民族伟大复兴的中国梦贡献精神力量！

吕文明

2023 年 10 月 18 日

序

仝晰纲先生在他的又一部著作——《官吏自箴：清代官箴书研究》即将付梓之际，要我写一篇序。某虽不敏，但是学界不成文的规矩还是懂得一些，就作序而言，这通常都是声名素著的学术大咖们的专利，似我这等非著名学者理应知道自己的斤两，知趣而避。职是之故，在接到晰纲先生的电话、听明白他的意思之后，我不曾有半秒的迟疑，当即用不容商量的口气直接拒绝（并非婉拒）。然而，当晰纲先生在电话中不紧不慢地与我回忆起往昔相识相知、交往交流与开心合作的情景时，内心的柔软不期然受到触碰，头脑一时间也失去了清醒和理智，竟稀里糊涂地作出了态度上180度的大转变。虽然过后不久便意识到自己似乎"中"了晰纲先生的"话语圈套"，想要反悔，但是晰纲先生"君子一言"的似嗔非嗔的回应，使得向来耻于做言而无信之小人的我万般无奈，只好硬着头皮，把思维器官混沌时刻应下来的事情着手去完成——好在晰纲先生说是"随便一写，长短均可"，未提出其他任何的具体要求。必须交代一句：对于晰纲先生的这个"八字宪法"，我可是当了真的。

我和晰纲先生都是学史出身，年岁相仿，我痴长一岁。虽然彼此都近乎"绝顶"，但本人或缘于遗传，而晰纲先生则委实聪明，又加勤奋，因而在中国传统文化特别是齐鲁文化、历代政治制度、古代乡村社会等多个研究领域均卓有建树，成果之多令人欣羡，用著作等身来形容一点也不夸张。

晰纲先生在学术研究方面有一个突出特点，就是讲求经世致用。无论是关于传统文化的阐释，还是对于历代政治制度的探讨，抑或是围绕古代乡村社会所进行的考察分析，都不是为了发思古之幽情，而是着眼和立足于鉴古以知今、彰往而察来，为当今时代的文化传承、制度建构、基层治理等提供历史的镜鉴。

作为经史子集四部分类法之"史部·职官类"下的"官箴之属"的研究，应该属于晰纲先生近20年来用力最巨的学术领域之一，这同时也是除了传统文化之外，我们两人在学术志趣方面的又一个高度契合处。说起来，我和晰纲先生虽然同在一座城市，单位也相距不远，但平时却甚少谋面，多数时间都处于平淡如水的"关系式"之中。近些年，我们之间通过电话、微信、电子信箱等进行联系时议及的学术话题，最多的大概就是官箴了。借助于现代化的信息工具和手段，我们乐此不疲地进行着以官箴为主题的沟通交流和"奇文共赏，疑义相析"，推进着不同层级的规划课题和科研项目的分工合作。虽然在具体学术问题上彼此的观点不尽一致，但这丝毫不影响在求同存异中愉快地携手攻关。

晰纲先生在治学方面善于高屋建瓴、通盘筹划，而我则往往"不讲套路"，即便是凭着一时的豪情明确了研究的方向和任务，过后也会信马由缰地左冲右突，"歧路狂奔"。正因如此，在我的电脑中，不同文件夹里的半拉文章随处可见，甚至半拉书稿也不是一种两种。相较之下，晰纲先生的自律意识可就强我太多了，他的官箴研究便是典型的例证。

晰纲先生的官箴研究，从文献整理到思想阐释，从先秦箴文到明清专著，从专人专书到断代集合，一步一个脚印，扎扎实实地向前推进，从而为传统官箴研究贡献出了一系列值得高度重视和充分肯定的学术成果，即将呈现在广大读者面前的《官吏自箴：清代官箴书研究》，便是晰纲先生的一部清代官箴书研究的集大成之作。相信该书的面世定然会对传统官箴研究的纵深发展起到巨大而积极的促进作用。

随手草就，言不及义，哂之可也。

裴传永

2023 年 10 月 26 日

目　录

第一章 中国传统官箴文化的
发展与演变

官箴文化是我国传统政治文化的重要组成部分。所谓"官箴""就是针对从政者而提出的一系列道德戒律和行为规范等的统称"①。或言之,"官箴"是以从政者为箴诫对象,主要从"为政之德"与"为政之术"两大方面,告诫并教导从政者如何从政。这里所言"从政者",是指包括帝王、百官乃至僚佐役吏在内的一切从政人员。所谓"为政之德",是向从政者提出所应遵循或具备的官德修养、职业素养与原则理念等,具有抽象性与说教性;所谓"为政之术",是教授、指导其从政或施政的经验方法、技能诀窍等,凸显务实性与实践性。②

中国传统官箴文化经历了由"箴文"到"官箴书"的发展历程,官箴形态由最初"官箴王阙"演变为"官吏自箴",官箴内容总体上也由"为政之道"的思想阐释,演变为"从政经验"的传授叙说。

---

① 裴传永:《关于古代官箴几个基本问题的辨析》,《理论学刊》2010 年第 3 期。
② 有关今人对"官箴"含义的表述,可参见郭成伟主编《官箴书点评与官箴文化研究》,中国法制出版社 2000 年版,第 417 页;王化平《中国古代的官箴类文献》,《图书与情报》2005 年第 4 期;崔宪涛《关于中国古代官箴书的几个问题》,《理论学刊》2005 年第 1 期;李文海《〈官箴〉解读》,《决策与信息》2007 年第 11 期;王晴《宋代官箴研究》,硕士学位论文,河南师范大学,2014 年,第 6 页。

第一节　从"箴文"到"官箴书"

一、箴文的产生与衰微

官箴文化最早可追溯至部落联盟时代，古文献中有黄帝曾经给自己立过箴言的记载，箴言内容为："余在民上，摇摇，恐夕不致朝。"① 至夏商时代，出现了"箴文"，但尚未形成"官箴"的概念。所谓"箴文"，是指一种以规劝、告诫为主的文体。"箴"字从竹从咸，"咸"本义为"酸涩"，"竹"与"咸"连用表示刺入肌体产生酸涩感的竹针。即"箴"字本义为"针"，是古人用来针灸、缝衣的工具。《管子·轻重乙》："一女必有一刀一锥一箴一鈇，然后成为女。"② 这里的"箴"即缝衣之"针"。《汉书·艺文志》："医经者，原人血脉经络骨髓阴阳表里，以起百病之本，死生之分，而用度箴石汤火所施，调百药齐和之所宜。"颜师古曰："箴，所以刺病也。"③ 显然此处"箴"字表示针灸治病所用的针形器具。南朝梁刘勰明确指出："箴者，针也；所以攻疾防患，喻针石也。"④ 因而早在先秦时期，"箴"字就被引申为规劝、告诫之义。《左传·宣公十二年》："箴之曰：'民生在勤，勤则不匮。'"杜预注："箴，诫。"⑤ 后世常称这种以规劝、告诫为主的文体为"箴文。"

关于"箴文"出现的时间，目前比较主流的看法是夏商时期。南朝梁刘勰曾言："斯文之兴，盛于三代。《夏》《商》二箴，余句颇存。周之辛甲，百官箴阙，唯《虞箴》一篇，体义备焉。"⑥ 但也有学者质疑"夏商二箴"的

---

① （清）严可均辑：《全上古三代秦汉三国六朝文》第 1 册《上古至前汉》，河北教育出版社 1997 年版，第 7 页。

② 马非百：《管子轻重篇新诠》，《新编诸子集成》，中华书局 1979 年版，第 573 页。

③ （汉）班固撰，（唐）颜师古注：《汉书》卷 30《艺文志》，中华书局 1962 年版，第 1776 页。

④ （南朝梁）刘勰著，（清）黄叔琳注，（清）纪昀评，戚良德辑校：《文心雕龙》，上海古籍出版社 2015 年版，第 69 页。

⑤ 《春秋左传正义》卷 29《襄公四年》，《十三经注疏》，北京大学出版社 1999 年版，第 644 页。

⑥ （南朝梁）刘勰著，（清）黄叔琳注，（清）纪昀评，戚良德辑校：《文心雕龙》，上海古籍出版社 2015 年版，第 69—70 页。

真实性，如杨伯峻认为，"至《逸周书》所载夏、商之箴，皆后人妄作。"①裴传永考证了两条《夏箴》佚文，认为佚文中的"大夫""国君"不可能出现于夏代文献。从句式结构与修辞方式看，也反映出了较浓重的战国文献的特点，因此否认了《夏箴》的真实性。但他进行综合分析，肯定了《商箴》的真实性，否定了箴文滥觞于西周初年的观点，并进而论证了"《尚书·盘庚》所载'小人之攸箴'是目前保存较完整的殷商时期的一部官箴文献。周初的《虞人之箴》只是早期传世箴文中'体义'最完备和最广为人知的一篇。"②

一般认为，周代已经出现了完整的箴文形态，体现在格式、体例和韵律等方面。"官箴从《虞箴》开始形成了一定的程序规范：以韵语创作箴辞，起言多用叠语，束尾多用套语。"③《虞箴》即《虞人之箴》。但是"箴文"文体从兴起到成熟必然有一个历史过程，且《商箴》的真实性已被论证，盘庚时期所做的"小人之攸箴"已是较为完整的箴文，只是不比西周箴文那样讲究程序规范。我们大体可以认为，夏代至少出现了"箴文"的萌芽。总体而言，箴文出现于夏商时代。

进入西周，箴文的创作相对进入繁盛时期，并建立了相关制度。《左传·襄公四年》载："昔周辛甲之为大史也，命百官，官箴王阙。"④百官作箴，以规谏王的过错，是西周政治文化的一大特色。《国语》曰："天子听政，使公卿至于列士献诗，瞽献曲，史献书，师箴……百工谏，庶人传语，近臣尽规。"⑤《史记》有"师箴"之名，张守节正义曰："师，乐太师也。上箴戒之文。"⑥《左传》曰"工诵箴谏"，杜预注："工，乐人也。诵箴谏之辞。"⑦由此可见，西周专门设立了创作"箴戒之文"，吟诵"箴谏之辞"的职官，以箴王阙，为箴文创作提供了制度保障。但由于年代久远，保存下来的西周箴文并不多。已知较为完整的两篇西周箴文分别是《虞人之箴》和《大正箴》。

---

① 杨伯峻编：《春秋左传注》第3册《襄公》，中华书局1981年版，第938页。

② 裴传永：《先秦时期官箴文献考论》，《东岳论丛》2010年第8期。

③ 曹丹：《汉代箴文研究》，硕士学位论文，东北师范大学，2009年，第19页。

④ （战国）左丘明撰，（西晋）杜预集解：《左传》，上海古籍出版社2015年版，第494页。

⑤ （战国）左丘明撰，（三国吴）韦昭注：《国语》，上海古籍出版社2015年版，第6页。

⑥ （汉）司马迁：《史记》卷四《周本纪》，中华书局2005年版，第103页。

⑦ （战国）左丘明撰，（西晋）杜预集解：《左传》，上海古籍出版社2015年版，第550页。

其中《虞人之箴》是西周传世箴文中流传最为广泛的一篇，其辞曰：

> 芒芒禹迹，画为九州，经启九道。民有寝庙，兽有茂草，各有攸处，德用不扰。在帝夷羿，冒于原兽，忘其国恤，而思其麀牡。武不可重，用不恢于夏家。兽臣司原，敢告仆夫。①

春秋战国时期，箴文的创作相对衰微。刘勰在《文心雕龙·箴铭》中称"迄至春秋，微而未绝。"②大概因春秋战国"礼崩乐坏"，政局动荡、社会混乱、伦理涣散，以及统治者提倡"弃德务功"的方针，崇尚权谋与雄辩，作为统治阶层内部规劝过失的箴文缺乏有效发展的政治环境。目前所知，春秋时期的箴文仅有两篇，即《耄箴》与《勤箴》，分别为春秋早期卫武公与春秋中期楚庄王所作，且《勤箴》只是仅有两句 8 字的断章残篇。③完成于秦统一前后的秦简《为吏之道》也是一篇官箴文献，为湖北云梦睡虎地秦墓出土的"睡虎地秦简"之一。

二、箴文的复兴与官箴书的产生

两汉时期箴文得到复兴，且出现了具有一定规模的"百官箴"。《后汉书·胡广传》载："初，扬雄依《虞箴》作'十二州二十五官箴'④，其九箴亡阙，后琢郡崔骃及子瑗又临邑侯刘騊駼增补十六篇，广复继作四篇，文甚

① 《春秋左传正义》卷 29《襄公四年》，《十三经注疏》，北京大学出版社 1999 年版，第 838—840 页。

② （南朝梁）刘勰著，（清）黄叔琳注，（清）纪昀评，戚良德辑校：《文心雕龙》，上海古籍出版社 2015 年版，第 70 页。

③ 裴传永：《先秦时期官箴文献考论》，《东岳论丛》2010 年第 8 期。

④ 据曹丹统计，扬雄的"十二州二十五官箴"现有 33 篇被清代严可均所辑《全后汉文》收录。12 州箴为：《冀州箴》《青州箴》《兖州箴》《徐州箴》《扬州箴》《荆州箴》《豫州箴》《益州箴》《雍州箴》《幽州箴》《并州箴》《交州箴》。25 官箴存 21：《司空箴》《尚书箴》《大司农箴》《光禄勋箴》《大鸿胪箴》《宗正卿箴》《卫尉箴》《太仆箴》《廷尉箴》《太常箴》《少府箴》《执金吾箴》《将作大匠箴》《城门校尉箴》《博士箴》《上林苑令箴》《侍中箴》《太史令箴》《国三老箴》《太乐令箴》《太官箴》。见曹丹《汉代箴文研究》，硕士学位论文，东北师范大学，2009 年。

典美。乃悉撰次首目，为之解释，名曰《百官箴》，凡四十八篇。"① 自西汉扬雄作箴后，东汉崔骃、崔瑗、崔寔、胡广、刘騊駼、繁钦等皆有仿效之作。② 东汉出现的《百官箴》不再是单篇或几篇箴文的规模，已成为数十篇箴文的集合体。东汉官箴也开拓了新题材，出现了《女师箴》《皇后箴》《外戚箴》《环材枕箴》等。③

魏晋南北朝时期，箴文出现新的形态，即被后世称作"私箴"的箴文，官箴不再一枝独秀，而官箴的体例也进一步完备。魏晋时期代表性的箴文有潘勖的《符节箴》、温峤的《侍臣箴》、王济的《国子箴》、潘尼的《乘舆箴》。④ 南北朝时有梁武帝萧衍的《凡百箴》、北朝王褒的《皇太子箴》等。这一时期，箴文内容还往往增添箴序，指明了箴谏的对象与所作的缘由。如潘尼的《乘舆箴》，前有长序，后有箴辞。

有关私箴，学界多认为是作者以自我为规诫对象的文体，这种定义来自明代徐师曾。⑤ 裴传永则提出了新的分法："在官箴和私箴的区分上宜跳出

---

① （南朝宋）范晔撰，（唐）李贤等注：《后汉书》卷44《胡广传》，中华书局1965年版，第1511页。

② 崔骃的《太尉箴》《司徒箴》《司空箴》《尚书箴》《太常箴》《大理箴》《河南尹箴》、崔瑗的《尚书箴》《博士箴》《东观箴》《关都尉箴》《河堤谒者箴》《郡太守箴》《北军中候箴》《司隶校尉箴》《中垒校尉箴》《侍中箴》、崔寔的《谏议大夫箴》《太医令箴》、胡广的《百官知箴叙》《侍中箴》《边都尉箴》《陵令箴》、刘騊駼《郡太守箴》、繁钦《尚书箴》等等。参见曹丹《汉代箴文研究》，硕士学位论文，东北师范大学，2009年，第16页。

③ 侯妍：《汉代箴铭文研究》，硕士学位论文，鲁东大学，2015年，第17页。

④ 刘勰指出："潘勖《符节》，要而失浅；温峤《侍臣》，博而患繁；王济《国子》，引多而事寡；潘尼《乘舆》，义正体芜。"参见（南朝梁）刘勰著，（清）黄叔琳注，（清）纪昀评，戚良德辑校《文心雕龙》，上海古籍出版社2015年版，第70页。

⑤ 徐师曾指出："而《虞人》一篇，备载于《左传》，于是扬雄仿而为之。其后作者相继，而亦用以自诫。故其品有二：一曰官箴，二曰私箴。"参见吴讷、徐师曾《文章辨体序说·文体明辨序说》，人民文学出版社1998年版，第140—141页。这种分类，对后世影响深远。如詹锳认为："（箴）完全以警戒为主，而且警戒的目的也有警戒别人和自戒两种；警戒别人的叫'官箴'，作自我警戒的叫'私箴'。"参见詹锳《文心雕龙义证》，上海古籍出版社1989年版，第398页。陈笑认为："一般而言，私箴均是以作者自身的为人处世、言行举止等方面为箴谏内容而引以自诫。"参见陈笑《先唐箴文研究》，硕士学位论文，广西师范大学，2006年，第15页。曹丹认为："私箴是朝廷官员之间的劝谏勉励，通常为下级官员对上级官员的箴谏，后来也将士大夫志在改过自身缺点而自警自戒的作

在作者和对象上打转转的思维定势，而把具体内容作为根本性的判断标准，一切箴文，凡是着重于履行行政职责的则归入官箴——无论是上诫下、下谏上还是同级之间的规劝，着重于个体为人处世之思想行为的则归入私箴。"①这种分类有其合理性，但将"具体内容作为根本性的判断标准"也似欠妥。按此分法所定义出来的私箴与官箴，其内容必然有不少相同之处，因为中国传统伦理对私箴与官箴的内容均有相似的影响。在内容上"着重于履行行政职责"或"着重于个体为人处世"也不能完全作为私箴与官箴的区别，因为官吏的"个体为人处世"与政治行为息息相关，密不可分，不可拆分而论。实际上，传统官箴也有不少论述官吏"个体为人处世"的内容，并不仅仅限于"履行行政职责"。因此我们认为，"着重于"应更换为"着眼于"，即判断标准变"内容"为"目的"。即凡是着眼于施政理政，无论是个体为人处世，还是履行行政职责，均归入官箴。相对地，凡是着眼于个人日常生活与私人行为，而不涉及施政理政，均归入私箴。简言之，私箴与官箴不论作者是何身份，也不论具体箴诫内容与对象，只在箴诫目的上有所区别。为何不论箴诫对象？因为每个人在社会中都扮演了多种不同的角色，从政者有政治身份，也有私人身份。若从政者的亲人仅因从政者是其亲人的身份，且着眼于日常生活与私人行为，对他进行箴劝，并不涉及施政理政层面，归为官箴明显不合适。

　　三国王朗的《杂箴》是目前已知较早的私箴。②南朝萧子范的《冠子箴》以其子为勉箴对象。私箴在唐代发展较快，代表作如：韩愈的"五箴"（《游箴》《言箴》《行箴》《好恶箴》《知名箴》），柳宗元的《惧箴》，皮日休的"十箴"③，以及李翱的《行己箴》，元结的《自箴》。④

品，也归入私箴。"参见曹丹《汉代箴文研究》，硕士学位论文，东北师范大学，2009年，第9页。本文不采用这种概念划分。
① 裴传永：《关于古代官箴几个基本问题的辨析》，《理论学刊》2010年第3期。
② 裴传永：《"箴"的流变与历代官箴书创作——兼及官箴书中的从政道德思想》，《理论学刊》1999年第2期。
③ "十箴"分别为《心箴》《口箴》《耳箴》《目箴》《手箴》《足箴》《动箴》《静箴》《酒箴》《食箴》。
④ 徐翠先：《古代箴体文探析》，《江苏大学学报》（社会科学版）2009年第4期。

唐代首次出现了帝王专为臣僚制定的官箴书，即广为人知的《臣轨》，为武则天所作。其序言写道："为事上之轨模，作臣下之绳准。"①该书共两卷，分同体、至忠、守道、公正、匡谏等十篇，近两万字，从各个方面提出了对为官者的标准与规范，以作为臣僚的座右铭与士人贡举习业的读本。从书的结构来看，此书相比于汉代零散的箴文集合，体例更加完备，书内篇章之间凸显一定的逻辑关联性，对后世官箴书的编纂产生较大影响。唐太宗也写过箴规臣僚的《百字箴》②，唐玄宗《令长新戒》也是这一时期具有代表性的箴文。开元二十四年（736），玄宗宴请新除县令于朝堂，自作《令长新戒》，颁赐于天下县令。③此外，唐代还有德宗的《君臣箴》《刑政箴》等箴文传于后世。④

三、官箴书的兴盛及其在官箴文化中主导地位的确立

宋代是官箴文化发展的重要转折阶段。自宋以后，官箴文化主要的表现形式或载体不再是箴文，而是篇幅浩瀚、体例完备的官箴书。官箴书取代箴文，在官箴文化中占据了主导地位。宋代是我国传统社会发展、变革的突出阶段，日本学者内藤湖南曾提出著名的"唐宋变革论"，并将宋代视为中国"近世"的开端，引发学界广泛关注。有关此论断，尽管中外学者争议较大，但至少都承认宋代社会的确发生了一系列较为显著的变化。在充满变革的时代背景下，官箴书成为加强吏治建设与完善社会治理的重要手段。宋代官制复杂繁琐，弊病相对凸显。宋代具有"与士大夫治天下"的祖宗家法，臣僚地位显著提高，参政议政热情高涨，有着"先天下之忧而忧，后天下之

---

① （唐）武则天：《臣规·序》，见《官箴书集成》第 1 册，黄山书社 1997 年版，第 2 页。

② 唐太宗《百字箴》："耕夫碌碌，多无隔夜之粮；织女波波，少有御寒之衣。日食三餐，当思农夫之苦；身穿一缕，每念织女之劳。寸丝千命，匙饭百鞭。无功受禄，寝食不安。交有德之朋，绝无义之友。取本分之财，戒无名之酒。常怀克己之心，闭却是非之口。若能依朕所言，富贵功名可久。"

③ （宋）司马光编著，（元）胡三省音注：《资治通鉴》卷 214，中华书局 1956 年版，第 6813 页。秦制：县万户以上为令，秩 1000—600 石；万户以下为长，秩 500—300 石。秦汉时治万户以上县者为令，不足万户者为长。后因以"令长"泛指县令。

④ 周绍良主编：《全唐文新编》第 1 部第 1 册，吉林文史出版社 2000 年版，第 691 页。

乐而乐"的抱负与情怀。从政者态度积极，在政治实践中形成一系列具体指引官员如何从政的入仕指南，极大地丰富了官箴书的思想内容。同时，宋代造纸术与印刷术都取得较大突破，为官箴书的制作与出版提供了技术支持。

初步统计，宋代官箴书有十余种①，如有吕本中《官箴》1 卷，许月卿《百官箴》6 卷，李元弼《作邑自箴》10 卷，陈襄《州县提纲》4 卷，朱熹《朱文公政训》1 卷，真德秀《西山政训》1 卷，胡太初《昼帘绪论》1 卷，张镃《仕学规范》40 卷等。《官箴》《作邑自箴》《州县提纲》等都被《四库全书·史部·职官》所收录，今人编纂的《官箴书集成》收录了 5 部②。宋代的单篇箴文也为数不少，《全宋文》中至少收录了 207 篇。③ 宋代，州县衙门将官箴刻为铭石，即《戒石铭》④，立于衙署大堂前，以作为官吏的"警示镜"，这一做法并被明清统治者所继承。宋代在私箴方面以程颐的"四箴"最具代表性。⑤

元代虽然民族、阶级关系极为复杂，但同样创作了不少内容丰富的官箴书，著名的如张养浩《三事忠告》4 卷（《牧民忠告》《风宪忠告》《庙堂忠告》3 书之合称，分别为张养浩任县令、御史、参议中书省时所作）与叶留《为政善报事类》10 卷，这些都作为传统官箴中的精品存留于世，被《官箴书集成》所收录。此外还有苏霖《有官龟鉴》19 卷⑥、徐元瑞《吏学指南》8 卷、胡祗遹《杂著》、王结《善俗要义》1 卷⑦，以及赵素《为政九要》一卷等。在内容编排方面，日本学者佐竹靖彦认为，宋元官箴书的编排逻辑是依据儒家"修身—齐家—治国"的顺序。⑧ 总而言之，宋元时期的官箴书，

① 彭忠德：《古代官箴文献略说》，《文献》1995 年第 4 期。

② 《官箴书集成》收录陈襄《州县提纲》4 卷、李元弼《作邑自箴》10 卷，吕本中《官箴》1 卷、胡太初《昼帘绪论》1 卷、许月卿《百官箴》6 卷。

③ 宋晴：《宋代官箴研究》，硕士学位论文，河南师范大学，2014 年，第 14 页。

④ 《戒石铭》铭文出自五代蜀主孟昶的《颁令箴》，宋太宗摘取其中的"尔俸尔禄，民膏民脂，下民易虐，上天难欺"四句。

⑤ 程颐的"四箴"即《视箴》《听箴》《言箴》与《动箴》。

⑥ 彭忠德：《古代官箴文献略说》，《文献》1995 年第 4 期。

⑦ 彭作禄：《中国历代官箴文献与传统吏道思想》，《古籍整理研究学刊》1990 年第 4 期。

⑧ （日）佐竹靖彦：《佐竹靖彦史学论集》，中华书局 2006 年版，第 160 页。

无论在数量、内容还是体例等方面都得到了大发展。

明代君主专制中央集权进一步强化，出身贫寒的开国皇帝明太祖尤为注重吏治，亲制包括《大诰》《大诰续编》《大诰三编》《大诰武臣》在内的《御制大诰》，作为对天下臣民政治教育的课本。此外，明太祖还颁布了《武臣训诫录》《醒贪简要录》《为政要录》《臣诫录》等，对官吏采取严刑峻法，重典治吏。明宣宗也撰写《历代臣鉴》《御制官箴》等，作为对臣僚的从政规范。在这种政治气氛下，官箴文化得到了持续发展。仅今人编纂的《官箴书集成》就收录了朱瞻基《御制官箴》1卷、薛瑄《薛文清公从政录》1卷、汪天锡《官箴集要》2卷、杨昱《牧鉴》10卷、蒋廷璧《璞山蒋公政训》1卷、吴遵《初仕录》1卷、许堂《居官格言》1卷。此外，还有朱逢吉《牧民心鉴》2卷、何文渊《牧民备用》1卷、彭韶《二公政训》2卷、郑节《续真西山政经》2卷。明中前期官箴基本延续了宋元的风格。在结构上，明代中前期官箴"多依宋、元官箴的分类方式来安排内容"；在内容上"表现出与宋、元时期官箴书相同的关注点"①。明代还多刊刻宋元时期的官箴书籍，如前所提宋代吕本中《官箴》、胡太初《昼帘绪论》等，都是明代官员所重视的官箴文本。②明人还将元代张养浩的《牧民忠告》《风宪忠告》与《庙堂忠告》合为《三事忠告》一书，嘉靖时人顾清曾言："《三事忠告》胜国时已板行，然各为一书，各自有序述。国初犹然。洪武甲戌，广西金宪黄公士宏始合而为一，予童时尝得见之。"③

综上所述，早在夏商时期就出现了箴文，至西周，箴文的创作进入繁盛时期，并专门设置了创作、吟诵箴文的职官。春秋战国，箴文的创作相对衰微。两汉时期，箴文得到复兴，出现了数十篇箴文的集合体，东汉官箴则开拓了新题材。魏晋南北朝、隋唐时期，箴文数量进一步增多，且出现"私箴"。箴文的体例也进一步完备，箴文内容前增添了箴序。唐代首次出现了帝王专为臣僚制定的官箴书《臣轨》，《臣轨》的体例相比于汉代零散的箴文集合体更加完备，书内篇章之间凸显一定的逻辑结构，对后世官箴书的编纂

① 曲长海：《明代官箴研究》，《学术探索》2016年第5期。
② 曲长海：《明代官箴研究》，《学术探索》2016年第5期。
③ （明）顾清：《东江家藏集》卷37，清文渊阁四库全书本。

产生较大影响。宋代是官箴发展的重要转折阶段，自宋以后，官箴书取代箴文，在官箴文化中占据了主导地位。初步统计，宋代官箴书有十余种，从政者在政治实践中形成了一系列具体的从政经验，指引官员如何从政，即入仕指南，或施政手册，极大地丰富了官箴书的思想内容。元代也留下了内容丰富的官箴书，这些都作为传统官箴中的精品存留于世。在内容编排方面，宋元官箴书采用了儒家"修身—齐家—治国"的顺序理念。无论在数量、内容还是体例等方面，都有了显著发展。明清时期官箴书在结构与内容上都基本延续了宋元的风格，官箴文化得到持续发展。

第二节　从"官箴王厥"到"官吏自箴"

中国传统官箴文化的发展趋势，是从"官箴王厥"到"官吏自箴"，但其发展进程却是漫长、曲折与反复的。就箴诫对象而言，学界普遍认为官箴由最初的"箴君"逐渐演变为"箴官"。但这一演变的"节点"，却存在春秋、秦汉、隋唐等诸多说法，其具体的演变历程也有待进一步探讨。

中国传统官箴形态的演变并非呈现"直线型"，而是一个漫长、曲折与反复的历史过程。具体言之，官箴最初的形态以"箴君"为主，但西周出现了"箴官"的萌芽。至春秋战国，"箴官"持续发展，并严重挑战"箴君"的主体地位。进入汉代后，"官箴王阙"的传统得到复兴，但东汉以后"箴官"层面又有所加强。魏晋南北朝时期，"箴君"与"箴官"呈现"二元并立"之格局。隋唐时期，"箴官"最终取得了主体地位，但尚有"君臣互箴"的色彩，而到了宋元明清，"箴官"的主体地位被再度强化，并最终走向"官吏自箴。"

一、"官箴王厥"的确立及"箴官"对"箴君"主体地位的挑战

关于"箴文"出现的时间，一般认为是夏商时期。《逸周书》载有《夏箴》①，

---

① 《逸周书·文传解》引《夏箴》曰："中不容利，民乃外次。"见黄怀信《逸周书校补注译》，西北大学出版社 1996 年版，第 124 页。

《吕氏春秋》载有《商箴》①。南朝梁刘勰总结道："斯文之兴，盛于三代。《夏》《商》二箴，余句颇存。周之辛甲，百官箴阙，唯《虞箴》一篇，体义备焉。"② 但也有学者质疑"夏商二箴"的真实性，如杨伯峻认为，"夏、商之箴，皆后人妄作"③。裴传永在《先秦时期官箴文献考论》一文中，否认了《夏箴》的真实性，但肯定了《商箴》的真实性。进而论证了《尚书·盘庚》所载"小人之攸箴"应是殷商时期的一篇箴文。④ 大体言之，箴文约出现于夏商时期。⑤ 至周代，已有了完整的箴文形态，"官箴从《虞箴》开始形成了一定的程序规范"⑥。但由于年代久远，存留下的"箴文"并不多。这时的"箴文"多为进谏君王而作，以期君王贤能理政，即"官箴"最初的形态为百官劝谏君王的谏言，这可理解为"官箴王厥"的肇始。

商代的《小人之攸箴》"是群臣搜集、整理民众反对迁都的意见而写成的一篇箴文"⑦，也是目前保存下来最早的较为完整的官箴文献。其创作背景是盘庚迁殷后"民不适有居"⑧，箴谏对象是商王盘庚。

> 我王来，既爰宅于兹，重我民，无尽刘。不能胥匡以生，卜稽，曰其如台？先王有服，恪谨天命，兹犹不常宁？不常厥邑，于今五邦！今不承于古，罔知天之断命，矧曰其克从先王之烈？若颠木之有由蘖，天其永我命于兹新邑，绍复先王之大业，厎绥四方。⑨

---

① 《吕氏春秋·有始览》引《商箴》云："天降灾布祥，并有其职。"见（战国）吕不韦编，（汉）高诱注，（清）毕沅校《吕氏春秋》，上海古籍出版社 2014 年版，第 253 页。

② （南朝梁）刘勰著，（清）黄叔琳注，（清）纪昀评，戚良德辑校：《文心雕龙》，上海古籍出版社 2015 年版，第 69—70 页。

③ 杨伯峻编：《春秋左传注》第 3 册《襄公》，中华书局 1981 年版，第 938 页。

④ 具体论证可详见裴传永《先秦时期官箴文献考论》，《东岳论丛》2010 年第 8 期。

⑤ "箴文"文体从兴起到成熟必然有一个历史过程，且《商箴》的真实性已被论证，盘庚时期所做的"小人之攸箴"已是较为完整的箴文，只是不如西周箴文那样讲究程序规范。我们大体可以认为，夏代至少出现了"箴文"的萌芽。总体而言，箴文出现于夏商时代。

⑥ 曹丹：《汉代箴文研究》，硕士学位论文，东北师范大学，2009 年，第 19 页。

⑦ 裴传永：《先秦时期官箴文献考论》，《东岳论丛》2010 年第 8 期。

⑧ 周秉钧注译：《尚书》，岳麓书社 2001 年版，第 77 页。

⑨ 周秉钧注译：《尚书》，岳麓书社 2001 年版，第 77 页。

箴文大意是：盘庚迁都于殷，民不适其居。臣民们说道，先王敬慎地遵从天命，难道不能长久安宁吗？不能做到长久地居住一地，现已有五个国都了！若不继承先王敬慎天命的传统，就无法知道上天对命运的决定，更何况继承先王事业呢？

西周时，箴文的创作相对繁盛，并建立了"官箴王阙"的制度。《左传·襄公四年》载："昔周辛甲之为大史也，命百官，官箴王阙。"① 百官作箴，以规谏王的过错，是西周政治文化的一大特色。《国语》曰："天子听政，使公卿至于列士献诗，瞽献曲，史献书，师箴……百工谏，庶人传语，近臣尽规。"② 《史记》有"师箴"之名，张守节正义曰："师，乐太师也。上箴戒之文。"③ 《左传》曰"工诵箴谏"，杜预注："工，乐人也。诵箴谏之辞。"④ 可见，西周专门设立了创作"箴戒之文"与吟诵"箴谏之辞"的职官，以箴王阙，为"官箴王阙"提供了制度保障。在周代，"官箴王阙"是一种政治制度，"或太史令百官作箴，或专司箴谏之官作箴，箴文既成以后，由常在君主之侧的乐工'诵'于王耳。"⑤

《虞人之箴》即是"官箴王阙"的代表之作，是西周传世箴文中流传最广的一篇，其辞曰：

> 芒芒禹迹，画为九州，经启九道。民有寝庙，兽有茂草，各有攸处，德用不扰。在帝夷羿，冒于原兽，忘其国恤，而思其麀牡。武不可重，用不恢于夏家。兽臣司原，敢告仆夫。⑥

箴文大意是：大禹时期百姓安居乐业，百畜生息繁衍，与百姓和谐相处，互不相扰。夷羿登上王位后，却迷恋捕杀，贪恋渔猎，不思国家忧患，

---

① （战国）左丘明撰，（西晋）杜预集解：《左传》，上海古籍出版社 2015 年版，第 494 页。
② （战国）左丘明撰，（三国吴）韦昭注：《国语》，上海古籍出版社 2015 年版，第 6 页。
③ （汉）司马迁：《史记》卷 4《周本纪》，中华书局 2005 年版，第 103 页。
④ （战国）左丘明撰，（西晋）杜预集解：《左传》，上海古籍出版社 2015 年版，第 550 页。
⑤ 赵俊玲：《"官箴王阙"传统与扬雄箴文》，《安阳师范学院学报》2015 年第 3 期。
⑥ 《春秋左传正义》卷 29《襄公四年》，《十三经注疏》，北京大学出版社 1999 年版，第 838—840 页。

不知体恤百姓。因而向国君提出劝谏，不可过度武力杀生。

有关早期官箴的形态，早在 20 世纪 80 年代，高成元就指出："最早的官箴，并不是'官吏之诚'……而是'君王之诚'。"① 至九十年代，学者多沿用其说。如刘俊文言："官箴，原系百官对国王所进的箴言"②；时运生称，周代"动员百官撰写官箴，以戒王过。"③ 葛荃则进一步认为，西周至春秋的官箴都是"官箴王阙"性质。④ 新世纪以来，早期官箴为"官箴王阙"的性质，已被学者广泛接受，如崔宪涛言："官箴最初的含义是官员们对君主的谏言。"⑤ 可以说，学界对此已达成基本共识。

早期官箴具有浓厚的"箴君"色彩，但晚于《虞人之箴》同样创作于周代的《大正箴》却有了"君箴臣"的层面。《大正箴》载于《逸周书·尝麦解》，学者依据《尝麦解》篇的内容，多认定《大正箴》为周成王规诫大正而作。如裴传永认为，《大正箴》为周成王"对主管刑狱的司寇提出的规诫"⑥。

> 钦之哉，诸正！敬功尔颂，审三节，无思民因顺。尔临狱无颇，正刑有掇。夫循乃德，式监不远。以有此人，保宁尔国，克戒尔服，世世是其不殆。维公咸若。⑦

《大正箴》以"明德慎罚"为核心，向大正之职提出了公正司法、慎重刑罚、恪守德性等职业素养。"这篇箴文在某种程度上堪称我国历史上最早的一部法官职业道德准则。"⑧

进入春秋，箴文的创作相对衰微。刘勰在《文心雕龙·箴铭》中称

---

① 高成元：《官箴的研究》，《天津社会科学》1985 年第 6 期。
② 刘俊文等：《开发历史文化宝藏——官箴书》，《中国典籍与文化》1992 年第 2 期。
③ 时运生：《中国古代的为官之道——古代官箴述论》，《人文杂志》1996 年第 6 期。
④ 葛荃认为，"自西周以至春秋，箴即谏，官箴即是一种臣僚对君王的谏戒形式。"见葛荃《官箴论略》，《华侨大学学报》（哲学社会科学版）1998 年第 1 期。
⑤ 崔宪涛：《关于中国古代官箴书的几个问题》，《理论学刊》2005 年第 1 期。
⑥ 裴传永：《先秦时期官箴文献考论》，《东岳论丛》2010 年第 8 期。
⑦ 黄怀信：《逸周书校补注译》，西北大学出版社 1996 年版，第 318 页。
⑧ 裴传永：《先秦时期官箴文献考论》，《东岳论丛》2010 年第 8 期。

"迄至春秋，微而未绝。"① 目前所知，春秋时期的箴文仅有两篇，即《耄箴》与《勤箴》，分别为春秋早期卫武公与春秋中期楚庄王所作。其中《勤箴》系楚庄王为告诫楚国国人而作，但仅有两句八个字的断章残篇。②

《耄箴》系卫武公为鼓励臣下直言进谏而作，以表达虚怀纳谏的为政之道：

> 自卿以下至于师长士，苟在朝者，无谓我老耄而舍我，必恭恪于朝，朝夕以交戒我；闻一二之言，必诵志而纳之，以训导我。③

战国末期，秦国出现了一篇著名的官箴文献，即《为吏之道》，从各方面论述了官吏应遵守的从政规范。

> 凡为吏之道，必精絜（洁）正直，慎谨坚固，审悉毋（无）私，微密纤（纤）察，安静毋苛，审当赏罚……吏有五善：一曰中（忠）信敬上，二曰精（清）廉毋谤，三曰举事审当，四曰喜为善行，五曰龚（恭）敬多让……④

由此可见，《为吏之道》对秦国官吏提出了"正直""慎谨""毋私""微密""毋苛""忠信""清廉""善行""恭敬"等一系列为官所应遵循或具备的官德修养与职业素养。

有关春秋战国时期的官箴形态，以往学者多疏于考察，往往将其与夏商周三代视为一体。如时运生认为，秦代以后，"对君王的劝告和谏净，已由言谏机构承担，所以从此时起，君王之诚就变成了官吏之诚了。"⑤ 言下之

---

① （南朝梁）刘勰著，（清）黄叔琳注，（清）纪昀评，戚良德辑校：《文心雕龙》，上海古籍出版社 2015 年版，第 70 页。

② 裴传永：《先秦时期官箴文献考论》，《东岳论丛》2010 年第 8 期。

③ （战国）左丘明撰，（三国吴）韦昭注：《国语》，上海古籍出版社 2015 年版，第 364 页。

④ 王辉、王伟编：《秦出土文献编年订补》，三秦出版社 2014 年版，第 260—261 页。

⑤ 时运生：《中国古代的为官之道——古代官箴述论》，《人文杂志》1996 年第 6 期。

意是，秦以前的官箴都是"君王之诫"。葛荃也言道："自西周以至春秋，箴即谏，官箴即是一种臣僚对君王的谏戒形式。"① 裴传永经详细考辨后，对此提出反驳："《大正箴》开启了先秦官箴文献中君诫臣的先河。《耄箴》《勤箴》这两篇分属春秋早中期的箴文的存在无可置疑地表明，进入春秋时期之后，君诫臣已成为官箴创作的常见现象。"②

笔者认为，裴先生的结论是可靠的。官箴最初的形态是"官箴王阙"，即百官箴谏君王、天子，周初《虞人之箴》是"官箴王阙"的代表作。但我们绝不能忽视稍晚于《虞人之箴》，同样创作于周初的《大正箴》即有了"君箴臣"的层面。而到了春秋时期，仅发现的两篇箴文均为君王所作，箴诫对象已是臣民了。且《耄箴》正是"系卫武公为鼓励卿大夫士直言进谏而作"，似乎说明此时百官箴谏君王并不活跃。完成于秦统一前后的睡虎地秦简《为吏之道》，是一部"箴官"色彩极其强烈的官箴文献。可见此时，以"箴君"为主体的格局早已受到严重挑战。这是战国时代君主权力强化的普遍需要，与专制主义中央集权的最终确立不无关系。

二、"官箴王阙"的复兴与"箴君""箴官"二元并立格局的形成

两汉时期，箴文数量骤增。《后汉书·胡广传》载："初，扬雄依《虞箴》作'十二州二十五官箴'，其九箴亡阙，后琢郡崔骃及子瑗又临邑侯刘騊駼增补十六篇，广复继作四篇，文甚典美。乃悉撰次首目，为之解释，名曰《百官箴》，凡四十八篇。"③ 自西汉扬雄作箴后，东汉崔骃、崔瑗、崔寔、胡广、刘騊駼、繁钦等皆有仿效之作。④ 魏晋南北朝时期，代表性的官箴有：

---

① 葛荃：《官箴论略》，《华侨大学学报》（哲学社会科学版）1998 年第 1 期。

② 裴传永：《先秦时期官箴文献考论》，《东岳论丛》2010 年第 8 期。

③ （南朝宋）范晔撰，（唐）李贤等注：《后汉书》卷 44《胡广传》，中华书局 1965 年版，第 1511 页。

④ 崔骃的《太尉箴》《司徒箴》《司空箴》《尚书箴》《太常箴》《大理箴》《河南尹箴》；崔瑗的《尚书箴》《博士箴》《东观箴》《关都尉箴》《河堤谒者箴》《郡太守箴》《北军中侯箴》《司隶校尉箴》《中垒校尉箴》《侍中箴》；崔寔的《谏议大夫箴》《太医令箴》；胡广的《百官知箴叙》《侍中箴》《边都尉箴》《陵令箴》；刘騊駼《郡太守箴》、繁钦《尚书箴》等。可见曹丹《汉代箴文研究》，硕士学位论文，东北师范大学，2009 年，第 16 页。

潘勖《符节箴》、温峤《侍臣箴》、王济《国子箴》、潘尼《乘舆箴》①，及梁武帝萧衍《凡百箴》、北朝王褒《皇太子箴》等。两汉魏晋南北朝时期的官箴形态是"君王之诫"，还是"百官守则"，是学界探讨官箴演变问题的核心点，也是意见分歧的焦点所在。

（一）"官箴王阙"的复兴与西汉官箴的形态

学界普遍认为，官箴形态最初为"箴君"，后演变成"箴官"，但这一演变的"节点"存在较多分歧，其中又以"秦汉说"与"隋唐说"影响最大。"秦汉说"最早由刘俊文提出，他指出："官箴，原系百官对国王所进的箴言，秦汉以后演变成对百官的劝诫，即做官的箴言。"② 时运生表达相同看法："秦代以后，对君王的劝告和谏诤，已由言谏机构承担，所以从此时起，君王之诫就变成了官吏之诫了。"③ 随后葛荃、崔宪涛等学者皆持这种观点。④

"隋唐说"最早由彭忠德提出。他认为，两汉时期的官箴仍与《虞箴》相同，是官吏规谏君主的箴言。⑤ 直至隋唐时期，官箴的性质才发生变化，"《臣轨》当是官箴改变性质后的第一部官箴书"⑥，从此官箴对象由君主变为官吏。持类似观点的还有李玉阁、赵俊玲等。⑦

① 刘勰指出："潘勖《符节》，要而失浅；温峤《侍臣》，博而患繁；王济《国子》，引多而事寡；潘尼《乘舆》，义正体芜。"参见（南朝梁）刘勰著，（清）黄叔琳注，（清）纪昀评，戚良德辑校《文心雕龙》，上海古籍出版社 2015 年版，第 70 页。

② 刘俊文：《开发历史文化宝藏——官箴书》，《中国典籍与文化》1992 年第 2 期。

③ 时运生：《中国古代的为官之道——古代官箴述论》，《人文杂志》1996 年第 6 期。

④ 葛荃认为："秦汉以后，箴言的内容有了很大变化，从初始的箴谏君王，转而演变为百官守则。"不过葛荃也同时认为"汉人官箴的适用性包括了君臣双方"。见葛荃《官箴论略》，《华侨大学学报》（哲学社会科学版）1998 年第 1 期。崔宪涛言："两汉时期，不少学者和官员撰写了一些官箴。可以说，汉代开了撰写官箴风气的先河。"见崔宪涛《关于中国古代官箴书的几个问题》，《理论学刊》2005 年第 1 期。

⑤ 彭忠德：《古代官箴文献略说》，《文献》1995 年第 4 期。

⑥ 彭忠德：《古代官箴文献略说》，《文献》1995 年第 4 期。

⑦ 李玉阁在《试论明代官箴勉廉》（《哈尔滨学院学报》2010 年第 2 期）中说："官箴最初是对帝王过失的规谏与告诫，到唐朝时武则天作《臣轨》、唐玄宗制《令长新戒》，官箴则演变为皇帝对百官的'儆戒训诂之词'。"赵俊玲在《"官箴王阙"传统与扬雄箴文》（《安阳师范学院学报》2015 年第 3 期）中说："扬雄的箴文是'官箴王阙'传统中产生的代表性作品，其箴诫对象是君主，而非今天一些论者所认为的那样是百官。""周代而后，'官箴王阙'成为一种历史传统，在两汉魏晋南北朝时期从未衰败过。"

如何看待这两种分期呢？问题的关键在于如何理解两汉魏晋南北朝时期的官箴形态。"秦汉说"认为官箴在秦汉后已演变为"百官守则"，"隋唐说"则主张两汉至南北朝的官箴仍以"官箴王阙"为主。而探讨这一问题的关键，在于如何理解"扬雄箴"及后世补作的性质。

箴文从《虞箴》开始形成了一定的程序规范，汉代官箴受此影响较深。以下试以《虞箴》与扬雄《执金吾箴》的比较说明之。

《虞箴》：

> 芒芒禹迹，画为九州，经启九道。民有寝庙，兽有茂草，各有攸处，德用不扰。在帝夷羿，冒于原兽，忘其国恤，而思其麀牡。武不可重，用不恢于夏家。兽臣司原，敢告仆夫。①

扬雄《执金吾箴》：

> 温温唐虞，重袭。（案：二句有脱）纯孰。（案：此句有脱）经表九德。张设武官，以御寇贼，如虎有牙，如鹰有爪，国以自固，兽以自保。牙爪蒽蒽，动作宜时，用之不理，实反生灾。秦政暴戾，播其威虐，亡其仁义，而思其残酷。猛不可重任，威不可独行。尧咨虞舜，惟思是尚。吾臣司金，敢告执璜。②

经对比，两篇箴文在格式、体例和韵律等方面均有相似之处③，"芒芒禹迹"与"温温唐虞"、"经启九道"与"经表九德"、"武不可重"与"猛不可重任"等等。裴传永也指出："《虞箴》全篇基本上是四言成句，凡十五句，

---

① 《春秋左传正义》卷29《襄公四年》，《十三经注疏》，北京大学出版社1999年版，第838—840页。
② （汉）扬雄：《执金吾箴》，（清）严可均辑《全上古三代秦汉三国六朝文》第1册《上古至前汉》，河北教育出版社1997年版，第747页。
③ 具体在用韵方面，汉代箴文对《虞箴》的模仿问题，可参见侯妍《汉代箴铭文研究》，硕士学位论文，鲁东大学，2015年，第24—25页。

且注重押韵。受其影响，后世相当大的一部分官箴私箴都采用了四言协韵、数句到数十句不等的体式与风格。"① 可见，汉箴对《虞箴》模仿的痕迹十分明显。

究竟汉代箴文是否继承了《虞箴》"官箴王厥"的性质呢？答案是肯定的。首先体现在固定格式的运用上。《虞箴》结尾"兽臣司原，敢告仆夫"两句所形成的"×臣司×，敢告××"句式，成为汉代箴文的固定格式。以上所列《执金吾箴》即有"吾臣司金，敢告执璜"，其他箴文亦如此。②实际上，这是"作者代官员阐明自己所管辖之事，表明目的乃是箴告执政者。"③ 所箴告的执政者主要是指君主。

其次，在内容上确有"官箴王厥"的体现。从《执金吾箴》内容来看，一方面劝诫执金吾不能以残酷威猛以示权威，另一方面也劝谏皇帝任用执金吾时须谨慎小心、认真考察。再如《扬州箴》："汤武圣而师伊、吕，桀纣悖而诛逢、干。盖迩不可不察，远不可不亲……元首不可不思"④，分别以成汤、姬发与夏桀、商纣作为正反面教材，对帝王用人提出规谏：察近小，亲远贤。《益州箴》："帝有桀纣，湎沉颇僻"⑤，劝谏君主勿湎沉酒色。《交州箴》："盛不可不忧，隆不可不惧，顾瞻陵迟，而忘其规摹。亡国多逸豫，而存国多难。"⑥ 对君主提出居安思危、慎重周密的箴告，勿要闲适安乐。《大司农箴》："帝王之盛，实在农植……膏腴不获，庶物并荒，府库殚虚，靡积仓箱，陵迟衰微，周卒以亡。"⑦ 以周为鉴，劝谏帝王重视农业生产，充实

---

① 裴传永：《"箴"的流变与历代官箴书创作——兼及官箴书中的从政道德思想》，《理论学刊》1999 年第 2 期。

② 如《少府箴》："府臣司共，敢告执瓠。"《上林苑令箴》："衡臣司虞，敢告执指。"《雍州箴》："牧臣司雍，敢告赘衣。"《扬州箴》："牧臣司扬，敢告执筹。"

③ 卜晓伟：《汉代箴文研究》，硕士学位论文，河北师范大学，2012 年，第 18 页。

④ （汉）扬雄：《扬州箴》，载（清）严可均辑《全上古三代秦汉三国六朝文》第 1 册《上古至前汉》，河北教育出版社 1997 年版，第 742 页。

⑤ （汉）扬雄：《益州箴》，载（清）严可均辑《全上古三代秦汉三国六朝文》第 1 册《上古至前汉》，河北教育出版社 1997 年版，第 743 页。

⑥ （汉）扬雄：《交州箴》，载（清）严可均辑《全上古三代秦汉三国六朝文》第 1 册《上古至前汉》，河北教育出版社 1997 年版，第 744 页。

⑦ （汉）扬雄：《大司农箴》，载（清）严可均辑《全上古三代秦汉三国六朝文》第 1 册《上古至前汉》，河北教育出版社 1997 年版，第 745 页。

国库。《光禄勋箴》："昔在夏殷，桀、纣淫湎，符牛之饮，门户荒乱……内不可不省，外不可不清。德人立朝，义士充庭。"① 从"对内节俭、对外识人"两方面规谏帝王。《上林苑令箴》："昔在帝羿，共田径游……麋鹿牧伏，不如德至。衡臣司虞，敢告执指。"② 以帝羿为反面教材，劝谏帝王勿好游乐，当施仁德。汉成帝嗜酒成性，扬雄曾作《酒箴》以示劝诫。③ 这些均体现了"扬雄箴"的"箴君"色彩，其中一大特点是借用历史上的昏庸暴虐之君与贤德圣明之主来进行箴谏。

最后，在后人的追述中，也表明了"扬雄箴"具有"箴君"层面。崔瑗《叙箴》云："昔杨子云读《春秋传·虞人箴》而善之。于是作为九州及二十五官箴规匡救，言君德之所宜，斯乃体国之宗也。"④ "言君德之所宜"之语，即为确切体现。潘尼《乘舆箴》序言也称："自《虞人箴》以至于《百官》，非唯规其所司，诚欲人主斟酌其得失焉。《春秋传》曰：'命百官箴王阙'，则亦天子之事也。"⑤

实际上，整个西汉的政治环境相对宽松，允许甚至鼓励臣子箴谏帝王的过失，臣子对君王的箴谏之言不在少数。"汉初，贾谊、董仲舒等都不断地给帝王提出很重要的官箴要求来约束帝王。"⑥ 宣帝曾诏曰："有能箴朕过失，及贤良方正直言极谏之士以匡朕之不逮，毋讳有司。"⑦ 扬雄作为"真儒"的追求者，崇尚"如用真儒，无敌于天下"⑧ 的观念，提倡经世致用，

① （汉）扬雄：《光禄勋箴》，载（清）严可均辑《全上古三代秦汉三国六朝文》第 1 册《上古至前汉》，河北教育出版社 1997 年版，第 745 页。

② （汉）扬雄：《上林苑令箴》，载（清）严可均辑《全上古三代秦汉三国六朝文》第 1 册《上古至前汉》，河北教育出版社 1997 年版，第 749 页。

③ 《汉书·游侠传》："黄门郎扬雄作酒箴以讽谏成帝。"后世有诸多作家也将《酒箴》看作《酒赋》。

④ （汉）崔瑗：《叙箴》，载（清）严可均辑《全上古三代秦汉三国六朝文》第 2 册《后汉》，河北教育出版社 1997 年版，第 429 页。

⑤ （唐）房玄龄等撰：《晋书》卷 55《潘岳传》，中华书局 1974 年版，第 1513 页。

⑥ 郭成伟：《官箴文化的演变与借鉴》，《解放日报》2012 年 4 月 15 日。

⑦ （汉）班固撰，（唐）颜师古注：《汉书》卷 8《宣帝纪》，中华书局 1962 年版，第 249 页。

⑧ （汉）扬雄：《法言》，陈志坚主编：《诸子集成》第 5 册，北京燕山出版社 2008 年版，第 23 页。

延续与复兴"官箴王厥"的传统，是他的应有之义，这也是原始儒学干政传统在汉代的具体体现。

"秦汉说"认为，秦汉以后的官箴已演变为"百官守则"了，有什么依据呢？这主要是受到了宋人晁说之的影响。有关扬雄作"二十五官箴"的缘由，晁说之曾云："雄见（王）莽更易百官，变置郡县，制度大乱，士皆忘去节义，以从谀取利，乃作司空、尚书、光禄勋……等箴……皆劝人臣执忠守节，可为万世戒。"① 按其说法，扬雄作"二十五官箴"目的是"劝人臣执忠守节"，也即主要告诫对象为臣子。吕祖谦对此提出反驳："凡作箴，须用'官箴王阙'之意，各以其官所掌而为箴辞。如《司隶校尉箴》，当说司隶箴人君振纪纲，非谓使司隶振纪纲也。如《廷尉箴》，当说人君谨刑罚，非谓廷尉谨刑罚也。"② 通过前文的论述，我们认为，吕祖谦之言是有道理的，扬雄作箴主要是用来箴谏君主。

虽然扬雄作箴的主要目的是规谏君主，但我们详察扬雄《官箴》的内容后发现：扬雄从特定的职官入手进行箴谏，在这个过程中，《官箴》也不可避免地"阐述设官分职的重要作用、界说具体职位的职责范围、提出履行职权的官德要求。"③ 如《尚书箴》："王之喉舌，献善宣美，而谗说是折，我视云明，我听云聪，载夙载夜，惟允惟恭。"④ 扬雄指出了尚书"王之喉舌"的地位，"献善宣美"的职责，提出了"明"与"聪"的素质要求，以及勤勉、公允的工作态度。《少府箴》："实实少府，奉养是供。纪经九品，臣子攸同，海内币帑，祁祁如云。家有孝子，官有忠臣"⑤，强调了少府一职的重要性，对其提出"忠"的官德。《扬州箴》："元首不可不思，股肱不可不孳。"⑥ "孳"

---

① （宋）晁说之：《景迂生集·扬雄别传》，清文渊阁四库全书本。

② 王应麟在《玉海·辞学指南》中引吕祖谦之语。见王水照《历代文话》，复旦大学出版社2007年版，第998页。

③ 裴传永：《试论两汉官箴的主要内容和基本特点》，《理论学刊》2011年第2期。

④ （汉）扬雄：《尚书箴》，载（清）严可均辑《全上古三代秦汉三国六朝文》第1册《上古至前汉》，河北教育出版社1997年版，第744页。

⑤ （汉）扬雄：《少府箴》，载（清）严可均辑《全上古三代秦汉三国六朝文》第1册《上古至前汉》，河北教育出版社1997年版，第747页。

⑥ （汉）扬雄：《扬州箴》，载（清）严可均辑《全上古三代秦汉三国六朝文》第1册《上古至前汉》，河北教育出版社1997年版，第742页。

同"孜孜"，有勤勉之意。《卫尉箴》："阙为城卫，以待暴卒。国以有固，民以有内，各保其守，永修不败"①；《博士箴》："官操其业，士执其经。昔圣人之绥俗，莫美于施化"②。此二箴都是对各自职责的申说与强调。

曹丹称，扬雄箴"主讽地方及各个专业部门，兼及中央最高统治者。"③实际上颠倒了"箴君"与"箴官"的主次地位，但其"箴官"层面至少是存在的。

总之，扬雄作箴的主要目的是规谏君主，但又涉及百官职责。④其中"二十五官箴"的写法虽从官职入手，但其主要箴谏对象为帝王，在这个过程中，某些《官箴》同时也提出了该官职的职责范畴与官德要求。在"十二州箴"中，扬雄以帝王为箴谏对象，体现得更为明显。

（二）"箴官"层面的逐渐强化与"箴君""箴官"二元并立格局的形成

东汉出现的《百官箴》延续了"扬雄箴"的诸多风格与思想，但其"箴官"的层面有所加强，有着更为明显的"箴官"因子。如崔骃《司徒箴》："恪恭尔职，以勤王机……无曰余悖，忘于尔辅。无曰余圣，以忽执政。"⑤强调了司徒的辅政重任，要求恭谨其职。《尚书箴》："赫赫禁台，万邦所庭。无曰我平，而慢尔衡；无曰我审，而怠尔明……举以无私，乃忝服荣。"⑥东汉以尚书台总揽政务，故称"赫赫禁台"，作者对尚书提出公平、

① （汉）扬雄：《博士箴》，载（清）严可均辑《全上古三代秦汉三国六朝文》第1册《上古至前汉》，河北教育出版社1997年版，第746页。
② （汉）扬雄：《博士箴》，载（清）严可均辑《全上古三代秦汉三国六朝文》第1册《上古至前汉》，河北教育出版社1997年版，第748页。
③ 曹丹：《汉代箴文研究》，硕士学位论文，东北师范大学，2009年，第25页。
④ 赵俊玲在《"官箴王阙"传统与扬雄箴文》（《安阳师范学院学报》2015年第3期）中说："扬雄的箴文是'官箴王阙'传统中产生的代表性作品，其箴诚对象是君主，而非今天一些论者所认为的那样是百官。"赵俊玲有关"扬雄箴"属"官箴王阙"性质的结论，本书十分认可。但她忽视了"扬雄箴"围绕特定职官，也有一些为官职责与修养等方面的申说，即至少存在一定的"箴官"层面，而非完全没有。
⑤ （汉）崔骃：《司徒箴》，载（清）严可均辑《全上古三代秦汉三国六朝文》第2册《后汉》，河北教育出版社1997年版，第423页。
⑥ （汉）崔骃：《尚书箴》，载（清）严可均辑《全上古三代秦汉三国六朝文》第2册《后汉》，河北教育出版社1997年版，第423页。

明察、无私等官德要求或职业素养。《大理箴》："嗟兹大理，慎于尔官。赏不可不思，断不可不虔。"① 将"慎重""恭敬"看作大理赏罚断案的必备素养。高彪所作《督军御史箴饯赠第五永》为劝诫同僚的箴文，"勿谓时险，不正其身。勿谓无人，莫识己真。忘富遗贵，福禄乃存……先公高节，越可永遵。佩藏斯戒，以厉终身。"② 表达了作者对同僚正身律己、重才尚贤与公正高节的期盼。东汉还出现了《女师箴》《皇后箴》《外戚箴》等新类型箴文，主要针对后宫与外戚。皇甫规《女师箴》曰："咨尔庶妃，銮路斯迈。战战兢兢，厉省鞶带。"③ 崔琦《外戚箴》："辅主以礼，扶君以仁，达才讲善，以义济身。"④ 东汉中后期，外戚势力与宦官集团轮流执掌朝政，成为东汉政治的一大特色，这些箴文正是这一政治生态的真实反应。

魏晋以后的官箴，"箴官"色彩越发明显。西晋傅咸作有《御史中丞箴》，其序文写道："百官之箴，以箴王阙。余承先君之踪，窃位宪台，惧有忝累垂翼之责，且造斯箴，以自勖励。不云自箴而云御史中丞箴者，凡为御史中丞欲通以箴之也。"⑤ 由序文可知，傅咸明知官箴用来"箴王阙"，但他个人却以御史中丞的身份对御史中丞一职进行箴诫。关于此，清人光聪谐认为，"以箴王阙"是长久以来的传统，但"傅咸《御史中丞箴》始变其义，用以自箴。后来人主为之，遂以箴官，非官箴矣。"⑥ 尽管光聪谐所言"始变其义"之语有失严谨，因在此之前早已有"箴官"的出现，但他强调了魏晋以后一种明显的变化："遂以箴官，非官箴矣。"至梁武帝萧衍作《凡百箴》，"凡百众庶，尔其听之。事之大小，先当熟思。""勿恃尔尊，骄慢淫昏。勿

---

① （汉）崔骃：《大理箴》，载（清）严可均辑《全上古三代秦汉三国六朝文》第 2 册《后汉》，河北教育出版社 1997 年版，第 424 页。

② （汉）高彪：《督军御史箴饯赠第五永》，载（清）严可均辑《全上古三代秦汉三国六朝文》第 2 册《后汉》，河北教育出版社 1997 年版，第 630 页。

③ （汉）皇甫规：《女师箴》，载（清）严可均辑《全上古三代秦汉三国六朝文》第 2 册《后汉》，河北教育出版社 1997 年版，第 588 页。

④ （汉）崔琦：《外戚箴》，载（清）严可均辑《全上古三代秦汉三国六朝文》第 2 册《后汉》，河北教育出版社 1997 年版，第 435 页。

⑤ （晋）傅咸：《御史中丞箴（并序）》，载（清）严可均辑《全上古三代秦汉三国六朝文》第 4 册《晋》（上），河北教育出版社 1997 年版，第 549 页。

⑥ 钱钟书：《管锥编》，中华书局 1979 年版，第 964 页。

谓尔贵，长夜荒醉。"① 其"箴官"色彩已相当明显。

不过，这一时期"官箴王阙"的传统仍然具有一定影响力。傅咸《御史中丞箴》序言所提及的"百官之箴，以箴王阙"，表明这种传统认知在当时依然存在。潘尼《乘舆箴》则明确沿用"箴王阙"的传统，其序言曰："自《虞人箴》以至于《百官》，非唯规其所司，诚欲人主斟酌其得失焉。《春秋传》曰：'命百官箴王阙'。"② 在内容上也是明显的"箴君"言论："王者无亲，唯在择人，倾盖惟旧，自首乃新。""知人则哲，惟帝所难。"③ 嵇康的《太师箴》也是以太师身份对君主的规劝④，其中有"故居帝王者，无曰我尊，慢尔德音；无曰我强，肆于骄淫"⑤ 之语。北朝王褒《皇太子箴》序言曰："窃以太史官箴，《虞书》所诫"，"敢自斯义，献箴云尔"⑥，再次提到《虞箴》及"官箴王阙"。且箴谏对象为储君，是未来的帝王，不同于臣僚。这说明，"箴王阙"在魏晋南北朝仍作为对"百官之箴"的重要认知。可以说，这一时期呈现出"箴君"与"箴官"二元并立的格局。

由上述可知，"秦汉说"有其合理性，汉代箴文确有"箴官"层面，但忽视了"官箴王阙"在西汉时期复兴的事实，从这一时期官箴的整体形态看，"箴君""箴官"二者皆备，但"箴君"仍据主流，官箴并未完全演变为百官守则。"隋唐说"总体上肯定了汉代箴文对"官箴王阙"的复兴，以及魏晋箴文仍具"箴君"的层面，但对东汉魏晋以来"箴官"的发展趋势及其对官箴形态的巨大冲击，未能得到充分揭示。所以，对传统官箴形态的演变，不能简单地划出一个时间节点，而应看到其曲折反复的一面。

---

① （南朝）萧衍：《凡百箴》，载（明）张溥，（清）吴汝纶编《汉魏六朝百三家集选》，吉林人民出版社 1998 年版，第 453 页。
② （唐）房玄龄等撰：《晋书》卷 55《潘岳传》，中华书局 1974 年版，第 1513 页。
③ （唐）房玄龄等撰：《晋书》卷 55《潘岳传》，中华书局 1974 年版，第 1515 页。
④ 童强：《嵇康评传》（上），南京大学出版社 2011 年版，第 193 页。
⑤ （三国魏）嵇康著，殷翔、郭全芝注：《嵇康集注》，黄山书社 1986 年版，第 334 页。
⑥ （北朝）王褒：《王子渊皇太子箴（有序）》，载（清）李兆洛编《骈体文钞》，上海古籍出版社 2001 年版，第 76 页。

三、"箴官"主体下的"君臣互箴"

官箴文化发展至隋唐时期，有了显著的变化。唐代首次出现了帝王专为臣僚制定的官箴书，即广为人知的《臣轨》。学界普遍强调《臣轨》是强化"箴官"色彩的一个里程碑，东汉以来"箴官"的发展，在此取得"质"的突破。《臣轨》为武则天所作，其序言写道："为事上之轨模，作臣下之准绳。"① 该书共两卷十章，近两万字，从各个方面提出了对为官者的标准与规范，以作为臣僚的座右铭与士人贡举习业的读本。

《臣轨》包含同体、至忠、守道、公正、匡谏、诚信、慎密、廉洁、良将、利人十章，全面阐述了人臣的为官之道。《同体章》："人臣之于君也，犹四肢之载元首。""臣主同体，上下协心"②，表达君臣一体、上下一心。《至忠章》："事君者以忠正为基，忠正者以慈惠为本。""先其君而后其亲"③，强调百官对君主尽忠，对百姓慈惠。《守道章》："故道之所在，圣人尊之。""道成而后有福禄也。"④ 强调遵守先贤圣人之道。《公正章》："理人之道万端，所以行之在一。一者何？公而已矣。"⑤ 公正无私是"理人之道"之根本。《匡谏章》："夫谏者，所以匡君于正也。""臣子不谏净，则亡国破家之道也。"⑥ 强调臣子对君主的进谏之责，此关乎国家兴亡。《诚信章》："非诚信无以取爱于其君，非诚信无以取亲于百姓。"⑦ 官员的诚实守信对君主与百姓至关重要。《慎密章》："夫不慎于始，则祸成于末，虽终身积悔，其可及哉！"⑧ 告诫官场行事谨慎。《良将章》："夫将若能先事虑事，先防求防，如此者，守则不可攻，攻则不可守……若骄贪而轻于敌者，必为人所擒。"⑨ 对良将提出标准要求。《廉洁章》："夫不义而处富财，必招却夺之患。"⑩ 警告百官贪腐，

---

① （唐）武则天：《臣轨》，见《官箴书集成》第 1 册，黄山书社 1997 年版，第 2 页。
② （唐）武则天：《臣轨》，见《官箴书集成》第 1 册，黄山书社 1997 年版，第 4、6 页。
③ （唐）武则天：《臣轨》，见《官箴书集成》第 1 册，黄山书社 1997 年版，第 7、8 页。
④ （唐）武则天：《臣轨》，见《官箴书集成》第 1 册，黄山书社 1997 年版，第 10、12 页。
⑤ （唐）武则天：《臣轨》，见《官箴书集成》第 1 册，黄山书社 1997 年版，第 13 页。
⑥ （唐）武则天：《臣轨》，见《官箴书集成》第 1 册，黄山书社 1997 年版，第 17、19 页。
⑦ （唐）武则天：《臣轨》，见《官箴书集成》第 1 册，黄山书社 1997 年版，第 20 页。
⑧ （唐）武则天：《臣轨》，见《官箴书集成》第 1 册，黄山书社 1997 年版，第 23 页。
⑨ （唐）武则天：《臣轨》，见《官箴书集成》第 1 册，黄山书社 1997 年版，第 28 页。
⑩ （唐）武则天：《臣轨》，见《官箴书集成》第 1 册，黄山书社 1997 年版，第 25 页。

必招灾祸。《利人章》："夫衣食者，人之本也……人者，国之本……为臣之忠者，先利于人。"① 强调利为人本，人为国本，为官者应为百姓谋利。

从语言文体来看，《臣轨》已经突破了两汉、魏晋时期官箴的形态，完成了从箴文到官箴书的演变。官箴书与箴文相比，叙述形式随意多样，内容更加丰富。从编纂结构来看，此书相比于汉代零散的箴文，体例更加完备，书内篇章之间凸显一定的逻辑关联性，对后世官箴书的结构体例产生了较大影响。从具体内容来看，《臣轨》是"为官之道"或"居官法则"的全面系统阐释，是为官者所应遵循或具备的官德修养、原则理念或职业素养等，也是秦汉以来"为官之道"论述之集大成者，形成了传统官箴书论述"为官之道"的基本格局。除《臣轨》外，武则天还召集文学之士周思茂等作有《百僚新戒》五卷，② 现已佚失。

唐太宗也写过箴规臣僚的《百字箴》：

> 耕夫役役，多无隔夜之粮。织女波波，少有御寒之衣。日食三餐，当思农夫之苦。身穿一缕，每念织女之劳。寸丝千命，匙饭百鞭，无功受禄，寝食不安。交有德之朋，绝无义之友。取本分之财，戒无名之酒，常怀克己之心，闭却是非之口。若依朕之斯言，富贵功名长久。③

《百字箴》体现了唐太宗对百官的谆谆告诫：杜绝浪费，常思物力维艰；廉洁自律，不可无功受禄；慎重交友，常怀克己之心。

唐玄宗《令长新戒》也是唐代"君箴臣"的代表作。开元二十四年（736），玄宗宴请新任县令于朝堂，自作《令长新戒》，颁赐于天下县令。④

---

① （唐）武则天：《臣轨》，见《官箴书集成》第 1 册，黄山书社 1997 年版，第 30—31 页。

② （后晋）刘昫等撰：《旧唐书》卷 6《则天皇后本纪》，中华书局 1975 年版，第 133 页。

③ （唐）李世民：《百字箴》，见（清）丁宜曾辑《农圃便览》，清乾隆三年刻本。

④ （宋）司马光编著，（元）胡三省音注：《资治通鉴》卷 214，中华书局 1956 年版，第 6813 页。秦制：县万户以上为令，秩一千至六百石；万户以下为长，秩五百至三百石。秦汉时治万户以上县者为令，不足万户者为长。后因以"令长"泛指县的行政长官。

《令长新戒》表达了唐玄宗对县令长为政一方、勤政爱民的殷切期望。要求他们革除旧弊，维新政事，教化风俗，体恤贫苦，劝农养富，勤劳躬亲，终成一代"良臣。"①《令长新戒》还被刻于铭石，立于衙署。宋人欧阳修记述："右《令长新戒》。开元之治盛矣，玄宗尝自择县令一百六十三人，赐以丁宁之戒。其后天下为县者皆以新戒刻石，今犹有存者。"②此外，玄宗尚颁有《处分县令敕》《明皇戒牧宰敕》等官戒敕令。

唐以后，官箴文化中的"箴官"层面已占据主流，官箴在总体上演变为帝王约束告诫百官的工具，是为官者的从政规范或入仕指南。

不过需要注意的是，隋唐时期的官箴文化颇有"君臣互箴"的特点，即君臣互相针对。前文所述唐太宗、武则天、唐玄宗创作箴文或官箴书，皆针对臣僚，而臣子作箴往往也针对君主。如隋代戴逵作有《皇太子箴》，以储君为劝谏对象。③唐初统治者积极吸取隋亡的教训，广开言路，积极纳谏。贞观初年，中书省官员张蕴古上《大宝箴》以讽，"太宗嘉之，赐以束帛，除大理丞。"④唐宪宗崇尚武功，又好游猎。吏部郎中柳公绰上《太医箴》："医之上者，理于未然。患居虑后，防处事先。"⑤宪宗也欣然接受，并提拔其为御史中丞。唐敬宗时，"帝昏荒，数游幸，狎比群小"，百官鲜有进言，李德裕上《丹扆六箴》。《宵衣箴》讽视朝稀晚，《正服箴》讽服御非法，《罢献箴》讽敛求怪珍，《纳诲箴》讽侮弃忠言，《辩邪箴》讽任群小，《防微箴》讽伪游轻出。敬宗"敦敦作诏，厚谢其意。"⑥

最能体现"君臣互箴"的是唐德宗与杜希全君臣。时杜希全将赴灵州，行前向德宗"献《体要》八章，多所规谏。德宗深纳之，乃撰《君臣箴》以

---

① （唐）李隆基：《令长新戒》，载周绍良主编《全唐文新编》第1部第1册，吉林文史出版社2000年版，第521页。

② （宋）欧阳修：《欧阳修全集》，中国文史出版社1999年版，第475页。

③ （唐）欧阳询撰，汪绍楹校：《艺文类聚》，上海古籍出版社1999年版，第295页。

④ （后晋）刘昫等撰：《旧唐书》卷190《张蕴古传》，中华书局1975年版，第4993页。

⑤ （唐）柳公绰：《太医箴》，载周绍良主编《全唐文新编》第3部第2册，吉林文史出版社2000年版，第6299页。

⑥ （宋）欧阳修等撰：《新唐书》卷180《李德裕传》，中华书局1975年版，第5329—5330页。

赐之"①。杜希全作《体要》砭切政病，规谏德宗，德宗即撰《君臣箴》以回应，君臣互相针对。在《君臣箴》中，德宗阐释了为臣之道，有"臣之事君，咸思正直""惟君无良，亦臣之咎"，及"期尽忠而纳诲"等"箴官"言论，还借用"辛毗引裾"等典故勉励臣下直言进谏与尽心辅政。② 不过《君臣箴》也表达了君臣携手，共谋社稷的为政理念。③

可见唐代"君臣互箴"的特点是比较明显的，凡君主作箴多为告诫臣子，而臣子作箴又多以劝谏君主。这与魏晋南北朝时的"箴君""箴官"二元并立不同，"二元并立"格局只是强调"箴君"与"箴官"平分秋色、势均力敌。而无论"箴君"还是"箴官"，此时官箴的创作群体基本上为百官臣僚，因此也就谈不上"君臣互箴"。这一时期虽有梁武帝作《凡百箴》规诫百官，但这种现象并不普遍，且臣子作箴之目的也与唐代多针对君主有所不同。

大体言之，唐代的官箴形态，呈现出"箴官"主体下"君臣互箴"的特点。相比于魏晋南北朝时期，隋唐建立了大一统王朝，君主权威与中央集权得到了巩固与强化，从中央到地方有着一套比较严密、系统且完善的官僚行政体制。为保障统治机器在广阔地域上的良好运转，帝王规诫百官在所难免，也显得更为迫切。但在"箴官"主体下，之所以又呈现"君臣互箴"的特点，一方面因唐代政治生态相对良好，政治环境也相对宽松，臣子作箴劝谏君主，君主多能虚心接受，甚至给予赏赐或提拔。另一方面，"箴王阙"的传统影响力也还未彻底消退。唐代有帝王"自箴"现象，早在贞观年间，唐太宗就著有《帝范》一书，论述了帝王的为君之道。唐德宗则作有《刑政箴》，用以"自箴"。其序言"聊缀斯文，庶乎自儆尔"，明确"自儆"目的，即自我警醒。内容上有"立政伊何，必循道德""广无情之听，思得其真"

① （后晋）刘昫等撰：《旧唐书》卷144《杜希全传》，中华书局1975年版，第3921页。

② （后晋）刘昫等撰：《旧唐书》卷144《杜希全传》，中华书局1975年版，第3922页。

③ 《君臣箴》在阐释为臣之道的同时，也提及为君之道。如"惟德惠人，惟辟奉天，从谏则圣，共理惟贤"之语，隐含帝王君德。再如"且以谠言者逆耳，谀谀者伺侧，故下情未通，而上听已惑"之语，强调近忠贤、远谀谀，使下情通畅。"君之任臣，必求一德"，表达了帝王用人原则。《君臣箴》在结尾强调"君臣协德，混一区宇。"见（后晋）刘昫等撰《旧唐书》卷144《杜希全传》，中华书局1975年版，第3922页。

等自警言语。结尾也表明"自箴"用意："戒于未形""书以自勖。"① 唐代帝王自觉承继"箴王阙"的历史传统，为"臣箴君"树立了良好典范，同时也可视为"君臣互箴"的补充形式。

四、"官吏自箴"的定格及其文化动因

宋元明清时期，官箴文化中"箴官"层面的主体地位被再度强化，并最终定格在"官吏自箴"。宋以后的官箴，其展现方式不再以箴文为主，而是数量众多、篇幅浩瀚的官箴书。初步统计，宋代官箴书有十余种，如吕本中的《官箴》，许月卿的《百官箴》，李元弼的《作邑自箴》，陈襄的《州县提纲》，朱熹的《朱文公政训》，真德秀的《西山政训》，张镃的《仕学规范》等。这些官箴书无不都以百官作为规诫对象，其中吕本中《官箴》所言当官三法：清、慎、勤②，对后世产生了深远的影响，几乎成为钦定的官箴。梁启超说："近世官箴，最脍炙人口者三字：曰清、慎、勤。"③《州县提纲》可谓我国现存最早的一部州县治政论著，《仕学规范》则篇幅浩瀚，达 40 卷。宋仿唐制，也将官箴刻于铭石立于衙署堂前，以作官吏的"警示镜"，即著名的《戒石铭》④。这一做法被明清统治者所沿用，衙署堂前的"尔俸尔禄，民膏民脂，下民易虐，上天难欺"四句箴言，在后世广泛流传。

宋代单篇箴文也强化了"箴官"色彩。北宋田锡作《相箴》，更多将政治责任归于宰相，"黄阁之下，敢献箴曰"⑤，对帝王则称"圣乃君德也，贤亦君德也。"⑥ 田锡还作有针对武官的《将箴》。宋真宗针对百官，也作有《内

---

① 不过详查《刑政箴》内容，也隐含了德宗对司法官员的箴勉。如有"详刑伊何，必去烦刻。不以人众欲，不以枉伤直""宽则致慢，猛亦取怨，酌于大猷，戒厥偏见""奉无私之心，以诚其意"等言论。但德宗作此箴主要目的是"自箴"，之所以又隐含对司法官员的箴勉，是因德宗作箴的一贯风格，即表达君臣同心同德、携手共进，共谋社稷的为政理念。《刑政箴》全文见周绍良主编《全唐文新编》第 1 部第 1 册，吉林文史出版社 2000 年版，第 691 页。

② （宋）吕本中：《官箴》，中华书局 1985 年版，第 1 页。

③ 梁启超：《新民说》，辽宁人民出版社 1994 年版，第 19 页。

④ 《戒石铭》铭文出自五代蜀主孟昶的《颁令箴》，宋太宗摘取其中的 4 句。

⑤ （宋）田锡：《咸平集》卷 13《箴》，巴蜀书社 2008 年版，第 113 页。

⑥ （宋）田锡：《咸平集》卷 13《箴》，巴蜀书社 2008 年版，第 112 页。

侍箴》《文臣七条》及《武臣七条》①。北宋吕大防为激励百官，作有《观政阁箴》。②南宋唐士耻针对特定职官，作有《谏院箴》与《三司使箴》。也有针对具体某人作箴的，如金履祥作《越州箴》，献浙江统帅王敬严。③不过宋代也并非完全没有"箴君"的箴文，南宋陈亮的《上光宗皇帝鉴成箴》即以宋光宗为箴谏对象。④

元代的官箴书主要有张养浩《三事忠告》、叶留《为政善报事类》、苏霖《有官龟鉴》⑤、徐元瑞《吏学指南》、王结《善俗要义》⑥，以及赵素的《为政九要》等，大体不超10部，其中以《三事忠告》影响最大。《三事忠告》分《牧民忠告》《风宪忠告》《庙堂忠告》三部分，规诫或指导对象分别为州县官、御史言官与中书辅官。

明清时期，以各级官吏为规诫对象的官箴书不断涌现。明中前期的官箴延续了宋元时期的发展势头，产生了何文渊《牧民备用》、明宣宗《御制官箴》、薛瑄《从政录》，及许堂《居官格言》、汪天赐《官箴集要》、吴遵《初仕录》等十余部官箴书。至晚明时期，由于特殊的时代背景，官箴书的数量骤增。据不完全统计，晚明产生了吕坤《实政录》、刘时俊《居官水镜》、佘自强《治谱》、王世茂《仕途悬镜》、袁黄《当官功过格》、颜茂猷《官鉴》、沈大德《当官日镜》、不著撰者《新官轨范》等不下30部官箴书，以及规模达50卷的官箴丛书《重刻合并官常政要全书》。明代官箴书以吕坤的《实政录》对后世影响最大，清人郑端《政学录》一书大篇幅引用《实政录》，尹会刊行了《实政录》的卷首《明职》，陈宏谋所辑官箴书对其多有取材。⑦

---

① 曾枣庄、刘琳主编：《全宋文》第7册，巴蜀书社1990年版，第129—130页。

② 北宋中期，在成都大慈寺观政阁上绘有开宝元年（968）以来历任地方官的图像，并注明姓名、爵位和在任年月，但没有记载他们为官的政绩。吕大防考察了其中28人的政绩，分别写成箴言，以激励将来。见《都江堰文献集成·历史文献卷》，巴蜀书社2007年版，第135页。

③ （宋）金履祥：《仁山集》卷3《越州箴上浙帅王敬严》，中华书局1985年版，第58页。

④ （宋）陈亮：《陈亮集》卷10《箴铭赞》，中华书局1974年版，第106页。

⑤ 彭忠德：《古代官箴文献略说》，《文献》1995年第4期。

⑥ 彭作禄：《中国历代官箴文献与传统吏道思想》，《古籍整理研究学刊》1990年第4期。

⑦ 解扬：《政治与事君：吕坤〈实政录〉及其经世思想研究》，三联书店2011年版，第190—199页。

　　清代是官箴书创作的集大成时期，造就了清代官箴文化的巅盛之态。周保明指出："明末清初，官箴书籍如雨后春笋般……时代愈往后，官箴文献便呈现出细密复杂的景象。"[1] 以《官箴书集成》收录数量看，历代官箴书共计 101 种，清代则高达 73 种，以往各代之总和仅占清代三分之一左右。崔宪涛估计，"有清一代流传下来的官箴书，达五百余种之多。"[2] 总而言之，清代官箴书已多至数百种，远远超过以往各代之总和。清代代表性的官箴书如：李容《司牧宝鉴》、黄六鸿《福惠全书》、陈宏谋《从政遗规》《在官法戒录》、徐栋《牧令书》、刚毅《居官镜》，及田文镜、李卫奉雍正帝令所撰《钦颁州县事宜》等。其中黄六鸿的《福惠全书》32 卷，近 30 万字，内容涉及居官为政的方方面面，几乎无所不包。清代还涌现出针对胥吏和幕僚为规诫对象的官箴书，如汪辉祖《学治臆说》《佐治药言》、万维翰《幕学举要》、李庚乾《佐杂谱》、庄某《长随论》[3] 等，这就使官箴书的箴诫对象再次扩大，由单纯的"官员"群体扩展至"官员""书吏""杂役""幕僚""长随"等一切从政人员。

　　与唐代相比，宋元明清时期的官箴，不仅进一步强化了"箴官"的主流地位[4]，且官箴书的创作者，绝大多数为官吏或士大夫本身。其创作者可大致分以下五类：(1) 中央高层官僚。如《三事忠告》作者张养浩官居礼部尚书、参议中书省事；《牧民备用》作者何文渊官至吏部尚书，加太子太保。[5] (2) 学术造诣深厚的学者。如《朱文公政训》作者朱熹为宋代著名理

---

[1]　周保明：《明清官箴文献论略》，《新世纪图书馆》2011 年第 2 期。

[2]　崔宪涛：《关于古代官箴书的几个问题》，《理论学刊》2005 年第 1 期。

[3]　(清) 徐珂编撰：《清稗类钞》第 11 册，中华书局 2010 年版，第 5271 页。

[4]　我们注意到，由于特殊的政治与社会环境，中晚明出现了一批不顾生死、积极谏挣的言官。我们并不否认这一时期言官的进谏异常活跃，但总体上不能改变宋元明清时期"箴官"已占据绝对主流的事实。且本文讨论的是"官箴文化"，明代大臣上劝谏奏疏，虽有对君主的箴谏意味，但本质上还是国家机器的运转。如将宋元明清时期官员所上，凡有劝谏意味的奏疏均归为"官箴文化"，如此只会让"官箴文化"的概念无限扩大化，进而与监察文化、言官文化等混为一谈，走向漫无边际的研究。宋元明清时期的"官箴文化"，我们倾向将其定义为一种告诫、指导从政者如何从政、施政的文化，是一种入仕指南、行政手册。

[5]　《江西省志人物志》，方志出版社 2007 年版，第 177 页。

学家、思想家，理学集大成者；《从政录》作者薛瑄，为明代理学家、思想家，河东学派创始人。(3) 坐镇一方、从政经验丰富的封疆大吏。如《治谱》作者佘自强历任巴陵知县、户部主事、兵备副使、山西按察使、布政使，官至延绥巡抚；《州县事宜》作者之一田文镜，历任长乐县丞、宁乡知县、易州知州、河南布政使，官至总督河南山东兼北河总督。(4) 中层官僚士人。《廉平录》辑者之一高为表，国子监博士，官至袁州知府①；《牧令书》作者徐栋曾任工部郎中、西安知府。(5) 下层官吏文人。如《璞山蒋公政训》作者蒋廷璧，以举人出任青城教谕；《福惠全书》作者黄六鸿，以举人出任郯城知县。当然也有两类兼得者，如《西山政训》作者真德秀，既是著名的理学家，也官居"副宰相"参知政事。② 可见自宋代以来，尤其明清时期，各个层面的官僚士人都加入了官箴书的创作。如果说在唐代"君臣互箴"的现象还比较普遍，那么到了宋元明清时期，已基本演变成"官吏自箴"的形态。③ 至此，中国传统官箴形态从"官箴王阙"到"君臣互箴"再到"官吏自箴"的演变基本完成。

宋元明清时期的官箴定格在"官吏自箴"，其原因复杂多面。最主要的原因在于，官箴形态的发展演变是与整个传统政治生态密切相关的。郭成伟认为："宋元明清是封建专制中央集权统治逐步强化的时期，约束官吏的各项制度愈益严格。在'伴君如伴虎'的特定时期，朝廷官吏为求生存与自救，多著有自警性质的官箴内容，使得官箴文化的发展带有官员自箴自省的时代特征。"④ 可以说，这一看法是颇符实际的。宋代以后，专制主义与中央集权在总体上不断强化。宋代吸取了中晚唐以来皇权涣散、藩镇割据的历史教训，在强化皇权与集权中央等方面做了大量工作，其中一个重要的原则就是分权制衡思想，采用各种办法限制、分散官吏的权力，监督官吏的行为。宋代官制复杂，官员冗叠，在起到维护皇权与中央权威作用的同时，造成行

① (同治)《番禺县志》，广东人民出版社 1998 年，第 671 页。

② 杨倩描主编：《宋代人物辞典》(下)，河北大学出版社 2015 年版，第 1213 页。

③ 这里所言的"官吏自箴"，是将官吏作为一个群体看待，而非个体。也即官吏群体自作官箴，以箴诫官吏群体，并非官吏自箴本人。

④ 郭成伟：《中国古代官箴文化论纲》，《政法论坛》2011 年第 2 期。

政效率的低下，也往往制造"行政事故"。这就使得官吏为减少"事故"，不得不进行"自箴。"明代专制主义中央集权达到空前高度，明太祖"特用重典驭下，稍有触犯，刀锯随之"，导致人人自危。"时京官每旦入朝，必与妻子诀，及暮无事，则相庆以为又活一日。"① 虽言语夸张，但足见当时的政治生态。至清代，专制皇权发展至顶峰，军机重臣皆"跪受笔录"，皇帝通过奏折和廷寄遥控督抚，牢牢掌控大权。清代以满洲入主中原，面临华夏，在文化内涵高于自身的庞大"异族"面前，一方面采取文化专制，实行禁书政策与大兴文字狱；另一方面也积极以"官箴"的方式，对广大官吏进行道德与良心上的"驯化"。在这种政治生态下，官吏为自保而"自箴"，也就成为必然现象。

　　除这一主因外，尚有其他几大因素需要注意。（1）宋代以来，科举取士在人才选拔中所占的比例有了大幅提高，尤其明清以后，八股取士几乎垄断了官场仕途。科举取士重义理，轻实务，一定程度上造成官员行政技能的普遍缺失，从而使宋以后务实指导性的官箴书获得了广阔市场。（2）宋代以来胥吏问题逐渐凸显，主要是数量增殖与管理失控带来的行政舞弊，尤其在中晚明与清代更为突出。清人纪昀直言："最为民害者，一曰吏，一曰役。"② 吏役、长随、幕僚的思想行为深刻地牵动着官员的政绩与仕途，因此对其进行规诫成为官员的一大要务。（3）宋代以来理学兴盛，宋明理学对士大夫的熏陶也不容忽视。这时期的士大夫有着更为普遍的"苍生社稷"情怀，官箴成为他们表达与实践理想信念的一种路径，官箴书的创作者有不少为理学名家。（4）宋代以来社会治理难度的增大也是一项客观因素，社会变迁③ 加剧行政难度，倒逼官吏学习新的行政经验与技能。官吏出于做好本职工作的需求，创作官箴书主观自觉地选择自箴，这就有别于被迫地进行"政治自救。"

---

① （清）赵翼著，王树民校证：《廿二史札记校证》卷 32《明祖晚年去严刑》，中华书局1984 年版，第 744 页。

② （清）纪昀著，北原注译：《〈阅微草堂笔记〉注译》，中国华侨出版社 1994 年版，第246 页。

③ 参见林文勋《唐宋社会变革论纲》，人民出版社 2011 年版；王瑞来《近世中国：从唐宋变革到宋元变革》，山西教育出版社 2015 年版；李新峰《论元明之间的变革》，《古代文明》2010 年第 4 期；万明主编《晚明社会变迁问题与研究》，商务印书馆 2005 年版。

此外，活字印刷术的出现与改良为官箴书的"生产"提供了技术支持。随着商业资本介入官箴文化，也不乏官吏以谋求经济利益作为出版官箴书的动机。[1] 总而言之，官箴形态的发展演变与政治生态密切相关，也与其他各方面的时代因素有着一定的关联。

传统官箴形态的演变呈现出由"官箴王阙"到"官吏自箴"的总体趋势。但官箴形态的演变并非呈现"直线型"，而是一个漫长、曲折与反复的历史过程。最初的箴文主体形态为"箴君"，是以告诫君王、天子为主的，至西周初年出现了"箴官"的萌芽——《大正箴》。春秋战国至秦代，随着君权的加强，箴文的"箴官"层面得到发展，以"箴君"为主流的格局遭到严重挑战。两汉时期，在儒学复兴并渗透于政治的背景下，"官箴王阙"的传统得到复兴，重新确立了"箴君"的主流地位，但东汉以后"箴官"层面又有强化，至魏晋南北朝时期，呈现出"箴君""箴官"二元并立的格局。隋唐时期，武则天的《臣轨》使得"箴官"的发展取得"质"的突破，"箴官"最终取得了主流地位，官箴在总体上演变为帝王约束告诫百官的工具。但由于唐代总体上较为宽松的政治环境，"官箴王阙"的传统影响力仍未彻底消退，官员箴谏君主的言论也为数不少，颇具"君臣互箴"色彩。至宋元明清时期，官箴形态演变并定格成为"官吏自箴"。这既是专制主义中央集权发展的必然结果，又与传统中国的政治生态、思想形态以及社会变迁等都具有千丝万缕的关联。

第三节 从"为政之道"到"从政经验"

先秦至明中叶，官箴文化的发展演变，还体现在内容上，我们概括为：从以"为政之道"为主的思想阐释，到以"从政经验"为主的传授叙说。本节结合具体内容，做一简单梳理。

---

[1] 参见杜金《明清民间商业运作下的"官箴书"传播——以坊刻与书肆为视角》，《法制与社会发展》2011年第3期。

一、"为政之道"的阐述

先秦时期的箴文，其根本关注点在"为政之道"。"道"字做狭义理解，即道德、理念、素质等，也就是向为政者提出所应遵循或具备的官德修养、原则理念或职业素养等。

《虞人之箴》是西周传世箴文中流传最为广泛的一篇，其辞曰：

> 芒芒禹迹，画为九州，经启九道。民有寝庙，兽有茂草，各有攸处，德用不扰。在帝夷羿，冒于原兽，忘其国恤，而思其麀牡。武不可重，用不恢于夏家。兽臣司原，敢告仆夫。①

这篇箴文主要表达的意思是，大禹时期百姓安居乐业，百畜生息繁衍，与百姓和谐相处，互不相扰。夷羿登上王位后，却迷恋捕杀，贪恋渔猎，不思国家忧患。因而向国君提出箴谏，不可过度武力杀生。《虞人之箴》提出了人与自然"各有攸处，德用不扰"的思想。用今天的话讲，即人与自然和谐相处的生存理念。

作于周成王时的《大正箴》，其辞如下：

> 钦之哉，诸正！敬功尔颂，审三节，无思民因顺。尔临狱无颇，正刑有掇。夫循乃德，式监不远。以有此人，保宁尔国，克戒尔服，世世是其不殆。维公咸若。②

《大正箴》是成王规戒大正所作，提出公正司法、慎重刑罚、恪守德性等职业素养，通篇以"明德慎罚"为核心主题。"敬德保民"是西周安邦治国的根本纲领，所谓"天命靡常，惟德是辅"③。"明德慎罚"便是"敬德保民"在司法领域的具体体现，"而这篇箴文在某种程度上堪称我国历史上最早的

---

① 《春秋左传正义》卷29《襄公四年》，《十三经注疏》，北京大学出版社1999年版，第838—840页。
② 黄怀信：《逸周书校补注译》，西北大学出版社1996年版，第318页。
③ 《诗经·大雅·文王》曰："天命靡常"；《尚书·周书·蔡仲之命》曰："皇天无亲，惟德是辅。"

一部法官职业道德准则。"①

　　春秋早期，卫武公为鼓励臣下直言进谏而作《耄箴》，以表达虚怀纳谏的为政之道：

　　　　自卿以下至于师长士，苟在朝者，无谓我老耄而舍我，必恭恪于朝，朝夕以交戒我；闻一二之言，必诵志而纳之，以训导我。②

　　秦统一之际的《为吏之道》更为典型，提出了"正直""慎谨""毋私""微密""毋苛""忠信""清廉""善行""恭敬"等等一系列为政所应遵循或具备的官德修养、原则理念或职业素养等：

　　　　凡为吏之道，必精絜（洁）正直，慎谨坚固，审悉毋（无）私，微密戳（纤）察，安静毋苛，审当赏罚……吏有五善：一曰中（忠）信敬上，二曰精（清）廉毋谤，三曰举事审当，四曰喜为善行，五曰龚（恭）敬多让……③

　　可见，先秦时期的箴文，无论箴诫的对象为君王还是臣子，其根本关注点在"为政之道"，属于理念、原则、修养、素质、准则等层面的问题。

二、职责规范与官德要求

　　有关两汉魏晋箴文，裴传永指出："两汉官箴既有对先秦官箴继承、弘扬的一面，同时也有拓展、创新的一面。其主要内容归纳起来包括三个方面，即阐述设官分职的重要作用、界说具体职位的职责范围、提出履行职权的官德要求。"④ 葛荃也持相同看法。⑤ 我们具体分析如下：

----

① 裴传永：《先秦时期官箴文献考论》，《东岳论丛》2010 年第 8 期。
② （战国）左丘明撰，（三国吴）韦昭注：《国语》，上海古籍出版社 2015 年版，第 364 页。
③ 王辉、王伟编：《秦出土文献编年订补》，三秦出版社 2014 年版，第 260—261 页。
④ 裴传永：《试论两汉官箴的主要内容和基本特点》，《理论学刊》2011 年第 2 期。
⑤ 葛荃《官箴论略》（《华侨大学学报》（哲学社会科学版）1998 年第 1 期）："汉人官箴常常采用追述历史沿革的方式来阐明某一职官职责和政治影响等等，这样一来，既明确了官责与官德，同时又为君王设官治政提供了知识资讯。"

东汉崔骃《司徒箴》：

> 天鉴在下，仁德是兴。乃立司徒，乱兹黎蒸。芒芒庶域，率士祁
> 祁。（人）[民]具尔瞻，四方是维。干干夕惕，靡怠靡违。恪恭尔职，
> 以勤王机。敬敷五教，九德咸事。旾民用章，黔黎是富。无曰余悖，
> 忘于尔辅。无曰余圣，以忽执政。匪用其良，乃荒厥命。庶绩不怡，
> 疚于尔禄。丰有折肱，而鼎覆其。《书》歌股肱，《诗》刺南山。尹氏不
> 堪，国度斯愆。徒臣司众，敢告执藩。①

此箴开篇提到设立司徒一职的重要作用。随后"恪恭尔职，以勤王机"之
语，提出"恪恭"的官德与"勤王机"的职责。"敬敷五教，九德咸事""敬"
是对职业态度的要求，有认真负责之意；"敷"为流布、传播之意，要传经
布道。"无曰余悖，忘于尔辅"，强调辅政之责任。"庶绩不怡，疚于尔禄"，
激励干好本职，否则愧对俸禄。

西晋傅咸的《御史中丞箴》：

> 煌煌天文，众星是环，爰立执法，其晖有焕。执宪之纲，秉国之
> 宪，鹰扬虎视，肃清违慢。謇謇匪躬，是曰王臣，既直其道，奚顾其
> 身！身之不顾，孰有弗震！邦国若否，山甫是明，焉用彼相，莫扶其
> 倾。淮南构逆，实惮汲生，赫赫有国，可无忠贞。忧责有在，绳必以
> 直，良农耘秽，勿使能植。无礼是逐，安惜翅翼，嗟尔庶寮，各敬乃
> 职，无为罚先，无怙厥力。怨及朋友，无惭于色，得罪天子，内省有
> 恧。是用作箴，惟以自敕。②

与崔骃《司徒箴》相似，开篇提到御史中丞一职对国家的重要性："爰立执

---

① （汉）崔骃：《司徒箴》，载（清）严可均辑《全上古三代秦汉三国六朝文》第 2 册《后
汉》，河北教育出版社 1997 年版，第 423 页。

② （晋）傅咸：《御史中丞箴（并序）》，载（清）严可均辑《全上古三代秦汉三国六朝文》
第 4 册《晋》（上），河北教育出版社 1997 年版，第 549—550 页。

法，其晖有焕。执宪之纲，秉国之宪。"爱立"即拜相之意。"鹰扬虎视，肃清违慢"，掌朝廷纲纪的御史中丞应像雄鹰般翱翔，像老虎般凶视，肃清违抗怠慢之人。"謇謇匪躬，是曰王臣"，为国君忠直谏诤，才能称君王的臣子。"忧责有在，绳亦必直""嗟尔庶寮，各敬乃职"，强调恪守职责。

总之，两汉魏晋官箴重在界说职责范围，并提出相应的官德与规范，强调恪尽职守。

三、"居官法则"的系统阐释

唐代官箴书以武则天主持编撰的《臣轨》为典型代表，该书全面系统地阐释了"居官法则"，是秦汉以来"为官之道"论述之集大成者，形成了传统官箴书论述"为官之道"的基本格局。如果说唐以前的"居官法则"零碎而不成体系，那么《臣轨》犹如"君官宪法"，具有根本性与系统性。

《臣轨》分同体、至忠、守道、公正、匡谏、诚信、慎密、廉洁、良将、利人10章，全面阐述了人臣的为官之道。《同体章》："人臣之于君也，犹四肢之载元首，耳目之为心使也。"① "臣主同体，上下协心，是其道著。"② 强调君臣一体、上下一心。《至忠章》："事君者以忠正为基，忠正者以慈惠为本。"③ "古之忠臣，先其君而后其亲。"④ 强调对国家与君主尽忠，对百姓慈惠。《守道章》："故道之所在，圣人尊之。"⑤ "道成而后有福禄也。"⑥ 强调遵守先贤圣人之道。《公正章》："忍所私而行大义，可谓公矣。"⑦ "理人之道万端，所以行之在一。一者何？公而已矣。"⑧ 强调公正无私是"理人之道"之根本。《匡谏章》："夫谏者，所以匡君于正也。"⑨ 《孝经》曰：'子不可以不

---

① （唐）武则天：《臣轨·同体章》，见《官箴书集成》第1册，黄山书社1997年版，第4页。
② （唐）武则天：《臣轨·同体章》，见《官箴书集成》第1册，黄山书社1997年版，第6页。
③ （唐）武则天：《臣轨·至忠章》，见《官箴书集成》第1册，黄山书社1997年版，第7页。
④ （唐）武则天：《臣轨·至忠章》，见《官箴书集成》第1册，黄山书社1997年版，第8页。
⑤ （唐）武则天：《臣轨·守道章》，见《官箴书集成》第1册，黄山书社1997年版，第10页。
⑥ （唐）武则天：《臣轨·守道章》，见《官箴书集成》第1册，黄山书社1997年版，第12页。
⑦ （唐）武则天：《臣轨·公正章》，见《官箴书集成》第1册，黄山书社1997年版，第12页。
⑧ （唐）武则天：《臣轨·公正章》，见《官箴书集成》第1册，黄山书社1997年版，第13页。
⑨ （唐）武则天：《臣轨·匡谏章》，见《官箴书集成》第1册，黄山书社1997年版，第17页。

诤于父，臣不可以不诤于君。'郑玄曰：'君父有不义，臣子不谏诤，则亡国破家之道也。'"① 强调臣子对君主的进谏之责，此关乎国家兴亡。《诚信章》："非诚信无以取爱于其君，非诚信无以取亲于百姓。"② 强调官员诚实守信对君主、百姓的重要性。《慎密章》："夫修身正行不可以不慎……夫不慎于始，则祸成于末，虽终身积悔，其可及哉！"③ 强调官场行事谨慎。《廉洁章》："夫不义而处富财，必招却夺之患，无德而居高位，必践倾危之灾。"④ 警告官员若不能廉洁，必招致灾祸。《良将章》："夫将若能先事虑事，先防求防，如此者，守则不可攻，攻则不可守……若骄贪而轻于敌者，必为人所擒。"⑤ 对良将提出标准要求。《利人章》："夫衣食者，人之本也……人者，国之本……为臣之忠者，先利于人。利人，然后乃为忠也。"⑥ 强调为官应为百姓谋利。

从语言文体来看，《臣轨》已经突破了两汉魏晋时期官箴的形态，完成了从箴文到官箴书的演变。官箴书与箴文相比，叙述形式随意多样，内容更加丰富。但根本内容还是"为官之道"或"居官法则"的系统阐释，即为政者所应遵循或具备的官德修养、原则理念或职业素养等层面的内容。在具体性的行政操作与办事流程方面，依旧缺乏有力的指导，这就促使未来的官箴书不得不在内容体系上进行完善与变更。

四、"从政经验"的叙说

宋以后，官箴书的内容有了显著的变化与完善。一方面，官箴书承继了汉唐以来所提倡的"为官之道"。如吕本中《官箴》开篇即说："当官之法唯有三事：曰清、曰慎、曰勤。"⑦《朱文公政训》也是先儒为官之道或居官法

---

① （唐）武则天：《臣轨·匡谏章》，见《官箴书集成》第 1 册，黄山书社 1997 年版，第 19 页。
② （唐）武则天：《臣轨·诚信章》，见《官箴书集成》第 1 册，黄山书社 1997 年版，第 20 页。
③ （唐）武则天：《臣轨·慎密章》，见《官箴书集成》第 1 册，黄山书社 1997 年版，第 23 页。
④ （唐）武则天：《臣轨·廉洁章》，见《官箴书集成》第 1 册，黄山书社 1997 年版，第 25 页。
⑤ （唐）武则天：《臣轨·良将章》，见《官箴书集成》第 1 册，黄山书社 1997 年版，第 28 页。
⑥ （唐）武则天：《臣轨·利人章》，见《官箴书集成》第 1 册，黄山书社 1997 年版，第 30—31 页。
⑦ （宋）吕本中：《官箴》，见《官箴书集成》第 1 册，黄山书社 1997 年版，第 97 页。

则的政论辑抄。① 明初《薛文清公从政录》提出"居官七要"："正以处心，廉以律己，忠以事君，恭以事长，信以接物，宽以待下，敬以处事。"②

但更重要的是另一方面，即从政者在政治实践中，形成了一系列具体的从政经验，指引官员如何从政，"包括调节上下级或同僚关系、约束家眷仆役，以及迎来送往、征税科敛、审案治狱、救荒抚恤等各项政务的实用诀窍和操作方式，既有理论性，更具实践性"③。

在这方面，宋代的《州县提纲》是颇具代表性的官箴书，我们以此为例，试做内容上的分析。《州县提纲》是已知我国现存最早的一部州县治政专著，共4卷，116条。④

卷1部分题目列举如下：

> 洁己，平心，专勤，奉职循理；节用养廉，勿求虚誉，防吏弄权；同僚贵和；防闲子弟，严内外之禁；防私觌之欺，戒亲戚贩鬻；青吏须自反，燕会宜简；吏言勿信，时加警察；晨起贵早，事无积滞，情勿壅蔽，四不宜带；三不行刑，俸给妄请；防市买之欺，怒不可迁，盛怒必忍，疑事贵思；勿听私语，勿差人索迓。⑤

该卷主要围绕"勤"与"廉"展开。仅由题目可见，与汉唐相比，文本内容不再是抽象地谈论原则理念性的"为官之道"，而是论说在行政事务中所应注意的具体事项，并涉及处理吏员与同僚的关系，亲戚朋友等私人关系。"燕会宜简""吏言勿信"已是非常具体的注意事项。关于"勤"，也不再是空泛地说教，而是具体化的"晨起贵早""事无积滞""勿听私语""勿差人索迓"，更是显现具体的施政经验之谈。

卷2内容庞杂，"判状勿凭偏词""判状详月日""案牍用印"等内容

---

① 葛荃：《官箴论略》，《华侨大学学报》（哲学社会科学版）1998年第1期。

② 高成元：《官箴的研究》，《天津社会科学》1985年第6期。

③ 葛荃：《官箴论略》，《华侨大学学报》（哲学社会科学版）1998年第1期。

④ 罗超：《宋元官箴内容研究》，硕士学位论文，吉林大学，2007年，第15页。

⑤ （宋）陈襄：《州县提纲》，见《官箴书集成》第1册，黄山书社1997年版，第36—37页。

都与刑狱诉讼有关，涉及诉讼事件的处理。也有不少关于差役的事项，如"无轻役民""差役循例"，甚至还包含治安、救济方面的内容①，如"安养乞丐""收抚遗弃"②。

卷3，"捕到人勿讯""病囚别牢""检察囚食""疑似必察、详究初词""狱吏择老练人""勿轻禁人、审记禁刑"③等内容，主要论述了如何对待囚犯、案情等问题，其中不乏列举实例加以说明。

卷4，"整齐簿书、关并诡户""收支无缓、帑吏择人""户长拈号给册、受纳苗米勿频退"④等内容，主要论述了官员在赋役管理上的方法与技巧。

可见，宋代出现的《州县提纲》，无论是形式还是内容，都与汉唐官箴相差迥异。不仅变以往的"抽象原则"为"具体事项"，且还增加了在人际关系、诉讼刑狱、钱粮差役、胥吏管理等方面的具体阐述。不过，在内容编排上，该书卷2、卷3有些零乱，缺乏逻辑性与系统性，这说明官箴书在行政事务指导上的编纂尚为起步阶段。

元代张养浩《三事忠告·牧民忠告》（民国上海涵芬楼景元刊本）主要条目如下：

> 拜命凡六条；上任凡六条；听讼凡十条；御下凡五条；宣化凡十条⑤

其中《上任》6条为：

> 事不预知难以应卒；受谒；治官如治家；瘴说；禁家人侵渔；告庙。⑥

明中期汪天赐《官箴集要》（明嘉靖十四年刊本）的下卷条目为：

① 罗超：《宋元官箴内容研究》，硕士学位论文，吉林大学，2007年，第16页。
② 见《官箴书集成》第1册，黄山书社1997年版，第37页。
③ 见《官箴书集成》第1册，黄山书社1997年版，第37—38页。
④ 见《官箴书集成》第1册，黄山书社1997年版，第38页。
⑤ （元）张养浩：《牧民忠告》，民国上海涵芬楼景元刊本，见《官箴书集成》第1册，黄山书社1997年版，第204—205页。
⑥ （元）张养浩：《牧民忠告》，见《官箴书集成》第1册，黄山书社1997年版，第204页。

听讼篇；救荒篇；赋役篇；造作篇；盗贼篇；商贾篇；公规篇；礼仪篇；处置事宜篇；克终篇。①

其中《造作篇·邮铺馆驿》曰：

> 夫邮驿铺舍，递送衙门公文，通传天下行移……最为紧切。必须差委人员，常加点视，房屋墙壁但有损坏，随即修理，什物不完，务要补置牢壮。不许老幼走递公文，撑驾船只，喂养马匹，但遇短少，即便补金。每日查勘公文，毋得稽迟时刻。阙支廪给，出纳分明，仍须辩验关符真伪，若恐有奸诈之事，受累多矣。马要膘肥合用，铺陈齐。铺兵、水夫、马夫须要少壮，切不可科敛兵。夫客耳目甚广，戒之，戒之！②

从内容上看，《造作篇·邮铺馆驿》已具详细的事务指导特色。"房屋墙壁但有损坏，随即修理"，物品不完备，务必补齐结实，不许派遣老幼传递公文，人员短缺立即补齐，及时查看公文，仔细辨认关符真伪。对马匹、铺陈、铺兵、水夫、马夫等具体事宜也都一一涉及，可谓十分详细与具体，凸显实践操作性。

对于宋以后官箴书的内容，裴传永概括为：从政道德、处理与上下左右的关系与临民治政三个方面。③ 时运生也做三方面概括：忠君、爱民的从政原则；清廉而不刻薄、公正而不触怒……的从政品德；官员的一些职责与技术方法。④

随着宋元明官箴书内容的丰富多样，其形式也逐渐多样化。有语录笔

① （明）汪天赐：《官箴集要》，见《官箴书集成》第 1 册，黄山书社 1997 年版，第 282—283 页。
② （元）张养浩：《牧民忠告》，见《官箴书集成》第 1 册，黄山书社 1997 年版，第 293 页。
③ 裴传永：《"箴"的流变与历代官箴书创作：兼及官箴书中的从政道德思想》，《理论学刊》1999 年第 2 期。
④ 时运生：《中国古代的为官之道：古代官箴述略》，《人文杂志》1996 年第 6 期。

记体，如《朱文公政训》是朱熹与门人弟子的问答语录；有概论体，总体性论述行政事务、人际关系、到任离职等内容，表达为官的心得与经验，也夹杂一些案例，如《昼帘绪论》《州县提纲》《三事忠告》；有类书体，辑录先贤言论与相关书籍的内容，如《二公政训》《官箴集要》。①

　　宋以后，官箴内容的总体演变趋势是从政经验与施政技术的凸显。不过，这种趋势也并非呈现"直线型"。关于此，日本学者佐竹靖彦曾有概论："《作邑自箴》是北宋的官箴书，将其与南宋初期的《州县提纲》以及其后的《昼帘绪论》作比较时，可以清晰地看到其发展过程，即他们的内容由具体而趋向抽象，由实务指导而上升为系统的行政导论……到元代的《三事忠告》达到了一个顶峰。经明代的《实政录》，到清代的《福惠全书》，实务性的、而且内容浩瀚的官箴书再次登场。"② 可见，与箴诫对象的演变特点相似，官箴内容的发展演变同样是一个漫长、曲折与反复的历史过程。

　　综上所述，先秦至明清，官箴文化在内容方面的发展演变，大体可概括为：以"为政之道"为主的思想阐释，到以"从政经验"为主的传授叙说。具体分为四个演进阶段：阐述"为政之道"的先秦箴文——表述职责规范与官德要求的两汉魏晋箴文——系统阐释"为官之道"或"居官法则"的唐代官箴书——承继"为官之道"与凸显"从政经验"的宋元明清官箴书。

---

① 参见高成元《官箴的研究》，《天津社会科学》1985 年第 6 期。

② ［日］佐竹靖彦：《佐竹靖彦史学论集》，中华书局 2006 年版，第 239 页。

第二章　清代官箴文化的繁荣及特点

第一节　清代官箴文化的繁荣

清代是官箴文献大量涌现的时期，清代官箴书不但数量庞大、覆盖面广，还有类型细化的特点。以官箴文献为载体的"官箴文化"经各级官僚精英的努力也得以推广，对于官箴文献的阅读和刊刻，上到皇帝下至官府吏卒都对此事业表现出极大的热情。就各官箴书反映的思想内容看，深受当时的经济社会发展制约，并在经济社会发展的变革中体现出来。就其受欢迎和受重视的程度看，很明显是有着巨大的内在盈利性和非盈利性双重需求市场的。任何一种文化的繁荣都与其时代统治思想的变化和社会环境的发展有着不可分割的联系，现就官箴文化在清代繁荣的表现、社会背景和推动力量进行初步的探析。

一、清代官箴文化繁荣的体现

（一）文献的丰富

20 世纪 90 年代以来，对官箴文化的研究和官箴文献的整理逐步受到学界的重视和关注。由于目前学界对官箴的定义和涵盖范围等问题上尚未有统一的标准，现以刘俊文教授主持整理的大型资料丛书《官箴书集成》（黄山书社 1997 年影印版）为例，对清代官箴文献的丰富性进行探讨和研究。在刘俊文教授主持整理的《官箴书集成》中，共收录了历代官箴书 101 种。其中唐代 1 种，即武则天所撰《臣轨》2 卷；宋代 5 种，即不著撰者《州县提纲》4 卷、李元弼所撰《作邑自箴》10 卷、吕本中《官箴》1 卷、胡太初

《昼帘绪论》1卷，以及许月卿所撰《百官箴》6卷；元代为2种，分别是叶留撰、陈相注的《为政善报事类》10卷和张养浩《三事忠告》4卷；民国时期还有2种。所收录的明代官箴书超过了以往各代的总和，居第二位，为17种。

在数量上清代为第一位，远远超出了明代，为73种。分别是郑端辑《政学录》5卷、刘兆麒撰《总制浙闽文檄》6卷、蒋埴撰《宦海慈航》1卷、陆陇其辑《莅政摘要》2卷、叶燮撰《已畦琐语》1卷、陈朝君撰《莅蒙平政录》1卷、潘杓燦撰《未信编》6卷、李容辑《司牧宝鉴》1卷、黄六鸿撰《福惠全书》32卷、陆寿名、韩讷辑《治安文献》2卷、田文镜、李卫撰《州县事宜》1卷、张鹏翮撰、隋人鹏集解《治镜录集解》2卷、戴兆佳撰《天台治略》10卷、陈宏谋辑《从政遗规》2卷、《学仕遗规》4卷、《学仕遗规补编》4卷、《在官法戒录》4卷、尹会一著、张受长辑《健余先生抚豫条教》4卷、万维翰撰《幕学举要》1卷、王又槐撰《办案要略》1卷、不著撰者《刑幕要略》1卷、胡衍虞撰《居官寡过录》6卷、袁守定撰《图民录》4卷、邵嗣宗辑《筮仕金鉴》、汪辉祖纂《学治臆说》2卷、《学治续说》不分卷、《学治说赘》1卷、《佐治药言》1卷、《续佐治药言》1卷、王凤生撰《宋州从政录》3卷、海宁辑《晋政辑要》8卷、高廷瑶撰《宦游纪略》2卷、张经田撰《励治撮要》1卷、刘衡撰《自治官书》不分卷、《州县须知》1卷、《蜀僚问答》1卷、《读律心得》3卷、《庸吏庸言》2卷、周际华撰《海陵从政录》1卷、《共城从政录》1卷、不著撰者《治浙成规》8卷、何耿绳辑《学治一得编》1卷、文海撰《自历言》1卷、不著撰者《外官新任辑要》2卷、徐栋辑《牧令书》23卷、壁昌撰《牧令要诀》1卷、方大湜撰《平平言》4卷、黄维玉辑《陆清献公莅嘉遗迹》3卷、王晋之撰《贡愚录》1卷、觉罗乌尔通阿撰《居官日省录》6卷、戴肇辰撰《求治管见（续增求治管见）》1卷、《从公录》1卷、《从公续录》2卷、《从公三录》1卷、桂超万撰《宦游纪略》6卷、余治辑《得一录》16卷、褚瑛《州县初仕小补》2卷、延昌撰《事宜须知》4卷、戴杰撰《敬简堂学治杂录》4卷、张鉴瀛辑《宦乡要则》7卷、刚毅撰《牧令须知》6卷、《居官镜》1卷、李庚乾辑《佐杂谱》2卷、翁传照撰《书生初见》1卷、宋楚望辑《公门果报录》

1卷、《佐治果报法戒录》1卷、《杖疮方》1卷、罗迪楚撰《停琴余牍》1卷、徐寿兹撰《学治识端》1卷、柳堂撰《宰惠纪略》5卷、庄纶裔撰《卢乡公牍》4卷、王景贤撰《牧民赘语》1卷、姚锡光撰《吏皖存牍》3卷、樊增祥撰《樊山政书》20卷、刘汝骥编辑《陶甓公牍》12卷、陈惟彦撰《宦游偶记》2卷。

（二）文献的分类

由上述可知，清代官箴书的创作在数量和类型上都大大超过了前代。较之于前代官箴书创作立足于"传统中国社会'伦理法律'的特性和行政过程中'德主刑辅'的指导思想"①，注重官员道德行为规劝和箴戒、条目相对抽象的特点，清代官箴书在继承"'官箴'二字的固有含义之所在"②的同时，也越来越突出其实用价值，强调实用性、操作性、指导性以及行政和司法知识的传授。清代官箴书这一变化的逐步成熟，不但丰富了官箴书的内容，也大大丰富了官箴书的分类形式。现针对刘俊文教授主持整理的《官箴书集成》所收录清代官箴文献的名录进行初步分类，以期探究清代官箴在分类上的丰富和变化。

由对《官箴书集成》所辑录的73种清代官箴书的分析可知，清代官箴文献从形式上主要分为作者对自身履历经验的总结和采录他人言行、经验两类。前者主要有：蒋埴撰《宦海慈航》、陈朝君撰《莅蒙平政录》、黄六鸿撰《福惠全书》、戴兆佳撰《天台治略》、胡衍虞撰《居官寡过录》、袁守定撰《图民录》、王凤生撰《宋州从政录》、刘衡撰《自治官书》《州县须知》《蜀僚问答》《读律心得》、刚毅撰《牧令须知》《居官镜》、柳堂撰《宰惠纪略》等等。后者主要有：郑端辑《政学录》、李容辑《司牧宝鉴》、陈宏谋辑《从政遗规》《学仕遗规》《学仕遗规补编》《在官法戒录》、海宁辑《晋政辑要》、徐栋辑《牧令书》、黄维玉辑《陆清献公莅嘉遗绩》、李庚乾辑《佐杂谱》等等。

从性质上主要分为侧重道德规劝、箴戒和侧重实际操作、事务指导两

---

① 周保明：《明清官箴文献略论》，《图书情报论坛》2010年第2期。

② 杜金：《明清民间商业运作下的"官箴书"传播——以坊刻与书肆为视角》，《法制与社会发展》2011年第3期。

类。① 前者主要有：陈宏谋辑《从政遗规》《学仕遗规》、袁守定撰《图民录》、汪辉祖纂《学治臆说》《学治续说》、觉罗乌尔通阿撰《居官日醒录》、张经田撰《励治撮要》、壁昌撰《牧令要诀》、方大湜撰《平平言》、褚瑛《州县初仕小补》、翁传照撰《书生初见》等等。后者主要有：潘杓燦撰《未信编》、黄六鸿撰《福惠全书》、万维翰《幕学举要》、王又槐撰《办案要略》、不著撰者《刑幕要略》、邵嗣宗辑《筮仕金鉴》、刘衡撰《蜀僚问答》、刚毅撰《牧令须知》等等。

从阅读对象上主要分为官员用书和胥吏幕友用书两类。前者主要有：黄六鸿撰《福惠全书》、李卫、田文镜撰《钦颁州县事宜》、陈宏谋辑《从政遗规》、刚毅撰《牧令书》、刘衡撰《蜀僚问答》、觉罗乌尔通阿编辑《居官日醒录》、壁昌撰《牧令要诀》、李容辑《司牧宝鉴》、潘杓燦撰《未信编》等等。后者主要有：汪辉祖《佐治药言》《学治臆说》、万维翰《幕学举要》、不著撰者《刑幕要略》、陈宏谋《在官法戒录》等等。

以上是对于清代官箴文献基本大概的分类，另外，根据清代官箴书的特点，其他还有诸如从内容上可分为说教型和专业型，从体裁上分为概论式、语录式、汇编式、专论式等分类方式。由于清代官箴较之前代发展较大，并且有向着复杂化、综合化方向发展的趋势，因而对于清代官箴书的分类也是初步和相对的，应进行更为复杂和系统的工作，不能简单粗暴、一概而论。

二、清代官箴文化繁荣的社会背景

（一）吏治腐败

清代是中国最后一个封建王朝，也是中国封建王朝发展到极盛的时代。由此，也开始了封建社会形态不断衰落的过程。发展到清代，虽然有康、雍、乾三代政治上的极盛，但封建社会内部的阶级矛盾逐渐发展到不可调和的地步。其中吏治腐败加剧，官场黑暗向更深层次发展，便是很重要的一个原因和表现。特别是清代中晚期，官僚阶级贪污狙獗、贿赂成风，整个官僚

---

① 　参见周保明《明清官箴文献略论》，《图书情报论坛》2010 年第 2 期。

体系已经被严重腐蚀。清代的吏治腐败在康熙朝时便开始显现端倪，当时"满洲贵族中的一些人利用其政治特权贪赃枉法，营私舞弊"，"清初，因长期的战乱社会各种矛盾十分尖锐"，再加上"州县地方官俸禄低微，行政办公费用严重不足"① 等因素，使这一时期的吏治日趋废弛，败坏了官场风气，官吏贪污行贿现象十分严重，给清王朝的长治久安埋下了隐患。到了清代中晚期，由于皇权监督与制约的缺乏、封疆大吏权力的过度膨胀、立法与执法的失误等因素，为官场的腐败提供了良好的政治温床。政治上的腐败体现出时代性的新特点，主要表现为"贪污贿赂向集团化犯罪恶性发展、贪赃数额之巨前所罕见、形形色色的陋规泛滥成灾、库帑严重亏空，大臣官员介入运营交易谋取暴利、严刑峻法难以遏制贪贿腐败之风"② 等。特别是乾隆中后期震惊全国的贪污大案频发，整个官场弥漫着"千里做官只为财"的铜臭气，在这种氛围下，洁身自好者反而成为上司和同僚眼中的另类，遭到排斥和疏远。善良正直的人在大环境的影响下不得不变成邪恶的人，克己奉公的官不得不变成唯利是图的官，形成了清官无法为，亦不能为的不可救药的局面。吏治腐败作为高度集权政治体制下官僚制度的痼疾，像癌细胞一样迅速吞噬着国家的肌体，在康乾盛世的帷幕尚未落下之时，士大夫道德自律的堤防溃决了。

清朝建立后，前期的统治者都比较重视发展生产，使土地资源的潜力得到最大程度的开发，由此也把传统农业社会的生产力水平提到了空前的高度。不论是全国在册税亩还是国家岁入银数，都攀上了有史以来封建经济的高峰。民间货币资本的积累也相当巨大，出现了"徽商""晋商"等著名的地域性商人集团，国家显现出一片"盛世清平"景象。在这种背景下，自康熙二三十年代开始，清代的社会风气由俭入奢，出现了贪图享受、互相攀比、滥费资源的奢靡之风。这种风气由南方推及北方，由沿海经济发达地区渗透到内陆偏远地区，由统治阶层扩大到一般士商人群，成为普遍而严重的社会问题。雍正谕令中曾言："朕闻各省盐商内实空虚，而外事奢侈。衣服

---

① 黄健：《论康熙年间的吏治》，《四川师范学院学报》1998 年第 4 期。
② 郭成康：《18 世纪的中国与世界·政治卷》，辽海出版社 1996 年版，第 8 页。

屋宇穷极华靡……甚至悍仆家奴，服食起居同于仕宦，越礼犯分，罔知自检。骄奢淫佚，相习成风，各处盐商皆然。"①

综上我们可以知道，此时的最高统治者已经认识到奢靡之风的存在和这种风气的严重程度，我们也可以从盐商的这一视角推知整个社会奢靡的风气面貌。浪费之风的蔓延使得拜金主义泛滥，一定程度上加速了吏治的腐败。乾隆时期震惊全国的贪污大案屡屡发生，如"乾隆二十二年云贵总督恒文勒索属下少发金价案，山东巡抚蒋洲侵吞公帑案；乾隆三十三年（1768）两淮盐政高恒、晋福侵吞盐引案"② 等，便是这个时期吏治腐败的一个缩影。

与奢靡之风相伴，中国18世纪出现了"千古罕见"的物价和通货膨胀问题。随着经济的发展和相应的人口政策的制定，中国的人口数量在乾隆年间激增到3亿，使早已存在的人口与土地的矛盾骤然加剧。从康熙后期开始，以粮价为代表的各项物价开始上涨，嘉庆年间曾任漕运总督的觉罗桂芳撰文指出："康熙、雍正以及乾隆之初，民间百物之估，按之于今，大率一益而三，是今之币轻已甚矣。"③ 即是说康雍乾之际约100年的时间，中国的物价总水平上涨了约百分之三百。此言论虽只是印象式粗略描述，但物价上涨之势却可以得到佐证。据现代研究表明，18世纪的100年间，中国的年通货膨胀率仅为温和的百分之1.1，"然而，距今两个世纪以前的立足于维持农业社会稳定的传统财政经济体制却经受不住长期通货膨胀积累效应的严峻挑战。"④ 加之经济作物种植的市场化影响使农业生产人口减少，自康熙二十二年（1682）始驰海禁白银大量流入，不合时宜的财经体制等因素加剧了通货膨胀的影响。与此同时，在近百年的时间里，清代官吏的俸禄几乎没有变化，以上诸经济上的因素使大小官吏们不得不在求财的路上"另辟蹊径"，或贪污，或摊派，或受贿，或勒索，无所不用其极，从而由经济因素的推助加剧了吏治的腐败。

在以上诸种因素导致的吏治腐败危机之下，封建统治阶级为了维护其

---

① 李燕光：《清史经纬》，辽宁大学出版社1987年版，第190页。

② 秦宝琦、张妍：《十八世纪的中国与世界·社会卷》，辽海出版社1996年版，第55页。

③ 郭成康：《康乾盛世历史报告》，中国言实出版社2002年版，第58页。

④ 郭成康：《康乾盛世历史报告》，中国言实出版社2002年版，第59页。

专制统治，迫切需要加强对官员的廉政教育和指导。一些富有正义感的官员或基于对国家政治的忧虑，或基于对传统儒家伦理道德的坚守，或基于对自己为官经历的总结，也热心地投入到官箴书的写作和推广中去。因此，具有官员教化和指导作用的官箴书便自然而然地得到推崇而繁荣起来。

（二）文化专制

在阶级社会里，统治阶级运用多种手段维护其政权统治。在文化领域里，统治阶级一方面大力推行自己的思想主张，强化专制教育，另一方面也对不利于自身统治的言论和思想进行毫不宽容的打压。清代统治者以少数民族入主中原，对深受华夏正统观念影响的汉族知识分子来说，无异于一场"神舟荡覆，宗社丘墟"[①]的大灾难。满洲贵族在建立全国统治的过程中，采取极端落后残忍的民族高压政策，引发了汉族知识分子的激烈反抗，其强烈的民族意识和反清思想无疑对清朝统治构成了严重的潜在威胁。为了消除这种威胁，清代统治者不遗余力地在思想文化领域采取了一系列严厉的措施，其中最具代表性的是自康熙年间就开始的黑暗酷烈的文字狱和乾隆年间借修书之名开展的大张旗鼓的禁书活动。比较具有代表性的为康熙年间的"明史案""南山集案"，雍正年间的"吕留良案"和乾隆年间的"胡中藻狱"，上述事件波及范围之广，镇压手段之严厉，皆为历史之最。借修《四库全书》兴起的波及全国的禁书活动，自乾隆四十年（1775）起，延续近19年之久。据有关资料统计，这场禁书活动"总共毁禁书籍3100余种、151000多部，销毁书板80000块以上"[②]，还不包括民间为躲避牵连采取的自毁活动。以上两场文化上的灾难，鲜明地反映出清朝统治者思想文化上的专制心态，妄图泯灭汉族知识分子的民族意识和反清思想，以达到维护其封建独裁的目的。在这种思想文化的专制统治下，恐怖气氛笼罩着社会，致使此时期的中国在思想文化领域呈现出一片死寂的状态。

与这种风声鹤唳的文化专制和打压相反，官箴书在创作上却是欣欣向荣。自顺治帝开始，对于官箴的提倡和官箴书的创作便日渐繁荣起来。清

---

① 戴逸：《简明清史》，人民出版社1980年版，第234页。
② 参见黄爱平《四库全书纂修研究》，中国人民大学出版社1989年版，第72—78页。

顺治十二年（1655），清世祖责成大学士王永吉认真地"推论古来奸臣恶迹"①，创作出《人臣儆心录》，揭示了植党、营私、徇利等诸多官场病的起源、发展及其各种表现形式，列举了著名个例和历史结论，用以"训诫群臣"。清代康熙年间，黄六鸿撰《福惠全书》，根据自身从政实际，从各个方面介绍从政经验，阐述其造福和施惠理念，曾受到康熙帝的褒奖和肯定。雍正帝有感于州县官对基层行政管理的重要作用，为提高州县官的实际操作水平和处理地方复杂行政事务的能力，命"外任多年，周知地方利弊"的练达臣工总结自身施政经验，以为范式。田文镜、李卫根据这一指导原则撰《州县事宜》，以为初登仕籍者借鉴，得到世宗的赞赏。乾隆年间的重臣陈宏谋曾撰《在官法戒录》，扬清流名臣，以为官者效；鄙酷吏贪官，以为官者戒。另外，嘉庆年间的刘衡撰《蜀僚问答》，道光年间的徐栋撰《牧令书》等等，官箴书在各朝的创作一直没有间断过，因适应统治阶级的需要而受到统治阶层的推崇，在清代文化专制的情势下大放异彩。

（三）胥吏管理失控

郭嵩焘在评说清代政治时说："唐与后妃、藩镇共天下，北宋与奸臣共天下，南宋与外国共天下，元与奸臣、藩僧共天下，明与宰相、太监共天下，本朝则与胥吏共天下。"②胥吏又被称为书吏、司吏、典吏、都吏等等，是中国封建官僚组织系统里始终存在的"一类没有官位，却能够一方面主掌地方事务，一方面又能沟通地方绅衿的另一群人。"③纪晓岚在总结胥吏危害时曾言："最为民害者，一曰吏，一曰役，一曰官之亲属，一曰官之仆隶……依草附木，怙势作威，足使人敲髓洒膏，吞声泣血。四大洲内，惟此四种恶业甚多。"④此段描述更是将胥吏之害描绘得惟妙惟肖，入木三分。

由上言可知，胥吏在清代的行政系统里是一个留之则全身大痛，去之

---

① （清）王永吉著，修晓波译注：《〈御制人臣儆心录〉译注》，中国方正出版社 1998 年版，第 59 页。

② 转引自朋星《中国历代吏治问题》，泰山出版社 2009 年版，第 159 页。

③ 陆平舟：《官僚、幕友、胥吏：清代地方政府的三维体系》，《南开学报》2005 年第 5 期。

④ （清）纪昀著，北原注译：《〈阅微草堂笔记〉注译》，中国华侨出版社 1994 年版，第 246 页。

则全身不能动的带有矛盾属性的毒瘤。于是，虽号称"父母"却远远高于庶民的地方官，愈加无暇"亲民"，而只能是疲于与胥吏进行周旋，并对其进行制衡。由于胥吏群体在政治上不是反抗清廷的潜在威胁，唯利是图，加之其在专业上的特殊优势，清朝统治者不得不在两者之间寻求一种"言不由衷"的平衡。发展到后期，胥吏与官员结成一个稳固的利益共同体，积重难返，清代对胥吏的管理失控了。在此种情势下，一些有责任心的官员力求从体制外寻找一种对于胥吏之害的解决之道，官箴便成为寄托他们这种治理理想的最佳载体。因此，大量的官员或幕友根据自己的从政经验或见闻，撰写了大量的关于胥吏的著作，历数胥吏的弊害，并从各个行政环节教授新任官员如何防止胥吏之害，并对其进行有效驾驭，使之发挥最大的行政效能。诸如康熙年间储方庆撰《驭吏论》，雍乾之际袁守定撰《图民录》，乾隆年间陈宏谋撰《在官法戒录》，汪辉祖撰《学治臆说》《学治续说》《佐治药言》《续佐治药言》等等，都对胥吏为害之举进行了入木三分的剖析并提出了应对之道。虽不能从体制上解决清代的胥吏问题，但可以在一定程度上给予为官者以必要的指导，对为吏者以必要的警戒。

（四）市场需求旺盛

清代官箴书的大量涌现，除上述影响因素外，还与其大量的内在阅读需求有关。这种阅读需求主要来自于两个群体，一是初仕的官吏，二是上文所言的胥役群体。对于前者而言，首先，其入仕之前，主要经受以四书五经为内容的儒家教育，重视忠君爱国、礼义廉耻、三纲五常的学习，一定程度上远离为官操作的实际，特别是作为州县长官所必备的行政与司法知识更为匮乏。其次，清代资本主义萌芽在明代的基础上进一步发展，封建小农经济也得到进一步发展，由此带来了社会各主体的频繁活动，各种资源流转加快，人与人之间经济社会关系的复杂化、多样化促使行政权力所处理的事物及范围进一步增加。官员所需要处理的公务、案件不断增加，也更为繁琐化和复杂化，作为行使行政权力主体的各级官员便需要更多的关于处理更复杂事物的指导。在这种情势下，各级官员无论是处于自保还是升迁的目的，都必须较好地完成任内工作，处理好上下左右的关系，从容应对各种变化带来的挑战。基于上述两种原因，各级官员，尤其是初仕的官员，特别需要一些相对专业而且具有实际操作应用价值的官箴书来作为自己的"工作指南"，以帮助自己来处理那些繁琐而复杂的政务和司法活动。又由于清代官员的流动性较大，以及新官员的不断加入，使得对于官箴书的需求体现出经久不衰的特点。

对于后者而言，其自身的特点决定了其贪婪的本性，这种本性又决定了其必须为之作出相应的努力。他们要想胜任自己的工作就必须掌握日常公务中相应的知识，特别是税收和司法方面的经验和技巧，也只有对这些知识和技能的熟练掌握，他们才能在自己的工作中利用其中的漏洞来为自己谋取利益。这种知识和技能除了其自身的总结和相互间的教授之外，在很大程度上就必须借助于官箴书的指导。另外，国家机器的不断增大，也决定了胥吏群体的不断增大，从而也就决定了对于官箴书需求的不断增大。陈宏谋在其《分发在官法戒录檄》中言："约计全省吏役不下数千人，既不能将此意与群吏役耳提而面命之，欲檄行诰诫，又恐言之未详，听之不广。因采旧书辑成一书，以广劝诫……领回分发。官存一本，余各散之各房书吏，并及于役。"[1] 也从侧面证明胥吏群体之大。与此同时，还有一个群体也是官箴书的追捧和消费群体，那就是"科举落第而又没有其他谋生技能可资'治生'的读书人的增长，他们中的一些人就转而从事讼师业务。"[2] 对公文和司法知识的需求便不得不求助于官箴书的指导，他们也从一个方面促进了清代官箴书的传播和官箴文化的繁荣。

基于以上诸种因素和社会背景的影响，官箴书作为一种久已存在的官员指导用书形式在清代得到了普遍重视和关注而空前活跃起来。

三、清代官箴文化繁荣的推动力量

（一）皇帝

官箴发展的历史源远流长，历代皇帝对官箴的重视和支持也长久不息。

---

[1]　（清）贺长龄辑：《清经世文编》卷24《吏政十·分发在官法戒录檄》，中华书局1992年版，第619—620页。

[2]　杜金：《明清民间商业运作下的"官箴书"传播——以坊刻与书肆为视角》，《法制与社会发展》2011年第3期。

唐代女皇武则天曾亲撰《臣轨》2 卷，分国体、至忠、守道、公正、匡谏、诚信、慎密、廉洁、良将、利人 10 章，从各个方面对为官者设定了"轨"，即"规矩，标准"。宋太宗曾于太平兴国八年（983）将"尔俸尔禄，民脂民膏，下民易虐，上天难欺"①16 字的《戒石铭》颁示天下。明宣宗曾有《御制官箴》1 卷，凡 35 篇，告勉群臣。清代皇帝对官箴的推崇更甚，顺治帝曾钦颁《御制人臣儆心录》1 卷，"凡八篇：一曰《植党》，二曰《好名》，三曰《营私》，四曰《徇利》，五曰《骄志》，六曰《作伪》，七曰《附势》，八曰《旷官》"，以"推古今来奸臣恶迹，训诫群臣"②；康熙帝非常推崇宋代吕本中的《官箴》，"尝御书清、慎、勤三大字，刻石赐内外诸臣"③；雍正帝有感于"牧令为亲民之官，一人之贤否，关系万姓之休戚"④，派专人编写《州县事宜》，作为州县官的指导用书，并用钦颁的方式来确保其传播范围和影响效果；同治皇帝在肯定刘衡为官治绩时也对其所著官箴书予以高度赞赏，谕曰：

> 刘衡历任广东、四川守令，所至循声卓著……所撰《庸吏庸言》《蜀僚问答》《读律心得》等书，尤为洞悉闾阎休戚，于兴利除弊之道，筹画详备，洵无愧循良之吏。⑤

由上述事例可知，各代皇帝，尤其是清代皇帝对官箴的推崇和推行几乎是不间断，也是不遗余力的。介于此，不但为官箴进行了有效的正名，而且也为官箴书的推广提供了有效的政策保障。

皇帝们之所以对官箴书抱有极大的热情，是因为作为封建帝国的最高统治者，他们一般都希望政治稳定、吏治清明，唯有如此才能维护其正常的

---

① 山东鱼台县志办公室校注：《鱼台县志》，中州古籍出版社 1991 年版，第 140 页。

② （清）永瑢，纪昀主编，周仁整理：《四库全书总目提要》卷 79《史部三十五·职官类·官箴之属》，海南出版社 1999 年版，第 423 页。

③ （清）王士祯著，赵伯陶点校：《古夫于亭杂录》，中华书局 1988 年版，第 25 页。

④ 转引自杜金《清代皇权推动下"官箴书"的编撰与传播——以〈钦颁州县事宜〉为例》，《学术研究》2011 年第 11 期。

⑤ 巴县志编委会：《巴县志》，重庆出版社 1994 年版，第 686 页。

统治秩序，保证自己的利益长久并实现最大化。另一方面，皇帝又面临与各级官吏分享利益的问题，从这个角度讲，封建国家的各级官吏从本质上只是皇帝不可或缺的"打工者"。最高统治者需要给予官吏种种的实惠来保证其正常工作和对自己的忠诚，又不能使其过分膨胀或失律，以致影响到自身的统治和国家的正常运转。换言之，"官员与君主之间不外是交易""如何寻求忠诚与交易之间的平衡，无疑是官僚体系管理的关键所在"①。正如《四库全书总目提要》在介绍顺治帝《御制人臣儆心录》时所言："盖因勋臣谭泰、石汉，大学士陈名夏等，先后以骄怙伏法，因推古今来奸臣恶迹，训诫群臣，俾共知炯鉴也。"② 我们可以从一个侧面推知，《御制人臣儆心录》在一定程度上是皇帝寻求如何与官吏实现交易平衡的努力和探索。尤其是清代，在满族入主中原的情况下，最高统治者还面临如何控制具有相当数量，而且在文化程度上远远超过自己的汉族官僚群体的棘手问题。由此，清代各朝皇帝对官箴的推崇便得到了一个很好的解释，即在法律之外，希望通过对"箴"的推动来强化官员的自律，为他们在良心和道德上设置一道"柔性"防线。如此，不但能充分地利用人才为己服务，而且在一定意义上能够借此对其实现有效的政治与道德控制。正因为有了最高统治者的大力支持，有清一代，官箴书的创作犹如被注入了一针强心剂，蓬勃发展，经久不衰。

（二）官员

清代官箴文献的大量涌现，与皇帝的推崇分不开，也与各级官吏的努力创作和积极参与分不开。上文列举的 73 种清代官箴书绝大多数是有为官经历的各级官吏所做。如撰写《总制浙闽文檄》的刘兆麒，在康熙年间曾历任四川总督、浙江总督等职；撰写《福惠全书》的黄六鸿，在康熙年间曾历任郯城知县、直隶东光知县、礼科给事中等职；《州县事宜》的作者田文镜、李卫都是雍正朝的重臣，前者曾历任山西布政使、河南巡抚、河南山东总督

---

① 杜金：《怀疑与信任：清代地方官员司法权威的构建——以刘衡所著"官箴书"的吏治思想为例》，《现代哲学》2012 年第 1 期。

② （清）永瑢、纪昀主编，周仁整理：《四库全书总目提要》卷 79《史部三十五·职官类·官箴之属》，海南出版社 1999 年版，第 423 页。

等职，后者曾历任浙江总督、直隶总督等职；《五种遗规》的作者陈宏谋是乾隆朝的重臣，曾"外任三十余年，历行省十有二，历任二十有一"①，具有丰富的为官经验和阅历；撰写《蜀僚问答》的刘衡，自嘉庆十八年（1813）起，历任广东四会、博罗、新兴及四川垫江、梁山、巴县知县等职。陈宏谋的长孙陈兰森针对祖父相关著作的创作初衷曾言：

> 历抚西江，思以刑家训俗教勉僚属，为理事安民之要，因有《从政遗规》之辑；至于上下官署，皆有文案往还，不能不籍于胥役……复有《在官法戒录》之辑焉。祖父节钺所至，与学士大夫相砥砺者，此数书也；与官绅士民相劝戒者，亦此数书也。②

正是因为他们有丰富的从政经验，才使得他们有了"凡切于近时之利弊，可为居官箴规者，心慕手追，不忍舍置""随时考镜，转相传布，以此自勉，即以此勉人"③的创作冲动，使得其官箴书作品不仅对于自己的施政行为有着较强的规范性，而且对于其他的入仕官员也有较强的实用价值和指导意义。同时，因其身份的特殊性而产生的影响力，也为其作品的传播和流布拓展了渠道，提供了便利，从而使官箴书成为官员之间相互砥砺、官民之间相互劝诫的良作。

官员作为官箴文化繁荣的一个推动力量，除亲自从事官箴书创作的情况外，还有一种情况，即官员积极推动官箴书的发行和传播，晚清重臣丁日昌即为其中的典型代表。他于同治七年（1868）二月上奏《设立苏省书局疏》一折，并得到了同治皇帝的支持。在奏折的开篇即提出了"苏省设局开刊书籍，拟刻牧令各书，以端吏治而正人心"④的主张，并进而提出"今

---

① 赵尔巽等：《清史稿》卷 307《陈宏谋传》，中华书局 1977 年版，第 8266 页。

② （清）陈宏谋：《学仕遗规·跋》，见刘俊文等编《官箴书集成》第 4 册，黄山书社 1997 年版，第 553 页。

③ （清）陈宏谋：《从政遗规·序》，见刘俊文等编《官箴书集成》第 4 册，黄山书社 1997 年版，第 227 页。

④ 赵春晨编：《丁日昌集》上册，上海古籍出版社 2010 年版，第 12 页。

日欲敦吏治，必先选牧令；欲选牧令，必先使耳濡目染于经济致治之书，然后胸中确有把握，临政不致无所适从。""刊刻一竣，即当颁发各属官各一编，俾资程式。"① 从而阐明了刊印具有实用价值的官箴书对于基层牧令治政、施政的必要性和紧迫性。在丁日昌的积极推动和参与下，江苏书局于同治七年（1868）刊印了刘栋《牧令书辑要》4 卷、《保甲书辑要》3 卷、张养浩《牧民忠告》2 卷、刘衡《刘廉舫先生吏治三书》6 卷、田文镜《钦颁州县事宜》1 卷，由此也奠定了江苏书局的刊印主旨。后来，江苏书局于光绪五年（1879）刊印袁守定《图民录》4 卷、十三年刊印《圣谕广训直解》1 卷、十五年（1889）刊印刚毅《牧令须知》6 卷、十八年（1892）刊印宋楚望《公门果报录》1 卷等书，大大促进了官箴书在晚清的影响和传播。②

通过对清代官箴文化繁荣的社会背景分析可知，一些官员或基于对国家政治的忧虑，或基于对传统儒家伦理道德的坚守，或基于对自己为官经历的总结，抑或是为了标榜自己，热心地投入到官箴书的写作和推广中去。由上文分析我们得知，官员在本质上是皇帝的"打工者"，他们与最高统治者之间存在着一种利益关系。因此，官员进行官箴书的创作和推广活动，在一定意义上也是一种竭力维持与最高统治者之间利益平衡的行为。于是，具有官员教化和指导作用的官箴便在官员的强力参与下，自然而然地得到推崇而繁荣起来。由此，官员作为官箴文化繁荣的一支推动力量，其贡献是不可忽视的。

（三）书商

由前述分析可知，随着清代政治、经济和社会环境的发展变化，清代官吏所需要处理的社会事务不断增加和复杂化，而且对官员掌握专业性、技术性知识的要求也不断提高。与此同时，清代官箴的创作也不断反映和适应这一变化，官箴内容不断丰富和深化，实用性逐步被重视和提高。由此便进一步扩大了官箴书在官吏及胥役群体当中的影响和认可程度，并进而产生了

---

① 赵春晨编：《丁日昌集》上册，上海古籍出版社 2010 年版，第 12 页。

② 参见杜金《清代高层官员推动下的"官箴书"传播——以陈宏谋、丁日昌为例》，《华东政法大学学报》2011 年第 6 期。

一个旺盛的官箴书需求市场。这就意味着，"如同一切'有利可图'的产业一样，如此巨大的市场需求，势必也会吸引商业资本的加入，从事'官箴书'的出版和销售。"①

另外，随着清代经济进一步发展，技术水平进一步提高，手工业中资本主义萌芽的进一步增长以及市场的进一步活跃，不但促进了印刷技术的改进，降低了刻书成本，而且进一步提高了人们的购买力水平。对于书商来讲，便在更大程度上提升了其从事官箴书出版和销售的利润空间。因此，清代以盈利为目的的私人书坊、书肆进一步活跃起来，开始充分地挖掘当时需求旺盛的官箴书市场。随之，大量的具有商业运作性质的官箴书开始被大量刊印。杜金曾推测出"陆陇其撰《莅政摘要》2卷，清光绪八年津河广仁堂刊本；陈宏谋辑《在官法戒录》4卷，清汇文堂刊本；余治撰《得一录》16卷，清同治八年苏城得见斋刊本"②等的商业属性，还讨论了康熙三十八年（1699）刊本潘月山所撰《未信编》出版时的广告策略。由此观之，清代官箴书出版和刊印的商业参与性是非常高的。如果上述推论成立，那么官箴书的市场适应性将会进一步提高，其传播渠道和影响范围得到进一步扩展，以盈利为目的的书商无疑也将成为清代官箴文化大繁荣影响因素中另一只不可忽视的推动力量。

本节对清代官箴文化繁荣的表现、社会背景和推动力量进行了初步探讨，从中可以得知，清代官箴文化的大繁荣是多种因素综合作用，多种力量共同推动的结果，不可盲目地给予结论和定义。清代政治、经济和社会的发展为官箴创作注入了新的血液，官箴文献创作中所反映的内容和思想同时也是时代发展变化的一个缩影，为我们研究清代的各种事务提供了宝贵的资料和素材。

---

① 杜金：《明清民间商业运作下的"官箴书"传播——以坊刻与书肆为视角》，《法制与社会发展》2011年第3期。

② 杜金：《明清民间商业运作下的"官箴书"传播——以坊刻与书肆为视角》，《法制与社会发展》2011年第3期。

第二节　清代官箴文化的特点

官箴作为一种文化现象，在中国经历了几千年的发展过程，官箴自诞生之日起，一直处在一个动态的发展状态中。从前文的分析中我们得知，官箴的变化主要体现在官箴规诫对象"上与下"的变化、官箴规诫官吏和内容"一与百"的变化、创作者的变化、体式与风格的变化等方面。不论是从整体的发展流程看，还是从各朝代的发展完善看，官箴都体现出不同时期鲜明的不同特点。官箴发展到清代，基于之前各种变化互相交织又互相推动的作用，再加上各种新的社会因素的渗透和影响，使得官箴向着更为丰富和完善的方向发展，并体现出了鲜明的时代特点。本节拟从经世求实思潮下的实用精神、社会史资料价值、晚期转型等方面，对清代官箴的特点进行分析阐述，并从中探讨清代特有的政治、经济、社会情势对官箴的影响，以及官箴书对清代政治、经济、社会情势的反映和适应情况。

一、经世求实思潮下的实用精神

人类社会在不同的历史时期，受到不同的政治、经济、生活方式的影响，大都体现出不同的思想观念和认识体会，也就是不同的时代精神。清代横跨 17、18、19 三个世纪，每个阶段，基于各自的社会情势和时代氛围，又表现出不同的特点和倾向。1644 年，清军入关，取代了统治中国近 300 年的明王朝，迫使每一个人，尤其是知识分子，不得不对自己的人生作出选择。闭门读书已经不太现实，很多知识分子于国破家亡的时代动荡之际，"从晚明清谈、虚浮的学风中走出来，致力于思考和解决现实问题，从而使经世成为这个时期士林队伍中带有普遍意义的基本价值趋向。"① 经过初期的恢复与发展，进入 18 世纪以后，清代也进入了自己的全盛时期，政治、经济都得到了极大的发展，不论是在政治、经济领域，还是学术、生活领域，

---

① 高翔：《近代的初署——18 世纪中国观念变迁与社会发展》，社会科学文献出版社 2000 年版，第 543—544 页。

追求功名，讲求实际，逐渐成为清代官、士、民的显著特点。乾隆皇帝就曾要求翰林院诸词臣，"各以己意拟写上谕一道，陆续封呈朕览。倘有切于吏治民生者，朕亦即颁发，见诸施行。则词曹非徒章句之虚文，而国家亦收文章之实用矣。"① 由此也可以看出，统治者非常注重切近实际之见、不饰辞藻之文、讲求实用之学，来服务于国家的政治和民生建设。其求实的思想，不仅代表了时代背景下社会的重要思想形态，也对当时及后来的官员、士人产生了持久而深刻的影响。

在清代经世求实思潮的影响下，清代的官箴书创作也纷纷践行这一理念，提倡务实作风，主张躬行实践，以务求实用为创作指导原则。清人李容在其《司牧宝鉴》中就对不实用的学问提出了批评："空谈性命，卒无补于国计民生，天下后世亦安赖有若人哉。"② 清代官箴书中的实用精神，首先表现为官员对行政过程中暴露出来的各方面问题及实际需求的关注。如《州县事宜》曾认识到官员到任时经常遇到的问题：

> 俗吏多以到任为荣，而奸胥喜以铺垫为事。衙门则必重为修饰，轿伞则必另制新鲜……而不知派累行户，苛敛里民，追呼悉索，已费中人之产矣。其实备办供官者，不过十之二三，而侵蚀分肥者，已逾十之七八。③

并提出了官员应当"崇简持约，饬官方，励操守，以图远大"④ 的要求。此文虽为对官员励志操守的道德训诫，但并非空洞的道德宣教，而是立足于官员上任时时常出现的现实案例，表达了对于官员务求节俭，踏实工作，戒奢戒躁的实际诉求。以免劳民伤财，利为不法者所侵。清人胡衍虞从实际需求

---

① 转引自高翔《近代的初署——18世纪中国观念变迁与社会发展》，社会科学文献出版社2000年版，第544页。
② （清）李容：《司牧宝鉴·倪原序》，见刘俊文等编《官箴书集成》第3册，黄山书社1997年版，第196页。
③ （清）田文镜：《州县事宜·到任》，见刘俊文等编《官箴书集成》第3册，黄山书社1997年版，第662页。
④ （清）田文镜：《州县事宜·到任》，见刘俊文等编《官箴书集成》第3册，黄山书社1997年版，第662页。

出发，在关于裁役的问题时谈道：

> 衙门中必有人役，如吏书专供掌记，快手听差，皂隶刑杖……择其可留而不得不留者留之……而于京制定数溢额太多者，俱要革汰，不可姑容，盖衙门少一役，民间少一蠹矣。①

从此段分析中可以看出，作者用人立足实际，不但满足了公事需要，而且还减少了因人员冗余和素质不齐给施政活动造成的消极影响。随着社会的发展，官员需要处理的行政事务也越来越复杂，已经远远超出了传统的钱粮、刑名、农桑的范畴，开始向横向延伸。如在清代官箴书中，就较多地提到了关于邮政建设的问题。清代官员刚毅在其《牧令须知》中便提到：

> 州县邮政，亦宜讲求。冲途驿站，设有兵房、马牌、背包、送差、兽医、喂马人等。宜选诚实可靠者妥为经理，购买马匹，各随其用……无论何处公文，应随收随递。遇有紧要事件，更宜迅速，毋稍迟延……并饬将接收上站时刻，注明汇报，庶免因人受过矣。②

其关于邮政的分析，不仅对邮政驿站的人员配置进行了介绍，而且还根据实际需要的不同，明确了邮驿工作人员的职责，力求做到人马各尽其能、各尽其用，保证邮政的畅通；并进一步明确了工作过程中可能出现的问题，加以提示，避免因失受过。黄六鸿在其《福惠全书》中，更是以两卷的篇幅，对邮政管理当中的马匹喂养、选兽医、查倒毙、抄牌、拨马、送差、购马等各个环节进行了分析和规范，堪比行业专门指导用书。以上诸例都是官员在施政过程中遇到的现实问题，其对问题的处理，均表现出一种对实际需求的关注，以及力求解决实际问题的务实心态。由此可以推断出，清代经世求实思

---

① （清）胡衍虞：《居官寡过录·裁役》，见刘俊文等编《官箴书集成》第5册，黄山书社1997年版，第35页。

② （清）刚毅：《牧令须知·邮政》，见刘俊文等编《官箴书集成》第9册，黄山书社1997年版，第221页。

潮对官员施政过程中实用精神的建立，影响是十分深刻的。

其次，清代官箴书中的实用精神还主要表现在官员对百姓日常生活的重视上。清人张经田曾言：

> 作令之道以爱民为本，守之不洁者，必不能无取于民。而任事无才者，亦不能为民分忧，则守与为尚矣。有人于此因循苟安，利无所兴，弊无所革，而但曰：取其无欲，身则善矣，民何利焉？①

从其论述中我们可以看出，州县牧令首先要以爱民为本，并要洁身自好，守住官节。更为重要的是，州县官作为一方之长，需要确确实实地为民办实事，品德与才能都要落实到具体的实际行动上，转化为百姓的现实利益上，这才能称得上是一个合格的官员。这种重视百姓生活，为民办事，讲求实效的为官思想，在清代的官箴书中亦有较多的反映。清人方大湜在断讼时，直言要为百姓省钱，曰："庶人无在官之禄，民间词讼断不能令其一钱不费，但须随时随事为百姓省钱耳。"②并针对百姓词讼过程中耗资不菲的现实状况，总结出禁教唆、裁规费、慎株连、快结案等6种为百姓省钱的实用之法。其爱民不仅存乎于心，并付诸行动，设身处地地为百姓找对策想办法，不哗众取宠，唯以解决问题为本。清代循吏刘衡，是一个亲民爱民的典型代表，其施政往往深入百姓生活，从细微处着眼，解决百姓的实际问题和困惑。如其在《劝民切勿轻生告示》中所言：

> 川省愚夫愚妇，往往因亲邻些小事故，遽尔寻死，或吊颈，或投水，一念之差，片时毙命……却要晓得，自己寻死，谓之轻生，律例内并无抵命之条，连板子都不打的，何能害人受罪？③

---

① 刘俊文等编：《官箴书集成》第6册《励志撮要·自序》，黄山书社1997年版，第46页。

② （清）方大湜：《平平言·为百姓省钱》，见刘俊文等编《官箴书集成》第7册，黄山书社1997年版，第638页。

③ （清）刘衡：《庸吏庸言·劝民切勿轻生告示》，见刘俊文等编《官箴书集成》第6册，黄山书社1997年版，第191页。

从其言可以看出，刘衡能从百姓的切身利益出发，对百姓晓以利害，并以融入了地方口语的语言进行劝导，语意直白，容易理解。对于知识匮乏的普通百姓而言，此告示不失为一种极为简单易行的实用之法。从另一个角度观之，此举乃是为百姓解忧而进行的工作方法的创新，也是一种亲民爱民心态的反映。另外，刘衡在《劝民崇俭告示》中言："梁邑风俗竞尚奢华，大户倡之，齐民效之……一事之浮夸，一念之侈肆，中人之产不数载而荡然……身家既丧，廉耻亦亡，其祸不可胜言。"① 其论结合治所实际情况，将百姓崇尚奢华生活的坏处娓娓道来，对百姓戒奢从俭有很好的警示作用，并且对改善治地民风有很好的效用，亦属指导百姓健康生活的金玉良言。清代官员褚瑛根据"贫穷之家因艰于养赡，富饶之户吝于嫁资，将初生女婴溺之以死"的社会现实，主张"仰体天地好生之德，收养婴儿以救生命"②，建立育婴堂。黄六鸿则根据"夫州邑地处江湖之滨，而往来州楫时遭风涛之险"③的实际情况，主张设立救生船。以上两例，虽在州县官的施政当中并不占据中心或主要位置，但均体现出州县官员对民命的爱惜和体恤，其提出的解决方案也都立足于社会实际，具有现实的必要性和可行性。

以上，基于官员对行政过程中各方面实际需求的关注和官员对百姓日常生活重视的分析，可以看出，在清代经世求实思想氛围的影响下，清代的官员在从政过程中，大都表现出一种对实际效用的追求。于官，有利于其政治理想和从政抱负的实现；于民，有利于其社会生活诸多方面质量水平的提高。虽然很多措施在具体施行过程中会遇到种种困难和阻碍，但其施政过程中，在实用精神指导下所勾画的治政蓝图却清晰地表现出来，并成为清代官箴书鲜明的特点之一。

---

① （清）刘衡：《庸吏庸言·劝民崇俭告示》，见刘俊文等编《官箴书集成》第 6 册，黄山书社 1997 年版，第 202 页。

② （清）褚瑛：《州县初仕小补·育婴堂》，见刘俊文等编《官箴书集成》第 8 册，黄山书社 1997 年版，第 770 页。

③ （清）黄六鸿：《福惠全书·建救生船》，见刘俊文等编《官箴书集成》第 3 册，黄山书社 1997 年版，第 573 页。

二、贴近现实生活的内容编排

在清代众多的官箴书当中，有相当一部分主要面向基层州县官员，不论在为官操守，还是临民治政方面，都具有很强的针对性和实用性。在治民方面，很多官箴书以指导和经验总结的方式保留了丰富的社会史资料。其中，关于筹荒、保甲与乡民教育的内容，非常贴近清代现实生活，对于清代社会史相关问题的研究具有很高的史料价值。

（一）社仓与义仓

清人万维瀚在其《幕学举要》中言：

> 社仓之法始于朱子，仿古义仓之意，请常平仓米六百石始其事……四月上旬，申府委员役与乡官共支贷，十名为保，如有逃亡，同保均赔。十月上旬，申府差官同收，贷者出息什二，小歉弛半息，甚则尽蠲之。行之十四年归原粟于官，而用所赢为贷资。每石止收耗米三升，不复取息，此社仓之法，实与常平相表里。①

其言不仅介绍了社仓的缘起和操作方法，还表明社仓是一种官督民办的粮仓，是一种与常平仓互为表里，存丰补欠的储粮制度。继而，作者介绍了社仓在清雍正、乾隆两朝的议定和执行情况，言曰："雍正二年，内阁交出积贮，原以备荒条奏，行令各省访察民情土俗妥议，嗣经部议，采取山东、河南议奏事宜，并按朱子社仓事目酌议六条，行令各省按款酌行。乾隆四年，台臣朱续晫节录事目，奏准发交各省督抚悉心详议，然而奉行者甚少。"②

乾隆朝官员海宁亦言：

> 查乾隆四十九年底，止山西通省实贮存社仓谷，共三十万五千五

---

① （清）万维瀚：《幕学举要·社仓》见刘俊文等编《官箴书集成》第 4 册，黄山书社 1997 年版，第 744 页。

② （清）万维瀚：《幕学举要·社仓》，见刘俊文等编《官箴书集成》第 4 册，黄山书社 1997 年版，第 744 页。

百八十一石二斗五升五合七勺。①

由此可以看出，部分清代的高层管理者，已经认识到设置社仓的必要性，并进行了积极的讨论和行动。然而社仓在具体的推行过程中效果却不甚理想。随后，万维瀚基于当时的社会情势，对社仓推行不力的原因进行了分析，并总结出社仓设置之四难："一曰捐输之难""二曰任人之难""三曰出借之难""四曰征收之难"。② 从其言可以看出，社仓之义举之所以在清代推行不力，是由整体复杂的社会问题所致。随着社会的发展，各利益主体认识和追求的多元化，使社仓的设置多有阻力。社仓设置之捐输、任人、出借、征收等环节，环环相扣，一个环节出问题则影响整体效果的发挥，甚至会成为阻碍其设置和延续的因素。另外一个值得注意的因素便是，海宁在文中还进一步点名了社仓的借贷范围，即"除衿监、军役，及不务农商游惰滋事之人，勿许借给外，其有愿借者，令报明州县，计口散给，出入公平。"③ 对于我们全面认识清代的社仓事宜有重要价值。

清代在社仓之外另设义仓，海宁言曰：

> 隋臣长孙平，因之为义仓之制，令诸州百姓当社立仓，随所收获劝课出输，领之社司，以时赈发。唐宋递相遵仿，至朱子而规画备详。仓虽以社为名，事实与义同例，一切输受之法条目兼该。④

由此可以得知，义仓操作之法与社仓类同，也是一种官督民办的粮食储备制度。他同时强调："谨按积贮为本计所关推行，惟义仓尤便盖乡村，分贮敛

---

① （清）海宁：《晋政辑要·社仓谷石》，见刘俊文等编《官箴书集成》第 5 册，黄山书社 1997 年版，第 567 页。

② （清）万维瀚：《幕学举要·社仓》，见刘俊文等编《官箴书集成》第 4 册，黄山书社 1997 年版，第 744—745 页。

③ （清）海宁：《晋政辑要·社仓谷石》，见刘俊文等编《官箴书集成》第 5 册，黄山书社 1997 年版，第 567 页。

④ （清）海宁：《晋政辑要·义仓谷数》，见刘俊文等编《官箴书集成》第 5 册，黄山书社 1997 年版，第 572 页。

散，可以随时典守在民，吏胥无由滋弊"，且义仓之设"其要尤在地，得其人人善其事，良以官为民计，不若民自为计。是以积久而蠹不生，施溥而泽，可继法莫善于此也。"① 从其分析中可以看出，与社仓不同，义仓多设于州县乡村等基层行政单位，因而普及范围较广。同时，义仓操作环节相对较少，因而弊症稍少，便于管理。加之义仓的功用与地方百姓切身利益息息相关，百姓参与的积极性被充分调动，人人出力，使得义仓设置在贯彻执行上较为有力，且延续性和效用性也较为持久。海宁在其文中还言：

> 乾隆十一年（1746）十月十一日钦奉上谕，义仓一事乃急公……嗣于乾隆十二年经晋抚奏明，于每年秋收后，如系收获八九十分者，照例广为劝捐，如收成系六七分者，止择丰脧量为劝捐，以资储蓄……兹查，乾隆五十三年，太原等九府十直隶州并归绥道所属五厅共寔有义仓本息杂粮谷一十五万七百四十石六斗九升六合五勺。②

从义仓谷石的收集方法来看，其根据百姓收成之实际情况，分等收取的方法，形式相对灵活，在一定程度上减轻了百姓的捐输之累，有利于提高百姓积极性，在一定意义上也减轻了义仓施行的阻力。从文中所载乾隆五十三年（1788）山西义仓粮谷数量看，虽然义仓规模仅为社仓一半，但作为县乡一级的粮食储备，其规模已经相当庞大。另外，从义仓管理的奏报形式看，其设置得到了清代最高统治者的认可和重视，这也为义仓的设立和推广奠定了政策和制度上的基础。

（二）救灾与赈恤

救灾与赈恤的内容，虽不是清代官箴书所首创，但却在清代官箴书，尤其是关于州县治理的官箴书当中得到大规模反映。在灾害的预防、上报、措施、程序以及灾后重建等方面都有详细的分析和记载，其关于救灾与赈恤

---

① （清）海宁：《晋政辑要·义仓谷数》，见刘俊文等编《官箴书集成》第 5 册，黄山书社 1997 年版，第 572 页。

② （清）海宁：《晋政辑要·义仓谷数》，见刘俊文等编《官箴书集成》第 5 册，黄山书社 1997 年版，第 572—573 页。

的完备程度为历代之最。救灾是一项复杂系统的工程，救灾活动进行时，唯有按照一定程序进行，按部就班，才能做到不慌不乱，从容应对。首先，要对灾情的形成有一个及时的评估和预测。清道光重臣壁昌就曾言："为牧令者，须于平时留心体察雨旸之多寡，田苗之情形，求雨求晴，贵乎及时。"①虽然在清代的官箴书中大都有"春灾不过五月，秋灾不过九月"或"夏灾不出六月，秋灾不出九月"的说法，但万维瀚强调"不可因循，尤不可讳饰盖时"②，只有在立足于固有经验的基础上，以时间、地点、条件为转移，灵活处理，谨慎对待，才能做到万无一失，救灾及时。

其次，对于灾害的形成和发生要及时上报。如万维瀚所言："灾象将成，即行具禀，既成灾，则据报通详俟。委员到日，将被灾村庄勘明，成灾分数分晰造册，具印勘各结申送。"③在上报灾情的同时，要及时调查受灾的详细情况，以便为稍后的赈灾行动提供具体的数据支持，方便赈灾。灾情调查时，印官要做到"不惮烦苦，亲历乡庄，眼同邻保，逐户挨查……分别何者应赈，何者不应赈，于应赈之中，斟酌极贫次贫，铢两无差。"④灾情的调查是一项极为繁巨的工作，要做到"无滥无遗""盖滥则伤财，遗则伤民。"⑤因而要求官员在赈灾之时要事无巨细，亲力亲为，稍不留意则劳民伤财，甚至会导致饿殍遍野，民怨沸腾的严重局面，不利于赈灾工作的开展。

再次，灾情上报和调查之后就要展开积极的赈灾活动。清代赈灾执行"定例被灾六分，极贫者给赈一月，次贫者不赈。浙省无分，极贫、次贫俱

---

① （清）壁昌：《牧令要诀·赈灾》，见刘俊文等编《官箴书集成》第 7 册，黄山书社 1997年版，第 582 页。

② （清）万维翰：《幕学举要·灾赈》，见刘俊文等编《官箴书集成》第 4 册，黄山书社 1997年版，第 745 页。

③ （清）万维翰：《幕学举要·灾赈》，见刘俊文等编《官箴书集成》第 4 册，黄山书社 1997年版，第 745 页。

④ （清）袁守定：《图民录·查赈为难》，见刘俊文等编《官箴书集成》第 5 册，黄山书社 1997 年版，第 213 页。

⑤ （清）袁守定：《图民录·查赈为难》，见刘俊文等编《官箴书集成》第 5 册，黄山书社 1997 年版，第 213 页。

抚恤一月口粮。大口日给米五合，小口减半"① 的规定。若灾情较大，民不聊生，赈灾活动通常以施粥为主。通过长时期的地方赈灾活动，不少地方官对赈灾中的施粥活动有了一个全面清晰的认识。袁守定在谈及赈饥之法时，就曾言：

> 夫赈饥者，每为粥食之，而其害愈滋……来者扃之厂内，俟既齐而后放。而给之，不免拥挤践踏守候之苦，害一；就食者众，则粥难骤办，非日中不能得，甚至有竟日不得者，而饥者淹淹欲绝矣，害二；扃之厂中守候竟日，而所得不过一粥，不能以其余力逐食，害三；为粥既多，则先熟者冷，民既病饥，又病冷粥，害四；饥民丛集，人气熏蒸，必生大疫，害五；既给粥，闻风来者必多，必多设厂，凡厂灶器具，薪水役夫，官不易办，而胥役又从而渔侵之，害六。②

从其分析中可以看出，在赈灾施粥过程中相应地存在拥挤践踏、时间僵化、冷粥病民、疫病流行、胥役侵蚀等弊病，需要参与赈灾的官员有充分的认识和心理准备。针对上述问题，袁守定采取择空房散饥民、给粮米使之自食的方法，将上述问题巧妙地一一化解。民既得救，而官力亦省，为其他官员的赈灾活动提供了极具参考价值的范式，能够极大地提高赈灾效率。另外，袁守定还在其《图民录》中记载了相关赈灾的经典案例：

> 滕元发知郓州，淮南京东饥。元发虑流民且至，将蒸为疬疫，度城外营地，谕富室使出力为席室，一夕成二千五百间，井灶器用皆具。民至如归，凡活五万人。③

---

① （清）万维翰：《幕学举要·灾赈》，见刘俊文等编《官箴书集成》第 4 册，黄山书社 1997 年版，第 745 页。

② （清）袁守定：《图民录·赈饥之法》，见刘俊文等编《官箴书集成》第 5 册，黄山书社 1997 年版，第 210—211 页。

③ （清）袁守定：《图民录·赈饥之法》，见刘俊文等编《官箴书集成》第 5 册，黄山书社 1997 年版，第 210 页。

从其所举事例分析，排除夸张的成分，可以窥知，在清代，至少是在部分地区，官吏还是有积极的救灾意识，其救灾活动还是卓有成效的。

最后，灾害过后要进行灾后重建和相应的经验总结。"旱灾得雨后可以补种，水灾则急，宜设法疏消，水退后亦可种植。如晚禾秋麦，以及荞麦、蔓菁之类。无力之户，例应借给籽本，成灾五六七分者，每亩给谷三升，八九十分者，每亩给谷六升。"① 从万维瀚的论述中可以得知，灾害过后，应当指导百姓进行积极的自救活动，对受灾农作物及时补种。尤其是水灾，要加强疏导，减短其影响时间。在长时间的灾后补种活动中，官员们根据农事情状，形成了一套因时因地制宜的补种经验，补种时应选取生长周期较短，且抗逆性强的荞麦、蔓菁等作物，确保生产活动迅速恢复，降低灾害破坏力。同时要根据百姓受灾程度的不同，分别给予粮种的补贴，使百姓的生产自救能够顺利高效进行。另外，灾害过后还要进行相应的经验总结。《幕学举要》在灾赈中曾记载：

> 大理寺评事林希元，上书言救荒有二难，得人难，审户难。有三便，极贫民便赈米，次贫民便赈钱，稍贫民便赈贷。有六急，垂死贫民急，饘粥疾病贫民急，医药病起贫民急，汤水已死贫民急，埋瘗遗弃小儿急，收养轻重系囚急。宽恤有三权，权借官钱以籴籴，权兴工作以助赈，权贷半种以通变……此皆古人美意，良法须随时酌行。②

可以看出，在官员赈灾过程中，用人和清查是两项最为重要，也是最为难办的工作。用人不当，会使赈灾工作事倍功半，甚至会起阻碍作用。审户不清，则无法为救灾提供详实有效的参照，甚至会出现溢此漏彼，有失公平的局面。赈灾时，要根据百姓的贫苦程度，施以不同的措施。其极贫民赈米、次贫民赈钱、稍贫民赈贷的方式，能够快速有效地解决受灾百姓的实际

---

① （清）万维瀚：《幕学举要·灾赈》，见刘俊文等编《官箴书集成》第 4 册，黄山书社 1997 年版，第 747 页。

② （清）万维瀚：《幕学举要·灾赈》，见刘俊文等编《官箴书集成》第 4 册，黄山书社 1997 年版，第 747 页。

问题，不论是对于维持百姓生计，还是对于灾后恢复生产都大有裨益。赈灾时要对随时可能发生的紧急情况予以及时处理，特别是对于濒死患病灾民的救治，已死灾民的掩埋等情况的处理，尤其不能迟延。宽恤时要赋予官员调度救灾资源的权力，可以采取以工代赈，亦粮亦种等灵活多样的方式辅助赈灾活动。值得注意的是，其采取的以工代赈的方式，在现当代社会也是一种普遍使用的手段，不但救济了灾民，还对灾后重建产生积极的影响。可见古人在救灾方面进行了积极的探索，较之于北宋逢灾年便大兴募兵的手段，体现出更高的智慧。俗话说救民如救火，在救灾过程中尤其如此，官员一定要提高工作效率，不论是救灾方法还是程序，不要拘泥于成法，根据实际情况妥善处理，灵活应对。如清代官员文海所言："为有司者目击子民哀鸿遍野，厌厌待毙实在情形，不能早为设法安置，依然安坐衙斋静候批示遵行，与玩视民瘼者何异。""如灾民饥溺，有迫不可待之患，或将常平仓谷酌量先发口粮以救民命，详请分年弥补。"① 强调救灾活动的特殊性和具体操作过程中的灵活性，以实际情况和需求为要。这种注重灵活性的意识，对当代官员的救灾行为也极具借鉴意义。另外，基于"每有书役乡保向灾户需索钱文，藉端派累，甚至贿嘱冒滥，真正贫民反有遗漏"② 的情况，官员要减少不必要的胥役出差，不给其留下侵蚀百姓的空间和机会，真正做到利为民用，钱为民使。

（三）保甲与乡教

保甲制度是中国封建社会统治百姓的一种手段，前后延续近千年。诞生于北宋王安石变法时提出的十户为一保，五保为一大保，十大保为一都保，源于秦汉时期的乡里组织。元朝又出现了"甲"，以二十户为一甲，设甲生。发展到清代，最终形成了十进位的"牌甲制"。保甲制度从本质上讲，是封建王朝借以形成一个严密的社会治安网络，加强对人民的防范和控制。关于保甲制度，在清代官箴书中也有大量的反映，对其颁行原因、效果作用、组织方法以及施行中应注意的问题，均有详细的论述。清人张经田认为

---

① （清）文海：《文静涵大守自历言》，见刘俊文等编《官箴书集成》第 6 册，黄山书社 1997 年版，第 723 页。

② （清）万维翰：《幕学举要·灾赈》，见刘俊文等编《官箴书集成》第 4 册，黄山书社 1997 年版，第 746 页。

"迩来生齿日繁，人烟稠密，其中良莠不一，防范难周。若非按户编查，使之甲为自纠，人自为治，不足以清窝顿而安良善。"① 刚毅也认为"于稽察奸宄之中，寓保卫善良之意，诚能实心查办，洵为弭盗良规。"② 由此看，清代的官员大都将保甲制度视为弭盗保民的有效方法。但随着社会情势的发展，清代官员认识到，原有的保甲制度已经落后于施政实践的需要，因而提出了对保甲制度进行变革的要求。如张经田所言："旧制繁琐而难行，自应参酌变通，师保甲之意，而不拘成法，庶民志乐从而行之，可久伏。"③ 阐述了变革旧制的原因乃繁琐难行，并进一步提出：

> 惟当仿照保甲之意，定以十家合为一牌，其畸零不等者或五六家一牌，或十二三家一牌，悉从民便。每牌止书各户家长姓名，而不琐琐于男妇丁口数目，其十家牌内开明十家，共列一牌，共出一结，各家轮流查察，内有一家为匪，及容留为匪之人，九家公同首报。倘能敢徇情隐蔽受贿遮瞒，一经事发，九家连坐。如日后同牌之户有一家迁移出境，或新搬入境，分别删增，统于牌内注明。俟年终出具连名甘结，呈缴旧牌，以凭换给新牌。④

从其提出的保甲新方法，可以看出，在基于保甲制度同罪同罚原始要义的基础上，适当地简化操作手续，不但保留了原有保甲互监互查的效果，而且更省官力民力。清代循吏刘衡在巴县任职时，亦施行十进制的牌甲方法，并着重强调"此次本县奉行保甲，与从前办法不同"⑤，在操作过程中"编联之法

---

① （清）张经田：《励志撮要·保甲简易法》，见刘俊文等编《官箴书集成》第 6 册，黄山书社 1997 年版，第 53 页。

② （清）刚毅：《牧令须知·保甲》，见刘俊文等编《官箴书集成》第 9 册，黄山书社 1997 年版，第 223 页。

③ （清）张经田：《励志撮要·保甲简易法》，见刘俊文等编《官箴书集成》第 6 册，黄山书社 1997 年版，第 53 页。

④ （清）张经田：《励志撮要·保甲简易法》，见刘俊文等编《官箴书集成》第 6 册，黄山书社 1997 年版，第 53 页。

⑤ （清）刘衡：《庸吏庸言·保甲章程》，见刘俊文等编《官箴书集成》第 6 册，黄山书社 1997 年版，第 214 页。

每牌十户，若有零户数在三户以内，则附于末牌之末，如数过三户，则与末牌均分为两牌。"① "甲"作为比"牌"高一级的编户单位，操作方式与牌相同。从中可以看出，刘衡以十进制为基础对民户进行编联，同时又不失灵活，对于零户数零牌数，或末牌之末，或与末牌匀分为两牌，并不拘泥。虽然在不少地方官眼中，保甲为治民良策，但在推行过程中也有不少问题值得注意。首先，有很多"地方官视为具文，往往置之不问。虽有一二纸上空谈者，不过虚应故事"② 的情况，可以窥见清代地方官人浮于事的不作为状况。保甲作为朝廷治民大计尚且如此，其他方面的消极怠工情况自然更甚。其次，普遍存在"派差滋扰造册有费，立牌有费。择派甲长保正，亦莫不有费。保甲未行，小民先受无限之苦累"③ 的问题。因而很多官员都执行"不许书役纷纷下乡滋扰，并不许领牌需索使费"④ 的规定。刘衡更是严加强调"事事系官为经理，不准书役一人下乡致滋索扰。"⑤ 由此可见，清代地方官对胥役扰民，借机勒索的恶行有较为普遍的共识，且对于施政中亲力亲为的重要性也有较深刻的认识。毕竟，好的治政方法只有配合相应的执行策略，查补漏洞，百姓参与的积极性才能被充分地调动起来，实现"百姓同心振作，除莠安良，奸无所藏，而贼自远矣"⑥ 的效果。这也从一个侧面反映出，真正的大治需要在合乎实际的政策基础上，官员和百姓进行良性互动，齐心合作才能实现。

另外，清代地方官还非常注重乡民教育。清代官员胡衍虞认为官员要

① （清）刘衡：《庸吏庸言·保甲章程》，见刘俊文等编《官箴书集成》第6册，黄山书社1997年版，第214页。
② （清）刚毅：《牧令须知·保甲》，见刘俊文等编《官箴书集成》第9册，黄山书社1997年版，第223页。
③ （清）刚毅：《牧令须知·保甲》，见刘俊文等编《官箴书集成》第9册，黄山书社1997年版，第223页。
④ （清）周际华：《共城从政录·劝保甲》，见刘俊文等编《官箴书集成》第6册，黄山书社1997年版，第278页。
⑤ （清）刘衡：《庸吏庸言·保甲章程》，见刘俊文等编《官箴书集成》第6册，黄山书社1997年版，第214页。
⑥ （清）周际华：《共城从政录·劝保甲》，见刘俊文等编《官箴书集成》第6册，黄山书社1997年版，第278页。

"亲到乡为泛说切身道路。其有民善行素著者，访知则奖励之，恶行久彰者，访知亦戒饬之，民非甚愚，吾未见其难晓也。"① 在古代，乡间百姓大多知识匮乏，纵有聪慧者，因为缺乏教育，才能亦得不到开发。很多百姓由于不明事理，导致作奸犯科之事时有发生。因此，作为州县官员，首先要树立百姓可教的意识，充分发挥自身的作用，承担自己的责任，采取各种方式，教育百姓明德识体。同时，地方官亲为民教的方式，不仅是一种有效的教育方式，而且也是深入百姓了解民情，与百姓建立融洽的官民关系的有效途径。袁守定还以现实案例来强调办学校兴教化的重要性，其言曰：

> 文翁为蜀郡守，见蜀地僻陋，大起学舍于成都市中。招下县子弟为学官弟子，为除更繇。每行县，诸生明经饬行者与俱，使传教令。吏民见而荣之，争来就学，繇是大化。②

通过其所举事例可以看出，地方官通过办学校兴教化，百姓受到教育，明道德，识大体，作奸犯科之事减少，民风也自然变得敦厚淳朴。于百姓，减少了犯罪的几率，而且还有效地挖掘了自身的才智。于官员，则大大降低了行政运行成本，提高了行政效率。通过上面对保甲制度的分析，结合乡民教化的内容，可以看出，地方官要实现对百姓的有效管理，首先要通过教育，使其在思想上建立奉公守法的意识，再辅以保甲等制度上的措施，刚柔并济，才能实现事半功倍的行政效果。

以上，通过对社仓、义仓、救灾、赈恤、保甲、乡教等清代地方事务的分析和介绍，使我们认识到，清代地方官府诸多贴近现实生活的治民政策和措施还是相对完善的，虽然其出发点是基于对封建王朝的维护，但立足于社会实际的方针政策，对于维护百姓利益，改善百姓生活，起到了积极的作用。同时，清代官箴书关于社会事务的记载当中，也反映出很多清代地方社

---

① （清）胡衍虞：《居官寡过录·教化（补）》，见刘俊文等编《官箴书集成》第5册，黄山书社1997年版，第37页。

② （清）袁守定：《图民录·振兴学校》，见刘俊文等编《官箴书集成》第5册，黄山书社1997年版，第217页。

会存在的弊政，并透露出一种力图改革，锐意进取的心态。总之，清代官箴书当中，很多关于地方社会事务的分析论述，不仅为我们进行清代社会史的研究提供了极具研究价值的资料，也为我们提供了一个新的研究角度和窗口。

三、官箴思想的时代转折

官箴自诞生之日起，就在其自身的系统中，随着社会的发展变化而缓慢地变化着。总体来说，这种变化是在封建社会的肌体内，以维护皇权统治，维护地主阶级的利益为中心进行的，一直到 19 世纪中前期，始终没有突破君主专制和家国宗法这一范畴。1840 年鸦片战争以后，中国传统封建社会的各项制度措施和思想构建，开始受到挑战和怀疑。随着中国的政治、经济、文化逐步被纳入世界影响的范畴，清代晚期的官箴思想，也开始突破专制和宗法，向着自由、平等、为公服务等更为宽广的层面延伸和发展。

（一）时代的推动

鸦片战争之前，中国古代的官箴书创作，始终以"三纲五常"为指导思想，围绕服务于封建专制统治进行。虽然明末清初的黄宗羲、顾炎武等人对君权至上提出过尖锐的批评，但随着清朝统治的稳固和专制集权的加强，其言论很快被湮没，并未真正走向大众，仅仅在一定程度上起到了思想启蒙的作用。随着封建专制统治的没落，各种社会问题逐渐暴露，尤其是鸦片战争的打击带来的政治、思想领域的剧烈震动，传统专制皇权再一次受到质疑，并进一步向纵深发展。一些开始具有世界眼光的思想家，如龚自珍、魏源等，要求打破家天下的局面，主张自由平等和人民福祉至上的政治原则。尤其是在甲午战败之后，政治制度的变革被中国的进步思想家视为刻不容缓的当务之急。随后兴起了康有为、梁启超等领导的以君主立宪为中心的维新变法运动，以及孙中山、黄兴等领导的以民主共和为中心的资产阶级民主革命。在这种政治环境下，官箴书的创作失去了原有的土壤，再也不可能沿着原有的轨道发展下去，而是不可避免地与政治制度的民主化进程紧密地联系起来。

其次，中国传统的自然经济，是一种小农经济和家庭手工业相结合的经济形式，这种以农耕为主的经济形式，造成了儒家思想对中国几千年的持续性影响。由此，也造成了中国封建专制社会的稳定性。鸦片战争后，中国经济被纳入世界经济的范畴，开始成为世界经济链条上的一环，传统的自然经济开始逐步瓦解。经济形式的变化，也动摇了以其为基础的封建专制统治。随着资本主义经济成分的进一步增长，以及新的生产方式的进一步建立，传统的伦理道德观念自然开始受到挑战。与此同时，新的经济因素也需要相应的思想观念，为其提供存在依据的论证和辩护。在这种经济形势下，官箴作为思想领域一个特殊的文化因素，自然要积极地进行自我调整，并站出来为与新的经济因素相适应的思维习惯和价值取向"摇旗呐喊"。

再次，以鸦片战争为起点，至 20 世纪初的半个多世纪里，中国在对外战争中接连失败，丧地赔款接踵而至。不仅中国的封建政治制度受到质疑和挑战，与此同时，作为其理论支撑的儒家思想，因无法回答和解决众多现实问题也饱受诟病。在国家危亡、民族危难面前，众多进步思想家开始向西方寻求救国救民之道，也开始重新正视和评估中国的正统文化。在思想文化领域，存天理灭人欲、三纲五常、重农抑商、夷夏之辨等传统道德观念被逐渐扔进历史的垃圾堆，代之而起的是《明夷待访录》《潜书》等所强调的"非君""非经"等思想。同时，民主、科学、自由、重商等西方进步思想，逐渐取代传统的儒家思想，成为主流的社会文化价值观。在这种文化背景之下，以儒家思想为孕育和发展基础的传统官箴文化，也站在了"生死存亡"的风口浪尖，唯有在新道德、新伦理、新思想的建设中，勇于变革，华丽转身，才能不随着封建正统文化的瓦解而逐渐消亡。

最后，自鸦片战争之后，西方列强对中国的侵蚀逐步深化，从南方到北方，从沿海到内地，无不受到列强的欺压和蹂躏。基于此，中国许多有识官员，以曾国藩、左宗棠、李鸿章等为代表，掀起了"师夷长技以制夷"的洋务运动。但甲午之战和八国联军侵华战争的彻底失败，不但宣告了洋务运动的破产，也进一步将中华民族推向了生死存亡的历史关口。因此，救亡图存成为了晚清中国的时代主题。在这种社会情势下，以忠君、治吏、治民为主题的传统官箴书，便不可回避地要面对新的现实需求，承担新的历史责任，并要实现与救亡图存时代主题的无缝连接。唯有如此，官箴这一文化力量才能在新的历史环境当中继续发挥自身的效用，为救亡出力。

（二）对专制与宗法的局限突破

虽然晚清时期仍有官箴书不断问世，如刘汝骥所辑《陶甓公牍》、陈惟彦所撰《宦游偶记》、樊增祥所撰《樊山政书》等，但从现有资料分析，尚未发现符合上述社会背景下对官箴要求的官箴专书。尽管如此，符合要求的具有官箴性质的箴言、警句却散见于诸多进步思想家、政治家、革命家、教育家的论著当中。如"魏源的《默觚》、曾国藩的奏稿、杂著，康有为的《大同书》，梁启超的《新民说》，孙中山的讲话、文章，蔡元培的《中学修身教科书》"① 等等。其中，最重要的官箴思想为孙中山所倡导的"官为民仆"的思想。革命先驱孙中山曾言："国中之百官，上而总统，下而巡差，皆人民之公仆也。"② "人民为一国之主，官吏不过为人民之仆，当受人民之监督制裁也。其循良者吾民当任用之，其酷劣者当淘汰之而已。"③ 由此可以观之，在新的官箴思想中，不但出现了人民的概念，而且高高在上的"老爷""大人"们也走下了神圣的祭坛，由百姓之"父母"摇身变为百姓的仆人，这不仅是一种为官角色的变化，更是政治制度转变的一种象征，也体现出以孙中山为代表的革命党人，将为人民服务的"公仆"精神，作为了新时期的为官指导原则，并倡导接受人民监督和实行优胜劣汰的准则。同时，官的内涵也得到极大的丰富和发展。如孙中山认为，可以把自己定位为"赶汽车的车夫，或者是当作看门的巡捕，或者是弄饭的厨子，或者是诊病的医生，或者是作屋的木匠，或者是做衣的裁缝。"④ 短短几句话，涵盖了人民的衣、食、住、行、安全、医疗等方面，也将为官者的基本职责囊括无虞，几个简单的角色转换的比喻，便将为官者为民服务的本质形象刻画得惟妙惟肖，不但表明传统的官僚主义被孙中山彻底否定和丢弃，也散发出了孙中山内心底处的公仆意识和公仆精神。与当代社会所强调的全心全意为人民服务的精神有相似之处，值得为我所学习和借鉴。

① 李珂：《官箴在近代的转型》，《理论学刊》2011 年第 5 期。
② 孙中山：《孙中山全集》第六卷，中华书局 1986 年版，第 211 页。
③ 孙中山：《孙中山全集》第六卷，中华书局 1986 年版，第 223—224 页．
④ 孙中山：《孙中山全集》第九卷，中华书局 1986 年版，第 347—348 页。

　　教育家蔡元培强调"毋黩货"和"勿徇私"应作为官员的基本操守，虽然古代官箴对两者也多有提及，但在晚清的社会背景之下，其无论在指向、目的还是功用上都发生了质的变化。古代官箴强调"毋黩货"和"勿徇私"，直接指向皇帝的打工者——封建官僚，而在蔡元培的操守指向上却变成了政府机构中的公共管理人员。古代官箴强调此两种为官操守，目的是教育官员恪守为官本分，不要与皇权利益发生冲突，在为官过程中更好地保护自身。同时，官员唯有遵守"毋黩货"和"勿徇私"等基本的为官准则，才能在最大程度上维护社会的稳定，从而确保封建统治的稳固。而蔡元培认为，官员不要贪财受贿，不要以权谋私，目的不是为了维护封建皇权的利益，而是要扮演好自己的公仆角色，认识到社会财富来之于民，也要用之于民，并使其效用最大化，尽最大努力改善人民生活状况，提高人民生活质量。如此，一个官员也就完成了自己的使命。

　　另外，在 20 世纪初，救亡图存成为时代主题的情况下，资产阶级革命派将挽救国家民族于危亡作为自己的首要任务，矢志不渝地进行革命斗争。与此同时，革命派还非常注重革命道德的建设，孙中山曾告诫革命党人："我们要把革命做成功，便要从今天起立一个志愿，一生一世，都不存在升官发财的心理，只知道做救国救民的事业。"① 由此观之，唯有加强革命道德建设，革命者才能更好地认识到救亡图存的意义，才能保持革命意志的持久性。同时，能够保证革命者在革命活动中不怀私利，不损害人民的利益，从而毫无顾忌地为革命奉献一切。

　　本节从经世求实思潮下的实用精神、贴近现实生活的内容编排、官箴思想时代转折性的体现等方面，对清代官箴的特点进行分析阐述。其中，从官员对行政过程中实际需求的关注和对百姓日常生活的重视两方面，对清代官箴的实用精神进行了分析论述。通过对社仓、义仓、救灾、赈恤、保甲、乡教等清代地方社会事务的分析和介绍，对清代官箴书的社会史资料价值进行了论证。最后，通过对晚清社会情势的分析，阐述了官箴转型的必要性和可行性，并简要介绍了在新的历史环境中官箴的主要思想内容。通过对清代

① 　孙中山：《孙中山全集》第 10 卷，中华书局 1986 年版，第 293 页。

官箴书特点的分析和阐述，我们可以看到，官箴孕育和发展于一定的社会环境，并以一定的思想理论为支撑。同时，官箴也服务并反映一定的社会政治、经济、文化体制。当社会环境发生变化时，官箴也要积极地进行自我调整和变化，唯有如此，官箴才能不断服务于社会，不断使自己得到丰富和发展，并不断地延续自身的存在。

第三章　汪辉祖及其官箴书研究

第一节　汪辉祖生平述略

一、科举之路

雍正八年（1730）冬，汪辉祖出生在浙江绍兴府萧山县大义村。汪辉祖小名"垃圾"，因为其祖父认为取贱名有利于辉祖的成长，故名。5岁时，辉祖改名为"鳌"，有独占鳌头之意，寓意汪辉祖能读书有成。7岁时汪辉祖才更为此名，有光宗耀祖之意。

汪辉祖的祖父汪之瀚，字朝宗。夫人沈氏，生有两个儿子，汪楷和汪模，汪楷即汪辉祖的父亲。汪楷，字南有，做过河南淇县典史，有夫人3人：方氏、王氏和徐氏，徐氏为汪辉祖生母。方氏在汪辉祖5岁时去世，汪楷在汪辉祖11岁时去世，然后汪辉祖便由王氏和徐氏两位母亲艰难地抚养长大。

汪辉祖说："我汪氏始祖迁萧以来，传世二十，历六百余年未有科第。"[①]他的父亲汪楷早年也曾潜心科举，因不就而从幕，又因害怕造孽转而从商，后纳赀捐为典史，做了一个小官。汪楷有通过科举做官的心愿，科举不成从而转向其他。对他来说，科举是他未满的心愿，于是转而寄希望于汪辉祖。小时候为汪辉祖取"鳌"这一名字也是希望他能读书仕进。由此可以看出，汪楷及其家人都希望汪辉祖能够通过科举成人，获得仕路，从而对汪辉祖的

---

① （清）汪辉祖：《清汪辉祖先生自定年谱——一名病榻梦痕录》卷下，台湾商务印书馆1980年版，第304页。

教育自小就非常重视。

（一）家教和师从

汪辉祖的家庭教育对汪辉祖的人格塑造及品德的形成至关重要，他的祖父、父亲以及两位母亲都对汪辉祖产生了很大的影响。汪辉祖深受祖父汪之瀚的疼爱，小的时候经常会带他去看戏，回来便问汪辉祖对所看戏的心得体会，然后付之以为人处事的教育。有一次看戏回来，汪辉祖取笑一秀才考了下等，汪之瀚严厉批评汪辉祖，告诉他是秀才才有等级，不能因为等次的高低而取笑于人。汪辉祖的父亲汪楷对汪辉祖要求非常严厉，在读书上要求更是严格，汪辉祖 11 岁那年的正月初一效蹴鞠戏，被汪楷训斥贪玩，授给他《陈检讨四六》1 册，令其每天必须读上半篇，否则不能下楼，没想到后来汪辉祖佐幕时还因此受益，以骈体文受到当事的知遇。在南下广东谋生时，汪楷送儿子汪辉祖一册手抄的《纲鉴正史约》，并要求其熟读。汪楷还十分注重对汪辉祖品德的教育，教给汪辉祖"陶器厚薄"之训，教育汪辉祖："求做官未必能做人，求做人即不做官，不失为好人。"① 除此，对汪辉祖教育影响较深的人不得不说还有他的两位母亲。汪辉祖的两位母亲王氏和徐氏坚强又有主见，不随波逐流，有勇有谋，见识独到，且富有责任感。汪楷在汪辉祖 11 岁时去世，家庭的重担一下子落在王氏和徐氏身上，她们并没有被压垮，而是勇敢地面对，为偿还欠债，"鬻簪珥以偿不足，又尽卖其余田，犹不足，相率昼夜勤织作，铢积寸累，三年岁毕偿。"② 面对这样的艰苦环境，二母依然不愿放弃汪辉祖的教育，为汪辉祖请塾师，在家也不忘监督汪辉祖学习，并时刻敦促鼓励他，告诉汪辉祖"岁需修脯，十指可给也"③，希望汪辉祖能够有朝一日登上科第。二母陪伴汪辉祖的时间最长，对汪辉祖教育的影响也最深。

汪辉祖所受的家庭教育，在他的人格塑造和教育心理上都有不可磨灭

---

① （清）汪辉祖：《清汪辉祖先生自定年谱——一名病榻梦痕录》卷上，台湾商务印书馆 1980 年版，第 10 页。

② （清）卢文弨：《抱经堂文集 5》卷 31《汪氏双节传》，中华书局 1985 年版，第 415 页。

③ （清）汪辉祖：《双节堂庸训》卷 1《述先·显生妣徐太宜人轶事》，天津古籍出版社 1995 年版，第 22 页。

的作用，并且使之认识到良好品德以及读书的重要性，从而时时能够勉励自己，不断奋进追求。

汪辉祖 6 岁开始从师，7 岁至 10 岁在淇县官署，从静山师课学。11 岁至 14 岁师从邑生郑又亭。郑又亭认为"此子必可成就，惜不肯潜心，吾鞭辟近里，或可望其向学。"①故在几个同学中对汪辉祖的要求最严，汪辉祖的进步也很快。因汪辉祖的父亲在南下经商的途中不幸去世，家中的生活只能靠两位母亲纺织来维持，二母虽热衷于汪辉祖从师教育，但生活艰辛使她们在汪辉祖 14 岁这年实在没有钱财来支付修脯，在这一年底结束了与郑又亭的授受关系。15—16 岁时汪辉祖在族叔家延请的上虞徐冕主塾附学，后因徐冕年老生病辞去塾师职，汪辉祖只能自学，由二母监督。汪辉祖受郑又亭和徐冕两位老师的教育影响很深，并十分感恩于二位恩师，认为"郑师阅文最严，师（徐冕）以鼓励为事，奖许甚至，故是年行文调畅，盖非郑师无以立学之基，非师无以长学之趣。"②后汪辉祖在教育之路上又先后从师于茅再鹿夫子、张百斯夫子、许虚斋夫子、冯夫子、杨鲁蕃夫子、孙尔周夫子，这几位夫子对汪辉祖的授业少者仅 20 多天，多者也不过一年。其中对汪辉祖影响最大的是孙尔周先生，乾隆二十四年（1759）孙尔周先生到胡文伯的官署中探望，汪辉祖此时在胡文伯府中佐幕，故请孙先生指导自己写的 30 篇应科举考试的文章，孙先生"反复讲解，每夜至四更方息"，孙尔周还向汪辉祖讲授了场屋律度，对汪辉祖颇有裨益，汪辉祖认为"忝窃科名，皆夫子训也"③。

（二）科举之路

汪辉祖 17 岁时，应童子试，虽有一点小波折，但最后还是成功入县学，成为秀才。次年应乡试，从此开始他曲折的科举之路。汪辉祖曾对母亲立下

---

① （清）汪辉祖：《清汪辉祖先生自定年谱——一名病榻梦痕录》卷上，台湾商务印书馆 1980 年版，第 12 页。

② （清）汪辉祖：《清汪辉祖先生自定年谱——一名病榻梦痕录》卷上，台湾商务印书馆 1980 年版，第 13 页。

③ （清）汪辉祖：《双节堂庸训》卷 6《述师·述友·受业》，天津古籍出版社 1995 年版，第 222 页。

誓言，"专治举业，逢场必到，死而后已"①，他说到即做到，从未向现实妥协，屡败屡战。除在其生母徐氏去世的那一年未应试外，其他每场必到，九应乡试，直至乾隆三十三年（1768）汪辉祖39岁时中第三名举人。后又四应会试，于40岁时方中进士。

从乾隆十一年（1746）至乾隆四十年（1775），在这近30年的科举路上，汪辉祖始终坚持不懈，其中有几次科考甚至有生命危险。如乾隆二十四年（1759），入闱后下大雨，水都漫过坐板，汪辉祖在这种情况下负病坚持考完，待考完后病情加重，"明器已具，医师莫名其病，自信不起"②。幸亏徐颐亭为其诊出病因，对症下药才救得一命。汪辉祖深知参加科举不是他自己一人的事，而是承载着家人的寄托，所以无论多么艰难，他都将克服。正是他这股恒心，才最终使他实现了科举的成功。

二、佐幕生涯

（一）入幕的原因

汪辉祖之所以选择入幕与当地的作幕传统、汪辉祖的家庭环境以及其自身条件这几个方面是分不开的。

首先，萧山一直以来都有作幕传统。幕业作为一种专业性较强的谋生职业，始于明代，在清代日益兴盛，"是明清两代独特的政治状况和社会环境的产物"③。该行业有佐幕、作幕、游幕、入幕、就幕及佐治等称谓，从事该行业的人被称为幕友、师爷、幕宾、幕客、宾师、西宾、西席。在清代流传着"无绍不成衙"的说法，龚萼道："吾乡之业斯者，不啻万家"④，从事师爷这个行业的绍兴府籍人遍布全国各地，成为清代幕友行业的主流，因此绍兴师爷也逐渐成为幕友的特有称谓。就绍兴府这一地区而言，从事幕业的

---

① （清）汪辉祖：《梦痕录余》，《续修四库全书》第555册《史部·传记类》，上海古籍出版社1996年版，第702页。

② （清）汪辉祖：《清汪辉祖先生自定年谱——一名病榻梦痕录》卷上，台湾商务印书馆1980年版，第34页。

③ 鲍永军：《汪辉祖研究》，博士学位论文，浙江大学，2004年，第8页。

④ 龚未斋著，余军校注：《雪鸿轩尺牍》规劝类《答韫芳六弟》，湖南文艺出版社1987年版，第360页。

人数以山阴和会稽这两个县为最多。刘声木在《苌楚斋随笔》中说："天下刑名、钱谷幕友，盛称浙江之山阴、会稽"，其次就要数萧山县的人数最多了。汪辉祖就是浙江萧山县人，萧山地区本身就有作幕的传统存在，这一地区有很多人选择从事幕业，故汪辉祖选择佐幕不是特立独行的选择，是有一定的地缘根据。

其次，为了缓解家庭负担是他选择入幕的主要原因。汪辉祖的父亲汪楷在淇县做了 8 年典史，引疾去官回乡时家人只能坐独轮篷车，贫困得连大车都雇不起。回到家乡本以为可以靠当年经商时购置的百亩田地生活，不幸的是托付照看田地的弟弟汪模受赌徒蛊惑，将百亩田产变卖殆尽，还负下累累的债务。汪楷为人仁义，替弟偿还赌债，为赚钱南下广东经商，孰料病死于南海旅邸。这使得原本就捉襟见肘的家庭，更加雪上加霜，生活的重担压在汪辉祖的二位母亲王氏和徐氏身上。二母坚强，毅然挑起生活的重担，"励节食，贫纺绩，遇功兼糊褙锢自给，昼夜不少休息"①，虽这般劳苦，也只能够勉强维持生活。然汪辉祖能够登科取仕一直是家庭的希望，同时汪辉祖也是一个孝子，不忍心二母如此辛劳，因"有了秀才头衔，便可以授徒自给"②，故汪辉祖中秀才后，为减轻家庭负担，曾选择一边授徒，一边准备科考。奈何做塾师的收入太过微薄，"分岁后，束脩方至，急偿米欠，复赊斗米度岁。慨然知授徒之不足为养，次年辞馆习幕"③。相对于做塾师，佐幕的收入较授徒的收入是高出许多的，"为童子师，岁脩不过数十金。幕脩所入，或数倍焉，或十数倍焉，未有不给于用者"④。从汪辉祖从事这两种职业的收入来看，18 岁时汪辉祖被母舅延课，授徒 7 人，脩金仅有 12 缗，而选择从幕后的收入，在常州府时岁脩 24 金，迁粮道后岁脩高达 120 金，可见二者收入的悬殊，从而选择佐幕也就达到了以幕救贫、缓解二母持家负担的

① （清）汪辉祖：《清汪辉祖先生自定年谱——一名病榻梦痕录》卷上，台湾商务印书馆 1980 年版，第 11 页。

② 瞿兑之：《汪辉祖传述》，商务印书馆 1935 年版，第 7 页。

③ （清）汪辉祖：《梦痕录余》，《续修四库全书》第 555 册《史部·传记类》，上海古籍出版社 1996 年版，第 706 页。

④ （清）汪辉祖：《佐治药言·自处宜洁》，《丛书集成初编》，中华书局 1985 年版，第 3 页。

目的。

最后，汪辉祖的自身条件也是他走上幕途的重要原因。幕业的分工比较细致，汪辉祖从事的是州县幕友，"其名有五，曰刑名、曰钱谷、曰书记、曰挂号、曰征比"①，刑名幕友办理的是司法诉讼，钱谷幕友办理的是财政赋税，书记幕友负责起草公文和书写信函，挂号幕友负责管理公文，征比幕友则负责的是催征钱粮和发丁。幕友们各有专司，各司其职。其作为帮助州县官处理地方事务的职业，从业者必须具备一定的文化水准才可以胜任。汪辉祖说，"吾辈以图名未就，转而至生，为习幕一途，与读书为近，故从事者多。"②清代幕友的来源，主要是科举失利的人，他们为谋生计，转而选择无论在专业、身份、地位还是报酬都较高的幕业。汪辉祖从小就从师受教，有知识储备，具备这些自身条件，于是转而入幕，以幕养学也就是顺理成章的事情。

（二）佐幕生涯

汪辉祖选择入幕，一开始并没有受到支持，尤其是在汪辉祖准备当刑名师爷时遭到了两位母亲的坚决反对。原因是她们希望汪辉祖能够登科取仕，而入幕后既要佐幕又要准备科举，不能专一，"家世素无科目，且既以游幕为养学，而荒幕则造孽，佐幕复学则精力不继"③。另外，清朝一直流传着"作幕吃儿孙饭"的说法，汪辉祖的父亲汪楷科举不就也转而为幕，但其认为"刻深者不详，惧损吾福"④，所以汪辉祖的两位母亲坚决反对汪辉祖出任刑名幕友。最终汪辉祖只得对二母立誓，"惟誓不敢负心造孽，以贻吾母忧"⑤，如此才得到了两位母亲的应允。在佐幕过程中，汪辉祖也谨以立誓为戒，时时提醒告诫自己，守身自律，绝不敢负心造孽。

---

① （清）汪辉祖：《佐治药言·办事勿分畛域》，《丛书集成初编》，中华书局1985年版，第13页。

② （清）汪辉祖：《佐治药言·勿轻令人习幕》，《丛书集成初编》，中华书局1985年版，第14页。

③ （清）汪辉祖：《清汪辉祖先生自定年谱——一名病榻梦痕录》卷上，台湾商务印书馆1980年版，第46页。

④ 钱大昕：《潜研堂文集5》卷40《汪南有传》，商务印书馆1935年版，第629页。

⑤ （清）汪辉祖：《佐治药言·序》，《丛书集成初编》，中华书局1985年版，第1页。

　　汪辉祖于乾隆十七年（1752）开始从事幕业，至乾隆五十年（1785）结束幕业，前后共 34 年的佐幕生涯。汪辉祖自己总结，"惟始二年，主者为外舅王坦人先生，不在宾主之数。余所主凡十六人，其中无锡、慈溪二处皆偶托也，实则十四人而已。"① 汪辉祖最初进入幕业是在岳父王宗闵府中，掌书记两年，不算是正式的幕主。他第一位幕主是胡文伯，在其幕下掌书记长达 6 年之久，受知颇深。可是担任书记的收入不足受用，因为"辉祖自年十五、六，以假贷资生，至二十二习幕事，子钱累七百余金"②。幕业中收入最高的要数刑名、钱谷幕友，为了能够偿还高昂的债务，同时也为二母不再为还债而过度操劳，汪辉祖辞别胡公幕，于乾隆二十五年（1760）馆长洲县郑毓贤幕，开始治刑名，一直至乾隆五十年（1785）都是做刑名幕友。汪辉祖所佐幕的 16 位主人，除了上文所说的胡文伯、郑毓贤二位外，其他 14 位分别是魏廷夑、孙尔周、刘国煊、李学东、蒋志铎、战效曾、芮泰元、胡嘉粟、孙含中、刘雁题、黄元炜、兴德、徐朝亮、王士昕。汪辉祖佐这 16 位幕主的时间，以胡文伯时间最长，共 6 年，其他多者不过两三年，一般以一年左右者居多，在魏廷夑、黄元炜幕中最短，甚至不足一个月，这些幕府全都分布在江浙一带。汪辉祖佐幕江浙各地，在 16 位幕主府下工作，佐幕时间长达 34 年，为汪辉祖积累了丰富的佐幕经验，再加上汪辉祖自身良好的幕学修养以及精湛的佐幕技术，使汪辉祖最终成为一代名幕。

　　汪辉祖是乾隆时期有名的幕友，胡文伯评价汪辉祖："宦游垂五十年，所见幕友多矣。能立品短纯，尽心佐理，时时以国事、民事为念，如吾兄者实未见有第二人。"③ 浙江布政使刘本纯对汪辉祖的评价为："志洁行芳，以恺悌刚直佐人治案牍，余耳其名熟。贤守令屈指幕中宾，余必首及之。"④ 汪辉祖的为幕事迹随着其所写的《病榻梦痕录》《双节堂庸训》《佐治药言》《续

① （清）汪辉祖：《佐治药言·序》，《丛书集成初编》，中华书局 1985 年版，第 17 页。
② （清）汪辉祖：《双节堂庸训》卷 1《述先·显妣王太宜人轶事》，天津古籍出版社 1995 年版，第 16 页。
③ （清）汪辉祖编：《双节堂赠言集录》卷 16《胡偶韩书》，乾隆四十五年至嘉庆十七年本衙刊。
④ （清）汪辉祖编：《双节堂赠言集录》卷 8《旌表节孝汪母王孺人五十有六寿序》，乾隆四十五年至嘉庆十七年本衙刊。

佐治药言》等书的流传，后世对汪辉祖的评价越来越高，以至于"被称为绍兴师爷第一人、清代第一刑名师爷"①，由此可见汪辉祖的名气之大。

汪辉祖擅长刑狱诉讼，为幕时处理过很多值得称道的案件，这也是他之所以能获得很高赞誉的原因之一。汪辉祖断案有自己的原则，就事论事，以理服人，不苛求于法律成案，必要时引经据典，且审判时注重人情。他从不屈从于权贵压力，不惧同事冷眼相待，始终坚持正义，奉行自己的原则。

"浦四童养妻与叔父通奸案"中，治刑名的秦君准备依照服制，汪辉祖反对："礼未庙见之妇而死，归葬于女氏之党，以未成妇也。今王未庙见，妇尚未成……《书》云：'罪疑惟轻'。"②最后的判决结果是从重枷号 3 个月，王氏回母族，浦四再另行别娶。在该案中汪辉祖的表现还得到了当时的巡抚庄有恭的赞许。

"周张氏立孙案"中，孀妇希望为他刚 18 岁还未娶妻的儿子立继子，而族人主张为孀妇立继子，双方诉讼争执 18 年还未得到解决。汪辉祖在这一案件的处理中，酌礼准情，以情为切入点，在法律、经典都没有相关的依据时，转而用礼判案。因为事牵富室，受到同事和幕主郑君的反对，但汪辉祖依然坚持不做修改，事后这件案子的审判得到抚军陈宏谋的盛赞。

"卢标案"，又称"方骨案"，此案可以看出汪辉祖不畏权贵，坚持自己的原则。该案大致内容是：某月十三日卢标与余某因为争道产生争执，卢标被余某打伤小腹，在余某家请外科医治，到二十八日痊愈后回家，但到下月初二初三卢标生病，还请了内科进行诊治，到初九时去世。该案发生时汪辉祖的幕主王晴川恰巧不在，由邻邑的汤溪何君代为处理，汤君只核实了卢标的小腹伤痕，未对卢标生病一事追究便结案。等到王晴川回来，汪辉祖向其说明想法，认为卢标能在二十八日自己步行数里回家，说明伤已经好了，另外下月初三时卢标请内科医生看病，说明是因伤还是因病去世不能确定，后王晴川经过再三审问内科医生得知卢标得的是伤寒。如此多的疑问，晴川坚持复审携带尸骨赴杭州，结果臬司因与何君有旧交想坚持原判，晴川又委托

---

① 　赵尔巽等撰：《清史稿》卷 477《循吏二·汪辉祖传》，中华书局 1977 年版，第 13029 页。

② 　（清）汪辉祖：《清汪辉祖先生自定年谱——一名病榻梦痕录》卷上，台湾商务印书馆 1980 年版，第 25——26 页。

处州府和衢州府太守检验，仍未能改变判决。在这时，如果王晴川坚持不懈，继续奏请，余某可能由绞刑减为流刑，但王晴川鉴于不能与臬司对抗选择放弃，而汪辉祖在王晴川的幕下，虽不畏上级压力，却无能为力，感慨道："法止于笞，而欲入之于绞，分不敢安。"① 于是托故辞官，这也体现了汪辉祖的持正不阿。

"浦四童养妻与叔父通奸案"和"周张氏立孙案"两起案件中，汪辉祖的表现分别得到清代名臣庄有恭和陈宏谋的嘉许，他们二位可是吏治上颇有建树的得力干将，他们的赞许对汪辉祖在幕业中能够施展抱负、声名鹊起起到了很大的帮助。此外，汪辉祖所审理的众多案件中，除以上几案外，比较有代表性的案件还有很多。关于刑事诉讼的法律思想，汪辉祖自己也作出了总结，如息讼、勿牵连、防株累等，他坚持准情酌理、爱民省事、替犯人着想，这些汪辉祖都通过自己的实际行动做到了，他可以说是在司法诉讼方面颇有建树的刑名幕友。

汪辉祖为幕坚持自己的原则，守身持正，始终秉持不合则去的行事风格。在他佐幕的 34 年中共有 7 次因不能行己志而请辞，每一次都是汪辉祖据理力争，而不是为一己之私。如汪辉祖曾因为一件事与上官驳诘 7 次，始终坚持不改初议，因而获得了"汪七驳"的名字。其次汪辉祖的品行端正，他尽心侍主，"以公事为己事，留心地方，关切百姓，使邑人皆曰主人贤，庶几无愧宾师之任"②，幕主看在眼里，很是信任，所以每次请辞都得到幕主的挽留，并且自己的主张也多能得到幕主的同意。基于此，汪辉祖与 16 位幕主的关系也都甚好。不过，与同事之间的关系则略微不同，汪辉祖自己说，"幕途甚杂，不自爱者无论，亢者自尊，卑者徇物，故同馆虽多，投分绝少。甲申、乙酉数年，颇受排挤"③，这大概与汪辉祖持正不阿有关。既然

① （清）汪辉祖：《清汪辉祖先生自定年谱——一名病榻梦痕录》卷上，台湾商务印书馆 1980 年版，第 100 页。

② （清）汪辉祖：《清汪辉祖先生自定年谱——一名病榻梦痕录》卷上，台湾商务印书馆 1980 年版，第 110 页。

③ （清）汪辉祖：《清汪辉祖先生自定年谱——一名病榻梦痕录》卷上，台湾商务印书馆 1980 年版，第 109 页。

选择为幕，就要秉着不负心作恶的态度行事，不能因得不到同事的认可便对自己产生怀疑，进而在行为上有所迁就，况且幕友的脩金为幕主支付，尽心为主也是理所应当之事，所以坚持自我是任何时候都不可或缺的。

汪辉祖还有一点做得非常好，就是能够保持清廉自律，洁身自好。汪辉祖曾说，在乾隆二十五年（1760），他曾受到嘉兴一位李髯者的怂恿蛊惑，这人教给他收受贿赂的方法，在认为他默许后，便先行利用自己教的方法向汪辉祖行贿，结果受到汪辉祖的呵斥而作罢。孰知在汪辉祖暂时离去参加乡试时，该人又故技重施，将代理汪辉祖的人蛊惑，最终事情败露，二人仓皇出逃。这件事给汪辉祖很大的警示，"于是余私自幸，益悚然于法之不可试，利之不可近"①。据汪辉祖自述他能够洁身自好的原因，除此之外，还受二母和陈宏谋的影响。二母一直教育敦促汪辉祖为幕不要负心作孽，陈宏谋惩治贪幕的事迹，使汪辉祖深受启示，故能始终保持洁身自好。

汪辉祖回顾自己的佐幕生涯，"总计前后，在江苏九年，在浙江二十五年，一共三十四年。经过十六个主人，都有贤名。一直到五十六岁，方才结束佐幕的生活。"② 这34年中，汪辉祖竭尽所能辅佐每一位幕主，兢兢业业，任劳任怨，清廉自律，洁身自好，尤善刑名。庄有恭评价他："事经汪君，必无冤狱。"③ 阮元评价他："佐人为治，疑难纷淆，一览得要领。尤善治狱，平情静虑，侔境揣形，多所全活。"④ 由此也足见汪辉祖不愧为一代名幕。

三、仕宦经历

（一）走上仕途

乾隆五十一年（1768）春，汪辉祖请咨入京谒选。八月，汪辉祖掣签到湖南宁远县任知县一职，终于由佐人为治变为自治，出都门时还特意作

---

① （清）汪辉祖：《续佐治药言·玉自有成》，《丛书集成初编》，中华书局 1985 年版，第12 页。

② 瞿兑之：《汪辉祖传述》，商务印书馆 1935 年版，第 20 页。

③ 洪亮吉：《洪亮吉》第 3 册，《更生斋文续集》卷 2《萧山君墓志铭》，中华书局 2001 年版，第 1161 页。

④ 阮元：《揅经室集》（上）《揅经室二集》卷 3《循吏汪辉祖传》，中华书局 1993 年版，第440 页。

《新嫁娘》一首，表达自己的感受：

> 新嫁娘知得否，昔日女今日妇，妇不易为，味调众口。况当两姑间，酸咸从所受。人人抬眼皆生疏，娣姒周旋法谁某。小郎衣履小姑绣，管摄不周或从咎。凌杂米盐，黾勉井臼，殷勤结褵三致辞，愿儿贤声荣阿母，新嫁娘知得否？①

汪辉祖以"新嫁娘"自喻，从中既包含了登官入仕的喜悦之情，也有对自己为官的担忧，并声称要做一名良吏以报答母亲。

对于做官，汪辉祖这样认为，"为学志科名末已，然达则行道，究以入仕为贵。"② 又"自念佐幕三十余年，齿逼衰残，蒙圣恩高厚，毕以民社重任，感极涕零③。汪辉祖认为能够做官是受到了福荫，既然接受了这份恩泽就不要辜负朝廷、百姓以及母慈，应该以种德为原则，励行谨身勤民之志。汪辉祖是这么认为的，同时在他的为官经历中也是这么践行的。

相对于 34 年的佐幕生涯来说，汪辉祖的仕宦经历仅有 5 年：乾隆五十二年（1787）三月开始就任宁远知县，至乾隆五十五年（1790）十月卸任，其中在乾隆五十二年（1787）十二月到次年的四月兼理了 5 个月的新田县，乾隆五十五年（1790）九月又兼任道州知州，辞宁远知县后专任，次年正月调任善化知县，仅一个月便以疾辞任，直至乾隆五十七年（1792）正月奉旨革职。

（二）为官政绩

汪辉祖为官在任的时间虽远远不及佐幕时间长，但几十年的佐幕生涯已经为他积累了丰富的从政经验，"莅宁远不延幕宾，不任长随，事无巨细，

---

① （清）汪辉祖：《清汪辉祖先生自定年谱——一名病榻梦痕录》卷上，台湾商务印书馆1980 年版，第 137 页。

② （清）汪辉祖：《双节堂庸训》卷 5《蓄后·得志当思种德》，天津古籍出版社 1995 年版，第 197 页。

③ （清）汪辉祖：《清汪辉祖先生自定年谱——一名病榻梦痕录》卷下，台湾商务印书馆1980 年版，第 149—150 页。

罔弗亲身"①，于任上兴除利弊、体恤民情、整治民俗，从而政绩斐然。

1.实行保甲法。汪辉祖认为保甲法的推行，是他任 4 年宁远知县中做得最称职的一件。为推行该法，汪辉祖集合了 36 里的地保，用了 3 个月的时间整理好涉及这 36 里地域四至、交通、人口等详细内容的簿册。这些簿册收效很大，山地平原有了边地依据，无业流民、盗匪不再敢肆意妄为，冒充邻里的人有了查处的依据，连本地诉讼都减少了，对维护地方的治安很有帮助，况且这些簿册还可以留给后任的官员，可谓一劳永逸。

2.整治民风民俗。宁远县地瘠民刁，民风彪悍，陋习比比皆是，"夫家或贫，或夫妻反目，辄嫁卖……妇人不以守节为重……"②汪辉祖十分注重民风民俗，发现宁远县民风凋敝后便着手施行教化，采取必要的措施加以整治。汪辉祖抽查保甲时会令百姓齐聚，亲自宣讲，"面喻守分奉公之义，戒私宰，劝输课"；多次举行乡饮酒礼，教育百姓注重礼；大力宣扬节妇、贞女，并搜集相关的实例予以褒奖，为她们建立节孝祠，教化妇女守节；针对当地士气颓废的情况，对参加乡试的清贫者酌情给予资助，以鼓励科举士子……经过汪辉祖的一番努力，宁远的民风渐渐改变，"三四年中，耳目一新。顽惰革面，士奋科名，妇知贞节。"③

3.维护地方治安。在稳定地方方面不得不提的是汪辉祖对流丐的治理。汪辉祖刚入官至宁远衙门就碰到有人绑着流丐前来控诉，汪辉祖抓紧了解当地的流丐情况，得知宁远县有大批流丐从临邑窜入。流丐大量聚集容易滋生事端，于是汪辉祖下令："所至遇流丐，立会邻保协捕，俾各处有催粮之役，即各处皆捕丐之人。"④治丐还要杀一儆百，汪辉祖在下达捕丐命令时，又设计捕捉了流丐的头目"老猴"夫妇，将其严刑拷讯，获得他们同党的姓名。

---

① （清）汪辉祖：《清汪辉祖先生自定年谱——一名病榻梦痕录》卷下，台湾商务印书馆 1980 年版，第 234 页。

② （清）汪辉祖：《清汪辉祖先生自定年谱——一名病榻梦痕录》卷下，台湾商务印书馆 1980 年版，第 173 页。

③ （清）汪辉祖纂，王云五主编：《学治续说·旧典关劝惩者不可不举》，《丛书集成初编》，商务印书馆 1939 年版，第 15 页。

④ （清）汪辉祖：《清汪辉祖先生自定年谱——一名病榻梦痕录》卷下，台湾商务印书馆 1980 年版，第 151 页。

经过这样的捕治，邑中的流丐很快散去。兼理新田县时，遇到 30 多个流丐向汪辉祖乞要盘费，汪辉祖警告那些流丐，他就是惩治老猴的汪知县，如果不速速散去，就将他们抓捕处死。结果流丐们一听此人即是汪知县，立刻叩首散去，不过几日新田县境内也没有流丐了。汪辉祖自嘲道："两县得民，俱由去丐。"①

4. 处理诉讼。邵晋涵曾夸奖汪辉祖"娴习经训，以家贫谋养，治法家言，议论依于仁慈，佐州县治，引三礼以断疑狱，远近称平允"②。汪辉祖善于治刑狱诉讼，这在他佐幕时就显露出来了，所以在他为官时处理诉讼案件得心应手。宁远人好诉讼，汪辉祖任宁远知县便着手检查宁远历年的讼档，尽心尽责，将这些陈年积案以及新讼案件一一理清。州县中无名浮尸案往往人命牵连最重，无赖之徒会借机搜刮，官吏也会因这种案件地僻路远不愿亲自处理，因此加重了该种案件的敲诈勒索之弊。介于此，汪辉祖的做法是"凡受报词即讯，讯毕即赴验。有续到之人，沿路讯供，夜随便假宿，虽鸡栖猪栅不避秽，讯诬于尸场痛惩，恶习渐改。"③汪辉祖还惩治教唆词讼的讼师，以避免百姓受他们的挑拨。汪辉祖惩治了两个典型的狡黠讼师，一个是智多星黄田桂，另一个是陈禹锡，还将通过查访得到的讼师姓名张贴到通衢，令他们改过自新，如此减少了讼师对百姓们造成的危害，也换来了百姓暂时的安宁。经过汪辉祖的治理，"数年宁远无一上控之事"④，由此可见汪辉祖处理诉讼的能力深得百姓的信任。

除此之外，在兴革、催粮、教化等方面汪辉祖同样也有很高的成就。

（三）革职罢官

汪辉祖因为得罪了枭司，为官的最终结局是被革职罢官。乾隆五十五

---

① （清）汪辉祖：《清汪辉祖先生自定年谱——一名病榻梦痕录》卷下，台湾商务印书馆 1980 年版，第 172 页。

② 邵晋涵：《南江文钞》卷 6《送汪焕曾之官宁远序》，《清代诗文集汇编》第 405 册，上海古籍出版社 2010 年版，第 381 页。

③ （清）汪辉祖：《清汪辉祖先生自定年谱——一名病榻梦痕录》卷下，台湾商务印书馆 1980 年版，第 164—165 页。

④ （清）汪辉祖：《清汪辉祖先生自定年谱——一名病榻梦痕录》卷下，台湾商务印书馆 1980 年版，第 190 页。

年（1790）十月汪辉祖受臬司姚学瑛的委派，检办桂阳县发生的何刘氏母子四大命案，因案件重大，且疑窦重重，为更好地检查此案，汪辉祖想调邻府谙熟检骨的名仵一起查验，故始终未曾前往。在此期间，汪辉祖奉藩司委派清查了道州积欠，又受江华县典史之邀去江华县勘验杨古晚仔命案，不慎在查验完毕归途中跌落山坡，左脚受伤。故汪辉祖据实向臬司禀告自己受伤不能前去桂阳查案。可这是一件大案，关系臬司前程，而汪辉祖向来以刑名专长，所以臬司需要汪辉祖来查办此案。但在十二月汪辉祖向臬司禀告自己受伤时，已经颇忤了臬司，次年二月臬司又派人催促前去检验，汪辉祖又因自己病情严重，左膝疼痛难忍，不能够走路，告知对于吏治事务已无能为力，打算辞官归里。由此彻底惹怒臬司，认为他这是为了规避检验而找的借口，故一再弹劾汪辉祖，想将汪辉祖发配到边疆。弹劾受理后，经检查，汪辉祖脚伤属实，长沙知府、衡州知府等多名官员也都替汪辉祖求情，但始终不能拂臬司之意，最终汪辉祖只能自认有迁延规避之罪才作罢，从而在乾隆五十七年（1792）正月，汪辉祖奉旨革职。

汪辉祖做事一直都是一丝不苟，最后却是落得革职的结果，其中有一定的隐情。王杰在给汪辉祖的书信中评价汪辉祖说："甘心罢职而不肯为私人，此等见识，尤为坚卓。"① 汪辉祖之所以不及时去查检何刘氏的案子，是不愿为臬司私用的缘故，如此才引得臬司大怒，一再弹劾。

汪辉祖以革职的结果离开官场，并不能否定他的业绩。汪辉祖以尽职尽责、为民着想、以民为本的态度为官，他的付出也获得了百姓的拥戴，负责衡、永、郴、桂四地的道员世宁评价汪辉祖"勤民治匪，为湖南第一好官"②。汪辉祖辞官回乡时"民空邑走送境上，老幼泣拥，舆不得行"③，可见汪辉祖深得民心。

---

① （清）汪辉祖：《清汪辉祖先生自定年谱——一名病榻梦痕录》卷下，台湾商务印书馆1980年版，第258——259页。

② （清）汪辉祖：《清汪辉祖先生自定年谱——一名病榻梦痕录》卷下台湾商务印书馆1980年版，第197页。

③ 阮元：《揅经室集》（上）《揅经室二集》卷3《循吏汪辉祖传》，中华书局1993年版，第441页。

（四）归里生活

汪辉祖于乾隆五十七年（1792）回到家乡萧山。回乡后，汪辉祖选择了不涉官场、不再入幕、潜心学术、著书课子的生活。

汪辉祖认为："既忝为牧令大吏……小谦抑即难坚行吾志，此理之不可者一也；幕为砚田……而复与寒畯争升斗之糈，此义之不安者二也；……今幕于宪府者，居养渐移，气体烜赫……此势之不协者三也；至故人幕中，尚多旧友，更恐今昔殊致，转被揶揄。"① 汪辉祖一共讲了四点他不再入幕的原因，所以当他归里回乡之后，湖北巡抚福宁、湖南巡抚姜晟、山西巡抚蒋兆奎、冀陕巡抚、杭州知府、嘉兴知府等地方官员都争相延请汪辉祖入幕，无论待遇如何优厚，汪辉祖始终不为所动，坚持不再入幕。

再者，汪辉祖认为："宦成退居，已不必与地方官晋接。若分止士庶，断不宜交结官长。"② 既然已经退居乡里，若与当地的官长交结，会给自己带来一系列不必要的麻烦，更甚者还会导致自己身败名裂，所以比较明智的做法是不要结交官长，也不要干预地方事务。汪辉祖一直奉行这样的行事风格，不干预地方事务，唯独一次是监督萧山西江塘的重修。因为乾隆五十八年（1793），西江塘塌陷，民间捐银重修，"牟利者攘臂揽工，风声四达"③，汪辉祖推辞不下，不得已而受命。经他的监督，"贾不虚糜，工得坚实，民大和"④。该工程竣工之后，汪辉祖便再也不问及官场任何事。

汪辉祖归里后数年间潜心读书，著述成果颇丰，先后写出《元史本证》《三史同名录》《二十四史同姓名录》《学治臆说》《双节堂庸训》《病榻梦痕录》《续越女表微录》等书，除此之外，还写了大量的诗稿、笔记。与此同时，汪辉祖不忘敦促子孙读书学习，在他看来，"子弟非甚不才，不可不业

---

① （清）汪辉祖：《梦痕录余》，《续修四库全书》第 555 册《史部·传记类》，上海古籍出版社 1996 年版，第 685 页。

② （清）汪辉祖：《双节堂庸训》卷 4《应世·勿交结官长》，天津古籍出版社 1995 年版，第 132 页。

③ （清）汪辉祖：《清汪辉祖先生自定年谱——一名病榻梦痕录》卷下，台湾商务印书馆 1980 年版，第 262 页。

④ 王宗炎：《晚闻居士遗集》卷 8《汪龙庄行状》，《清代诗文集汇编》第 440 册，上海古籍出版社 2010 年版，第 728 页。

儒。"① 汪辉祖倡导他的子孙习儒业，考科举，并时时勉励，最终他的儿子汪继坊为乾隆丙午科举人，就职于直隶州州同；汪继壕为国子监生，布政司经历；汪继培为嘉庆乙丑年进士，官吏部文选司主事，也算学有所成。

嘉庆十二年（1807），汪辉祖去世。临终前，他回顾这一生："吾少孤，恃两母苦节长教成人，常恐此身失检，玷及先人。佐幕当官，兢兢以保身为念……"② 他这一生经历了年少的孤苦，因贫穷走上幕途，所幸实现了一家人的理想，能够登科为官，归里后不再涉世官场，著书课子，虽身体不是特别健朗，但也算老有所终。清人洪亮吉评价曰："计君一生，在家为孝子，入幕为名流，服官为循吏，归里后复为醇儒。"③ 这是他这一生的见证。

第二节　《佐治药言》的内容及传播

一、《佐治药言》的成书

首先，从汪辉祖 23 岁开始习幕算起，至 56 岁结束佐幕，汪辉祖共有 34 年的佐幕经历，辅佐 16 位幕主，可见汪辉祖佐幕时间之长、辅佐主人之多，这为汪辉祖积累了丰富的佐幕经验，为其书写一本关于佐幕的参考书提供了难能可贵的素材。从自己的生活实际出发，总结经验，也使其书更有了说服力。乾隆五十年（1785），时汪辉祖辅佐的最后一位主人王晴川告老归乡，同时自己也即将踏上从宦之路。这是汪辉祖由幕为官的转折点，有必要总结佐幕经验，为自己由一名好幕友转变为一名好的地方官作铺垫。

其次，在明朝时，为加强专制统治，以明太祖朱元璋为首的多位帝王大力宣传善恶报应观念，并且"注重用历代善恶事迹对各级臣民实施教化"④。与此同时，关于因果报应的小说、戏剧大量涌现，如《剪影灯》、"三

---

① （清）汪辉祖：《双节堂庸训》卷 5《应世·业儒亦治生之术》，天津古籍出版社 1995 年版，第 167 页。

② （清）汪辉祖：《梦痕录余》，《续修四库全书》第 555 册《史部·传记类》，上海古籍出版社 1996 年版，第 732 页。

③ 《洪亮吉》第 3 册，《更生斋文续集》卷 2《萧山君墓志铭》，中华书局 2001 年版，第 1164 页。

④ 汪维真：《明代善恶报应观念的强化与社会调控》，《江汉论坛》2005 年第 1 期。

言二拍"等，使得善有善报、恶有恶报的观念深入人心，至清朝时该观念更加普及流行。而汪辉祖十分信奉善恶报应，汪辉祖总结自己佐幕经历时也曾写道："二十年来，余所见以不义之财烜赫一时，不数年而或老病，或夭死，或嗣子殒绝……"①汪辉祖用自己的亲身经历见证了他们的善恶报应，十分触动，发此感慨，可见其对善恶报应的深切感悟。此外，当时流行的说法是"佐幕吃儿孙饭"，认为佐幕是有损阴德的差事，为了给自己积德行善，给子孙留有福荫，当时科考失意的读书人不到万不得已不会轻易习幕。汪辉祖在初想习幕时即受到其二母的坚决阻拦，是汪辉祖一再苦求并立下誓言才得到的应允，故在其30多年的佐幕生涯中，时刻牢记自己曾立下的誓言，恪守自己做人准则和标准，由此也使汪辉祖想到把自己的心得体会记录下来，以告诫正在佐幕或即将走上仕途的人入幕宜慎，切不可负心作孽，一定要秉持真心，积德行善。

再次，幕道的衰落也是促使汪辉祖写该书的一个重要原因。汪辉祖23岁开始习幕，时乾隆十七年（1752），至乾隆五十年（1785）佐幕结束，中间共34年的佐幕生涯。众所周知，康、雍、乾三朝为清朝盛世，但从乾隆中期开始，清朝开始由盛转衰，吏治日益腐败，贪污成风，佐幕者的道德水平也随之日渐衰落。在汪辉祖的书中有多处体现了清朝幕道的变迁，其在《学治臆说·得贤友不易》中言："幕道难言矣。往余年二十二三，初习幕学，其时司刑名、钱谷者，俨然以宾师自处……至余年三十七八时犹然，已而稍稍委蛇，又数年，以守正为迂阔矣。"②从中可以得知，汪辉祖初入幕时幕道良好，佐幕者都严格要求自己，只是偶尔有一两个不自重的人，到他佐幕十多年时，幕道开始稍稍有所变化，还不至于变得太坏，再过了数年之后，幕道江河日下之势已彻底展现出来了，狼狈为奸之人比比皆是，他在乾隆五十年（1785）总结其34年的佐幕经历时说道"幕学、幕品均非昔比"③。

① （清）汪辉祖：《清汪辉祖先生自定年谱——一名病榻梦痕录》卷上，台湾商务印书馆1980年版，第110—111页。
② （清）汪辉祖：《学治臆说》卷上《得贤友不易》，《丛书集成初编》，中华书局1985年版，第2页。
③ （清）汪辉祖：《清汪辉祖先生自定年谱——一名病榻梦痕录》卷上，台湾商务印书馆1980年版，第110页。

汪辉祖是一个对自己要求很高的人，他为人正直，佐幕不敢丝毫逾矩，对待作风不正、贪污成风的人更是深恶痛绝。当他自身经历并亲身感受到幕道的变迁时，其拯救幕道的责任感不觉油然而生，想用自己的行为准则来感化和影响所有佐幕的人。

最后，乾隆五十年（1785），汪辉祖的外甥孙兰启想从事幕业，研读法律，请教汪辉祖。以此为契机，更加坚定了汪辉祖总结自身经验的决心，以笔代口，用自己的实际行动和感悟来指导自己的外甥，使其能以此为标准，严格要求自己，成为一名合格的佐幕师爷。于是汪辉祖很快着手写作，并取名"佐治药言"，有"良药苦口而利于病，或未必无裨乎"① 之意，这样一本被奉为佐幕圭臬应世而来，并产生了重大反响。

二、《佐治药言》的内容及思想

（一）《佐治药言》的主体内容

《佐治药言》是汪辉祖所写 5 本官箴书中最早的一本，全文不足 9000字，短小精悍，现以《知不足斋丛书》所收入的《佐治药言》为例，对此书的内容进行介绍。

《佐治药言》的内容包括序、自序、正文、书后、跋五部分。

序为江西新城鲁仕骥撰。二人因乾隆四十一年（1776）汪辉祖向其讨撰二母的双节文字而结识，后二人有频繁的书信往来，鲁仕骥为汪辉祖的著作作序，《佐治药言序》就是其中之一。鲁仕骥在序中首先评价汪辉祖精于吏治，其著作《佐治药言》"善焉"② 。其次，鲁仕骥写了他认为的为吏之道，应"安静不扰，恂愉无华，遇事加详慎焉。"③ 而汪辉祖所写此书的内容大抵符合这些要求，他为人刚正不阿，守身持正，佐幕中做到了思考全面谨慎，常怀恻隐之心、仁慈之心，做到了佐幕与为人的统一。最后，鲁仕骥列举了欧阳修和范仲淹的例子，范仲淹寻找佐幕的人必须是可以为其师者，故因深知欧阳修而邀其佐幕，而欧阳修则因当时不深知范仲淹选择拒绝。鲁仕骥认

---

① （清）汪辉祖：《佐治药言·自序》，《丛书集成初编》，中华书局 1985 年版，第 1 页。

② （清）汪辉祖：《佐治药言序》，《丛书集成初编》，中华书局 1985 年版，第 1 页。

③ （清）汪辉祖：《佐治药言序》，《丛书集成初编》，中华书局 1985 年版，第 1 页。

为这是君子的自重之道所在，由此推至汪辉祖，"所佐凡十余人，皆深知契合，有师友之义，而君犹凛然自重，不苟去就"①。这是佐幕必备的前提，只有幕友和幕主二人相互深知，才能相得益彰，达到佐幕和为政的最大效果。

自序是汪辉祖对自己佐幕生涯的一个叙述。汪辉祖并非一开始就是刑名师爷，而是先当了 6 年的书记，在乾隆二十三年（1759）时才转入刑名，这在当时遭到了其二母的坚决反对。因为无论是从其父曾当过两年的师爷经历来看，还是从刑名师爷这个职业来说，都被认为是负心造孽、有损阴德的事。汪辉祖从其贫寒的家世、科考的一再失利以及刑名师爷岁脩丰硕等方面考虑，向二母发下誓言"不敢负心造孽，以贻吾母忧！"②汪辉祖谨遵誓言，在 26 年的刑名师爷生活中兢兢业业，不敢有丝毫的懈怠马虎，始终秉持着尽心尽责之心。汪辉祖这样的佐幕心态和守正的行为，得到了回报，"所主者凡十四人，性情才略，不必尽同，无不磊落光明，推诚相与，始终契合，可以行吾之素志。"③从中可以看出汪辉祖为幕过程中所辅佐的主人皆是清明正直之人，对于汪辉祖的建议也会虚心采纳，使得汪辉祖能够全力施展其抱负。同时其岁脩收入颇丰，足够其日常消费。

正文部分是汪辉祖的为幕心得，共 40 则，逐条分列，言简意赅，少者不足百字，多者也仅三四百字。汪辉祖采用的是观点加论证相结合的形式，先将道理讲清楚，然后列举自己或他人的例子加以佐证，而不是空讲大道理，这样有论有据，有凭有证，使内容更加贴近佐幕的实际生活，更具有说服性，故人人读之深受启发。

《佐治药言》"每则之间无前后逻辑性联系，且一卷，属文章汇编"④，但细究起来仍可看出本书共讲述三部分内容。第一部分是从第 1 则到第 11 则，汪辉祖从幕友这一身份来说明成为一名称职的幕友，需要做到的是尽心尽言、不合则去、得失有数、虚心、立品、素位、立心要正、自处宜洁、俭用、范家，这是汪辉祖幕学思想的体现。这一部分又可下分三个层次，前四

---

① （清）汪辉祖：《佐治药言序》，《丛书集成初编》，中华书局 1985 年版，第 1 页。

② （清）汪辉祖：《佐治药言·自序》，《丛书集成初编》，中华书局 1985 年版，第 1 页。

③ （清）汪辉祖：《佐治药言·自序》，《丛书集成初编》，中华书局 1985 年版，第 1 页。

④ 蒋淑薇：《从〈佐治药言〉看汪辉祖对幕学的贡献》，《贵州社会科学》1992 年第 2 期。

则写的是要成为一名合格的幕友首先要理清幕友这一身份和职责，能够尽心侍主、坚持自己的原则，做到得失有数。其次，第5到9则写的是身为一名幕友，要想得到幕主的信任，能最大程度上获得佐幕能力的认可。因为信任是相互的，只有幕友自己有一个好的人品，不失信于人，才能够让别人相信你是一个值得信赖的人，能够肩负重任，同时使自己的话有分量，当遇到问题时能够得到他人的支持。再次，第十到第十一则同是汪辉祖幕学思想的体现，其从佐幕的缺点来写，告诫幕友要勤俭，而且不光是自己应该勤俭，还应该规劝家人一起共同范家。因为幕友是俗话所称的"搁笔穷"，得馆容易，失馆也容易。勤俭节约不光是一种优良传统，作为幕友做到这点更是为了能够在佐幕时有"不合则去"的决心和魄力，不为时事所扰，做到随时都能不负我心。

第二部分是从第12则到第27则，写作为幕友处理法律方面的问题，需要做到的是检点书吏、省事、词讼速结、息讼、求生、慎初报、命案察情形、盗案慎株累、严治地棍、读律、读书、妇女不可轻唤、差禀拒捕宜察、须为犯人着想、勿轻引成案、访案宜慎，是汪辉祖法律思想的体现。州县官吏权力集中，总揽地方大权，再加上州县官是科举出身，精于四书五经，但对处理地方事务却不甚精通，从而导致州县官不得不延请幕友。幕友分类很多，最重要的当属刑名和钱谷幕友，刑名幕友掌管的是司法诉讼，钱谷幕友掌管的是财政赋税。汪辉祖34年的佐幕经历中，有26年任刑名幕友，深知刑名幕友的利弊，诉讼的成败关系着百姓的身家性命和祸福所倚，故如何处理好法律方面的问题是能否成为一名合格的刑名师爷的关键所在，应该做到以熟读法律为基础，保持心系百姓、为民造福的心态，办案的过程中坚持省事、法规准情的原则。

第三部分是从第28则到第40则，同第一部分一样，是汪辉祖幕学思想的体现。该部分指出从处理幕友与主人的关系这一角度来说，应该做到的是须示民以信、勿轻出告示、慎交、勿攀援、办事勿分畛域、勿轻令人习幕、须体俗情、戒已甚、公事不宜迁就、勿过受主人情、去馆日勿使有指摘、就馆宜慎。前边第一部分已经讲过，幕友自己要有诚信，才能得到幕主的信任，得以很好地施展自己的才能。而这里幕友除了要约束自己外，还要监督幕主示民以信。同时为了自己佐幕时不会受过多的干涉，幕友需要严于律己，在人际交往上注意慎交。最后在选择幕主时要慎重，要选择合适的幕主辅佐，任职时还需自重，不要过多地收受主人情分。

（二）《佐治药言》的思想内涵

1. 尽心职守的幕学思想

尽心职守是《佐治药言》一书中主要的思想之一，该思想主要体现在就馆宜慎、尽心尽职、严于律己三个方面。

（1）就馆宜慎

俗话说："作幕吃儿孙饭"。前面也提到了清代盛行的因果报应思想，受之所累，佐幕在人们看来是一个会负心造孽、殃及子孙的职务，汪辉祖在刚开始准备从事刑名幕友时也遭到了二母的坚决反对，最终以立誓绝不作孽才获得同意。所从事幕业的人绝大多数来自科举考试失利且迫于生计之人，清代科举考试竞争压力很大，梁启超在公车上书时就曾提到科举考试的现状："省聚万数千生员，而拔百数十人为举人；天下聚数千举人，而拔百数人为进士。"[1] 科举的重担已压得人喘不上气，而贫寒的家境是他们的又一重担，"根据何炳棣的研究，在清代约有一半以上的生员出身于贫寒之家，他们的祖上甚至未曾有过生员；中举和贡生者，贫寒出身的占 45%（仅限 19 世纪）；中进士者，贫寒出身的也占 37.2%。"[2] 如此，为了解决生存压力而又不会耽误科举，入幕便成了读书人的一致选择。因为科举是为了入仕为官，而入幕则是佐官理事，既可以获得脩金，又可以获得经验，而且还可以在闲暇时读书备科考，可谓一举数得。汪辉祖也曾多次提到，如"吾越业儒无成及儒术不足以治生，皆迁而之幕，以幕与儒近也。"[3] 由此可见转而佐幕也是很平常的事。

既然选择佐幕，就应该为自己的选择负责。首先入幕之前，在选择就

---

① 梁启超：《饮冰室合集》第 1 册《饮冰室文集之三》，中华书局 1989 年版，第 23 页。

② 转引自郭润涛《官府、幕友与书生——"绍兴师爷"研究》，中国社会科学出版社 1996 年版，第 49 页。

③ （清）汪辉祖：《双节堂庸训》卷五《应世·幕道不可轻学》，天津古籍出版社 1995 年版，第 179 页。

馆上就应该慎重，不要在入幕之初就走上错误的道路。幕友觅馆大体上有三种情况："一是'帽辫子'出身者，学幕期满，将出师从业，而寻找馆地；二是未经学幕而欲从事幕业者，入幕伊始，也要寻找馆地。这两种情况都是从事幕业者初次觅馆。三是业已从业的幕友由于'解馆'而寻找新的主人。这种情况在幕业中最为常见。"① 对于专门拜师学幕和因失馆再令觅馆的幕友来说，可根据自己所学和既有经验寻找幕馆，而对于从没有学过幕学的人就馆，只能选择像书启、挂号、朱墨等对专业知识要求不高的职位。但无论以哪种形式觅馆，都会面临的问题是入馆难。因为除非是已经很有名气的幕友会在失馆时有主动邀馆的幕主外，其他都要自行觅馆。一则各府、州、县所需的幕友数量有限，二则没有经验、衙门中没有熟识之人的话很难得到召见和赏识，更别说自荐能恰巧遇见伯乐。为了能快速寻得幕馆，幕友们不得不借助于血缘、乡缘、世交、师徒、同业等诸多关系，甚至于在清代已经形成了"无绍不成衙"的现象，幕业的行帮建立起来，"那刑钱老夫子，没有一个不是绍兴人，因此他们结成个帮，要不是绍兴人就站不住脚。"② 这更使得幕友为了入幕不得不广交友，相互攀援，发展形形色色的交际关系。而与之恰恰相反的是，在汪辉祖看来，为了保证入幕质量，以防在入幕后出现限制自身发展的现象，幕友们要做到：

第一，慎交。《佐治药言·慎交》："广交游，通声气，亦觅馆一法，然大不可恃。"③ 广交游是觅馆的一种好方法，这是公认的，认识的人多，关系网也会扩大，在觅馆时中馆的几率也随之扩大。但广交游却不得不面临随之带来的问题。众所周知，知己难寻，交游很容易造成滥交的情况。有朝一日靠广交游觅得一馆，但原本结下的交情，会或多或少地寻求回报和帮助，从而让自己佐幕中会受到这样那样的束缚，使得自己不得不屈就自己的意愿而委曲求全。等到难保自立时，定会后悔自己之前的滥交得到今天的结果。况

① 郭润涛：《官府、幕友与书生——"绍兴师爷"研究》，中国社会科学出版社 1996 年版，第 151 页。

② 李伯元著，熊飞校：《文明小史》第 30 回《办刑钱师门可靠　论新旧翰苑称雄》，江西人民出版社 1996 年版，第 253 页。

③ （清）汪辉祖：《佐治药言·慎交》，《丛书集成初编》，中华书局 1985 年版，第 13 页。

且，佐幕的目的就是为了解决自身的贫困问题，广交游会使自己用于维系朋友关系的费用大大增加，这无疑会使自己更加贫困，雪上加霜。故为了不使自己陷入两难的境地一定要慎交游。

第二，勿攀援。《佐治药言·勿攀援》："如攀援依附，事终无补……即甚虚怀下士，而公务殷繁，势不能悬榻倒屣。司阍者，又多不能仰体主人之意，怀刺投谒，徒为若辈轻薄，甚无谓也。"① 从中可以看出当道诸公的夸奖赞赏是觅馆的又一途径。能够攀附上有权势的权贵对幕友们入幕会有很大的帮助，所以他们会纷纷前去请求谒见。但事实却并非如愿。首先，权贵们并非整日赋闲，就拿需要诸多幕友辅助的州县官来说，繁劳的政务使其即便再礼贤下士也根本没有闲暇的时间来亲自接见每一位请求谒见之人，即使能够有幸被谒见，也不能够做得面面俱到。其次，要想谒见权贵，如没有请帖，且事前并不相知，便需要经过司阍的通报。司阍不见得个个都能体谅主人的心意，对求见者尤其是身份卑微且不熟识的人不会轻易传达，甚至还会冷嘲热讽，使求见之人非但得不到攀援的目的，还会倍受屈辱，实在得不偿失。

在汪辉祖看来，选择广交游、求攀援的途径不可取，要想觅得良主应该做到自守、自立。《佐治药言·慎交》中言："苟律己无愧，即素不相识之人，亦未尝不为引荐。"② 正所谓求人不如求己，自己不能自守、自立，转而依赖于别人是靠不住脚的。只有自己拥有扎实的基本功和过硬的佐幕本领才是硬道理。汪辉祖提出，幕友要熟读律例，"幕客佐吏，全在明习律例。"③ 刑名师爷的职责之一即是辅佐处理司法诉讼，故必须要做到对大清律例的高度熟识和理解，并且还能够精准地运用自如。"故神明律意者，在能避律，而不仅在引律。"④ 在法律的运用上不能仅仅能够引用法律，更需要的是能够如何在合情合理的情况下规避法律。但《大清律例》不甚完备，有许多案例在法律中是没有成例可以借鉴的，因此需要幕友平时多读书，"遇疑难大

---

① （清）汪辉祖：《佐治药言·勿攀援》，《丛书集成初编》，中华书局 1985 年版，第 13 页。

② （清）汪辉祖：《佐治药言·慎交》，《丛书集成初编》，中华书局 1985 年版，第 13 页。

③ （清）汪辉祖：《佐治药言·读律》，《丛书集成初编》，中华书局 1985 年版，第 8 页。

④ （清）汪辉祖：《佐治药言·读律》，《丛书集成初编》，中华书局 1985 年版，第 9 页。

事，有必须引经以断者，非读书不可。"① 只有律例和经典相结合，幕友拥有充分的知识储备，才能够不用依靠攀援和交游，真正靠自己的真才实学赢得入幕。

以上所述为入幕前应对自己的规范，对幕主而言，希望选择一个在幕学上造诣高的人为其佐幕，同样，作为幕友应当选择廉政的幕主。汪辉祖提醒就馆应该多加慎重，"则彼我同心，自无掣肘之患，愈久而愈固，异己者，亦不得而间之。"② 幕友与幕主二者只有相得益彰才能为民造福。幕友不才，幕主不会给予其机会，幕友选择主人如果饥不择食，不加考虑主人的人品而随意入幕，与己志趣相差甚大，会使二人合作过程中问题层出，相处也不会长久。反之，如果在入幕前事先了解主人品性，考虑周全再作决定，则会二者同心，于主于己皆会获益，即"盖幕与官相表里，有能治之官，尤赖有知治之幕，而后可措施无失，相与有成也。"③

（2）尽心尽职

佐幕应该拿出全部身心辅佐主人。从幕友的地位来说，幕友，又称幕客、幕宾、宾师、师爷等等，从这些称谓即可看出幕友的地位和胥吏是有很大差异的。幕友并不是政府官方吏定人员，而是官员用自己所发的脩金私人雇佣而来，与主官也不是严格的上下级关系，是处在较高的宾师地位。从幕友的收入来看，幕友分工不同，收入也随之有很大的差异，"幕中数席，惟刑名、钱谷，岁脩较厚，馀则不过百金内外，或止四五十金者"④，这些钱皆出幕主自己的收入，相当于间接地拿着做官的俸禄，哪有理由不尽心侍主呢？正如汪辉祖所说："食人之食，而谋之不忠，天岂有以福之？……而视其主人之休戚，漠然无所与于其心，纵无天谴，其免人谪乎？故佐治以尽心为本。"⑤

---

① （清）汪辉祖：《佐治药言·读书》，《丛书集成初编》，中华书局1985年版，第9页。

② （清）汪辉祖：《佐治药言·就馆宜慎》，《丛书集成初编》，中华书局1985年版，第16—17页。

③ 沈云龙主编，张廷骧编：《幕学举要·序》，《入幕须知五种》，（台北）文海出版社1973年版，第11—12页。

④ （清）汪辉祖：《佐治药言·勿轻令人习幕》，《丛书集成初编》，中华书局1985年版，第14页。

⑤ （清）汪辉祖：《佐治药言·尽心》，《丛书集成初编》，中华书局1985年版，第1页。

做到尽心侍主，从幕友自身佐幕和处理与幕主关系两方面可以体现：

首先，从幕友自身佐幕方面来看：

第一，需"素位"。"素位"出自《礼记·中庸》："君子素其位而行，不愿乎其外。"即所谓在其位谋其政。幕友所做的事务多而杂，其虽是宾师的身份，但幕友有负责监督胥吏的责任，所做之事也与胥吏所做之事无异。事务一样并不意味着执行结果一样，幕友所行之事与幕主休戚相关，关乎幕主名声的好坏，关乎百姓的祸福生死，所以幕友需要做到素位，"自视不可过高，高则气质用事；亦不可过卑，卑则休戚无关。"[1] 幕友应正确审视自己的身份、地位和职责所在，摆清自己的位置，把自己放在合适的层次上，将自己所需负责的事情办好，不辜负幕主的期望与嘱托，尽自己最大努力辅佐主人，为百姓做实事、做好事。

第二，需"勤事"。"办理幕务，最要在勤。一事入公门，伺候者不啻数辈，多延一刻，即多累一刻。""况事到即办，则头绪清楚，稽查较易。一日积一事，两日便积两事，积之愈多，理之愈难，势不能不草率塞责。讼师滑吏，百弊丛生，其流毒有不可盛言者。"[2] 从汪辉祖的"勤事"一条可以看出，勤是尽职佐幕的第一要务。一勤无难事，勤事不光使处理自己的政务变得简便条理，还起到便利百姓的作用，让百姓不至于所求之事一拖再拖而费时费力费钱财。

第三，需"尽言"。幕友的职责是辅佐主人处理政务，要想尽心侍主必须做到知无不言、言无不尽。官员处理政务，从民事到司法，从生活到生产皆需一人办理，而看其周遭之人，未必个个都能人尽其用。行使其命令的侍从、仆役们，大多是些唯恐天下不乱之人，他们本身没有俸禄，只想借行主人命令之时借机搜刮，不会全心全意为主人着想。即使是其中有忠心耿耿之人，也因为他们与主人的地位悬殊相差太大而人微言轻，不会受到重视。但幕友不同，幕友是以宾师的身份佐幕，与幕主并非上下级关系，幕友所处理的事情本身就与幕主休戚相关，故幕友的话也会得到幕主重视。所以，幕友

---

① （清）汪辉祖：《佐治药言·素位》，《丛书集成初编》，中华书局1985年版，第3页。

② （清）汪辉祖：《佐治药言·勤事》，《丛书集成初编》，中华书局1985年版，第12页。

需要"必尽心之欲言，而后为能尽其心。"①

　　幕友不仅要求对自己分内的事不拖延，还在于对自身来说属于边缘的事务不要严加区分，"而刑名、钱谷，实总其要，官之考成倚之，民之身家属之。居是席者，直须以官事为己事，无分畛域，知无不言，言无不尽而后可。"② 不同类别的幕友所管事宜各不相同，各司其职是每个幕友的行为准则之一，但尽心侍主是所有幕友所需必备的目标，应与主人同心协力，对主人知无不言、言无不尽，对自己所管分外的事只要自己知道就不应置之不理，应采取恰当的方式方法加以表达、承办。不光汪辉祖认为幕友办事不应分畛域，张廷骧同样有此观点："幕友既称佐治，则唯主人私事不必与闻，其他凡属在官之事以及官声所系，皆宜关心。未可以非吾职任，遂漠视其败裂而不言也。"③

　　其次，从处理与幕主关系方面来看：

　　第一，需"示民以信"。要尽心侍主，在幕友自身佐幕方面已经提到，幕友需勤事，把应该做好的事情一一做到有条不紊，不拖延，不逾期，但幕友只是辅佐工作，真正掌握权力并付诸实施的是幕主。当官的人事务繁忙，不可能任何事都能面面俱到，这时就需要幕友的敦促，使官吏能示民以信。汪辉祖言："第欲官能守信，必先幕不失信。"④ 幕友敦促幕主示民以信是爱民的表现。中国至清一直都是农业社会，重农抑商是历来之政策，一家一户为单位的小农经济是既有的生产生活方式。试想，民有求于官，都是关系一家的大事，而官失信于民，将百姓的状纸置之不理，审期一改再改，势必会导致百姓浪费钱财、荒废产业的现象，长此以往必大失民心，且各种问题层出不穷。官员继而再失信，问题更加繁复，最终造成官员失职，幕友失馆，恶性循环，不如幕友勤加敦促，使官吏示民以信，治理百姓井然有序，民心

① （清）汪辉祖：《佐治药言·尽言》，《丛书集成初编》，中华书局1985年版，第1页。

② （清）汪辉祖：《佐治药言·办事勿分畛域》，《丛书集成初编》，中华书局1985年版，第13—14页。

③ 沈云龙主编，张廷骧编：《刑幕举要·赘言十则》，《入幕须知五种》，（台）文海出版社1973年版，第637页。

④ （清）汪辉祖：《佐治药言·须示民以信》，《丛书集成初编》，中华书局1985年版，第12页。

所向，必定所向披靡。

　　第二，"公事不宜迁就"。幕友对一切公事都应该秉持着端贵和衷的态度与主人商酌，不可抱有私心。所谓公事都是关系官员名声信誉和百姓息息相关的，幕友应该有自己的办事原则，正确的事情坚持自己的看法，不可因自己的位置关系，屈就于主人，按主人意思办事，这样不仅是对幕主的不尽心，同样是对当地百姓的不负责。况且幕主是幕友在入馆前就已经慎重考虑决定尽心辅佐的，主人的品性原则幕友也较为了解，有时并不是主人的观点错了，而是"官为利害所拘，不免摇于当局，幕则论理，而不论势，可以不惑耳。"① 二者因所处的位置不同，考虑问题的角度也就不相同，幕友"果能据理斟情，反覆于事之当然，及所以然之故，抉利害而强诤之，未有不悚然悟之。"② 他认为，幕主并不是不讲道理之辈，如果幕友能把事情的原由讲清楚，并据理力争，幕主也会恍然大悟。汪辉祖认为，在公事方面，如果幕主依然我行我素，不听从幕友正确的意见和建议，那么一定不能迁就，宁可失馆也不可负心。当幕主与幕友的意见一再向左，幕友应该坚持"公事不宜迁就"的原则。为了让幕主妥协，汪辉祖认为还可以"不合则去"来力争，"合则留，吾固无负于人；不合则去，吾自无疚于己。"③ 对于幕友正确但幕主固执己见这种情况，幕友没有必要迁就于主人，直接另觅新馆是最好的选择。不过，事情也不是绝对的，当碰到另一种情况时，幕友则需要有新的选择。

　　幕友要坚持自己的原则，"公事不宜迁就"，但如果幕友和主人处理一件事情都有好的方法，这个时候汪辉祖认为，幕友"须成主人之美"。"若吾说虽正，而主人别有善念，此则必须辗转筹画，以成其美，方于百姓有益。"④ 主人的观点不一定全是错的，只是二人的看法不同而已，这个时候幕友需要自己审视判断，若主人的观点也是正确的，幕友可顺应主人的方式方法办

---

① （清）汪辉祖：《佐治药言·虚心》，《丛书集成初编》，中华书局1985年版，第2页。

② （清）汪辉祖：《佐治药言·不合则去》，《丛书集成初编》，中华书局1985年版，第2页。

③ （清）汪辉祖：《佐治药言·不合则去》，《丛书集成初编》，中华书局1985年版，第2页。

④ （清）汪辉祖：《续佐治药言·须成主人之美》，《丛书集成初编》，中华书局1985年版，第6页。

事。此外，幕友不见得时刻比幕主聪明，"隔壁听声，或不如当场辨色"①，清朝审案的方式是官员审案，幕友只能在屏风后面通过听犯人的声音来处理案件，不能坐在公堂之上，所以幕友在坚持"公事不宜迁就"时，需要保持谦虚的态度，适时听取主人的意见和建议再做决定。

第三，需"勿过受主人情"。幕友与主人之间的关系界定也是幕友能否尽心侍主的关键所在。初入幕时二人不相熟，汪辉祖说："宾利主之修，主利宾之才。"②刚开始时宾主之间是以利益相交反倒简单，幕友只需尽好自己的本分就好了。随着二者逐渐熟悉，问题也会一步步地显现出来，这就要求幕友在相熟之后仍然与幕主保持该有的尊重，只要处于宾主关系，就应该划清界限，不可过多地接受主人情分。为了避免过受主人情分的弊端，汪辉祖提出，"主宾虽甚相得，与受必须分明，即探知岁脩，亦宜有节"③。除此，汪辉祖在其《续佐治药言》中也有提到，无论宾主相处多久，幕友对"官声所系，须事事为之谋出万全，任劳分谤，俱义所应得，引嫌避怨，便失朋友之道"④。做到了这些，幕友才能在尽心侍主的路上无所顾忌，全身心地辅佐幕主！

（3）严于律己

要成为一名合格的幕友，只有一颗对主人尽职尽责的心、在佐幕经验上不断鞭策自己远远不够，还需要对自己的品行严格规范，严于律己，正所谓"修身、齐家、治国、平天下"，应把修身放到第一位。严于律己是幕友尽心佐幕必不可少的一个条件。

严于律己对幕友意义重大。幕友需要得到幕主充分的信任方能更好地辅佐幕主、施展自己的抱负。主人信任自己聘请的幕友，才会将防范解除，就像汪辉祖说的，"主人察其可信，自不敢露关防之迹。"⑤主人的信任与否

① （清）汪辉祖：《佐治药言·虚心》，《丛书集成初编》，中华书局1985年版，第2页。
② （清）汪辉祖：《佐治药言·就馆宜慎》，《丛书集成初编》，中华书局1985年版，第16页。
③ （清）汪辉祖：《佐治药言·勿过受主人情》，《丛书集成初编》，中华书局1985年版，第16页。
④ （清）汪辉祖：《续佐治药言·处久交更难》，《丛书集成初编》，中华书局1985年版，第6页。
⑤ （清）汪辉祖：《续佐治药言·不受关防先宜谨敕》，《丛书集成初编》，中华书局1985年版，第5页。

决定其是否关防幕友，而能否取得主人信任的一个必要条件就是严于律己。要做到此点，汪辉祖在其《佐治药言》中提出三点要求：

第一，立品为先。良好的品行是幕友佐幕的第一要义。"为主人忠谋，大要顾名而不计利。……故欲行吾志者，不可不立品。"① 幕友只有取得了主人的信任，主人才会对自己的意见和建议深信不疑，自己也能够施展自己的才华，按自己的意愿办事，达到尽心佐治的目的。幕友与幕主二人之间的信任关系是脆弱的，经他人挑拨离间就会心生嫌隙，所以，幕友在严于律己上要有恒心，不能落人把柄，遭人拿捏。但智者千虑必有一失，幕友想问题做事情并不见得万无一失、没有纰漏，这个时候就要讲究"立心要正""公则无心之过，终为舆论所宽；私则循理之狱，亦为天谴所及"②。立心正也是幕友树立良好品行的一部分，做事无私心，自己问心无愧，即便是做事有所不周的地方也不会被人误解，同样也就不会受到主人的关防，与主人的信任也不会受到影响，这难道不是立品带来的益处吗？

第二，自处宜洁。幕友保持廉洁是严于律己的又一表现，汪辉祖十分强调幕友的廉洁奉公。幕友要保持心术端正应首先做到廉洁自守。既然能够做到廉洁自守，可抵得住贪念，面临诱惑可以熟视无睹，坚持正义，不会走入偏颇。汪辉祖还从幕友的收入方面来解释幕友保持廉洁自守是非常容易的，因为相较于塾师，"幕修所入，或数倍焉，或十数倍焉，未有不给于用者。"③ 幕友佐幕的初衷大多是为了解决自身贫困的问题，幕修收入恰好能满足此要求，那就没有必要再贪污受贿，这既是对自己名节的损害，也是不自爱的表现。

第三，俭用范家。勤俭节约是中华民族的传统美德，是每个人都应该遵守的道德规范，这一点对幕友来说也格外重要。汪辉祖总结道："欲葆吾真，先宜崇俭。"④ 上一条已经提到，幕友的收入相较而言，还算可观，足以满足自己和家人的生活需要。可就是因为这样，有些幕友就开始虚荣心作

---

① （清）汪辉祖：《佐治药言·立品》，《丛书集成初编》，中华书局 1985 年版，第 3 页。
② （清）汪辉祖：《佐治药言·立心要正》，《丛书集成初编》，中华书局 1985 年版，第 3 页。
③ （清）汪辉祖：《佐治药言·自处宜洁》，《丛书集成初编》，中华书局 1985 年版，第 3 页。
④ （清）汪辉祖：《佐治药言·俭用》，《丛书集成初编》，中华书局 1985 年版，第 4 页。

祟，"或乃强效豪华，任情挥霍"①。这种奢侈浪费的生活方式是绝对不可取的，这是幕友爱炫耀、目光短浅的表现。他被幕友短期可观的收入所蒙蔽，忘记了幕友得馆与失馆皆是不稳定的。幕友有一种处境叫作"搁笔穷"，幕友没有失馆的预见性而肆意挥霍，最终导致的结果只能是害人害己。事情总有着千丝万缕的联系，一步错步步错，何不如一开始就勤俭节约。此外，光幕友一个人俭用是不够的，还要规范家人一起做到此点，因为"家之不俭，必至于累身。"②一个家庭是一个整体，全部都能做到勤俭节约，才能使幕友佐幕无所牵挂，得馆时尽情施展才华，尽心佐幕，即便是失馆时也可果断力行，不至于因钱财不足而捉襟见肘，左顾右盼，这才是俭用范家的道理所在。

2. 刑名办案的法律思想

刑名幕友的责任与意义重大，"官之考成倚之，民之身家属之"③。刑名幕友的职责是处理司法诉讼，稍不慎重就容易犯下错误，"社会上普遍将幕业看成是'笔下生杀人'的'最作孽之业'"④，从而在因果报应观念下产生繁重的心理压力。作为一名刑名幕友在办案时需时刻保持小心谨慎、仁恕爱民之心，坚持便民省事、为民求生的法律思想，保证自己宅心仁厚，绝不负心造孽。

(1) 便民省事

幕友是由官吏聘用而来，虽岁脩颇丰，待遇优厚，但本身还是普通百姓，当然要处处为百姓着想。谚语中就说"衙门六扇开，有理无钱莫进来。"百姓诉讼是一件特别劳民伤财的事，虽然百姓有冤要申，有苦要诉，奈何若没有一定财力是心有余而力不足的。故汪辉祖主张刑名幕友处理案件是要以便民省事为原则，替百姓着想，既可以为百姓伸张正义，又可以减轻百姓的负担。

---

① （清）汪辉祖：《佐治药言·俭用》，《丛书集成初编》，中华书局 1985 年版，第 4 页。

② （清）汪辉祖：《佐治药言·范家》，《丛书集成初编》，中华书局 1985 年版，第 4 页。

③ （清）汪辉祖：《佐治药言·办事勿分畛域》，《丛书集成初编》，中华书局 1985 年版，第 14 页。

④ 陈志勇：《师爷》，中国社会出版社 2009 年版，第 118 页。

　　首先，在诉讼是否审理上要做一定的审视鉴定，然后采取相应的措施。汪辉祖认为，诉讼案件"可息便息，亦宁人之道。"① 百姓要诉讼的案件能息讼便以息讼了结，这样既不至于诉讼双方关系更加恶劣，又可减轻百姓的财产负担，还能减轻官府处理诉讼的负担，可谓一举数得。什么样的案件能以息讼解决呢？对于"事非急切，宜批示开导，不宜传讯差提。"② 对他们晓之以理，动之以情，让他们能够明白事情的真相，或由他们的亲朋好友、乡亲邻里进行中间调节，只要他们愿意撤诉，便欣然同意。如若调解不成，诉讼难免，就要以省事的原则进行审理，即"幕中之存心，以省事为上"③。幕友在审案时要多费些心思，对被告中无关紧要的人，随时释放，以防他们受到不必要的牵连。需要传唤的人也要加以选择，只传唤与案件有重要影响的就可以，不要不加以鉴别就全部传唤，这样不但对案件没有帮助，反倒会多生枝节。

　　其次，在审理不同案件的过程中出现的不同状况，幕友要采取不同的措施：

　　第一，审理盗案要防株累。汪辉祖说盗案"所尤当慎者，在指扳之人与买寄赃物之家，往往择殷而噬，借端贻累。"④ 盗案容易产生株累，也就加大了审理盗案的难度，要在盗案中做到便民省事对刑名幕友来说是一个很大的考验。根据汪辉祖的经验来看，对于指扳之人经过仔细审理而得不到确切证据的，可以释放；对于那些因不知情而买寄赃物的人的处理情况，汪辉祖十分赞同以前官府只让地保传喻，不用派发捕役的做法。汪辉祖解释道，"从无匿脏不缴，自干差提者，此亦保全善类之一法。"⑤ 盗案本身就是不易断案的一种，按照便民省事的原则来处理，保护无辜受牵连的人，是刑名幕友应该牢记的。

　　第二，严防胥吏。胥吏乐百姓之扰，然后借以为利，在审理案件中吏

---

① （清）汪辉祖：《佐治药言·息讼》，《丛书集成初编》，中华书局 1985 年版，第 6 页。
② （清）汪辉祖：《佐治药言·省事》，《丛书集成初编》，中华书局 1985 年版，第 5 页。
③ （清）汪辉祖：《佐治药言·省事》，《丛书集成初编》，中华书局 1985 年版，第 5 页。
④ （清）汪辉祖：《佐治药言·盗案慎株累》，《丛书集成初编》，中华书局 1985 年版，第 8 页。
⑤ （清）汪辉祖：《佐治药言·盗案慎株累》，《丛书集成初编》，中华书局 1985 年版，第 8 页。

胥所产生的危害不容小觑。幕友的职责除了辅佐官吏还有重要一项是检点吏胥。吏胥搜刮百姓的一个惯用伎俩就是诬陷百姓拒绝捕拿，刑名幕友应该意识到除非那些犯有重罪，被抓必是一死的犯人可能拒捕外，其他百姓本身就忌惮官府，哪有胆量拒接捕役，这不过是胥吏敲诈勒索不得而气急败坏的诬陷而已。对于这种情况，汪辉祖的建议是"直将毁票存销，改差承行，止就原案办理。其果否拒捕，属主人密加确访，而改差票内，不及拒捕之说，以免串诈。"① 这样做既不会让胥吏的计谋得逞，还保全了百姓的利益，可谓便民省事。另外，严防胥吏的另一种做法是严治地棍。因为吏胥和地棍往往狼狈为奸。这些地棍滋扰百姓的手法多端，只要敲诈勒索不得就会诬陷讦告，甚至诬陷别人赌博、嫖娼，因为这种事情不易获得证据，无凭无据容易得逞，再加上有胥吏的里应外合，更加有恃无恐。对于这样的情况，刑名师爷要严治地棍，处理这种案件时"专处原告，不提被告，则善良庶有赖焉。"② 百姓得以从诬告中解脱，地棍和胥吏的阴谋也随之瓦解，百姓便能安居乐业。

最后，案件的审理要以速结达到便民省事的目的。汪辉祖言："便民之事，莫如听讼速结。"③ 刑名幕友虽负责的是司法诉讼，但裁断诉讼是不属于他的，这是主人的事情，故想使案件速结以便利百姓并不是十分容易的事情。在汪辉祖看来，幕友要想使词讼速结，需要把自己职责范围内所负责的诉讼事宜都及时准确地安排妥当，使主人能够顺利地听讼结案，那么词讼速结也就做到了。不过前面已经多次提及，官吏事务繁杂，并没有更多的时间随时随地专门处理词讼，故也需要刑名幕友考虑周到。根据官吏的行程安排，留出充足的时间处理案件，才确定准备示审的日期，日期一旦确定就不要随便更改，如果实在万不得已更改也要将更改的原因说清楚，使百姓理解明白，这是为了使官吏示民以信，从而能够增加官吏的可信度和权威，百姓相信官吏，那么对案件的处理也会有帮助，做到词讼速结。

---

① （清）汪辉祖：《佐治药言·差禀拒捕宜察》，《丛书集成初编》，中华书局1985年版，第10—11页。

② （清）汪辉祖：《佐治药言·严治地棍》，《丛书集成初编》，中华书局1985年版，第8页。

③ （清）汪辉祖：《佐治药言·词讼速结》，《丛书集成初编》，中华书局1985年版，第6页。

（2）为民求生

在清代有一个非常流行的观念叫作"救生不救死"，清代著名学者纪晓岚的《阅微草堂笔记》中就有此记载："救生不救死，救官不救民，救大不救小，救旧不救新。"① 这是办理人命案的共行法则。命案中，死者已一去不复返了，救生者一命可为自己积福纳德，所以幕友们害怕自己错审案件，导致自己遭到恶报，在遇死刑时会千方百计为犯人开脱。在"救生不救死"观念的广泛流行下，汪辉祖也受其影响，在自己的佐幕为官生涯中恪守此行。其《佐治药言》一书中就有为民求生思想的体现。

为民求生思想是有一定历史渊源的，但为民求生并不是不分案件案情随随便便为犯人开脱，要具体情况具体分析。汪辉祖说："法在必死，国有常刑，原非幕友所敢曲纵。"② 只有那些处在可以轻判亦可以重判之间的案件，幕友才可以根据情况为犯人开脱，既要做到无愧于心，又要做到无愧于法。

人命案是判处犯人死刑的重要一类。在人命案中有诸多细节需要推敲研究，稍有疏忽便有可能让死者或案犯含冤，故处理命案不得不慎。汪辉祖说，"命案出入，全在情形。"③ 根据命案的起因不同，可以判断是在秋审后立即处决、判处缓决还是更轻的处判；根据案发使用的工具和死者受伤的地方，可以判断案犯是有心杀人还是失手杀人，有心还是无心所造成的判决结果差之甚大。还有一些案件只根据表面证据不足以还原案件的真相，也正是这种情况能够产生失误，这就需要幕友和仵作细心查验，然后根据犯人的判词还原当时的情形，细心推鞫，得出明晰的结论。

幕友判案引用成案也是对为民求生有重大影响的一种。一些较为典型的案件，幕友们会将其作为默认的成案，遇到相类似的案件直接拿来使用，这种方法看似简便易行、真实可靠，实则容易漏洞百出，产生不公平的现象，汪辉祖坚决反对轻引成案的行为。汪辉祖解释道："人情万变，总无合

---

① （清）纪昀：《阅微草堂笔记》卷 18《姑妄听之（四）》，浙江古籍出版社 1998 年版，第 360 页。

② （清）汪辉祖：《佐治药言·求生》，《丛书集成初编》，中华书局 1985 年版，第 6 页。

③ （清）汪辉祖：《佐治药言·命案查情形》，《丛书集成初编》，中华书局 1985 年版，第 7 页。

辙之事，小有参差，即大费推敲，求生之道在此，失入之故亦在此。"① 所以轻易地引用成案，不光容易造成冤案错案，还将可以为犯人求生的机会抹杀，实在是事倍功半，不要轻易引用成案，这是为民求生的告诫。

为民求生也要做到公平公正，不能因犯人的生死就掌握在幕友的笔下，而感觉是在作孽一般，从而为犯人百般推脱，扭曲原本的事实。刑名幕友只要能在判案中做到问心无愧，使案件值得推敲，公正公平，才是最好的做法。汪辉祖在判案时有一套心得可以让每一位幕友借鉴："余在幕中，襄理案牍，无论事之大小，必静坐片刻，为犯事者，设身置想，并为其父母骨肉通盘筹画。"② 只有设身处地地为犯人着想才能找到为民求生的方法，细心推鞫可使案件的审理不会出现偏差，使百姓信服，如此才是幕友为民求生的正确之选。

三、《佐治药言》的传播与影响

在汪辉祖的《佐治药言》成书之前已有不少幕学指导书出现，如《刑名钱谷便览》《名法指掌》《幕学举要》等书，这些书籍对佐幕的技术都进行了系统的介绍和规范，幕友可以只做幕业指导。但《佐治药言》一书与之前的幕业指导书有很大的不同，其创新之处在于，它的内容不仅仅是汪辉祖对佐幕技术的总结概括，还用了很大篇幅就幕道进行了论述，告诉人们只懂得佐幕技术是不行的。掌握佐幕技术只能说明一名幕友有从事该职业的资格而已，但不能证明其能成为一名优秀、合格的幕友。在讲汪辉祖写《佐治药言》的原因时已经提到，清代的幕业已经江河日下，已经从事 30 多年幕业的汪辉祖不甘心幕业的衰落，所以汪辉祖认为幕友应该把自己放到尽心侍主、为民造福这样大的佐治目标中来，幕友要有自己的职业操守和道德规范，所以它"前所未有地强调了'幕道'，把职业道德教育提到了首要的位置。"③ 职业道

---

① （清）汪辉祖：《佐治药言·勿轻引成案》，《丛书集成初编》，中华书局 1985 年版，第 11 页。

② （清）汪辉祖：《佐治药言·须为犯人着想》，《丛书集成初编》，中华书局 1985 年版，第 11 页。

③ 郭润涛：《官府、幕友与书生——"绍兴师爷"研究》，中国社会科学出版社 1996 年版，第 290 页。

德是任何职业都必不可少的行为规范，是一个行业经久不衰的动力和源泉所在，汪辉祖的这一创新从而也就决定了《佐治药言》自成书后，不仅在当时，而且一直至今天都带来了重大的影响。

《佐治药言》一书本是汪辉祖打算以书代口赠送给外甥孙启兰的，后经过传播一再重刻出版发行，版本多达近 20 种。此书成书的第二年即被清代著名藏书家、出版家鲍廷博收入他的《知不足斋丛书》第 12 集。鲍廷博非常热衷于校书和刊书，只要是其认为难得的书都会将其刊行，今人戚志芬评价《知不足斋丛书》"是一部以精善而著称的综合性丛书，在清代私刻丛书中占重要地位"①。鲍廷博将《佐治药言》刊入受普遍好评的《知不足斋丛书》中，使得《佐治药言》有了更大的影响范围。乾隆五十三年（1788）、五十八年（1793）、六十年（1795），湖南永州知府王宸、上书房总师傅王杰、浙江藩司田凤仪又先后重刻该书，至嘉庆、道光年间被收入《宦海指南五种》《牧令书四种》《入幕须知五种》《皇朝经世文编》等各种政书中，可见其影响之大。

至今天，《佐治药言》的价值经久不衰，其作用已不只局限于专门的佐幕指导书，书中的道德价值越来越被重视，成为推广官场中廉政建设、道德建设的重要参考，所以《佐治药言》一再被刊刻，如《为官经》《政书集成》《官箴书集成》《中国官场学》《官典》《为政恒言》等都收入了该书，有些书还专门为《佐治药言》作注，写出自己的意见和建议，并对其中的内容作出评价。

汪辉祖的《佐治药言》不仅仅局限于刊刻传抄，对于该书的评价从近现代到当代也是好评如潮，如张廷骧在其《入幕须知五种》中评价："有本有末，有体有用，有经有权，语虽区分，意则贯串，乃先生之间学，幕道之金针。"② 来新夏评价："乡贤汪辉祖所撰《佐治药言》《续佐治药言》《学治臆说》《学治续说》诸作，皆尝寓目，深以龙庄娴于吏道，形诸文字，为入

---

① 戚志芬：《中国的类书、政书和丛书》，商务印书馆 1996 年版，第 160—163 页。
② 沈云龙主编，张廷骧编：《入幕须知五种》，《佐治药言》，（台）文海出版社 1973 年版，第 174 页。

仕佐幕者有所指南。"① 《佐治药言》的价值有目共睹，至今依然发挥着效力。

第三节　《续佐治药言》的内容及其"仁恕"思想

一、《续佐治药言》的成书与内容

乾隆五十年（1785），汪辉祖告别佐幕生涯，即将走上仕途。待满足其外甥孙兰启请教佐幕经验的请求，写完《佐治药言》1卷40则后，汪辉祖发现《佐治药言》还不尽完善，于是又另外补充26则，写成《续佐治药言》1卷。

《续佐治药言》是对《佐治药言》的补充，内容相较于《佐治药言》更加短小，仅有5000多字，26则之间前后仍然没有逻辑性联系，并且部分内容与《佐治药言》重复。《续佐治药言》与《佐治药言》的不同之处在于，其用了很大篇幅写具体案例，这些案例大多与鬼神相关，用汪辉祖的话来说，"征事处颇近果报，借以相规行益自勉也。"② 汪辉祖想用鬼神思想来规诫其外甥孙兰启相信因果报应，从而在佐幕中也就不敢负心造孽。

《续佐治药言》内容由三部分组成。第一部分，从第1则到第11则，主要介绍刑名师爷断案中应该注意的一些细节问题。指出刑名师爷应该本着爱护百姓的心，从批驳到核词、摘唤都要仔细慎重，做到"摘唤须详慎""批驳勿率易""核词须认本意"；对在押的犯人不能置之不理，做到"押犯宜勤查"；审理人命案时不要牵连无辜的人，做到"人命宜防牵连"；断案中不可完全听信讼师的诉状、犯人的供词，遇疑难问题要提醒主人分开审讯、反复审讯，做到"草供未可全信"，并以"盛大案"为例说明此事的重要性。另外，查勘案件时应该尊重事实，并快速结案，以减少不必要的麻烦，做到"侵占勿轻查勘""勘案宜速结"。

第二部分，从第12则到第18则及第25、26则，主要写幕友应如何处理与主人的关系。在《佐治药言》中汪辉祖也十分重视这一部分，在续中又作了进一步的补充。幕友处在主人的屋檐下做事，要懂得处理与主人的关

---

① 　来新夏：《仕宦箴规百种（序）》，《北京日报》2002年3月25日。

② 　（清）汪辉祖：《续佐治药言·跋》，《丛书集成初编》，中华书局1985年版，第12页。

系，汪辉祖指出在幕中受到主人的关防是正常的，如想摆脱关防"先宜谨敕"；与主人在相处中要意识到"处久交更难"，要时刻想到主宾关系，"宾主不可忘形"，在必要时要"须成主人之美"；在佐幕中能够保持自我，需要一个好的主人做自己的良师益友，从而"择主人获益"；还要做到"不宜经手银钱"，只有能做到不贪污纳贿、洁身自好才能"玉自有成"。最后，幕友佐幕还不能忘记自己的初衷，做到"勿忘本计"。

第三部分，从第 19 则到第 24 则，汪辉祖用自己亲身见闻的案例来解释说明判案慎重的重要性。汪辉祖以他岳父的朋友杨砚耕所说一案件为例，该案中其主人在判一弟弟殴打哥哥致死案时，遇到罪犯去世的父亲前来查判词，以此说明"因关绝嗣者尤宜详慎"；以官吏拟草案时鬼神前来探视为例说明"定罪时有鬼物凭依"；以一幕僚因私心改写自首犯人的报告而遭受鬼神索命为例说明"删改自守之报"；以一幕僚因报私仇而遭到阴鬼祸害为例说明"事关入罪者口宜谨"；以韩其相、姚升阶、唐我佩三位任幕友时因皆以仁恕之心佐幕，他们的子孙都获得了福荫，从而说明"仁恕获福"。汪辉祖所列举的这些案例并不是虚无缥缈、信手捏造的，每一案例都说明了是听何人所说，这些人且都是与自己相近或与自己亲近的人所熟识的，由此增加了案例的真实性。这些案例要么与鬼神相关，要么与子孙相连，这与当时普遍的鬼神信仰和因果报应观念相关，能更让人信服，同时也更增加了这些案例的说服性。

二、《续佐治药言》中的仁恕思想

（一）仁恕思想的内容

"仁"，指爱人，有一颗怜悯之心。《说文解字》："恕，仁也。""恕"，即仁，二者内涵相通。仁恕思想在中国历史上由来已久，从古至今中国从立法到司法都强调仁恕，"'仁恕'思想在中国古代的正统思想中占据着重要的地位。要求人们在制定、执行法律过程中时刻思索这个问题，时刻采取一种宽容、包容的态度。"① 作为佐治师爷的汪辉祖在佐幕办案中也充分提倡仁恕思

---

① 吕丽、潘宇、张姗姗：《中国传统法律制度与文化专论》，华中科技大学出版社 2013 年版，第 257 页。

想，主张仁恕获福，勿辣手，判案应详慎，该思想在他的《续佐治药言》一书中有多处体现。

汪辉祖在讲他的仁恕思想时多与鬼神、果报相联系，以其所见所听的具体案例进行论证，从而得出仁恕获福的结论。在其《续佐治药言》中有专门一则是"仁恕获福"。该则中，汪辉祖没有总结任何的道理、意义，只列举了三名幕友的事例进行了说明：考场失意且无子的幕友韩其相先生，佐幕时因"治狱仁恕"，得到神人相助，最终功成名就，获得一子；卫哲治先生评价姚升阶先生佐幕时刻以息事为念，最终姚先生收到皇帝的册封，安养20多年，他的儿子也做上官，以告养回家；唐我佩先生治狱慈慎，他的儿子中进士时唐先生还健在并且享受禄养。从汪辉祖叙述的这三位幕友来看，他们都有一个共同的特点，就是在治狱时都坚持仁恕的原则，从而他们都获得了相应的福报，自己可以颐养天年，儿孙满堂且都能有仕运。幕友们因自己佐幕仁恕而荫及子孙，为子孙带来福报，他们认为是对自己和子孙最好的报答。

汪辉祖认为"天之报施，捷于响应"[①]。与"仁恕获福"相反的是幕友辣手遭到报应，因此汪辉祖主张"忌辣手"。汪辉祖30多年的佐治中时刻记得入幕时对二母发下的誓言，从不敢负心作孽，佐幕中兢兢业业，中规中矩，不敢逾越幕道思想半步，这与他小时候受一辣手幕友的影响有密切关系。同乡丁某在汪辉祖十多岁时拜访其祖父，向祖父说自己十多年都受制府田公赏识礼遇的原因是用很毒辣的手段判案，祖父认为他以毒辣的手段做事肯定不能持久。果然没有出祖父所料，丁某很快就遭到了报应，在旅途中去世，并且孽报还殃及丁某的家人，妻子早逝，他的儿子才十五六岁就不务正业，嗜酒贪赌，没过一两年就把家产耗尽，到处流浪，最后不知所踪。善有善报，恶有恶报，辣手的幕友遭受的报应是家破人亡。汪辉祖佐幕时写下"辣手须防人不堪"的馆联。这是对自己的警戒，也是对其仁恕获福思想的反面论证，使人们更加认识到为幕一定要有一颗仁义、宽容之心。

---

① （清）汪辉祖纂，王云五主编：《学治说赘·福孽之辨》，《丛书集成初编》，商务印书馆1939年版，第5页。

汪辉祖的仁恕思想还借助鬼神来证明。汪辉祖在其家训《双节堂庸训》中说道："然庸夫、雍父，不畏物议，而畏报应；不畏官长，而惧鬼神。"[1] 鬼神是因果报应的报施者，鬼神在民间有很大的震慑力，人们敬鬼神的同时也是畏鬼神的，汪辉祖也同样相信鬼神的存在。汪辉祖认为定罪时有鬼物凭依，并以浙江司臬同公所说的亲眼看到一官吏在写判词时，死去的案件当事人前来探视为例，发出感慨："吏之拟稿不过请示，鬼犹瞷之，况秉笔定罪者，可勿慎欤？"[2] 用此来告诫幕友在办案中一定要小心谨慎。汪辉祖又以删改自首案的幕友、泄私愤的幕友最后的下场都是遭到了含冤而死的人变成阴鬼前来索命为例，说明幕友作孽即使在阳间无事，最终也逃脱不了阴间的惩罚。这三个案例以鬼神的作用来说明幕友佐幕时要怀着仁恕思想办案，否则将逃不了作孽的惩罚。

（二）幕友践行仁恕思想的要求

幕友要践行仁恕思想首先要做到"勿忘本计"，即不要忘记自己的本性和贫寒的家世。"勿忘本计"会使自己在佐幕中严格要求自己，勤俭节约，使自己及家人都能"家食无亏，行装可卸"[3]。不忘记本性可以使自己在佐幕时不忘初心，有一颗仁恕之心，处事宽容、仁慈；不忘记贫寒的家世可以使自己佐幕时为自己留后路，佐幕中不敢负心作孽，知道钱财来之不易。"勿忘本计"是幕友践行仁恕思想的基础。

仁恕思想的践行主要体现在幕友办案中。要想在处理司法诉讼时做到仁恕，要做到如下几点：

1. 审词须认本意

讼师、差役是在司法诉讼、办理案件时必须要面对或派遣的两类人。讼师的角色是为打官司的人出主意、写状纸，这类人的危害很大。差役本就乐百姓之扰，有诉讼案件派遣差役，就可以从中搜刮骗取钱财，为自己谋利

---

[1] （清）汪辉祖：《双节堂庸训》卷4《不必议论二氏》，天津古籍出版社1995年版，第142页。

[2] （清）汪辉祖：《续佐治药言·定罪时有鬼物凭依》，《丛书集成初编》，中华书局1985年版，第8页。

[3] （清）汪辉祖：《续佐治药言·勿忘本计》，《丛书集成初编》，中华书局1985年版，第7页。

益。为了减少讼师和差役对诉讼案件的破坏和干扰，幕友在审词时需要认清本意。

幕友所办理的案件大多是一些口角之争，在论述《佐治药言》中也已说过，对于这样的案件能息便息，本是从便民省事的角度来考虑，息讼可以减轻诉讼人的钱财支出和舟车劳顿，但事情并非想象中那么简单顺利，因为状词"一经批驳，群起而谋抵其隙"①，对状词的审视不准确会导致好多方面的问题，这其中不光有原告、被告的问题，还包括讼师、差役容易从中作梗，要解决这一问题，幕友需要"第摘其词中要害，酌理准情，剀切谕导。"②

2. 草供未可全信

犯人的供词很明显是案件审理至关重要的证据，对犯人的量刑评定根据犯人自己的供认可谓清楚明了。古代用的是"五听"来审讯案件，听审是其中的一种。犯人的供词由犯人自己口述，但招供时犯人是否有隐情不甚知晓，呈写供词的吏役是否从中作梗未曾可知。所以，"草供未可全信"。

在诉讼案件中最终的文字性材料需要幕友来书写，"庭审阶段幕友是不能出现在大堂之上的"③，所以幕友要对案件作出判断，要么只根据庭审的供词，要么在幕后听审。因为"草供未可全信"，在幕后听审显得尤为重要。汪辉祖为幕时每次遇到徒刑以上的案件必须在幕后听审，"余在幕中，凡犯应徒罪以上者，主人庭讯时，必于堂后凝神细听，供稍勉强，即属主人复训。"④主人与幕友密切配合，遇到疑惑的地方便反复审问，这样既增加了犯人供词的可靠性，幕友在幕后听审也减少了吏役誊写供词时的舞弊行为。

汪辉祖曾在《佐治药言》中说过，"隔壁听声，或不如当场辨色"⑤，但

① （清）汪辉祖：《续佐治药言·批驳勿率易》，《丛书集成初编》，中华书局 1985 年版，第 1 页。
② （清）汪辉祖：《续佐治药言·批驳勿率易》，《丛书集成初编》，中华书局 1985 年版，第 1 页。
③ 高浣月：《清代刑名幕友研究》，中国政法大学出版社 2000 年版，第 55 页。
④ （清）汪辉祖：《续佐治药言·草供未可全信》，《丛书集成初编》，中华书局 1985 年版，第 4 页。
⑤ （清）汪辉祖：《佐治药言·虚心》，《丛书集成初编》，中华书局 1985 年版，第 2 页。

幕友没法出现在庭堂上是当时不可改变的事实，幕后听审也就成为幕友参与听审的最佳选择，再加上官吏与幕友相互合作，合力将犯人审问清楚，增加了犯人审讯供词的真实性。"盛大案"就是典型的案例，证明"草供未可全信"。"盛大案"是犯抢劫罪的盛大伙同其同伴冒认另一桩抢劫案，被汪辉祖在听审中发现问题、还原真相的案件。汪辉祖在第一次翻看盛大一伙的口供时，发现不仅草供全面，他们还供认了一条蓝色棉被，口供、物证俱在。汪辉祖并没有确信这些完备证据的真实性，嘱托主人再次庭审，他在幕后听审，在这一过程中汪辉祖发现问题，这些犯人的口径太过一致，且没有丝毫的恐惧，汪辉祖意识到其中必有蹊跷，于是嘱托主人再审。这一次将案情有所删减，并将他们分开审讯，让他们在多条棉被中挑出受害人的棉被，这时真相慢慢披露出来，他们的答案各不相同。再加审问，发现原来是他们的老大盛大觉得自己死罪在所难免，随便冒认了该案件，他的同伙也就出于义气一同承认。真相大白，盛大及其同伙的罪行都得到了相应的减免，两年后那桩抢劫案的真正案犯也落网。汪辉祖因为不全信草供，而后堂听审，与主人密切配合使案件获得告破，从而也为自己积德行善，没有在不明真相中造孽，这是对仁恕思想的践行，同时也是"草供未可全信"的有力佐证。

3. 人命宜防牵连

关于诉讼案件，前面已经提到，平时以口角之争为多，而"人命奸盗，及棍徒肆横，原非常有之事。"[1] 这些案件虽少，但一旦发生，对百姓造成的伤害却是不容忽视的。俗话说，"衙门六扇开，有理无钱莫进来"。所以，为了无辜的百姓考虑，幕友在办理人命案时，要做到"人命宜防牵连"。

对于发生的有人证的命案，汪辉祖的建议是："在馆阅报词，非紧要人证，即属主人当场省释，不令入城，应取保者，讯后立追保状。"[2] 对于路边的人命案，差役、保长为了勒取钱财，往往会把地主牵扯进来，为了杜绝这

---

① （清）汪辉祖：《续佐治药言·批驳勿率易》，《丛书集成初编》，中华书局 1985 年版，第 1 页。

② （清）汪辉祖：《续佐治药言·人命宜防牵连》，《丛书集成初编》，中华书局 1985 年版，第 2 页。

一现象，"尤须属主人禁绝，核稿时更宜字字检点，以防株累。"①

人命关天，应将人命案审理清楚无可厚非，但在审理此类案件时，将无辜的人卷入其中，让他们遭受差役的敲诈勒索、受到诉讼的钱财损失，甚至遭到官保私押，这是对仁恕思想的违背。"羁管之弊，甚于监禁"②，官保私押的危害有时候比监禁的危害还要大，为了无辜的百姓考虑，幕友要做到人命宜防牵连。

《续佐治药言》是对《佐治药言》内容的补充，主要写幕友佐幕的技术要求和道德规范。其中的仁恕思想贯穿全书内容中。仁恕思想是指幕友在佐幕时应意识到仁恕获福、辣手须忌，用仁义、宽大之心尽心佐幕。刑名幕友的职责是司法诉讼，那么其仁恕思想的践行也主要在处理司法诉讼中体现。幕友首先应做到勿忘本计，保持初心，然后在办案中将仁恕思想具体运用到办案的细节中，这些细节主要是审词须认本意、草供未可全信、人命宜防牵连，做到这些可以说是为百姓着想，减少百姓在诉讼中遭受不必要的牵连和负累，使百姓的事情能在诉讼中获得公平公正的办理，从而也证明幕友践行了仁恕思想，做到了为民造福。

第四节 《学治臆说》的内容及思想

一、《学治臆说》的内容

（一）《学治臆说》成书

乾隆五十七年（1792）正月，汪辉祖被革职，结束了其 5 年的为官生涯。5 年间，汪辉祖先后任宁远知县、道州知州，还兼管新田县，他的为官经历只存在于州县一级，且最后因为自己脚受伤，拖延了臬司姚学瑛所委派的查办刘氏母子四大命案，故被臬司弹劾，最终被革职。汪辉祖的仕途经历相对于他的为幕经历来说，时间短，且道路坎坷，但这并不代表其为官期间

---

① （清）汪辉祖：《续佐治药言·人命宜防牵连》，《丛书集成初编》，中华书局 1985 年版，第 2 页。

② （清）汪辉祖：《续佐治药言·押犯宜勤查》，《丛书集成初编》，中华书局 1985 年版，第 3 页。

碌碌无为，其为官依然颇受赞许，并有许多人在其罢官后还前去拜访请教为官心得。《学治臆说》一书也因此而来，在汪辉祖向前来请教的人答疑解惑时，他的儿子继培、继坊在一旁随听、随录下来，并请求汪辉祖将这些为官心得像《佐治药言》一样出版，汪辉祖应儿子的请求，将之加以整理，"汰其复于《药言》者，存其可与《药言》互参者，区分条目，得一百二十四则，析为二卷。"①

（二）《学治臆说》的内容

《学治臆说》一书的内容是汪辉祖根据自己为幕友时对州县官的了解加上亲为州县官所总结的经验要训汇总，不是凭空捏造，都是"就数十年目见耳闻，凭臆以说，止于州县之治，且止于州县常行之治。"②

《学治臆说》分上下两卷，上卷共 63 则，主要记载了州县官吏应具备哪些品质，审理案件时应注意什么问题。第 1 则至第 39 则指出，要成为一名尽职尽责的州县官吏，在身份上要认清"官幕异势"，要尽心尽力为官，担负起州县官吏的责任；作为州县官吏，对自己要严格要求，做到"志趣宜正""自立在将入仕时""宜习练公事""职不可恋""勿躁进""勿喜功""治以亲民为要"；在处理与上司的关系问题时，要注意"上官用人非一格""宪眷不可恃""要人不可为""私人尤不可为"；在对待下级时，要注意"幕宾不可轻视""勿滥收长随""用人不可自恃""勿令幕友、长随为债主""勿受书吏陋规"；还要重视贤士的作用，要"访延贤友""礼士"，同时需要懂得"得贤友不易""官辨士品"。第 40 则至第 63 则指出，作为州县官吏，一定要秉持着"官需自做"的认识和心态。审理案件是州县官吏需要做好的重要一项，因为要成为一名优秀官吏，需要了解民间疾苦，亲近百姓，最重要的就是听讼，所以州县官吏在审案中要做到"姻族互讦勿轻笞挞""犯系凶横仍宜究惩""治狱以色听为先""听讼宜静""断送不如息案""寻常讼案不宜轻率沈申详""宪案可结不妨讯报""与民期约不可失信""审案贵结""勘丈宜确""票差宜省""公呈不可轻准""退堂时不可草率""堂事簿不可不设"。

① （清）汪辉祖：《学治臆说自序》，《丛书集成初编》，中华书局 1985 年版，第 1 页。
② （清）汪辉祖：《学治臆说自序》，《丛书集成初编》，中华书局 1985 年版，第 1 页。

汪辉祖还特意提到了他对用刑的态度，认为"未得犯罪真情难成信谳""要案更不宜刑求""非刑断不可用"。汪辉祖这些审理案件的想法和做法都是本着为百姓着想的出发点而来的，体现了其对百姓的关心和爱护。

下卷共 61 则，除了对州县官吏处理地方事务及对自身要求的叙述外，还提出了他对地方神的态度。第 64 至第 66 则，写州县官吏应重视城隍神和土地神，虽是封建迷信，但在当时是人们普遍信奉的神灵，敬畏神灵对官员和百姓都具有很强的威慑力。第 67 至第 74 则，写州县官为维持地方的稳定，使百姓安居乐业，应该对危害地方治安的地棍、讼师、士子严格惩处，并提出除盗、保甲、查逐流丐、催科的方法；第 75 则至第 81 则，主要写对待命案，官吏要亲自检验，不能疏忽；第 82 则至第 90 则，写州县官吏在用人时需要慎用，吏役、亲友的任用关系甚大；第 91 则至最后，主要写州县官吏的自我修养，与上卷第一部分所写是同一内容，由此也可看出官吏自身规范的重要性，这部分汪辉祖写了作为州县官吏应该节俭、忌贪污，应戒除嗜好，做称职的官吏，重在勤，闲暇时也要读史书充实自己，做人做事要以守身为要，不可贻害子孙。

《学治臆说》是汪辉祖为官心得的汇总，各则之间如《佐治药言》《续佐治药言》一样，前后没有严格的逻辑，但每则都切中要点，字字珠玑。其内容涉及了为官必备的原则、技术、思想品德等，汪辉祖还尤其重视官员道德品质的修养，这也是本书的重点。从书中可以看出，做一名州县官吏不是一件容易的事情，吕本中提出为官的三个要求是清、慎、勤，这三点看似简单，做起来却烦冗复杂，官吏要做到书中所讲的方方面面，才可以满足一个称职官吏的要求。

（三）《学治臆说》的传播及影响

《学治臆说》同《佐治药言》一样，自成书至今受到较高的评价，是清代流传最广、影响最大的幕学和吏治著作。

《学治臆说》多次刊刻重印，版本多达三十几种，如乾隆五十八年（1793）双节堂刻本、乾隆六十年（1795）浙江藩司田凤仪刊本、嘉庆十三年（1808）河南巡抚阮元刊本等，丛书收录该书的包括《入幕须知五种》《宦海指南五种》《丛书集成初编》《近代中国史料丛刊正编》《官箴书集成》

《官典》等。从古至今,《学治臆说》被认为是官吏为官的必读书,是不可多得的好书,其影响力经久不衰,足见该书的价值和意义之大。《学治臆说》一书,周中孚评价:"综论治理,言约旨该,皆自抒心得,绝不剿先民之说以为说。""筮仕者所当奉为圭臬。"① 谢章铤评价:"州县者,天下之根本,功名之基址。……州县之书,奚啻千万。吾以萧山汪龙庄之《学治臆说》《佐治药言》为最善,其言切实,推近以及远,是亦下学上达之道欤。"②

二、《学治臆说》的民本思想

(一) 民本思想的内涵

民本思想是我国传统社会智慧的结晶,已经有两千多年的历史,是治国为民、安邦立国的重要政治学说。民本,即"以人为本",意思是民众是一个国家的根本,故欲治理好国家,民众是实现这一目的的关键。

"民本"一词最早出现在《尚书·五子之歌》,一开始就被视为安邦定国、维护统治的思想存在。意识到民众对国家治理的重要作用,为民着想、以民为本逐渐成为广泛的共识,各朝各代的明君贤臣和思想家们不断总结、阐发、解析以民为本的思想,告诫规劝君王的行为,并不断地丰富和发展。春秋战国时期是民本思想发展的重要时期,孔子提出"君以民存,亦以民亡"③。汉代,儒家思想成为正统思想,儒家学派的代表人董仲舒强调:"天之生民,非为王也;而天之立王,以为民也。"④ 唐宋时期,民本思想已经深入人心,陆贽形象地描述了君主和臣民的关系,指出"水能载舟,亦能覆舟"⑤。至明清时期,康熙皇帝指出:"民为邦本,必使家给人足,安生乐业,

---

① 周中孚:《郑堂读书记》,中华书局1993年版,第140页。

② 谢章铤:《赌棋山庄集》文集卷3《赠言三篇示及门》,《清代诗文集汇编》第680册,上海古籍出版社2010年版,第680—681页。

③ (汉)郑玄注,(唐)孔颖达等正义:《礼记正义 下》卷55《缁衣》,上海古籍出版社1990年版,第931页。

④ 董仲舒:《春秋繁露》卷7《尧舜不擅移,汤武不专杀第二十五》,中华书局1975年版,第273页。

⑤ 陆贽著,刘泽民校点:《陆宣公集》卷12《奉天论前所答未实行状》,浙江古籍出版社1988年版,第108页。

方可称太平之治。"① 从先秦至明清，关于民本思想的言论多之又多，并不断完善，"'重民、养民、富民、教民'成为历代王朝名义上或实际上的基本政治原则之一。"②

"凡为生民立命，凡为天下着想之精神，即是地道的民本思想。"③ 民本思想在实质上是为了端正统治者的为政态度，约束统治者的政治行为，使其在认识到民众在整个国家建设和发展中有重要作用的基础上，以人为本，重视民意和民生，采取恤民和利民的手段，造福百姓，使百姓安居乐业、社会稳定，从而实现其维护君主专制统治的目的。

在两千多年的封建统治中，君主是最高统治者，民本思想的目的即是约束君主的态度和行为，但君主没有和百姓直接的接触联系，仅凭君主一人无法实现其政治理想，他们中间间隔着官吏阶层，要实现君主之治需要官吏的辅佐，也就是说，官吏才是民本思想的具体的实施人。从官吏的角度来说，其起到了承上启下的作用。作为臣子，官吏需要做到忠君，帮助统治者实现其统治；作为官吏，他们需要为百姓作主，善于治民，而无论是忠君还是治民，民本思想都是官吏必不可少的思想要求。

（二）《学治臆说》中民本思想的体现

州县一级是地方最低一层的政府机构，州县官被称为"父母官""夫朝廷设官，自公卿以至驿递，中外职衔不啻百矣。而惟牧令，人称之曰父母。"④ 可见整个官吏阶层中，州县官吏与百姓的关系最为密切，百姓称州县官为"父母"，说明州县官对他们非常重要，百姓把自身的祸福所系都寄予在州县官身上，与此同时，百姓的生产生活都与之息息相关，《州县初仕小补·序》中也说"州县乃专理民事者，与民最为亲切，休戚相关也。"⑤ 州县官其自身的职责特点，决定了处在州县官这一职位上，就要本着民本思想，

---

① 章梫：《康熙政要》卷1《论君道》，（台北）华文书局1969年版，第1—2页。
② 陈碧芬：《明清民本思想研究》，博士学位论文，云南大学，2011年，第31页。
③ 金耀基：《中国民本思想史》，法律出版社2008年版，第6页。
④ （清）陈宏谋：《从政遗规》卷上《知州治县之职》，见刘俊文等编《官箴书集成》第4册，黄山书社1997年版，第249页。
⑤ （清）褚瑛：《州县初仕小补·序》，《官箴书集成》第8册，黄山书社1997年版，第730页。

想民所想、做民所做，心系百姓，以民为本。

《学治臆说》是汪辉祖的为官心得，其为官只任过州县官一级，故该书也都是根据州县官所需要的技术、能力及态度所写，其中就包括了许多的民本思想。《学治臆说》中的民本思想主要体现在称职在勤、亲民为要、惩恶去弊、清正廉洁这几个方面。

1. 称职在勤

宋吕本中在《官箴》一书中言："当官之法惟有三事，曰清，曰慎，曰勤。"①汪辉祖与之观点不同，他认为勤为最要。一个称职的官吏，勤是做好一切的基础和前提，离开了勤，其他都会变成无源之水、无本之木。

在之前的叙述中已多次提到，州县官总揽地方事务，生产、赋税、诉讼、风俗、治安等诸多事务，事务多且繁杂，而官吏需要把每一项都尽职尽责地做好，才能不负所托，"为治者，名为知县知州，须周一县一州而知之。"②为百姓着想，以人为本，官吏要把繁而琐碎的事务做得井井有条，必须要靠勤劳，不能懒惰懈怠。因为只要一拖沓，各种事务就会堆积，越积越多，越积越无序，从而贻误民情、民事，甚者危及百姓。勤劳是处在任何位置、从事任何工作都需要具有的态度，不仅仅州县官吏要勤，其他各行各业的人都要勤。汪辉祖的《学治臆说》是从州县官的角度来写，体现了州县官的民本思想，州县官要爱民、养民、护民，那么就需要做到"称职在勤"。但是一时勤容易，时时勤却不是每个人都能做到的。故为了解决此现象，汪辉祖强调"勤在以渐以恒"，指出"渐则因时制事，条理无不合宜，恒则心定神完，久远可以勿倦"③。

另外，官吏勤勉地处理公务并不是盲目无序地处理，事务没有主次、先后之分势必会搞得焦头烂额，事倍功半。不仅如此，忙中还容易出错，别有用心之人会以此为把柄，抑或有人从中做手脚，这样对官吏、百姓都有坏处。所以，为了忙中有序，汪辉祖给予的建议是："分别缓急轻重，次第应

---

① （宋）吕本中：《官箴》，中华书局1985年版，第1页。
② （清）汪辉祖：《学治臆说》卷上《尽心》，《丛书集成初编》，中华书局1985年版，第1页。
③ （清）汪辉祖：《学治臆说》卷下《勤在以渐以恒》，《丛书集成初编》，中华书局1985年版，第37页。

付，方能有条不紊。"①

综上所述，州县官吏在治理百姓的时候，第一要务是勤，并且能够持之以恒，还要将繁琐的事务分类，有序地进行，循序渐进，如此才能够贯彻民本思想，做到以民为本。

2. 亲民为要

一个州县官吏要治理好地方，就要对所管辖的地方了如指掌，了解民间疾苦，知晓百姓所需，只有这样才能对症下药，将民本思想贯彻落实下去。为了达到此目的，汪辉祖认为"治以亲民为要"。亲近百姓，"全在体恤民隐，惜民之力，节民之财，遇之以诚，示之以信。"②官吏治理百姓，百姓寄希望于官吏。中国虽长期处于君主专制统治之下，压迫和反压迫、剥削和反剥削是几千年来不变的主题，但是民本思想是一直存在于吏治之中的。州县官吏本身就是离百姓最近的一个阶层，"然亲民之治，实惟州县，州县而上，皆以整饬州县之治为治而已。"③所以，百姓能够感受到州县官对他们的良苦用心，从而会用自己的实际行动来感激、报答，官吏与百姓一心，众志成城，官吏也就能更好地为百姓造福，百姓的生活也会越来越美好。

在《学治臆说》一书中，汪辉祖对于亲民的方法，主要从礼贤下士和处理诉讼两个方面来体现。

第一，礼贤下士。士是从秦汉起就长期存在的阶层，只是在不同时期其称谓和职能不断发生变化。至明清时，"绅士""绅衿"这一称谓广泛使用。士绅阶层是由两个方面的群体构成的，一种是参加了科举考试并获得秀才或举人等科名和担任官吏资格的读书人，另一种是丁忧、退任或被罢黜的官员。从士绅阶层的构成来看，他们都是有一定身份地位的人，在那个"唯有读书高"的时代，决定了其是说话做事有一定号召力的阶层，从而也决定了

---

① （清）汪辉祖：《学治臆说》卷上《事至勿忙》，《丛书集成初编》，中华书局1985年版，第20页。

② （清）汪辉祖：《学治臆说》卷上《治以亲民为要》，《丛书集成初编》，中华书局1985年版，第12页。

③ （清）汪辉祖：《学治臆说·自序》，《丛书集成初编》，中华书局1985年版，第1页。

他们在地方上的力量。他们"在水利、自卫、调解、互助、娱乐、宗教、教育等公共事务的兴办中扮演着领袖的角色"①，"并与地方官吏们保持着各种形式的人际关系"②。所以，地方官吏礼贤下士，处理好与士绅的关系对地方治理有很重要的作用。

汪辉祖同样意识到士绅阶层在地方治理中的作用，并指出"民之信官，不若信士"③。汪辉祖这么说是有道理的，官吏治理百姓，是统治与被统治的关系，百姓对官吏有畏惧心理，而对于士，"在政府官员面前，他们代表了本地的利益"④，所以他们二者之间的关系更近，百姓也更加信任他们。其次，清代实行的是官吏异地任职的政策，必须在五百里以外的地方任职，州县官对于本地的情况不甚了解，而士绅不同，他们都是本土人士，他们对地方的风土人情、地方利弊知之甚详，加上传统社会本身存在的浓厚乡土观念，他们本身就具有为家乡增福祉、保利益的责任感，故礼士能够从士绅身上了解到对处理地方事务有益的意见和建议。汪辉祖分清利弊得失，得出官吏需要礼贤下士的结论，并就此提出意见和建议："朝廷之法纪能尽喻于民，而士易解析，谕之于士，使转谕于民，则道易明，而教易行。"⑤

礼士有一个很好的方法是招募其为自己的幕僚，使其能更好地为己所用。因为官吏的事务繁杂，总揽地方大小事务，一人之力根本无法满足于行政所需，故不得不聘请幕僚来辅佐，"有司之职，礼士勤民，迎来送往，谒上官，接僚属，日有应理公事，簿书凌杂，虽能者，亦须借佽幕友"⑥。而士在各方面都符合做幕僚的要求，他们对本地了解，有一定知识能力储备，且对本地有牢固的地区归属感和责任感。所以，汪辉祖建议《省例》不同，

---

① 林艺、刘涛：《区域文化导论》，清华大学出版社 2015 年版，第 192 页。

② 瞿同祖著，范忠信等译：《清代地方政府》，法律出版社 2003 年版，第 292 页。

③ （清）汪辉祖：《学治臆说》卷上《礼士》，《丛书集成初编》，中华书局 1985 年版，第 10 页。

④ 张仲礼：《中国绅士研究》，上海人民出版社 2008 年版，第 40 页。

⑤ （清）汪辉祖：《学治臆说》卷上《礼士》，《丛书集成初编》，中华书局 1985 年版，第 10 页。

⑥ （清）汪辉祖：《学治臆说》卷上《访延贤友》，《丛书集成初编》，中华书局 1985 年版，第 2 页。

俗尚各别，惟习其土者知之。故到省先宜谘访贤友，聘请入幕。"①

士绅阶层在地方中扮演着联系官吏和百姓的作用，所以州县官要有礼贤下士的觉悟，让士能够发挥对百姓有利的作用，使官吏与百姓更加密切地联结起来，这是对官吏、百姓都有利的事情。

第二，亲民在听讼。州县官吏管辖的事务很多，"知县掌一县治理，决讼断辟，劝农赈贫，讨猾除奸，兴养立教。凡贡士、读法、养老、祀神，靡所不综。"②这些职责并没有轻重之分，但其中最主要的是征税和司法。汪辉祖言，"长民者，衣税食租，何事不取给于民？所以答民之劳者，惟平争息竟，导民于义耳。"③官吏的衣食、住行都取自百姓，作为百姓的衣食父母，为民着想，爱民亲民，是无可厚非之事，而报答百姓最好的方法莫过于平息他们之间的诉讼纷争，使他们知晓追求大义。

州县官员处理诉讼有两种方法，一种是不直接面对百姓，在内衙处理，一种是升坐大堂，在百姓旁观中审理诉讼。对于这两种方式，官员们大多喜欢前者，因为处于内衙，官吏比较自由，没有拘束，官吏只需将诉讼双方的纷争处理好就可以。但在大堂上则不同，官吏须正襟危坐，面对诉讼双方及诸多旁观群众，终日端坐于上，且不能中途停止，可谓劳心劳力，所以官员们不喜欢此种方式。官吏对百姓有教化和抚养的职责，教化百姓的好方法就体现在对诉讼的审理上。

在《佐治药言》《续佐治药言》二书的叙述中曾多次提到过，百姓诉讼是一件浪费财力物力的事情，从上诉到处理再到结案都要花费时间、金钱，严重的甚至倾家荡产，而百姓之所以选择诉讼，是因为他们有冤屈需要诉讼，让官吏替其作主，主持公道，还其公平公正。官吏需要知道"词讼之应审者，什无四五"④，所以为了教化百姓，使百姓安居乐业，免于不必要的诉

---

① （清）汪辉祖：《学治臆说》卷上《访延贤友》，《丛书集成初编》，中华书局 1985 年版，第 2 页。

② 赵尔巽等：《清史稿》卷 116《职官三》，中华书局 1976 年，第 3357 页。

③ （清）汪辉祖：《学治臆说》卷上《听讼宜静》，《丛书集成初编》，中华书局 1985 年版，第 14 页。

④ （清）汪辉祖：《佐治药言·息讼》，《丛书集成初编》，中华书局 1985 年版，第 6 页。

讼之苦，州县官吏应该负起其应有的责任，利用听讼这一亲民的手段，教化百姓，使百姓晓喻道理、明白是非。官吏听讼之所以能达到这样的效果，是与官吏在大堂上的教化力量分不开的。"大堂则堂以下伫立而观者，不下数百人，止判一事，而事之相类者，为是为非，皆可引申而旁达焉，未讼者可戒，已讼者可息。"①

官吏听讼的目的即在此，既可以解决他们的诉讼纷争，又可以使人们引以为戒，官吏的谆谆教导还可以使百姓晓喻大义之道，起到教化百姓的作用。这一举动不仅拉近了与百姓的距离，更使民本思想中"教民"的思想在治理百姓中得到很好的运用。

3. 惩恶去弊

州县官吏的职责中很重要的一项就在于维护地方治安，维持社会稳定，这也是民本思想中重民的体现。

汪辉祖指出，"在官者如采买、折收、征漕、浮揹及官价、民贴等事，在民者如地棍滋扰、讼师教唆及盗贼恶丐等事，皆为民害。"② 所以，为了使百姓安居乐业，州县官吏采取惩恶去弊的措施非常有意义。汪辉祖在《学治臆说》中就关于惩恶去弊的方法提出了自己的见解，主要体现在严惩地棍讼师、查逐流丐、消弭盗案等几个方面。

首先，严惩地棍讼师。地棍、讼师可以说是地方的一大毒瘤，"唆讼者最讼师，害民者最地棍。二者不去，善政无以及人。"③ 讼师常以颠倒是非为乐；地棍，即地痞，以滋扰百姓为乐。不只汪辉祖一人认为惩治讼师、地棍有必要性，清刘衡在其官箴书中也多次提到，如"盖富民多孱弱，畏吏役如狼虎。"④ 又如，"民间些小事故，两造本无讦讼之心，彼讼棍者，暗地刁唆、

---

① （清）汪辉祖：《学治臆说》卷上《亲民在听讼》，《丛书集成初编》，中华书局 1985 年版，第 12 页。

② （清）汪辉祖：《学治臆说》卷上《得民在去弊》，《丛书集成初编》，中华书局 1985 年版，第 18 页。

③ （清）汪辉祖：《学治臆说》卷下《地棍讼师当治其根本》，《丛书集成初编》，中华书局 1985 年版，第 23 页。

④ （清）刘衡：《蜀僚问答·除弊在禁制棍蠹讹扰》，《官箴书集成》第 6 册，黄山书社 1997 年版，第 148 页。

诱令告状。"① 由此可见讼师、地棍肆意扰乱祸害百姓，并不是形单影只的，其危害之所以如此之大，是因为靠着胥吏的帮忙，牵扯范围大、破坏力强，所以汪辉祖给出的建议是不能盲目惩治，先要了解清楚当地的讼师、地棍，然后抓住根本，惩一儆百。

惩办讼师、地棍，州县官吏需要做的是了解当地的恶棍势力，暗自记住他们的相貌特征，如遇他们犯事时一针见血地鞭策、惩治。了解地棍、讼师的方法是借助士绅的力量，因为他们生活在本地，对本地的邪恶势力比较了解，同时，以他们的身份和地位来说，他们的话可信度较高。汪辉祖举例自己为宁远知县时的做法，"宾至即见，各叩以乡土情形，及棍匪姓名，密置小簿，宾去，详录所言，凡讼师棍盗等项，约记其年貌住处。"但值得注意的是，采用此种方法惩治讼棍，成效固然明显，不过很容易将士绅陷入两难的境地，因为那些讼师、地棍都是一些刁蛮无理之辈，若让他们知晓是谁告发，必定会肆意报复，所以州县官吏一定要守住从士绅那里得来的信息，不让士绅遭遇无辜的牵累。

惩治地棍的另一种方法是惩一儆百。无良的讼师、地棍很多，一一打压难度大，汪辉祖针对这种情况给出的建议是："遇有地棍讹诈、讼师播弄之案，彻底根究一二，使吏役畏法，则若辈自知敛迹矣。"② 地棍、讼师常与吏役狼狈为奸，凭借吏役为虎作伥，如若使吏役畏惧，那么地棍、讼师们没有了依靠，自然就不敢任意妄为，这是惩治讼师、地棍的根本之法，能够起到惩一儆百的作用。

地棍、讼师是祸害百姓的一大毒瘤，州县官能够严惩地棍、讼师，使百姓减少或避免他们的骚扰祸害，从而起到了维护社会稳定，达到使百姓能够安居乐业的目的。

其次，查逐流丐。乞丐是指以乞讨为生的人，在中国传统社会中是普遍存在的群体。从宋代以后，乞丐的成分日趋复杂，已不只是因生活贫困而

---

① （清）刘衡：《庸吏庸言》卷上《理讼十条》，《官箴书集成》第 6 册，黄山书社 1997 年版，第 197 页。

② （清）汪辉祖：《学治臆说》卷上《地棍讼师当治其根本》，《丛书集成初编》，中华书局 1985 年版，第 23 页。

行乞以解决温饱问题，"……特别是他们也仿照帮会的组织形式……成立香会，也设立头领等职，成为社会中最不安定者"①，流丐也是其中之一。流丐是指四处流动乞讨之人，他们多年轻力壮，且无所事事，游手好闲。他们"不肯苦口善求，桀骜性成，动肆无赖"②，由此可见流丐目无法纪，危害地方社会。

在宁远有一批流丐是"上年临邑歉收，扶老挈幼而来，什伍成群，遍于各里"，流丐人员众多，不能轻举妄动，"以其捕之不能捕，逐之不可逐，是以愈来愈众"③。汪辉祖是有着丰富为官佐幕经历之人，其多年的经验促使其能够采取有效可行的方式解决流丐问题，便下令"刷印小票数百番，给役分发各里耆民，协保捕逐"④。汪辉祖将查逐流丐的责任下放至人人都有捕丐的责任，那么解决流丐问题也是指日可待的事情了。

第三，消弭盗案。除盗是一项非常让州县官吏头疼的事，在《佐治药言》一书中也提到了"盗案慎株累"，因为盗案处理的好坏决定着百姓是否受其所累，所以除盗是一件对百姓来说很重要的事。汪辉祖认为盗贼往往与捕快相勾结，那么发动捕役来抓捕盗贼是一种行之有效的方法，"捕既获盗，功过相抵"⑤。这是除盗的一种好方法，不过最行之有效的方法是官吏亲自巡查："至弭盗之道，比捕尤不如亲巡，印官不惮巡历，佐杂驻防，无敢自逸，时时有巡官在人意中，则捕役常知儆畏，而盗贼莫不潜踪矣。"⑥

惩治地棍、讼师、流丐以及地方发生的盗案是州县官吏治理地方实行惩恶去弊不得不处理的问题，他们的存在对当地百姓来说，威胁百姓的生命

① 韩鹏杰、朱金萍：《中国古代的江湖骗子和骗术》，商务印书馆 1997 年版，第 157 页。

② 凌燽：《西江视臬纪事》卷 3《禁强丐流乞》，《续修四库全书》，上海古籍出版社 1996 年版，第 113 页。

③ （清）汪辉祖：《学治臆说》卷下《查逐流丐之法》，《丛书集成初编》，中华书局 1985 年版，第 26 页。

④ （清）汪辉祖：《学治臆说》卷下《查逐流丐之法》，《丛书集成初编》，中华书局 1985 年版，第 26 页。

⑤ （清）汪辉祖：《学治臆说》卷下《除盗之法》，《丛书集成初编》，中华书局 1985 年版，第 24 页。

⑥ （清）汪辉祖：《学治臆说》卷下《除盗之法》，《丛书集成初编》，中华书局 1985 年版，第 25 页。

安全、扰乱百姓的生产生活，使百姓不能安居乐业。州县官吏作为百姓的
"父母官"，有责任和义务为民着想，严惩地棍、讼师，查逐流丐，消弭盗
案，恢复百姓安定的生活。

4. 清正廉洁

黄仁宇在《中国大历史》中写道："西方人士经常提及的一个印象是，
内中有多数安分守己的善良中国人民，又有一群贪污枉法之官吏。"① 官吏贪
污是中国古代社会长期存在的问题，是吏治败坏的重要表现。清朝自乾隆中
叶开始衰落，吏治江河日下，贪污腐败横行。汪辉祖历官场近 40 年，目睹
了官场的黑暗，同时也深切感受到吏治腐败对百姓的危害。贪官污吏置百姓
于不顾，为一己私利陷百姓于水火之中，这不仅违背了民本思想中的养民、
爱民思想，更败坏了社会风俗，玷污了社会风气，所以汪辉祖主张官吏应该
保持清正廉洁，拒绝贪污。

汪辉祖认为，"既为牧令……尽心为之，尚恐未能称职，有孤民望，如
复朘民以生，重负设官之义，鬼神鉴之矣。"② 作为百姓的"父母官"如果不
能在其位谋其政，转而利用职位优势搜刮民脂民膏，这样不仅会遭受议论，
连鬼神都会以之为戒。官吏贪污纳贿还是一件损人不利己的做法，"国家澄
叙官方，守严墨吏，微特身之辱也。"③ 由此可见避免贪污，保持清正廉洁，
才是明智之举。对此，在汪辉祖看来，要做到这一点，必须从自身做起，约
束自己，做到用财有节，并且范家，使自己不至于陷入穷困的境地，就能有
效地保持清廉而不贪污。

首先，要做到节俭。身为官吏其收入是比较客观的，但仍应保持节俭
的优良品德。因为"欲为清为吏，必自节用始。"④ 不节俭百害而无一利，足
见节俭的重要性。用财有节是节俭的重要表现。为官是要统领一方，故所

---

① 黄仁宇：《中国大历史》，三联书店 1997 年版，第 303 页。

② （清）汪辉祖纂，王云五主编：《学治续说·吏不可墨》，《丛书集成初编》，商务印书馆
1939 年版，第 7 页。

③ （清）汪辉祖：《学治臆说》卷下《不节必贪》，《丛书集成初编》，中华书局 1985 年版，
第 33 页。

④ （清）汪辉祖：《学治臆说》卷下《不节必贪》，《丛书集成初编》，中华书局 1985 年版，
第 34 页。

需要的应酬之类的花费必然少不了，对于此种"凡官之所需，及应酬种种，与官俱来者，断不能省"①，需要节省的是那些不必要的花费，即"优伶宜屏也，宴会宜简也，裘马宜朴也，家人之衣饰宜俭也。"②

其次，在用人上需要防患于未然。有些官吏并非不想保持清正廉洁，只是有时候身不由己，为人所累，不得已为之。如在赋役繁重的地方，那些掌管仓库的书吏会向刚就任官吏进献财物，官员若不明就里收下他们的贿赂，从此就会埋下祸患，"若辈类非素封，其所馈献，大率挪用钱粮，一经交纳，玩官于股掌之上矣。"③ 所用的至亲之人也不容小觑，"任以笔墨，则售承行，鬻差票；任以案牍，则通贿赂，变是非"④。所以在用人上不得不防。他们不仅会祸害百姓，还会威胁到官吏的功绩考成，使其难保清正廉洁的为官品德。对此在用人上汪辉祖建议官吏要奉行"用亲不如用友""勿滥收长随""吏役宜用老成人"的原则，如此可以保持自己清正廉洁的名声。

一个清正廉洁的官吏才是能够为民着想的好官，"居官有二语曰：惟公则生明，惟廉则生威。"⑤ 一个贪官污吏是做不到以民为本的，所以作为百姓的"父母官"应该保持清正廉洁。

《学治臆说》被认为是官吏为官做人的指导书，对为官需注意的各个方面进行了深入剖析和解答，其中涵盖的民本思想深入浅出，主要从称职在勤、亲民为要、惩恶去弊及清正廉洁这几个方面来体现，其中既包括了对官吏思想的规范又包括对行为的约束，总之始终秉持着爱民、为民、恤民的思想。官吏如能按如上所说，严格要求自己，并付诸行动之中，那么百姓自会安居乐业。

---

① （清）汪辉祖：《学治臆说》卷下《用财有节》，《丛书集成初编》，中华书局 1985 年版，第 33 页。

② （清）汪辉祖：《学治臆说》卷下《用财有节》，《丛书集成初编》，中华书局 1985 年版，第 33 页。

③ （清）汪辉祖：《学治臆说》卷上《勿受书吏陋规》，《丛书集成初编》，中华书局 1985 年版，第 5 页。

④ （清）汪辉祖：《学治臆说》卷下《至亲不可用事》，《丛书集成初编》，中华书局 1985 年版，第 30 页。

⑤ 洪应明著，闫盼印编：《菜根谭》，蓝天出版社 2006 年版，第 80 页。

三、《学治臆说》的官须自做思想

（一）官须自做思想及其产生的原因

汪辉祖《学治臆说》上卷的最后一则为"官须自做"：

> 非刚愎任性之谓也。事无巨细，权操在手，则人为我用。若胸无成见，听人主张，将用亲而亲官，用友而友官，用长随吏役而长随吏役无一非官。人人有权，即人人做官，势必尾大不掉，官如傀儡，稍加约束，人转难堪，甚有挟其短长者矣，国人知有穰侯华阳，而不知有王，速败之道也。故曰官须自做。①

从中我们可以看出，为官就要有为官的责任和义务，能将权力紧握在手中，那些属吏随从才能各司其职，为我所用。反之，官吏如不能做到，就会听之任之，官吏被玩弄于股掌之中，权力被架空，造成人人有权、人人当官的现象，而这些人都是一些唯利是图之人，百姓也跟着遭殃。这是官须自做的原因。其实，将汪辉祖的这一则拉回到清代的历史背景之中，我们不难发现，汪辉祖之所以特别强调官须自做这一点，还将其单独列出，是与当时的选官用官标准和官吏回避制度分不开的。

首先，在选官用官标准上，清代采用的是以科举取士为主的方式。从隋唐时期科举制度确立起，该制度一直作为选官用官的主流方式存在，这是我国选官用官制度的一大创举。通过此方式，许多出身寒门的读书人可以通过科举的方式登上仕途，突破了"上品无寒门"的界限，同时，通过考试的方式择优而录，体现了我国选官制度公平的存在。利弊是相对的，清代沿袭明代的八股取士，这种取仕方法使读书人忽略了做官所必须具备的法律、行政知识，只在四书五经中下功夫。等到登上仕途，为官治民时，"刀笔簿书，既未学于平日，刑名、钱谷岂能谙于临时，全赖将伯，助兹鞅掌"②。如此官须自做岂不是痴人说梦！

① （清）汪辉祖：《学治臆说》卷上《官须自做》，《丛书集成初编》，中华书局1985年版，第20页。
② 田文镜：《州县事宜·慎延幕宾》，《官箴书集成》第3册，黄山书社1997年版，第576页。

　　由于科举制度的弊端，官吏没有行政能力来治理，自然许多具体事务就由熟悉工作的吏胥去处理，官吏由此便将应有的权力下放给这些人，以后在各种事物中不得不听从胥吏摆布而无能为力，清邵晋涵曾对此现象进行过描述："州县之长，盛服坐堂皇，吏抱文书伍伯左右立，哆口叱诃，问以律则懵然莫能知，憪然以为不足知。"① 官不能自做所导致的后果很严重，胥吏们凭借官府的势力，可以让当地百姓逆来顺受。身在官场近 40 年的汪辉祖当然知道官吏的现状和胥吏的危害，从而强烈呼吁官须自做。

　　其次，官吏回避制度是导致官须自做难以实现的另一个重要原因。官吏回避制度是从汉代开始实行的一种制度，实行的目的是为了澄清吏治，减少官吏结党营私，限制地方上势力的发展，从而加强中央集权，维护皇权统治。清代地区回避规定"在外督抚以下，杂职以上，均各回避本省"，外官不能在本省任职，且两省之间要相距 500 里以外。中国地区差异很大，十里不同风、百里不同俗，对于本身就对吏治不慎熟悉的官吏，再加上异地为官，对当地的风土人情、民风生活全都是陌生的，故使他们不得不依靠长期生活于本地的胥吏来帮忙，官须自做也就很难实现。

　　通过对清朝的选官标准和官吏回避制度的介绍，我们再来看汪辉祖的"官须自做"一则，汪辉祖在该则中关于官吏权力把握的分析是由现实生活中得出的经验总结，官吏受制于胥吏也是十分常见的现象，所以汪辉祖呼吁"官须自做"，并在该书中将其"官须自做"思想的要求展现出来，使人们能够从中取其精华。

　　（二）践行官须自做思想的要求

　　基于清代官吏任职的情况来看，"官须自做"是有一定难度但是一件必须做到的事情，因为"官须自做"既是官吏自身职责与义务要求，也是官吏对所管辖地区百姓负责的表现。

　　汪辉祖的《学治臆说》一书中，对践行官须自做思想有如下几点要求：

---

①　邵晋涵：《南江文钞》卷六《送汪焕曾之官宁远序》，《清代诗文集汇编》第 405 册，上海古籍出版社 2010 年版，第 381 页。

1.守身为大，念及子孙

在中国传统社会中，儒家思想一直居于正统地位，封建伦理思想根深蒂固，每个人的言行举止不仅要保全自己，"致身之义，安危一理，非遭授命之时，当凛全归之念。"① 除此之外，还要上顾父母、祖先，下虑子孙。作为州县官吏，其一言一行、一举一动都要经得起考验，"不惟败检玩法，方为辱亲。"② 这是州县官不称职造成对父母的辱没，而孝是中华民族的传统美德，所以包括州县官在内的每个人都不能忘记这一信条。"为治者，治堂下百姓，当念家中子孙"③，将百姓治理好，以民为本是州县官的责任和义务，违背了这一责任不仅自己会受到谴责，还会殃及子孙，"不孝有三，无后为大"，这在古代社会是特别重视之事。

官须自做思想的目的不仅是为了官吏要抓住权力来统治人民，而是为了更好地为百姓服务，不负为官的职责与义务，所以要从思想认知上认识到不能尽职尽责对自己、对父母、对子孙都有着千丝万缕的影响。虽然就现在看来，汪辉祖的这种论说有浓厚的封建迷信色彩，但不得不说在当时的传统社会，这是为大众普遍接受认可的思想。在汪辉祖的解释中，能够使官吏们在其职位上意识到守身为大，并在做事中念及子孙，就会严格要求自己，使自己能够尽心尽职地做一名官吏。

2.提高自我修养，不落人把柄

官须自做首先在自我修养上要端正，杜绝不良嗜好，培养良好的志趣，不能因自身的修养问题落人把柄。同时，良好的自我修养也是官吏能够做到守身清正、以民为本的保障。

要有良好的自我修养，首先要戒除不良嗜好。对官吏来说，嗜好对于他们，"即读书赋诗、临池作画，皆为召弊之缘"④，这些嗜好随时都有可能

① （清）汪辉祖：《学治臆说》卷下《守身》，《丛书集成初编》，中华书局1985年版，第40页。
② （清）汪辉祖：《学治臆说》卷下《守身》，《丛书集成初编》，中华书局1985年版，第40页。
③ （清）汪辉祖：《学治臆说》卷下《为治当念子孙》，《丛书集成初编》，中华书局1985年版，第41页。
④ （清）汪辉祖：《学治臆说》卷下《嗜好宜戒》，《丛书集成初编》，中华书局1985年版，第32页。

破坏他们的官声，落人家把柄，从而使自己在使用权利时产生顾虑。因为官吏身边有形形色色之人，这些人都怀着各自的目的，窥探为官的嗜好，并投其所好，从而实现其目的。所以，官吏"须力自禁持，能寓意于物，而不凝滞于物。"①

其次，官吏的志趣要正。科举考试是清代最主要的选官方式，而这种方式竞争异常激烈，读书人通过艰难的科举之路实现自己为官的理想，不可因自己的志趣不正受到牵连。志趣要正，并不是为官之后才需要做到的，在入官之初它的重要性已经明显地体现出来，倘若"号称选官，辄以裘马自衔，赁寓宅，假子钱，皆将取偿官中。"② 在入官之初就已经陷入了不能自立的漩涡，官须自做又能从何谈起呢！

最后，官吏应勿躁进、勿喜功。躁进、喜功都是对那些急于上进、目光短浅之人而言的，而要官须自做，这两点是不能在官吏身上体现的。因为，官吏躁进，会被上官利用，一旦跟着上官的意思走，自己的想法就会被滞留，并在许多事情上不能伸吾志，"上官既投其所好，而欲拂上官之性，是谓无良，况由此而进，必无退理。"③ 急于求进使自己处于不能自立的境地，好大喜功也同样如此。"偶叨上官赞誉，扬扬得意，必将遇事求功，长坂之驰，终虞衔橛。"④ 由此可见，躁进、喜功对官吏来说是不可取的，只有脚踏实地、安分守己才是官须自做的可靠之举。

3. 习练公事，增强行政能力

受科举制度的影响，通过科举选拔出来的官吏普遍空有一堆济世安民的雄心抱负，可惜他们之前所学的四书五经与真正的官场实践缺少直接的联系。为了适应官场的需要，"一切公事，究宜身亲习练，不可专倚于

---

① （清）汪辉祖：《学治臆说》卷下《嗜好宜戒》，《丛书集成初编》，中华书局1985年版，第32页。

② （清）汪辉祖：《学治臆说》卷上《自立在将入仕时》，《丛书集成初编》，中华书局1985年版，第2页。

③ （清）汪辉祖：《学治臆说》卷上《勿躁进》，《丛书集成初编》，中华书局1985年版，第8页。

④ （清）汪辉祖：《学治臆说》卷上《勿喜功》，《丛书集成初编》，中华书局1985年版，第8页。

人"①，达到官须自做的要求，才能不事事依靠胥吏，被胥吏玩弄，也就将权力握于自己手中，使他们为我所用。因为官吏不能自理公事，全都倚仗别人，其害处不容小觑。汪辉祖从两点解析官吏对公事不熟悉造成的后果，一个是对自己的下属，也就是聘用的幕僚贤能与否做不出判断；一个是对自己的长官，面对长官的询问不能准确作答，二者导致的结果就是容易被下级玩弄，从而也就做不到官须自做。

官吏要提高自己的行政能力，在习练公事时应该重视读史的重要性。为官之前，官吏为了准备科举考试，读书以四书五经为主，这些经书重在讲道理，待到为官时则不同，是在处理赋役、司法、水利等具体的事情，这些事情在大的框架上虽然就分为那么几类，但细分却很繁杂，且应具体问题具体分析，有很多疑难问题根据经验和成例是找不到合理的解决办法的，这时史书的作用就凸显出来了，"凡意计不到之处，剖大疑，决大狱，史无不备"②。所以，汪辉祖给出的建议是平日要多读史书，从史书中增长见识。

4.事上接下，皆需慎重

对官吏来说，"事君如事亲，事官长如事兄，与同僚如家人，待群吏如奴仆……"③这是尽心做官的要求，是最为理想的为官之道。但在实际的官场之中，事上接下却不能总是顺心如意，要做到官须自做，便皆需慎重。

第一，对待上司。

汪辉祖言："获上是治民第一义，非奉承诡随之谓也。"④作为下级，官吏获得上司的支持对施展自己的才能，实现官须自做很有帮助。不过，切记恃宠而骄，不可为了获得上司的支持而阿谀奉承，要知道得到上司的宠信也并不是一件绝对的好事。因为"服官之义，唯上所使。……为之愈熟，委之

① （清）汪辉祖：《学治臆说》卷上《宜习练公事》，《丛书集成初编》，中华书局1985年版，第3页。

② （清）汪辉祖：《学治臆说》卷下《暇宜读史》，《丛书集成初编》，中华书局1985年版，第33页。

③ （宋）吕本中：《官箴》，中华书局1985年版，第1页。

④ （清）汪辉祖：《学治臆说》卷上《事上》，《丛书集成初编》，中华书局1985年版，第6页。

愈坚，其势必至丧检猷法。"① 为了获得上司的宠信而做上司的要人、私人，会使自己为了迎合上司、揽权鬻权而迷失自己，丧失原则。所以要人不可为，私人亦不可为，为了官须自做，要慎重地处理与上司的关系，理性地对待上司，"我以朴实自居，必能为所鉴谅。"②

第二，对待佐助人员。

清代，在州县衙门中共幕友、长随、书吏和衙役四种佐助人员。州县官吏本身的行政能力是有所欠缺的，他们为官后需要重新熟识、摸索为政之道，再加上州县官需要统辖地方大小诸事，事务繁忙，因此离不开佐助人员的帮助。州县官必须做到官须自做，"官能自做，而刁书蠹役失所凭依，德政可以下行，民隐不难上达，事一而功十矣。"③ 掌握行政权力，才能管理好这些佐助人员，使他们各司其职，再者雇佣的佐助人员素质的好坏，也关系着州县官的利弊，所以在对待这四种佐助人员时，都需慎重。

幕友是由州县官吏自己聘请的佐幕人员，在第二部分《佐治药言》的幕学思想中已有详细的叙述，这里不再做过多的介绍。幕友是辅佐州县官吏的重要佐助人员，甚至关系着州县官的官绩考成，幕友不得力对官吏的危害可见一斑，故"到省先宜谘访贤友，聘请入幕，同寅推荐，不宜滥许。"④

长随"在地方行政中占有独特而重要的位置"⑤。一般每个州县政府会有5—30个长随不等。长随的数量州县官可以由自己来决定，其来源除家仆外，其他大多来源于亲戚、同事等的推荐。长随的弊病在于他们介入地方行政事务，参与各种腐败的勾当中，主要通过陋规获得额外收入。因为长随的数量较多，且数量可增减，所以推荐长随的人也比较多，但"滥收长随之弊，始于误人，终于自误。……辞去之后，或张大其词，以排同类，或点缀

① （清）汪辉祖：《学治臆说》卷上《私人不可为》，《丛书集成初编》，中华书局1985年版，第7页。

② （清）汪辉祖：《学治臆说》卷上《事上》，《丛书集成初编》，中华书局1985年版，第6页。

③ （清）刘衡：《庸吏庸言》卷上《札商各牧官须自做慎用门丁由》，《官箴书集成》第6册，黄山书社1997年版，第185页。

④ （清）汪辉祖：《学治臆说》卷上《访延贤友》，《丛书集成初编》，中华书局1985年版，第2页。

⑤ 瞿同祖著，范忠信等译：《清代地方政府》，法律出版社2003年版，第292页。

其事，以谤主人，讹言肆播，最玷官声。"①针对这一弊病，汪辉祖建议不可滥收长随。

　　吏役，即书吏和差役，他们是州县政府中的具体办事人员，在他们的危害中有人这样描述："书吏、差役，其贪毒之性酷于虎狼，其狡诈之情，黠于狐鼠，假威倚势，变幻无穷，专务害民，不遗余力。"②对待吏役之道是用老成人，"六七十岁者……选一二人，朝夕承侍，以备顾问，总有裨益"，但应注意的是，"惟若辈性多苍猾，揣摩附会，是其所长"③。驾驭吏役也是一门学问，州县官要严格地对待吏役，重在赏罚分明，"有功必录，不须抵过；有过必罚，不准议功。随罚随用，使之有以自效，知刑赏皆所自取，而官无成心，则人人畏法急公，事无不办。"④刑赏分明的好处已经明了，州县官吏想驾驭吏役方可采用此法。

　　幕友、长随、吏役这些佐助人员是州县地方政府中不可或缺的部分，佐助人员的好坏关系着是帮助州县官造福一方还是借助职位巧取豪夺，所以州县官要想官须自做，必须谨慎对待这些佐助人员。

　　综上所述，由于清代选官标准和异地为官制度的弊端导致了州县官的行政能力低下、权力掌握羸弱的现状，为了解决此问题，汪辉祖提出官须自做的思想，认为要实现官须自做的目的，州县官应该做到四点：守身为大，念及子孙；提高自我修养，不落人把柄；习练公事，增强行政能力；事上接下，皆需慎重。

---

①　（清）汪辉祖：《学治臆说》卷上《滥收长随之弊》，《丛书集成初编》，中华书局1985年版，第4页。

②　李治安、杜家骥：《中国古代官僚政治——古代行政管理及官僚病剖析》，书目文献出版社1993年版，第226页。

③　（清）汪辉祖：《学治臆说》卷下《吏役宜用老成人》，《丛书集成初编》，中华书局1985年版，第29页。

④　（清）汪辉祖：《学治臆说》卷下《驭吏役在刑赏必行》，《丛书集成初编》，中华书局1985年版，第29—30页。

第五节 《学治续说》的内容及思想

一、《学治续说》的内容

（一）《学治续说》成书

《学治续说》成书于乾隆五十九年（1794）。乾隆五十九年（1794），与汪辉祖同师受业的同学慎习岩，被选为河南夏邑令。在他离开师门时，他的老师曾授予其汪辉祖的《佐治药言》一本，所以即将为官的慎习岩受之影响较大。在休假回家时，不远数百里前来拜访汪辉祖，向他请教做官的心得要领。二人秉烛夜谈，由《学治臆说》中的体会开始说起，又加以引申总结。后汪辉祖将引申的内容汇总记录下来，总结出 50 则，将其作为《学治臆说》的补充，命名为《学治续说》。

汪辉祖将自己的为官经验总结整理成书，有他自己的目的。三十几年的官场生活中，他看到了清政府吏治的世风日下，作为一名刚正不阿的人，他不忍心看着官场愈来愈黑暗，百姓生活在水深火热之中，所以"自维衰废无用于世，而益望吾党友朋，尽亲民之义，安斯民于太和乐育之中"①。汪辉祖退出官场后，爱民为民之心只能寄托于正在为官和即将入仕的官吏，他希望这些经验总结能够被更多的世人看到，并应用在实践之中。

（二）《学治续说》的内容

《学治续说》是对《学治臆说》内容的补充，同是汪辉祖吏治经验的总结，共 50 则。

《学治续说》的内容大致可分为如下几个部分：

第 1 则至第 5 则，是对官吏自身的劝诫。"官声在初莅任时"，官吏在初任时应该振刷精神，勤加检点自己的行为，不要让家人、长随、吏役、讼师们找到漏洞、抓住把柄，而钳制住自己；任职之后不要"彰前官之短"；立身制事时要有自己的行为准则，"勿苟为异同"；"为治不可无才"，做事情应该

---

① （清）汪辉祖纂，王云五主编：《学治续说·跋》，《丛书集成初编》，商务印书馆 1939 年版，第 18 页。

通盘筹划，可行才去做；"多疑必败"，做事不能畏首畏尾。

第6则至第29则，写为治之道。地方的治理政策应因地制宜，旧制、陋规、常例应酬等都不能贸然删改；要有爱民之心，为民惜力，懂得保富之道；办理赈灾时不能贪图自利，中饱私囊；谨记法贵准情，准情用法，做到反身能恕；吏不可墨，更不必为，反之，则清不可刻；办理命案、盗案要防蔓延、防诬累；清理民欠自有方法可寻。

第30则至第40则，为官吏事上接下的内容。对上，要懂得上下易隔，不能欺骗上官，但也不宜言无不尽，事情还未尽就向上官率陈；对下，要懂得用人不易，要防止左右壅弊，差遣吏役等事都要一一办理，对拒捕之事也不要轻信，吩咐差役们办事时要交代详细。

最后第41则至第50则，是对为官经验的总结。为官要知晓安命，不做非分之事；遇事莫张皇，要平心静气；治理百姓贵在实心为民，尤其贵在以清心为本；官场中的进退不可游移，是去是留都应该下定决心；仕途中升迁难，退出官场亦难，不要把官职看得太重。

《学治续说》中的内容大多在《学治臆说》中已经存在，如事上待下、以民为本，但并不与《学治臆说》的内容完全重复，而是对其内容的补充说明，将之不全面之处再加以完善，此外，《学治续说》中的"旧制不可轻改"和"法贵准情"是《学治臆说》中所没有的新内容。

二、"旧制慎改，创始宜慎"原则

作为百姓的"父母官"，官吏大多希望自己可以有一番作为，使自己称得上循吏，这是他们为官的追求。为了这一追求，官吏可能为所治州县百姓着想，也有可能是为了使自己获得较好的名声，从而选择盲目地改革旧制、遽裁陋规，兴建书院、社义二仓等。这些行为可能在短期来看，是官吏爱民利民的表现，可以获得贤明的称赞，但从长远来看，这些做法可谓弊大于利。若真的是为民着想，应该秉着"旧制慎改，创始宜慎"的原则行事。

第一，旧制慎改。中国自古以来就有"尚古"的特点，至清代尤甚，表现出对传统文化尤其是儒家文化的大力弘扬，进而对传承至今的规章制度采用顺承的态度，主张沿袭旧制，不轻易更改。另外，那些以前就存在的规章制度，自有其存在的意义，所以汪辉祖主张旧制慎改，因为"不能深求其故，任意更张，则计划未周，必致隐贻后累"①。更改旧制本来是为了解决旧制的弊端，但因为对旧制了解不清楚，任意更改，便造成事后越来越难办的结果，比如遽裁陋规就是一个例子。

陋规是清代存在的一大弊病，其种类极多，赋役征收、刑狱诉讼、迎来送往等都少不了它的存在。但是，陋规存在的弊端固然清晰可见，有些却有它存在的意义。清代的州县官一人负责一州一县的事务，其除了供养自己和家人外，州县政府繁重的办公费用，招募的幕友、长随、吏役等的工资费用、上级政府的摊派以及各种应酬之类都需要巨大的开支，只靠自己的俸禄可谓杯水车薪，从而不得不靠各种陋规来填补。陋规的存在对州县政府的正常运转起着非常重要的作用，所以对陋规的裁撤需要慎重，遽然删除后其弊端更大，"忽予汰革，目前自获廉名，迨用无所出，势复取给于民。"②

对于陋规的态度应该是"以因俗制宜，取赢应用""去其太甚而已，不宜轻言革除"③。不轻易遽裁陋规，并不是对所有的陋规都持保留态度，对某些对百姓伤害极大，存在没有意义，只是平添百姓苦楚的陋规应该毫不犹豫地裁撤，这种做法既是为了州县政府的运转，也是为了百姓着想的体现，如此才是一个州县官的明智之举。

第二，创始宜慎。既然更改旧制需要小心谨慎，不能冒然行事，那么创建新的规章制度也是同样的道理，也需要慎重。州县官出于造福百姓之心，本想做一些对百姓有利的事，于是创建社、义二仓、兴办书院，殊不知其结果总会事与愿违，所以"征特孽不可造，即福亦不易为"④。

清代的社仓和义仓是官督民办的仓储。社仓主要设在乡村，其中的仓

① （清）汪辉祖纂，王云五主编：《学治续说·旧制不可轻改》，《丛书集成初编》，商务印书馆 1939 年版，第 2 页。

② （清）汪辉祖纂，王云五主编：《学治续说·陋规不宜遽裁》，《丛书集成初编》，商务印书馆 1939 年版，第 3 页。

③ （清）汪辉祖纂，王云五主编：《学治续说·陋规不宜遽裁》，《丛书集成初编》，商务印书馆 1939 年版，第 3 页。

④ （清）汪辉祖纂，王云五主编：《学治续说·事慎创始》，《丛书集成初编》，商务印书馆 1939 年版，第 16 页。

谷主要来源于捐纳和劝输，主要通过出借仓谷和灾年减息达到救荒的目的。康熙时期开始下令设立社仓，社仓的具体条例在雍正时期已经制定，并规定了社长的任职条件和奖惩办法。义仓则主要设在市镇，大多是由地方官倡议建议，然后由绅衿、富户及商人来捐建，同是以赈灾济贫为目的。设立社、义二仓的目的本是为了赈济百姓，有御灾救济的功能，在这方面也确实发挥着救灾的作用，但其存在也有着很大的弊端，汪辉祖对社、义二仓在执行过程中存在的问题进行了详细的分析。首先，社、义二仓是官督民办的仓储机构，州县官管与不管都存在隐患，不管的话，社长就会中饱私囊，而管了则会助长其手下唯利是图的吏役私心；其次，就社仓而言，可以出借粮食以赈济缺粮的百姓，而这却变成了官员或办事人员从中捞取好处的途径；再次，仓储的粮谷来自于捐纳，在劝人们捐纳的时候，会出现勉强别人捐赠，超出他们承受能力的现象，使得连他们的子孙都受到来自捐纳的连累；最后，在社、义二仓换人时也同样存在弊病，换人的时候，会出现两种人，一种是畏事的人，一种是牟利的人，前者会设法躲避，后者会千方百计地获取这一职位，从而导致大多数的仓库亏本，只剩虚空的账目。对于社、义二仓存在的这些弊病，汪辉祖总结应该"因时制宜，因地立法"①。"因时制宜，因地立法"，这才是解决此问题的关键所在。

　　在清代，从雍正十一年（1733）起，清政府开始鼓励官办书院，这些书院作为官学教育的补充而存在。在书院的教育上，教学内容是以科举考试的内容为主，主要是为了读书士子的科举考试，而对于讲学修德的内容不再多讲。汪辉祖分析兴办书院的弊端，首先，书院的兴修需要劝勉百姓捐资和修建，这就需要百姓人力和物力的耗费；其次，书院的职位在书院建成后就会有人依靠种种途径来谋求，但这些人中"能尽心督课者，什不得三四"②，从而导致书院学生难以获得真才实学。最后，创办书院是用民间培植子弟的经费，来供养上级官吏的应酬情面，这已经很让人愧疚了，一旦出现经费不

---

① （清）汪辉祖纂，王云五主编：《学治续说·社、义二仓之弊》，《丛书集成初编》，商务印书馆 1939 年版，第 11 页。

② （清）汪辉祖纂，王云五主编：《学治续说·事慎创始》，《丛书集成初编》，商务印书馆 1939 年版，第 16 页。

足的情况时，会使上级官吏不得不从自己腰包中加以补充，这就会使最初创办书院的人受到牵累。从书院提议创办，到书院聘用人员，再到书院出现问题，每一处都会使创办书院的人受到牵累，如此，还不如不主张创办，这是创始宜慎的初衷所在。

创办书院是为了教育事业的发展，连这种为民着想的事都会产生诟病，更何况是创始其他的呢，书院如此，社、义二仓亦是。因此，最后汪辉祖的总结是："善为治者，切不可有好名喜事之念，冒昧创始。"①

作为州县官吏，要为百姓着想，为百姓做实事、做好事，不能为贪图虚名而只顾眼前的利益，采取对百姓生产生活及长远发展不利的治理措施，其中州县官吏应该注意的就是要坚持"旧制慎改，事慎创始"的原则，不轻易更改旧制，同样谨慎创始新的规章制度。因为如果考虑不全面，对事情认识不彻底而贸然行事，很容易事倍功半，最后造成对自己不利，对百姓亦造成伤害的结果。

三、"法贵准情"原则

在司法实践中，汪辉祖对法、礼、情三种方式有自己的见解和心得体会，有其自己的情理法规，在司法实践中体现了法不及礼，礼顺人情的特点，坚持"法贵准情"原则。

（一）对法、礼的态度

清代司法断案所用的法律主要根据律、例、成案三者，汪辉祖对律例的态度是："读律例以植其本……不过潜心一年，便优为之。"②，用一年的时间便可将律例熟悉，这个并不难，难的是对法律的准确分析和灵活运用，"神明律意者，在能避律，而不仅在引律"③，对律例的解读比单纯的熟读法律来说更有难度，解悟法律重在融会贯通。在法律的运用上，重要的不是能

---

① （清）汪辉祖纂，王云五主编：《学治续说·事慎创始》，《丛书集成初编》，商务印书馆1939年版，第16页。

② （清）汪辉祖：《梦痕录余》，《续修四库全书》第555册《史部·传记类》，上海古籍出版社1996年版，第699页。

③ （清）汪辉祖：《佐治药言·读律》，《丛书集成初编》，中华书局1985年版，第9页。

够引用法律，将律例抑或成案生搬硬套，而应该做的是在熟悉律例之后能够避律，通过规避法律来达到社会的安定和谐。除此，对于成案，汪辉祖反对轻引成案，认为"成案如程墨然，存其体裁而已"①。汪辉祖主张灵活地运用法律，反对呆板地将法律生搬硬套。当然，汪辉祖还认识到了法律具有滞后性的特点，在司法实践中如果遇到法律不健全或者运用法律不能作出很好的调整时，抛开法律的禁锢，引用礼来加以补充，是一种明智之举。

汪辉祖在司法实践中有好多次都是引用礼经来解决问题，王宗炎评价汪辉祖的司法实践时这么说："不为典要，律之所穷，通以经术。"②不固守律令，是汪辉祖的难能可贵之处。汪辉祖有这样的做法并不出乎意料，因为儒家思想自汉代以来一直是我国的主流思想，而礼是儒家思想的核心之一，德主刑辅也是法律实行中的重要部分，并且"法律极端重视礼，礼成为法律的重要组成部分。"③汪辉祖作为儒家思想的追随者，在法律无法达到时运用礼经、道义来解决顺其自然。汪辉祖利用礼经的司法实践主要体现在对几起立继和遗产案的处理上，如在周张氏请为殇子立继案中，认为"为殇后者，以其服服之，礼有明文"④，通过《礼记》中的记载，断决夭折之人也是能立嗣的；在殳球求继远亲遗产案中是遵照《礼记·丧服小记》中的"殇与无后者从祖祔食"的记载来审判。既然汪辉祖主张在法律无法解决时引用礼经断案，这就需要断案者的知识储备了，所以汪辉祖建议："遇疑难大事，有必须引经以断者，非读书不可。"⑤

（二）"法贵准情"原则

在司法实践中运用法律、礼经在汪辉祖看来还不是最可贵的，最可贵的是奉行"法贵准情"原则。情，指的是人情、俗情及情形三个方面。

---

① （清）汪辉祖：《佐治药言·勿轻引成案》，《丛书集成初编》，中华书局1985年版，第11页。

② 王宗炎：《晚闻居士遗集》卷8《汪龙庄行状》，《清代诗文集汇编》第440册，上海古籍出版社2010年版，第724页。

③ 瞿同祖：《瞿同祖论中国法律》，商务印书馆2014年版，第9页。

④ （清）汪辉祖：《清汪辉祖先生自定年谱——一名病榻梦痕录》卷上，台湾商务印书馆1980年版，第38页。

⑤ （清）汪辉祖：《佐治药言·读书》，《丛书集成初编》，中华书局1985年版，第9页。

　　汪辉祖在《学治续说》中有专门的一条讲"法贵准情"，体现的是人情的重要性。该则中，汪辉祖陈述了江苏干吏张某审判本县一童子携带旧文的案子，张某只知道按照"怀携宜枷"的法律条文，而不考虑童子刚刚结婚，众亲朋请求满月补枷的实际情况，最终造成童子及其妻子双双自尽的下场。汪辉祖为之不通人情而感到可惜。在汪辉祖看来，在司法诉讼中，"尚可以从宽者，总不妨原情而略法"①，能够从宽处理的案件，不要苛求于法律的生搬硬套，根据具体情况，导之以人情，使法律含有人情的温度，能够反躬自问，从宽处理百姓，体现了人情的可贵。

　　善体人情之外，善体俗情也同样重要。无论在汪辉祖的幕学著作《佐治药言》中，还是他的吏学著作《学治臆说》中，汪辉祖都主张应该了解当地的风土人情，"盖各处风俗，往往不同，必须虚心体问"②。通过体问俗情，然后根据当地的风俗习惯对法律条文加以补充，使二者相适应，从而能够因地制宜。体问风俗的方法是，"每听一事，须于堂下稠人广众中，择传老成数人，体问风俗，然后折中剖断，自然情法兼到"③，情法兼到是体问风俗的目的所在，能够在司法审判的过程及结果中获得使百姓认可和满意的结果。

　　坚持"法贵准情"原则，需要重视案件的情形，这是在司法诉讼中善体人情和俗情的基础。汪辉祖认为："命案出入，全在情形。情者起衅之由，形者争殴之状。衅由曲直，秋审时之为情实，为缓决，为可矜，区以别焉。"④从中可以看出，案件中情形的存在对案件处理的走向有着决定性的作用，不能只根据案件的结果来判断，还需要考虑的是对案件发生的主观原因，也就是强调了情的重要性。

　　梁治平说："他们所欲执行的法律不过是附加了刑罚的道德，他们借助

---

① （清）汪辉祖纂，王云五主编：《学治续说·能反身则恕》，《丛书集成初编》，商务印书馆1939年版，第6页。

② （清）汪辉祖：《佐治药言·须体俗情》，《丛书集成初编》，中华书局1985年版，第15页。

③ （清）汪辉祖：《学治臆说》卷上《初任须体问风俗》，《丛书集成初编》，中华书局1985年版，第11页。

④ （清）汪辉祖：《佐治药言·命案查情形》，《丛书集成初编》，中华书局1985年版，第7页。

于刑罚想要达到的亦只是道德的目标。"①汪辉祖的"法贵准情"原则中的"情"，也是一种道德的体现，其在司法实践中，考虑到人情、俗情及情形，再将之加入法律之中，对刻板的法律加以协调，目的就是为了摆脱法律的不近人情，从而使法律的审判更接近民众，体现为民着想，从而拉近与民众的距离，同时也实现社会的和谐与秩序的稳定。

汪辉祖"法贵准情"原则的独到之处就在于使法律顺应人心，然后适当地对法律进行调整，最终达到法律的公平公正。

第六节　《学治说赘》的内容及思想

一、《学治说赘》的成书与内容

《学治说赘》于嘉庆五年（1800）成书，是继《学治臆说》《学治续说》之后，汪辉祖的第三本吏治经验总结。因汪辉祖的亲友们以牧令自效，不断询问使国家安定清平的良方，汪辉祖认为自己已是老病昏聩，再没有新的心得体会，于是从《学治臆说》中的"书版摺以备遗忘"一则中，加以引申，总结出 10 种值得州县官吏随身记录的簿记，后又对之前在《佐治药言》《续佐治药言》《学治臆说》《学治续说》中曾总结过的几则观点作了进一步概括，使之更加直言易懂，就如赘言一般，也因此将此书取名为《学治说赘》。

《学治说赘》共 14 则，前 10 则记录了 10 种簿记，即稽狱囚簿、查管押簿、宪批簿、理讼簿、客言簿、堂签簿、正入簿、正出簿、杂入簿、杂出簿；后 4 则是汪辉祖对做州县官吏的 4 点总结，分别是福孽之辨、勤怠之分、律例不可不读、名例切须究心，这 4 点既包含了对州县官吏的要求，又包括对州县官吏的告诫，句句皆是肺腑之言，足见汪辉祖的用心良苦。

前 4 则的 4 种簿记，稽狱囚簿记录囚犯的犯罪是由和被关押的时间，以备查检是该监禁还是释放；查管押簿是记录在押人犯的名单，应随押随记；宪批簿记录上司批转的诉讼状的时间及原因，这些诉状应了然于心；理讼簿

---

① 梁治平：《寻找自然秩序中的和谐　中国传统法律文化研究》，商务印书馆 2013 年版，第 299 页。

记录诉讼双方的家庭住址以及证人的姓名。这4种簿记所记的内容，如由所聘请的幕友来办，办起事来会非常方便，如果官吏实事求是，尽心负责，不怕麻烦的话，那么没有什么事情是做不好的。

第5则至第6则中，客言簿记录的是从来访的客人那里了解的民风土俗；堂签簿记录的是发出传票的时间。这两种簿记是官府中必不可少的，官吏应该时时翻阅查看。

第7则至第10则中，正入簿记录银钱、税契、杂税、耗羡等项的收入情况；正出簿记录银谷的解、支、放、垫情况以及官吏的养廉银、幕友酬金等项；杂入簿记录平余的银钱、斛面的粮谷及陋规的收入等项；杂出簿记录不能省的捐纳、赠送支出及平时的日用支出。这4种簿记是官府中的理财之道，关系着官府的收支情况，应该随时检查。

第11则"福孽之辨"，是汪辉祖关于"福孽之辨"思想的观点和看法。对于州县官吏来说，作孽容易，造福也容易，官吏应该认识到造福与作孽的结果，常怀因果之心，爱护百姓，为民着想。该思想在此处只是一个集中反映，在汪辉祖本人的其他著作中也同样有所流露，是贯穿汪辉祖一生的思想。

第12则"勤怠之分"，汪辉祖认为是导致官吏造福还是作孽的根本原因。在汪辉祖看来，勤恳是称职的必备素质，与勤恳相对的怠慢政务可以造成很大的危害，而这种危害比贪官污吏造成的危害还要严重。并阐发这样的感叹："国家之厚吏，有常禄，有养廉，居官之日，皆食民之日，乃不以之求治，而博弈饮酒，高卧自娱，民必怨，神必怒，如之何其不畏耶？"[1] 如此可以认识到汪辉祖对懈怠政务的痛斥。

第13则"律例不可不读"，写的是官吏读律的重要性。州县官吏对田宅、婚姻、钱债、贼盗、人命、斗殴、诉讼、诈伪、犯奸、杂犯、断狱这些方面的律例应该熟悉。

第14则"名例切须究心"，指出名例是法律的精髓所在，强调自首是犯人求生的法则。官吏应该仔细研究自首的条文，以为犯人获得求生的机会。

---

① （清）汪辉祖：《学治说赘·勤怠之分》，《丛书集成初编》，商务印书馆1939年版，第6页。

综上所述，《学治说赘》中的内容，无论是做簿记还是后面所总结的福孽之辨、勤于政务、读律、自首这些内容，都在汪辉祖的其他4本官箴书中有所体现。汪辉祖对此之所以特别强调，正是这几点特别重要的体现。

二、对《学治说赘》中"福孽之辨"的解读

（一）"福孽之辨"的内涵

汪辉祖在其幕学书《学治说赘》中叙述了任州县官吏所体现的"福孽之辨"：

> 州县一官，作孽易，造福亦易。天下治权，督抚而下，莫重于牧令。虽藩臬、道府，皆弗若也。何者？其权专也。专则一，一则事事身亲，身亲则见之真、知之确，而势之缓急，情之重轻，皆思虑可以必周，力行可以不惑。求治之上官，非惟不挠其权，抑且重予以权。牧令之所是，上官不能意为非；牧令之所非，上官不能意为是。果尽心奉职，昭昭然造福于民，即冥冥中受福于天，反是则下民可虐，自作之孽矣。余自二十三岁入幕，至五十七岁谒选人，三十余年所见所闻牧令多矣。其干阳谴阴祸，亲于其身，累及嗣子者，率皆获上朘民之能吏；而守拙安分，不能造福，亦不肯作孽者，间亦循格迁官；勤政爱民，异于常吏之为者，皆亲见其子之为太史、为侍御、为司道。天之报施，捷于响应。是以窃禄数年，凛凛奉为殷鉴，每一念及，辄为汗下。是以山行伤足，奉身求退，然且遘婴末疾，天不畀以康宁，盖吏之不易为如此。吾愿居是职者，慎毋忘福孽之见也。……①

汪辉祖对州县官这一职事进行了界定。州县官是督抚之下最重要职位，职权专一，总揽州县，与百姓休戚相关，其尽心奉职与否，决定着州县官是造福还是作孽，二者非此即彼。同时他又从自身官场经历出发，列举以三

---

① （清）汪辉祖：《学治说赘·福孽之辨》，《丛书集成初编》，商务印书馆1939年版，第4—5页。

种不同方式为政的州县官造成了各自不同的仕途命运，指出这就是"天之报施，捷于响应"。又以自身最终佐幕为官的实例，说明吏不易为。汪辉祖在此所述的"福孽之辨"是对州县官吏的告诫，同时也是对所有为官者的告诫。为官者权利与义务同在，若为官不造福于民必会遭到上天的惩罚，所以一定要牢记福孽之辨。再者，从汪辉祖自身来看，其用自己30多年官场中的所见所闻，亲眼看见了福孽因果报应。而他最后是因脚伤退出官场，且骤然遭受四肢的疾患，上天没有让他有一个康宁的去官归里经历，他认为这是福孽在起作用，吏不易为，这是他的因果报应。

汪辉祖潜心著书立说，著述颇丰，题材涉及幕学、吏治、家训、家谱、史学等内容，除《学治说赘》书中专门提出了"福孽之辨"，在他的其他著作中，还有不少地方体现了其"福孽之辨"思想。汪辉祖认为佐幕多是因科举失利为解决贫困境地而不得已的选择，拿着主人颇丰的岁脩，受主人上宾的礼遇，故应该尽忠职守，对主人尽心辅佐，若"食人之食，而谋之不忠，天岂有福之？"① 他在总结自己佐幕34年的心得体会时，认为佐幕者背着主人贪污受贿，一定会受到报应，"二十年来，余所见以不义之财烜赫一时，不数年而或老病，或夭死，或嗣子殒绝，或家室仳离者。"② 佐幕不可贪污，为官亦然。为官一定要保持清廉，洁身自好，切不可为一时的享乐贪污受贿，否则"贫必愈墨，墨且愈贫，阳遣在身，阴祸及后"③。汪辉祖任宁远县令时，因自己多年为幕，深知幕僚之害，故不延幕宾，一切事宜亲自过问，事无巨细，尽职尽责，问风俗，体民情，解诉讼，不敢有懈怠，认为"我欺民虐民，我子孙必受人欺，受人虐；以我故致民犯斗争，我子孙亦犯斗争；民让人命，我子孙亦让人命。"④ 这些都是汪辉祖"福孽之辨"思想的体现。

汪辉祖的"福孽之辨"思想不仅在官场中有所体现，还将其科考之成

① （清）汪辉祖：《佐治药言·尽心》，《丛书集成初编》，中华书局 1985 年版，第 1 页。

② （清）汪辉祖：《清汪辉祖先生自定年谱——一名病榻梦痕录》，台湾商务印书馆 1980 年版，第 110—111 页。

③ （清）汪辉祖：《学治续说·墨吏不必为》，《丛书集成初编》，商务印书馆 1939 年版，第 8 页。

④ （清）汪辉祖：《清汪辉祖先生自定年谱——一名病榻梦痕录》，台湾商务印书馆 1980 年版，第 236 页。

归功于"福孽之辨"。其在《病榻梦痕录》中叙述了自己中举一事，颇具灵异色彩。汪辉祖考试的卷子阅完之后被飞瓦坠落砸到，考官将之放入案匣后就寝，卷子又从匣而出，使得汪辉祖的卷子被重阅而中了举人。汪辉祖将此归之于"当是先人阴耳""二母苦节之报"①。汪辉祖是汪氏自迁萧山以来的科举第一人，他认为自己之所以中第一是受先人的庇荫，作为汪氏的唯一继承人，汪辉祖祭祀先人，并受先人的福佑。二是二母的苦节得到了回报。汪辉祖11岁丧父，由生母徐氏和庶母王氏抚养长大，二母有节，受到亲族的欺压时不逃避，变卖祭产时不签汪辉祖的名字，不贪图变卖的钱财，并一直值祭。二母以织作谋生，生活艰苦，虽病不废织作，冬穿单衣，以借贷为生亦送辉祖进学，对辉祖谆谆教导，终使其及第。

福，即造福；孽，即作孽。从以上的内容中可以看出，"福孽之辨"是指对造福与作孽之间关系的辨析。汪辉祖的"福孽之辨"认为自己的行为决定了自己的因果报应，"天之报施，捷于响应"。一个人的角色有多种，为人子、为人臣、为人夫、为人父，无论哪种角色都有各自的行为规律，若顺应规律，就是造福，将会得到福佑；若是违背规律，则是作孽，很快得到报应。无论是得到福佑还是报应，不仅会在自己身上体现，还会在子孙身上得到印证，造福会保佑子孙顺达富贵，作孽则使子孙流离失所。故汪辉祖的"福孽之辨"从自身出发，不仅要求自己同时也告诫人们做人做事都要不逾矩，积善行德，恪尽职守，切不可作恶多端，造孽祸人。

（二）"福孽之辨"形成的原因分析

1.因果报应观念的浸染

因果报应观念，强调祸福相因，是中国传统社会重要的道德信仰，是人们奉行的重要道德准则，影响着人们的道德生活和道德信念。因果报应是宗教的产物，认为"善与恶的行为是通向天堂或地狱的条件"②。这是儒、释、道三家相互吸收杂糅的结果。

佛教基本理论之一就是因果报应说。佛教的四圣谛即"苦、集、灭、

---

① （清）汪辉祖：《清汪辉祖先生自定年谱——一名病榻梦痕录》，台湾商务印书馆1980年版，第72页。

② 辛世俊：《试论宗教的慰藉功能》，《中州学刊》1994年第1期。

道"，主张人生皆苦，造成"苦"的原因是"集"，只有能够将其消灭才能至"道。"由"苦"至"道"这其中就是由于因果。佛教自东汉时期传入我国，在传播过程中不断中国化，为适应中国本土，大力宣传因果报应，业报轮回，宣扬今世的所作所为决定自己是否下地狱，故为了来世，人们应该积极积善行德。道家思想中很早就体现了因果报应，《周易·坤·文言》载："积善之家，必有余庆；积不善之家，必有余殃。"道家信仰的最高追求是得道成仙，若要成仙，要做到忠孝仁义，多行善，不能只追求方术。儒家思想讲求天命，《尚书》中有"天道福善祸淫"的古训，汉董仲舒提倡的新儒学主张天不变，道亦不便，一切奖惩、对人事的干预都由上天决定，由天命所为，故应该信天命，不可逆流而上。

儒、释、道三家关于因果报应思想虽以不同的载体出现，但传播的都是善恶终有报，后经过封建士大夫们将三者联系起来，加以整合重构，使一种适应维护传统社会秩序的思想道德理论建立起来，在宋代基本定型，于明代广泛传播开来，清代更加普及，并成为民间意识形态的重要组成部分。明清大量关于因果报应的小说、戏剧不断涌现，如《剪影灯》、"三言二拍"、《聊斋志异》等都是关于善恶果报的内容，以故事的形式呈现，与人们的生活息息相关，所反应的事实鞭辟入里，深入人心。而汪辉祖应9次乡试于乾隆三十三年（1768）中举，应4次会试于乾隆四十年（1775）中进士，一生致力于科举。还积极倡导子孙从儒，"子弟非甚不才，不可不业儒。"[①] 此外，其一生在官场近40年，其中有34年佐幕任刑名师爷，4年任知县。由这些经历可见，汪辉祖以儒者的身份行世，在因果报应观念流行的时代，其在求学、佐幕、为官中必深受该观念的浸染。

2.《太上感应篇》的敦促

《太上感应篇》是借太上老君之名，将儒家、道家思想相融合，宣传"天人感应"和"因果报应"的劝善书之一，作者与成书年代不详，经宋李昌龄、郑清之注解后，在民间广为流传，历宋元明清经久不衰，影响日益

---

① （清）汪辉祖：《双节堂庸训》卷5《业儒亦治生之术》，天津古籍出版社1995年版，第167页。

深远。

汪辉祖 16 岁时在先人留下的木箱子中偶得《太上感应篇》，遂"自此晨起必虔诵一过，终身不敢放纵，实得利如此。"[①] 其 16 岁时偶得的《太上感应篇》与平日诵读的经书颇异，皆讲福祸因果报应，汪辉祖每日晨起先诵读一遍再做其他事，一是可以看出他对福祸之报深信不疑，二是自小深受其影响，自身的人生观、价值观会随之变化，做事恪守福祸相因的观念，心向善，不敢作孽妄为，正如他在《双节堂庸训》中所言："历五十年，幸不为大人君子所弃，盖得力于经义者犹鲜，而得力于《感应篇》者居多。"[②] 足见祸福因果报应对汪辉祖影响之大。

3. 佐幕潜规则的束缚

幕友中以刑名师爷和钱谷师爷最重要。刑名师爷掌管司法诉讼，钱谷师爷掌赋税财政，二者所管事宜与百姓密切相关，尽职与否决定着百姓的身家性命。俗话说："作幕吃儿孙饭。"意思是佐幕者既可以造福又可以作孽，习幕的好坏关系着自己子孙后代的好坏。以刑名师爷为例，刑名师爷掌刑名，"凡官吏生杀威福利害之权，无非幕宾掌握之。千词万状，积于幕案，无不由幕宾判其曲直，司其予夺，区其祸福，定其死生。"[③] 对律例的理解、状词的分析影响着案件的审判，稍一不慎就会造成冤假错案，牵累无辜。如若徇私舞弊、黑白颠倒，只将佐幕当作自己贪污享乐的手段，其必联合吏胥敲诈勒索，无疑作孽深重。反之，师爷为犯人着想，下笔时细细思量，公正判断，对于或重或轻的案件从轻判别，则会造福不浅。

在清代有一个非常流行的观念叫作"救生不救死"，这是办理人命案的共行法则。救生者一命可为自己积福纳德，所以胥吏们害怕自己错审案件，导致自己遭到恶报，在遇死刑时会千方百计为犯人开脱，避免死刑的审判。在"救生不救死"观念的广泛流行下，汪辉祖必受其影响，在自己的佐幕为

---

① （清）汪辉祖：《清汪辉祖先生自定年谱——一名病榻梦痕录》，台湾商务印书馆 1980 年版，第 14 页。

② （清）汪辉祖：《双节堂庸训》卷 2《因果之说不可废》，天津古籍出版社 1995 年版，第 38—39 页。

③ 郑观应著，夏东元编：《郑观应集》，上海人民出版社 1982 年版，第 46 页。

官生涯中恪守此行。

4. 家庭因素的影响

　　一个人人生观、价值观的形成与其生长的家庭环境有着不可或缺的联系。汪辉祖"福孽之辨"思想的形成受其祖父、父亲、二母的影响很深，在他们日常的生活教育中对汪辉祖产生了潜移默化的影响。

　　汪辉祖的祖父汪之瀚对其疼爱有加，小时候经常带他观戏，回来时询问他剧中人的姓名、情节和观后的心得体会，再导之以因果报应之论。由此可知汪辉祖的"福孽之辨"与儿时经历不无关系。10 岁那年同乡佐幕的丁某回乡探亲，拜访祖父，祖父对他的评价是："辣则忍，忍则刻，恐造孽不少，其能久乎？"① 最后丁某的下场果如祖父所预料，不久后就客死他乡，其儿子因不务正业将万贯家财很快挥霍尽，四处游荡。丁某因辣手最后落得不得善终，殃及子孙的下场。事后汪辉祖虽似懂非懂，但深深记得此事，懂得辣手遭到的因果报应，所以入幕后犹以此为戒，写下"辣手须防人不堪"的馆联，时时提醒自己忌辣手，这是汪辉祖的祖父给他留下的训示。

　　汪辉祖的父亲对其要求甚严。汪辉祖小时贪吃，有一次未把薄炊饼先送给祖母而自己独吃，引发汪楷大怒，认为必折辉祖的福气，告诫辉祖要孝敬长辈。汪楷对辉祖的教育还显现在他的"陶器厚薄"之训，告诫辉祖应该心存善念，宅心仁厚，多积福报，这样才能荫及子孙，为子孙积福。

　　汪辉祖的祖父、父亲陪伴辉祖的时间较短，在辉祖十几岁时先后去世，而汪辉祖的二母徐氏和王氏一直陪伴至其三四十岁，对辉祖的影响不亚于父祖。关于庶母徐氏做梦应验的事情，汪辉祖在他的著述中多次提到，汪辉祖自己也说"吾母终年无梦，梦必征"②。汪辉祖相信这些梦能够应验是由于受到祖先的庇佑，也是因为自己平日不敢苟且得到的福报。他的科举路途坎坷，屡试不中，其母在一次考试前拜神，希望辉祖能够科举成功，果然得中。汪辉祖认为这两者之间是有联系的，加之受二母平日因果报应事例的耳

---

① （清）汪辉祖：《续佐治药言·忌辣手》，《丛书集成初编》，中华书局 1985 年版，第 10—11 页。

② （清）汪辉祖：《双节堂庸训》卷 1《显妣王太宜人轶事》，天津古籍出版社 1995 年版，第 16 页。

濡目染，再加上汪辉祖平日对二母的尊重孝敬，将二母的谆谆教导全部谨记，更加深了自己对"福孽之辨"的认识。

三、汪辉祖对"福孽之辨"的践行及影响

汪辉祖信守福孽之辨，相信因果报应，其行为受其思想的影响，在行为上践行福孽之辨。

首先，汪辉祖对"福孽之辨"的践行及影响表现在其佐幕为官的行为上。在其位谋其政，只有尽职才能不负我心。不管是佐幕还是为官汪辉祖都主张尽心、律己、清廉、爱民，这几点是佐幕为官的基本要求，也是评价一个人是否尽职的重要指标。汪辉祖在自己佐幕为官时时刻牢记这几点。他在总结自己30余年的佐幕经历时言："游幕以来，必诚必慎，念念以百姓为事，怨劳不辞。"① 至临终时总结其一生"佐幕当官，兢兢以保身为念"②。由以上可见，汪辉祖始终践行着"福孽之辨"，并深受此影响，在佐幕为官上不敢有任何超越福孽的行为。

其次，汪辉祖对"福孽之辨"的践行及影响表现在对城隍神的信仰上。我国信奉城隍神的历史由来已久，至明代，明太祖朱元璋下令全国普建城隍庙，大力宣传城隍神的灵力，使城隍神的信仰在全国传播开来。清代，城隍神"已集地方保护神、冥官、降雨、放晴等弭灾宗教功能于一身"③。而汪辉祖的"福孽之辨"思想认为"天之报施，捷于响应"，这里得到报应的对象即是民众，施加报应者则是城隍神。汪辉祖相信城隍神作为地方的保护神守护着一方水土，任何人的举动都在其掌握之下，具有掌管一方任何事情的灵力，如若违背规律必会遭受其惩罚。汪辉祖佐幕时，"每到馆次日，斋诚诣城隍庙"④。"作幕吃儿孙饭"，稍不小心就会造孽，使自己受到报应，故不到

---

① （清）汪辉祖：《梦痕录余》，《续修四库全书》第 555 册《史部·传记类》，上海古籍出版社 1996 年版，第 699 页。

② （清）汪辉祖：《梦痕录余》，《续修四库全书》第 555 册《史部·传记类》，上海古籍出版社 1996 年版，第 732 页。

③ 张显慧、范立舟：《明清时期华南地区的城隍信仰研究》，《江西社会科学》2009 年第 8 期。

④ （清）汪辉祖：《梦痕录余》，《续修四库全书》第 555 册《史部·传记类》，上海古籍出版社 1996 年版，第 729 页。

万不得已不会轻易习幕。汪辉祖每次到馆之前都会向城隍神仔细说明其入幕的理由，请求城隍神的谅解，由此可知汪辉祖相信自己佐幕的行为得失会受到城隍神的评判，福孽之辨了然于城隍神，所以汪辉祖从不敢有任何胡作非为的行为，万事兢兢业业。在汪辉祖看来，其诚心也确实得到城隍神的庇佑，"所馆之处，类皆宁谧。"等到为官时，汪辉祖依然忠实地信仰城隍神，每遇大事必向城隍神祈祷，"凡四年祈祷必应，审理命案，多叨神庇。"[①]

汪辉祖不仅仅向城隍神祈祷，还会利用城隍神判案，因为他深知不只是他自己对鬼神有敬畏之心，普通百姓更是如此。普通百姓对法律有时会有不信服之处，但在鬼神面前定会服膺。汪辉祖审判的刘开扬一案即是一例。刘开扬案是因争山址造成的人命案，汪辉祖将案犯嫌疑人大鹏、开扬押到城隍庙审判，"大鹏神气自若，而开扬四体战栗，色甚惧"，这是案犯在鬼神面前的敬畏心理在起作用，通过他们的表现即可看出端倪。此处可以看出汪辉祖在利用他的福孽之辨思想判案。而更神奇之处在于丙夜汪辉祖第二次在城隍庙审判时，刘开扬的儿子闰喜，也是刘开扬指使其杀人的真正凶手，忽然闯入。对此闰喜的解释是他在喝酒正准备与妻子分别时，"有款扉者呼曰'速避去，县役至矣。'启扉出，一顾而黑者，导以前，迨至县门，若向后推拥者，是以哗。"闰喜的突然闯入，汪辉祖解释是被鬼神附体，而之所以会有这样的结果，汪辉祖认为是有神庇佑。汪辉祖判案一向谨慎，努力做到"情、理、法"兼容，不积压疑悬案件，城隍神知晓如此，便庇佑汪辉祖使案件得以顺利解决，这是汪辉祖得到的福报。

最后，汪辉祖时刻恪守福孽之辨，不敢有任何的偏颇，故享得福报庇佑，但同时福孽之辨也为汪辉祖带来种种束缚，侵扰着他的身心。汪辉祖在官场历30余年，审案断案无数，是断案的一把好手，许多疑案悬案经汪辉祖之手都得到巧妙的解决，但有一个案件不尽人心，在汪辉祖心中始终是一个结。乾隆二十六年（1761），32岁的汪辉祖馆浙江秀水幕时参与审判了"蒋虞氏案"，此案的大致内容为当年正月初五，县民许天若喝醉酒回家时，

① （清）汪辉祖：《学治臆说》卷下《敬城隍神》，《丛书集成初编》，中华书局1985年版，第21页。

遇到蒋虞氏邀他饮酒，不欢而散，蒋虞氏詈骂许并将其控告，至二月初一日，蒋虞氏到县里催告又遇上许，许骂蒋虞氏无耻又发生口角，所以第二天夜里蒋虞氏自尽而亡。对于蒋虞氏的死，汪辉祖认为是"死于气愤，非死于羞忿也"，故案犯许天若最后得到的判决不是拟绞，也不是拟流，而是"因照流罪例减一等，杖一百，徒三年。"① 这样的审判结果，我们可以看作是汪辉祖对案件进行了仔细的分析推理而得出的结论，毕竟从蒋虞氏第一次遇许天若到蒋虞氏自尽，中间已有 20 多天，认为蒋虞氏是死于气愤而不是死于羞忿合情合理，亦可以将此案看作是汪辉祖受救生不救死的观念影响，救了许天若一命，也算为自己积善行德。但在汪辉祖心里对于此案始终放不下。在汪辉祖 67 岁时梦到蒋虞氏在冥间状告因他的审判许天若没有抵命且使自己不能请旌，汪辉祖只能一一剖辨才得到冥官的认可被送出冥府。汪辉祖的审判连冥官都认为没有什么不可，可汪辉祖依旧没有放下，直到后来他的朋友告知蒋虞氏依照《病榻梦痕录》的记载入列女门，才真正释然，认为"乃知虞之冥诉，实由正气不湮"②。从"蒋虞氏案"的发生到汪辉祖最后释然，中间相隔 30 多年，汪辉祖一直为此案所扰，难道不是其受"福孽之辨"思想的束缚吗？

综上所述，汪辉祖的一生都受"福孽之辨"思想的影响，相信善有善报、恶有恶报，一切都有因果报应，而这一思想的形成原因是由多种因素共同导致的。汪辉祖不管是为幕还是为吏，都恪守"福孽之辨"，品行端正，自我规范，积德行善，造福百姓，被人们称为"名幕""良臣""循吏"，在湖南为官时甚至有"湖南第一好官"的赞誉，这些不得不说都受"福孽之辨"思想的影响。

回顾汪辉祖这一生，他经历了奋战科举，佐幕为官，著述课子这些经历，每一种身份他都脚踏实地，做得尽善尽美。正如王宗炎评价他说："事

---

① （清）汪辉祖：《清汪辉祖先生自定年谱——一名病榻梦痕录》，台湾商务印书馆 1980 年版，第 44 页。

② （清）汪辉祖：《梦痕录余》，《续修四库全书》第 555 册《史部·传记类》，上海古籍出版社 1996 年版，第 717 页。

亲为孝子，佐治为名幕，入官为良吏，里居为乡先生，教子孙为贤父师，可谓有德有言、学优而仕者。"① 作为一名儒者，汪辉祖取得了进士，成为汪氏入萧以来的科举第一人；作为一名幕友，汪辉祖守住誓言，绝不负心作孽，赢得"清代第一刑名师爷"的美誉；作为一名地方官，汪辉祖兢兢业业，以民为本，被称为"湖南第一好官"；作为一名学者，汪辉祖一生著述颇丰，除 5 部官箴书之外，家训、家谱、史学等方面都有专著；作为一名父亲，他的 3 个参加科举的儿子也都学有所成。汪辉祖这一生可谓成绩斐然。

再看他的 5 部官箴书《佐治药言》《续佐治药言》《学治臆说》《学治续说》《学治说赘》，每一部书都蕴含着丰富的思想内涵，是为幕为官的必读书目，无论是在清代还是后世，都产生了很大的影响。《佐治药言》中的幕学和法律思想、《续佐治药言》中的仁恕思想、《学治臆说》中的民本思想和官须自做思想、《学治续说》中的"旧制慎改，创始宜慎"原则和"法贵准情"原则以及《学治说赘》的福孽之辨思想，都是汪辉祖由近 40 年的官场经验总结而来，这些思想包含幕学、吏治、法律等多个领域，是对地方政治与行为方法的整理与总结，蕴含着为幕、为官的原则与禁忌，每一则都深入浅出，鞭辟入里，发人深省。

---

① 王宗炎：《晚闻居士遗集》卷 8《汪龙庄行状》，《清代诗文集汇编》第 440 册，上海古籍出版社 2010 年版，第 730 页。

第四章　刘衡及其官箴书研究

第一节　刘衡的仕宦生涯

一、为官广东

（一）书香人家

刘衡（1775—1841），字蕴声，号簾舫，江西南丰（今湖口县）人，是清朝有名的循吏。刘衡的一生可分为五个阶段：第一阶段是少年时代，即从乾隆四十一年（1775）到嘉庆五年（1800），这是他早期接受教育阶段。第二阶段是他初出茅庐为官时期，即嘉庆五年（1800）到嘉庆二十四年（1819），他通过本省乡试中式副榜，进入仕途，在教习期满后调广东四会县、博罗县与新兴县担任知县。第三阶段可称为深造学习阶段，即自嘉庆二十四年（1819）刘衡辞官归家为父丁忧尽孝道，到道光三年（1823）起复阶段，这段时期刘衡除在家丁忧外，还被叔父刘斯嵋召到西安知府幕中相佐，他还利用处理政务的闲暇全心研究律学。第四阶段为刘衡在官场上施展才华阶段，即道光三年（1823）起复到道光七年（1827）擢升绵州直隶州知州，刘衡先后任职于四川垫江县、梁山县和巴县知县，在任忧国忧民，解决百姓疾苦，得到官员百姓们的赞扬。第五阶段为刘衡任职进一步升迁到病逝时期，即道光七年（1827）到道光二十一年（1841），刘衡先后从绵州直隶州知州到保宁府知府、成都府知府兼署成绵龙茂道，再到河南开归陈许兵备河务道，任职步步高升，后因病归里，卒于家中。

刘衡的家乡江西南丰县，位于江西建昌府南城西南面，距建昌府90里，

"总计其广则东西相距一百四十里，其袤则南北相距一百一十五里"①，这里地域广袤，川谷相连。"南丰居江郡上游，于会城为东南，于郡城为西南，叠嶂驶流，有雄镇一方之概"②。南丰与建昌府其他地区一样，也具有民风淳朴、地狭人稠、科举发达的特点。

南丰民风淳朴。据同治《南丰县志》载："南丰自设县以来，唐有游茂洪、独孤汜诸贤令善政，及人而民务农工，宋有曾文定兄弟倡兴文教，而士勤学问。风气和平，故其人多秉清淑，农工商贾各安其业，簪缨韦布各循其分，耕氓尤勤，力作播获之际，荷插如云，故野无饥夫，妇女以纺织习勤，城乡皆是。虽殷富巨族，莫不鸣机杼，夜习以为常，此风至今犹未替也。仕宦至显达，无异儒素，礼下寒畯，周邮族邻，惟恐不逮。学者洁身自好，耻入公门。素封之家，拥厚资而不敢妄为玩法，细民知尊官长，顺令而易使，比屋弦诵，儒风尤盛，妇人女子亦多明诗书达礼仪。"③南丰民风淳朴，读书人提倡文教、明辨事理，士农工商辛勤劳作、各安其业，社会安定祥和。詹景凤也提到："南丰承先士文献之后，故士多隽才，礼教、信义不减东鲁，兼有上世遗风。"④这种风俗经过长期积淀，形成了南丰重礼教、讲信义的传统，对时人的成长产生重要影响。

南丰自然气候优良。"县内属亚热带季风气候，暖和湿润，雨量充沛，无霜期长，四季分明，农业气候条件优越。"⑤这里土壤肥沃，环境优越，适合百姓居住。人口方面，"康熙二十年（1681）再减至33703人。康熙五十一年清廷规定以五十年的人丁数作为征收丁税的固定丁数，'嗣后滋生人丁，永不加赋'，人口才上升为38884人。雍正五年（1727）江西全省实

---

① （清）柏春修，鲁琪光等纂：《南丰县志》（卷2·疆里），据清同治十年刊本，收入中国方志丛书《华中地方》第827册，成文出版社1989年版，第84页。

② （清）柏春修，鲁琪光等纂：《南丰县志》（卷2·疆里），据清同治十年刊本，收入中国方志丛书《华中地方》第827册，成文出版社1989年版，第119页。

③ （清）柏春修，鲁琪光等纂：《南丰县志》（卷8·风俗），据清同治十年刊本，收入中国方志丛书《华中地方》第827册，成文出版社1989年版，第255—256页。

④ （清）邵子彝修，鲁琪光纂：《同治建昌府志》（卷1·地理·风俗），收入《中国地方志集成》第53辑，《江西府县志辑》，江苏古籍出版社1996年版，第62—63页。

⑤ 夏老长主编：《南丰县志》，中共中央党校出版社1994年版，第51页。

施'摊丁入地'，刺激了人口增长。到乾隆三十六年（1771），南丰人口增至40142 人。"① 这里人多地少，南丰人地矛盾比较尖锐。

清代南丰文化教育水平也较高。这里设有书院，"书院旧在东关外，曰'嘉禾书院'，其移建于城内张家堡，易其名曰'琴城书院'。"② 书院作为培养人才的地方，北宋时期"唐宋八大家"之一的曾巩曾在这里对酒吟诗，挥洒笔墨。清初的谢文洊，博览群书，满腹经纶，著有《大学中庸切己录》，与宋之盛、魏禧并称"江西三山"。在科举方面，"明清两代南丰有进士208 人，举人 507 人，武举 58 人"③，可以说是"精英荟萃"。

刘衡生长在南丰这种温暖适宜、地狭人稠的地理环境中，又是浸润在崇尚学术，民风淳朴的社会风气下，培养出积极进取、热爱百姓、淳朴善良的性格，这为他日后仕途生活奠定了基础。

刘衡家庭乃书香人家，从小受到家庭环境的影响。刘衡祖辈就有仕宦科第人士，据刘衡胞弟刘沄会试履历记载："始祖仁赡，南唐清淮军节度使，殉节，赠太师中书令，谥忠肃。"④ 其后，出于担任官职的需要，祖刘希逊"任宋工曹郎中始迁南丰"⑤，家族成员随后迁至南丰县，在南丰定居生活。从此，刘氏家族在南丰繁衍生息。

经过刘氏先辈刘壎、刘烜、刘万程、刘霓、刘秉亮、刘方俨、刘冠寰、刘鸿、刘吉、刘万秩等人的努力⑥，刘氏家族一直兴旺不衰，虽然经历战乱与时代变迁，但家族生生不息，枝叶硕茂。到了清朝，刘衡高祖刘霈经过10 年寒窗，在康熙乙酉中举人，成功攀蟾折桂，授内阁中书。自此以后，

---

① 夏老长主编：《南丰县志》，中共中央党校出版社 1994 年版，第 65 页。
② （清）柏春修，鲁琪光等纂：《南丰县志》（卷 6·学校），据清同治十年刊本，收入中国方志丛书《华中地方》第 827 册，成文出版社 1989 年版，第 192 页。
③ 中共江西抚州地委宣传部编：《江西 40 年·抚顺地区卷》，江西人民出版社 1989 年版，第 78 页。
④ 顾廷龙主编：《清代朱卷集成》（卷 8），成文出版社 1992 年版，第 185 页。
⑤ 顾廷龙主编：《清代朱卷集成》（卷 8），成文出版社 1992 年版，第 185 页。
⑥ 依据顾廷龙主编：《清代朱卷集成》，成文出版社 1992 年版，第 185—186 页。选择从元朝到明朝时期刘氏家族中较有代表性的人物，他们担任官职，为官公允，为政清廉，他们是刘氏家族中的杰出代表。

经过刘霈等长辈的精心培养，刘氏家族科第不绝，世代封胡遏末。①

刘衡少年受到祖父刘焯的影响。刘焯（1733—1813）②，字律修，号芬浦，一字青渠，乾隆二十六年（1761）辛已科进士，授翰林院编修。担任翰林院编修期间工作出色，后改授河南陈州府西华县知县，他实行保甲法，为民排忧解难，因政绩突出，被长平桥百姓呼为"刘公桥"，受到百姓赞扬。并历任河南太康县、贵州平越府平越县知县，随后迁升云南曲靖府马龙州知州。但刘焯在任职云南曲靖府马龙州知州不久，就于乾隆四十九年（1784）因失察土目跟役脱逃事件被议处③，后"以母老"归隐居家，年80卒于家中。④

从刘焯的生平事迹可分析出他为官经验丰富，熟知仕途之道。刘焯"以母老"归隐居家之际，刘衡年仅9岁，可见，刘衡自少时便在祖父刘焯身边，听从祖父的谆谆教导。吴其濬在《簾舫府君行述》中记载："先曾大

---

① 国家图书馆分馆编：《中华历史人物别传集40》，线装书局2003年版，第372页；顾廷龙主编：《清代朱卷集成》卷8，成文出版社1992年版，第187—188页。刘衡曾祖秉彝，乾隆丙子科乡试举人，拣选知县；叔祖刘炌，乾隆三十四年己丑科进士，历任刑部主事员外郎，浙江布政使，官至刑部右侍郎；祖刘焯，乾隆二十六年辛巳榜二甲，官至云南马龙州知州；刘斯增，道光壬午恩科进士，官至知州；刘斯嵋，嘉庆辛未科进士，翰林院编修，官至山东布政使；刘斯璋，乾隆丙午科举人，官知县。

② 依据秦国经主编《清代官员履历档案全编》（第19册，华东师范大学出版社1997年版，第445页）记载乾隆三十三年（1768）："刘焯，江西建昌府南丰县人，年三十五岁，由乾隆二十六年进士，翰林院编修考试引见。"（清）柏春修，鲁琪光等纂：《南丰县志》（卷26·人物），清同治十年刊本，收入中国方志丛书《华中地方》第827册，成文出版社1989年版，第1232页，记载刘焯"年八十卒"。由此可推算其生卒年。

③ 台湾历史语言研究所：《内阁大库》，"吏部为失察土目跟役脱逃刘焯等交议事"，乾隆四十九年四月，登录号：275354—001。参考庄雅惠《清代地方官的诉讼处理——以知县刘衡为例》，硕士学位论文，台湾成功大学，2012年7月。

④ （清）柏春修，鲁琪光等纂：《南丰县志》（卷26·人物），据清同治十年刊本，收入中国方志丛书《华中地方》第827册，成文出版社1989年版，第1231页。秦国经主编：《清代官员履历档案全编》第2册，华东师范大学出版社1997年版，第32页。（清）孟炤等修，黄祐等纂：《建昌府志》（卷46·人物传），成文出版社2001年版，第535页。顾廷龙主编：《清代朱卷集成》（卷8），成文出版社1992年版，第187页。国家图书馆分馆编：《中华历史人物别传集40》，线装书局2003年版，第372页。

父编修公时惟一孙，极钟爱，顾教督之綦严。"① 刘焯对刘衡不仅关爱，而且教导严厉。刘衡孙刘孚京也记载："大父数为孚京言，编修公官不遂，出典州县，年五十即弃官归。子弟相从问学，多至大官知名者，而督教我曾祖循吏公尤严切。"② 刘衡在祖父的言传身教下收获颇丰，对他个人品格和学术素养产生重要影响。

刘衡父刘斯禧，母甘氏。刘斯禧字介纯，号东旸，贡生。刘斯禧跟随父亲刘焯在任所内读书，喜读《朱子纲目》，他曾经训导子弟"惟忠则厚，惟刻则薄"，希望子弟们忠厚踏实。③ 虽然刘斯禧未进入仕途，但他熟读礼仪之书，对刘衡也产生了重要影响。

刘衡幼年时期，刘斯禧夫妇对刘衡蒙以养正，学习礼仪之书。刘衡曾回忆少年学习情景："本县夙承庭训，自蒙养时即习闻义利之辨。"④ 刘衡在熟读"四书五经"的同时，不忘学习勤俭节约的家风⑤，注重节俭，这使他从小养成勤学节俭的习惯。

刘衡在祖父和父母的殷切教育下，勤于学习，于嘉庆四年（1799）24岁时，"受知邑侯罗山黎襄勤公以县试举，首应府试、院试皆第一，补博士弟子员"⑥。功夫不负有心人，经过一年的不懈努力，嘉庆五年（1800）刘衡"恩科中式本省乡试副榜，考充正白旗，官学教习"⑦。刘衡初步实现梦想，"言志无不愿做好官"⑧。

---

① 国家图书馆分馆编：《中华历史人物别传集 40》，线装书局 2003 年版，第 373 页。

② 《清代诗文集汇编》编纂委员会编：《清代诗文集汇编》（收录（清）刘孚京《南丰刘先生文集》卷 4：《伯父慈民先生六十寿叙》），上海古籍出版社 2010 年版，第 765 页。

③ （清）柏春修，鲁琪光等纂：《南丰县志》（卷 26·人物），据清同治十年刊本，收入中国方志丛书《华中地方》第 827 册，成文出版社 1989 年版，第 1274—1275 页。

④ （清）刘衡：《庸吏庸言·巴县到任自誓告示》，见刘俊文等编《官箴书集成》第 6 册，黄山书社 1997 年版，第 175 页。

⑤ （清）刘衡：《蜀僚问答·理财之道在俭》，见刘俊文等编《官箴书集成》第 6 册，黄山书社 1997 年版，第 154 页。

⑥ 国家图书馆分馆编：《中华历史人物别传集 40》，线装书局 2003 年版，第 373 页。

⑦ 国家图书馆分馆编：《中华历史人物别传集 40》，线装书局 2003 年版，第 373 页。

⑧ （清）刘衡：《庸吏庸言·严禁蠹役札》，见刘俊文等编《官箴书集成》第 6 册，黄山书社 1997 年版，第 183 页。

刘衡的家庭环境对其走上施政惠民的为官道路，以及个人优良品德的形成具有决定性的影响，使刘衡无论生活还是为官，都廉洁自律，勤政爱民。

（二）石钟山房论道

刘衡在京师度过了 8 年的教习生涯，教习生涯使他初步接触到了宦海风波。因铨选期远，刘衡于嘉庆十三年（1808）以县令注籍候铨，从京师归家与家人团聚。刘衡为官经验尚浅，面对"棍蠹害民，辄破民家。自念将来有牧民责，必当有以除之，但不知措手所耳"①。

祖父刘焯对刘衡的宦海生涯充满期待，常以官箴勖勉刘衡，教导刘衡为官之道。刘焯与刘衡等诸子弟论道于城西石钟山房，在那里讨论为政之道、律令和算学。刘孚京在《伯父慈民先生六十寿序》中记载："大父数为孚京言编修公，官不遂出典州县，年五十即弃官归，子弟相从问学，多到大官知名者，而督教我曾祖循吏公尤严切。编修公即世高祖中议公，命循吏公率子弟读书山中。山距城市远，约非有故不得归。平居食不得有肉。父子昆弟终岁讲习不辍，旁及律令算数，无所不讨论。"②刘良驹在《六九轩算书》序中提到："良驹幼时随侍先君读书城西之石钟山房，见先君日居所为六九轩算者，授经之暇，时时布筹为乘除开方诸法，自制铜尺测量，随地立表或制器，及构室开户牖，悉寓句股形数，其笃嗜也如此。良驹鲁钝，虽经先君口讲指划，卒不得要领。洎先君服官粤、蜀，所著算书数种，恒携以自随。晚岁归里养疴，检昔时手稿。"③刘衡在这段时间也曾追随算学大家李潢学习，梅曾亮在《六九轩算书》序言中谈到刘衡"受业于李云门侍郎"④，在他府中学习。刘衡子刘良驹曾说："昔先君学算于李云门侍郎，侍郎以算法名，当时独许先君为可与语，先君亦好之不倦。"⑤证明李潢不仅教导刘衡学

①　（清）刘衡：《蜀僚问答·读律在熟读诉讼断狱两门共四十一条》，见刘俊文等编《官箴书集成》第 6 册，黄山书社 1997 年版，第 149 页。

②　张舜徽：《清人文集别录》，中华书局 1963 年版，第 765 页。

③　顾廷龙主编：《续修四库全书》（第 1046 册，子部·天文算法类），上海古籍出版社 1996 年版，第 577 页。

④　顾廷龙主编：《续修四库全书》（第 1046 册，子部·天文算法类），上海古籍出版社 1996 年版，第 576 页。

⑤　（清）刘衡：《六九轩算书五种》，上海古籍出版社 1996 年版，第 1 页。

习，对刘衡也非常器重。刘衡在李潢门下不仅学习到了算学，也学习到了为人为官处世的道理。

刘衡在《庸吏庸言》序言中也曾谈道："时先大父编修公自云南退居林下，先大夫以岁贡生里居授徒，屡以官箴勖衡曰：'他日毋作孽也。'又尝课衡读律，暨廿四史循吏良能诸列传，旁及昔贤荒政、水利、保甲、弭盗、听讼、理冤狱诸法，曰：'尔师此，他日毋作孽也。'"① 他还在《蜀僚问答》中指出："先大父语予曰：邑先辈李恭毅公抚广东时，其族子为令，问公宜读何书，公曰：律例而外，莫要于《智囊补》。盖州县诚有时不能不用权术也，予谨识之。后承乏广东，见漳浦蓝太守鼎元曾任潮阳县，自述讯断疑难案件，汇为一帙，曰：《鹿洲公案》，又名《益智新书》。抉奸摘伏，具有妙用。予于书肆中购得《蓝公全集》，《益智新书》即在全集内。不时披览，颇能触发心灵。"② 由此可见，刘焯仕途经验丰富，他以身作则，严格要求刘衡，对刘衡督促学习。刘衡一面认真研读"四书五经"和正史循吏列传等，向先辈学习治国平天下之道；一面学习刑名等为官的权术，为仕途做准备。

石钟山房论道使刘衡受益匪浅，除了祖父刘焯的教导外，刘衡还广泛阅读其他书籍，他在《庸吏庸言》提到："家故藏书，辄搜取古今人总集、别集之语，近吏治者泛览而涉猎之，虽小说家未尝不寓目焉。"③ 刘衡也读关于吏治的书籍，他在《蜀僚问答》中谈道："如前明吕新吾先生《实政篇》、国朝陈文恭公《从政遗规》，及黄给谏六鸿《福惠全书》、常熟杨比部景仁《筹济编》、萧山汪龙庄先生辉祖《学治臆说》《佐治药言》两种，以上各书，俱切要治谱。"④

石钟山房论道不仅使刘衡学习到了刑名之权术，也强化了算学的学习。

---

① （清）刘衡：《庸吏庸言·自序》，见刘俊文等编《官箴书集成》第 6 册，黄山书社 1997 年版，第 174 页。

② （清）刘衡：《蜀僚问答·律例而外尚有应读之书》，见刘俊文等编《官箴书集成》第 6 册，黄山书社 1997 年版，第 156 页。

③ （清）刘衡：《庸吏庸言·自序》，见刘俊文等编《官箴书集成》第 6 册，黄山书社 1997 年版，第 174 页。

④ （清）刘衡：《蜀僚问答·律例而外尚有应读之书》，见刘俊文等编《官箴书集成》第 6 册，黄山书社 1997 年版，第 155—156 页。

刘衡在这段时间也撰写《六九轩算书》，算学加强了他对后来土地丈量、田赋征收等的准确性。刘衡以县令注籍候铨在家期间，加强了仕途为官的能力，为日后为官广东奠定了基础。

（三）初任县官阶段

清代州县官中，县官是最低层次的地方长官，然而他们却对维护国家统治起到了巨大的推动作用，县官直接处理百姓们的日常事务，是直接与百姓接触的亲民官。刘衡于嘉庆十八年（1813）签分广东，署四会县知县，他在这里开启了仕途生涯。嘉庆二十二年（1817）十月，刘衡调署博罗县知县，博罗县吏役扰民严重，事务比较繁忙。在博罗县任职一年后，于嘉庆二十三年（1818）题补为新兴县知县。[①] 在新兴县任职不久，刘衡父亲刘斯禧于嘉庆二十四年（1819）卒[②]，刘衡辞官归家丁忧，结束了广东为官的生活。

刘衡的政绩分几个方面。

1. 加强治安管理

刘衡上任伊始，首先维护社会治安。四会县地处肇庆府东北方向，这里土地贫瘠，社会管理混乱，盗贼众多。刘衡指出："四会邻清远，地多山，盗薮也。"[③] 到任不久，广东巡抚蒋攸铦即把刘衡委任为巡河官，处理兵役与盗贼相通事件。刘衡"日夜坐卧船中，督卒役操楫，往来备尝劳苦，乃至粗粝与共，所部肃然"[④]。刘衡身体力行督促兵役，兵役受刘衡事必躬亲做法的感染，对刘衡肃然起敬。刘衡以此解决了兵役与盗贼的串通问题。

四会县实行保甲也非常混乱，"各属奉行保甲，绝少稽查之实，徒滋科派之烦，是以该处绅士齐民，视保甲为畏途，求免入册，其入册者，相率减漏户口。推原其故，良由地方官疲于案牍，不能不假手书差，而一切工料、饭食、夫马之赀，无不费用。大约书役取给于约保，约保购之甲长，甲长索

---

① 国家图书馆分馆编：《中华历史人物别传集40》，线装书局2003年版，第356页。

② 国家图书馆分馆编：《中华历史人物别传集40》，线装书局2003年版，第387页。

③ （清）刘衡：《庸吏庸言·团练章程》，见刘俊文等编《官箴书集成》第6册，黄山书社1997年版，第221页。

④ 国家图书馆分馆编：《中华历史人物别传集40》，线装书局2003年版，第374页。

之牌头，牌头则敛之花户，层层索费，在在需钱。而清册门牌，任意填写，以致村多漏户，户有漏丁，徒费民财，竟成废纸，此外省办理不善之由，大率类此"①。刘衡就在四会认真实行保甲章程，严格约束差役，缉查匪徒，产生了良好效果。刘衡在《庸吏庸言》记述道："犹记嘉庆十九年冬，邻邑广宁之回龙墟被贼焚劫四十八户，其地与四会之田东村衡宇相望，中闻略无山水阻隔，顾卒无一匪敢犯我田东者。"② 使得盗贼不敢入其境内，维护了县内治安。

刘衡认真加强地方的治安管理，防止盗贼，实施保甲，对地方治安认真负责，维护了一方安宁，深得民心，治安成效显著。

2. 预防吏役扰民

面对吏役扰民，刘衡严厉打击。博罗县多人命案件，乡蠹勾结门丁、差役，沆瀣一气，每遇到命案就百般勒索周围百姓钱财。刘衡贴出告示，查验命案时规定"自备夫马饭食，少带人役，以全民命事"③，只带五六个自己信任的差役，亲自到场结案，不假手书役，不需百姓一钱，随到随结案件。刘衡的做法使百姓明白案件的处理流程，使棍蠹不能欺诈百姓，减少吏役勒索百姓钱财的事件。

在《簾舫府君行述》中就有这样的记载："博罗县梅潭村某姓家资累巨万，群婢联袂戏池畔，失足相牵连以死者七人。郡邑吏奇货居之，欲坐以故杀，使蔓其狱。府君一讯得实，即具以□府，至于按覆三、四莫能夺其家，卒赖以保全。"④ 吏役意图借命案来勒索家主，刘衡得知消息，便认真审讯案件，即时上报于府，才预防了吏役扰民，保全了家主，使其免破家之灾。

另外，刘衡不用门丁⑤，防止门丁与吏役串通，并且贴出鸣锣条款告

---

① （清）刘衡：《庸吏庸言·禀呈编联保甲章程兼行团练由》，见刘俊文等编《官箴书集成》第 6 册，黄山书社 1997 年版，第 213 页。

② （清）刘衡：《庸吏庸言·团练章程》，见刘俊文等编《官箴书集成》第 6 册，黄山书社 1997 年版，第 221 页。

③ （清）刘衡：《庸吏庸言·相验遵例札》，见刘俊文等编《官箴书集成》第 6 册，黄山书社 1997 年版，第 187 页。

④ 国家图书馆分馆编：《中华历史人物别传集 40》，线装书局 2003 年版，第 374 页。

⑤ 参见国家图书馆分馆编《中华历史人物别传集 40》，线装书局 2003 年版，第 374 页。

示①，百姓可以直接鸣锣而不必呈禀，不用经过书役直接申冤，以此预防吏役扰民。

3. 兴教化

刘衡非常注重地方教化，以"化民成俗"，提高人民的道德素养。刘衡到任之初即召集"诸生诣明伦堂宣讲《四书》，并训以立身行己大节"②，通过宣讲和训诫的方式，宣扬统治阶级的德政，使百姓明教化，移风俗。刘衡对狱囚也进行教化，"必亲诣狱中，审其衣食，察其疾病，叮嘱狱卒毋得私刑拷索。天寒给絮衣，逐一验其厚薄。曰：彼虽罪难逭，亦教化不行之故。犹吾赤子也，身既被桎梏，忍又重之饥寒乎？"③足以见得刘衡对兴教化的用心良苦。刘衡希望通过以身示范践行教化，使百姓效法，以达到对百姓教育的作用。

刘衡认为地方耆老绅士有教化导民的作用。刘衡重视地方耆老绅士的作用，他认为："所赖读书明理之人居处同乡，见闻较切，平时则一动一言，无非矩矱，遇事则排难解纷，动之以人情，晓之以国法。百姓虽愚，见体面人如此恳恳勤勤，自然弱者感化，强者畏服。"④这些耆老绅士有以身示范的作用，可以感化当地百姓，使当地百姓遵守规矩，减少了乡里之间许多琐碎事端，加强了政府的管理。如当时刘衡在四会县为官时和著名文人吴一鸣交往甚密，光绪《四会县志》记载："吴一鸣，字廷谔……文名藉甚，远近从之游者，岁多至百数十人……生平无疾言遽色而人畏服之。与隶或角口，闻一鸣至辄止。性方正，署县刘衡素重之，谳狱或来相谘决。"⑤

刘衡为官广东是其仕途生活的初期阶段，父亲刘斯禧曾经写"毋作孽"

---

① 参见（清）刘衡《庸吏庸言·鸣锣条款》，见刘俊文等编《官箴书集成》第6册，黄山书社1997年版，第177页。

② （清）刘衡：《自治官书不分卷》，见刘俊文等编《官箴书集成》第6册，黄山书社1997年版，第69页。

③ 国家图书馆分馆编：《中华历史人物别传集40》，线装书局2003年版，第357页。

④ （清）刘衡：《庸吏庸言·劝谕生监敦品善俗以襄教化告示》，见刘俊文等编《官箴书集成》第6册，黄山书社1997年版，第201页。

⑤ （清）陈志哲、刘德恒修，吴大猷纂：《光绪四会县志》，上海书店出版社2003年版，第446页。

三字寄给刘衡，希望他时刻提醒自己，不要做丧尽天良的事情。[①] 刘衡也谨记教诲，勤奋办公，加强治安管理，预防棍蠹扰民，注重百姓教化等，努力做好官员职责。但刘衡觉得自己初涉官场，“律未熟，未得要领，苦无胆力。是以在一粤七年三任，自愧有忝厥官”[②]。由此，刘衡希望继续学习来提高自己，志愿做一位好官。

二、归家及游幕

（一）归家

嘉庆二十四年（1819）冬，刘衡父亲刘斯禧卒于家中，父亲逝世的消息传到新兴县，刘衡悲痛欲绝，辞官归家丁忧。《簾舫府君行述》记述道：“己卯冬，奔先大父丧，率诸叔暨不孝等连榻一室，夜中必闻府君悲咽声，自是每陟一官，或遇庆乐事，未尝不嘘唏，终日至于泣下。”[③] 归家丁忧的日子里，刘衡终日以泪洗面，守在父亲的陵墓前，以报养育恩情。

在归家的这段时间，刘衡静下心来总结自己为官广东的不足，认为自己对律例不熟悉[④]，由此，刘衡利用这段时间抓紧学习律学。刘衡在学习律学的同时也不忘教育自己的弟弟和孩子们，希望他们成长成才。后来，刘衡的弟弟和儿子也不负众望，弟弟刘沄和子刘良驹于道光己丑（1829）同中进士[⑤]，走上了仕途生涯。他们在为官道路上也效仿刘衡讲仁爱、重民本和为百姓服务的作风，造福了一方百姓。

（二）游幕学习

嘉庆二十五年（1820），刘衡叔父刘斯嵋任陕西西安知府，因官务冗

---

① 参见（清）柏春修，鲁琪光等纂《南丰县志》（卷 26 · 人物），据清同治十年刊本，收入中国方志丛书《华中地方》第 827 册，成文出版社 1989 年版，第 1275 页。

② （清）刘衡：《蜀僚问答 · 读律在熟读诉讼断狱两门共四十一条》，见刘俊文等编《官箴书集成》第 6 册，黄山书社 1997 年版，第 149 页。

③ 国家图书馆分馆编：《中华历史人物别传集 40》，线装书局 2003 年版，第 380 页。

④ 参见（清）刘衡《蜀僚问答 · 读律在熟读诉讼断狱两门共四十一条》，见刘俊文等编《官箴书集成》第 6 册，黄山书社 1997 年版，第 149 页。

⑤ 参见（清）柏春修，鲁琪光等纂《南丰县志》（卷 27 · 人物），据清同治十年刊本，收入中国方志丛书《华中地方》第 827 册，成文出版社 1989 年版，第 1293—1294 页。

杂，案牍积山，刘斯嵋苦于公务。次年，刘斯嵋将刘衡召入西安幕中，协助他处理事务。

刘衡生怕公务处理不当，有负嘱托，因此更加认真细心地研读律例，加深对法律的理解。刘衡曾记述道："凡八阅，月方得微窥圣人制律之深意。"① 刘衡多次阅读之后才稍微理解律例的深意，他"辄随读分类录之，间缀以小注数语，录竟得三种：一曰'理讼撮要'，一曰'通用加减罪例'，一曰'祥刑随笔'，乃汇录为一帙"②。刘衡一边研读律例，一边把自己的心得体会记录下来，交给叔父过目。叔父认为"此若年来心得者，可存也"③。刘衡的心得记录得到叔父的认可，非常高兴，就自取名为《读律心得》，放置案牍，随时查看浏览。这本《读律心得》后来出版，影响越来越广，成为后世研究律学的重要著作。刘衡子刘良驹在此书跋文中提到："忆良驹己丑馆选后，乞假省觐蜀中时，家大人调守成都，良驹趋庭之余，见家大人出堂皇决事，辄手是编，置案上时用循览，或呼从隶举示，两造咸听命，有因事罢争者。良驹手录一帙携至京师，戚友、铨授外吏者竟向假钞，匆遽中传写多讹。从父叙将试令山西，尤读而好之，谓此编实学治津梁，属速以付梓。"④ 由此可看出，刘衡这本《读律心得》不仅成为他办公和断案的依据，案头必览之书，也得到当时许多官员的赞赏和喜爱。

刘衡在游幕阶段也关注助贫赈灾一事。刘衡在幕府佐任时期，西安一带流行瘟疫，民生凋敝，哀鸿遍野，刘衡积极辅佐叔父赈灾，办理济贫事宜。刘衡叔父刘斯嵋因办理出色，得到陕西巡抚朱勋的赞扬，在道光元年的奏文中提到："奏上年西安一带瘟疫盛行……臣于起身赴甘时即通饬该地方官一体查办，惟西安府知府刘斯嵋督率所属办理最为认真，并将素日之鳏寡

---

① （清）刘衡：《蜀僚问答·读律在熟读诉讼断狱两门共四十一条》，见刘俊文等编《官箴书集成》第 6 册，黄山书社 1997 年版，第 149 页。

② （清）刘衡：《蜀僚问答·读律在熟读诉讼断狱两门共四十一条》，见刘俊文等编《官箴书集成》第 6 册，黄山书社 1997 年版，第 149 页。

③ （清）刘衡：《蜀僚问答·读律在熟读诉讼断狱两门共四十一条》，见刘俊文等编《官箴书集成》第 6 册，黄山书社 1997 年版，第 149 页。

④ （清）刘衡：《读律心得·卷三·跋》，见刘俊文等编《官箴书集成》第 6 册，黄山书社 1997 年版，第 171 页。

孤独一体查办，据禀。此次穷民除有亲戚本家可以依靠者，俱劝令收留养赡外，其实在赤贫无依者，每州县自数十名至百余名不等，均于附近村庄好善乐施之家劝令量捐周□，每名每月散给口粮二、三、四斗不等，即由各该处公正绅耆经理，并不假手胥役，民皆乐从。"① 在此项工作中，想必刘衡作为幕友也参与其中，从中学习到了办理方式，为以后办理赈灾救济事宜打下基础。

三、为官蜀地

归家及游幕阶段，刘衡不仅增长了律例知识和提升了处理政务的能力，而且学到了赈灾救济的方法。刘衡经过这段时间的学习，对于地方事务的处理更加得心应手，也更能为民兴利除弊，使地方政通人和。

（一）起复垫江

道光三年（1823），刘衡起复，选四川垫江知县，继续仕途生涯。刘衡首先询问当地风俗及民众疾苦，解决吏役扰民事件。

垫江的诉讼案件较多，刘衡雷厉风行，严厉查办。《簾舫府君行述》载："（李惺）诸公又为言属吏某横甚，及抵任，将捕刻致之法，某引谢终。"② 刘衡对枉法者严厉惩治，减少吏役犯罪的机会。刘衡对诉讼案件，严格管制差票传唤，一票一差，限制往返期限，杜绝差役索钱财，从中作梗。刘衡审理案件，"放告收呈，或准或驳，概系当堂、当时批明榜示。其已准者，如具呈时两造俱到，卑职谕令等候片时，俟批呈毕，本日即为讯结，此毋庸差唤者也"③。他采用当堂结案的方法，减少了棍蠹从中串通、沆瀣一气，保证了案件的公平公正。

劝谕百姓切勿轻生。在垫江"愚夫愚妇，往往因亲邻些小事故遽尔寻死，或吊颈，或投水，一念之差，片时毕命"④，因一些小事就去轻生。不少

---

① 台湾历史语言研究所：《内阁大库》，吏部为查办西安瘟疫事，道光二年三月十四日，登录号：204650—001。

② 国家图书馆分馆编：《中华历史人物别传集 40》，线装书局 2003 年版，第 375 页。

③ （清）刘衡：《庸吏庸言·严束书役革除蠹弊禀》，见刘俊文等编《官箴书集成》第 6 册，黄山书社 1997 年版，第 180 页。

④ （清）刘衡：《庸吏庸言·劝民切勿轻生告示》，见刘俊文等编《官箴书集成》第 6 册，黄山书社 1997 年版，第 191 页。

人怀有"只拼了一条命，便可以害他受罪，至少也叫他破财"① 的"以死图赖"心理。面对垫江县轻生风气，刘衡劝谕百姓切勿轻生，希望百姓"要忍气，能忍气便是有福的人，自后你心里但有气忿不甘的事，只要忍耐半个时辰，投人讲理，要紧紧记得本府的话，切不可寻死轻生"②。百姓有冤情禀告刘衡，刘衡认真处理，减少了轻生事件发生。③

以德化匪。刘衡对盗匪采取感化劝导的方式，使盗匪改邪归正。刘衡认为盗匪多是饥寒交迫所致，若抓获初犯者，"给资使自谋生，再犯不宥，匪辄感泣改行"④。刘衡通过这种以德化匪的方式感化了许多盗匪，盗匪改邪归正，使垫江县和平安定。

除此之外，刘衡还捐廉资助书院，建立乡学，推崇文教，救助鳏寡孤独等事项。刘衡以民为本的做法得到了百姓赞扬，百姓对他万分感激，等刘衡升迁离任之际，送者数千人，沿途 50 里不断。⑤

(二) 调任梁山

刘衡于道光四年（1824）七月调任梁山县知县。梁山县四周环山，离水道远，刘衡依据地势，捐廉修筑塘堰，绵延数十里，百姓通过塘堰蓄水灌溉，解决了缺水问题，农作物得到丰收。

劝民崇俭。梁山县存在竞尚奢华的风气。面对奢靡之风，刘衡首先指出竞尚奢华的诸多弊端，"一念之侈肆，中人之产不数载而荡然，或及身而堕入邪途，或子孙而流为饿殍，身家既丧，廉耻亦亡，其祸不可胜言"⑥。其次，刘衡自己力行节俭，为民树立榜样，他"除公服外，一切袍衫悉用布

---

① （清）刘衡：《庸吏庸言·劝民切勿轻生告示》，见刘俊文等编《官箴书集成》第 6 册，黄山书社 1997 年版，第 191 页。

② （清）刘衡：《庸吏庸言·劝民切勿轻生告示》，见刘俊文等编《官箴书集成》第 6 册，黄山书社 1997 年版，第 191 页。

③ 参见国家图书馆分馆编：《中华历史人物别传集 40》，线装书局 2003 年版，第 375 页。

④ 赵尔巽等：《清史稿》卷 478《循吏三·刘衡列传》，中华书局 1977 年版，第 13056 页。

⑤ 参见国家图书馆分馆编《中华历史人物别传集 40》，线装书局 2003 年版，第 366—367 页。

⑥ （清）刘衡：《庸吏庸言·劝民崇俭告示》，见刘俊文等编《官箴书集成》第 6 册，黄山书社 1997 年版，第 202 页。

茧，早晚两饭菜腐为多，寻常不敢御肉，禁止饮酒，宴客不过五簋"①，以此鼓励百姓崇尚节俭。此外，刘衡还贴出告示，开列五条崇俭的做法："筵宴不许过五碗，不许用品碗""服饰除绅士、生监外，一切无顶戴之人，只许穿布，不许穿绸缎""丧礼除祭品外，一切吊客、执事人役饮食，概用素菜，不许饮酒食肉，设宴不许作乐，不许发孝布""妇女不许烧香入庙，不许拜寄乾亲""不许买食鸦片烟"②。劝诫百姓去恶从善，养成节俭的美德，使社会崇俭的风俗得以传播。

运用以民捕盗的措施强化治安。刘衡认为："民苦贼之害，故除之惟恐不尽。则与其使捕，捕贼似不如听民捕贼，且许其送贼，贼知民之可以捕而送之也，必内自危，相率裹足矣。"③百姓深受贼盗祸害，必然拼尽全力抓贼，通过这种方式使盗贼感到恐惧害怕，以此减少盗窃案件。在强化治安捕盗过程中，刘衡为防止盗贼诬陷百姓，规定三条措施："一曰官为速理，勿听丁役阻送人、索送费；一曰勿听贼反噬；一曰勿苛求捕者过失。"④以此增强百姓捕盗的信心。刘衡还开列送匪章程："城乡各栈房、饭店、腰店，设立循环号簿，注明来踪去迹，一月一换，以便稽查。如敢容留啯匪、贼匪住宿，及卖给饭食者，该约保将该犯捆送到县，鸣锣喊禀，不必具呈。若容隐不举，别经发觉，治以窝匪之罪。各保甲内，遇有外来年壮恶丐，恃众强讨，毋论老幼男妇，准其各执木片、竹枝并力驱逐。丐等如敢撒赖，准其扭送，鸣锣喊禀，不必具呈，立予审究……"⑤严厉打击盗匪。刘衡通过这些使民捕盗的措施，使梁山盗窃的风气渐渐平息。

---

① （清）刘衡：《庸吏庸言·劝民崇俭告示》，见刘俊文等编《官箴书集成》第6册，黄山书社1997年版，第202页。

② （清）刘衡：《庸吏庸言·劝民崇俭告示》，见刘俊文等编《官箴书集成》第6册，黄山书社1997年版，第202页。

③ （清）刘衡：《庸吏庸言·以民捕盗禀》，见刘俊文等编《官箴书集成》第6册，黄山书社1997年版，第204页。

④ （清）刘衡：《庸吏庸言·以民捕盗禀》，见刘俊文等编《官箴书集成》第6册，黄山书社1997年版，第204页。

⑤ （清）刘衡：《庸吏庸言·以民捕盗禀》，见刘俊文等编《官箴书集成》第6册，黄山书社1997年版，第205页。

另外，刘衡还在梁山县酌拨义田租谷收养孤贫，新建养济院对鳏寡孤独进行救助，陈力就列，廉洁奉公。刘衡到任梁山的时间虽然不久，但他鞠躬尽瘁，以民为本，为梁山县的百姓贡献了一分力量。

（三）展才巴县

刘衡在梁山县任职不久，因政绩突出，于道光五年（1825）六月调任巴县知县，属于冲繁难的要缺。①

巴县诉讼案件繁多，导致吏役舞弊现象严重，刘衡精简机构，裁汰冗员，"倚食县署者，白役至七千余人。自衡莅事，役无所得食，散为民，存十余人，备使令而已"②。刘衡遣散了许多游手好闲的吏役，留下了遵纪守法的吏役，减少吏役舞弊现象。在处理诉讼案件上，刘衡一丝不苟，准确决断。《清史列传》记述道："初受任时，积牍数千，洎卸篆，仅遗某举人请咨一案，移交后令而已。"③说明刘衡运用自己审理案件的方法对诉讼案件严格审理，使诉讼案件进一步减少。《清代乾嘉道巴县档案选编》记载有道光五年刘衡断案的例子：

> 嘉庆二十年，生等天赐场在前任刘主请有禁止宰杀赌博、窝匪等事告示，刊立石碑，历年宁静无异。去冬遭有案恶痞陈正怀在场开设站房，招留无聊流痞宰杀耕牛，日夜摇骰赌博。蚁等知觉，屡次理劝，恶仗痞势口应心违。胆于今正初二夜，率流痞将场内石碑打毁抛掷。

---

① 参见清华大学图书馆、科技史暨古文献研究所编《清代缙绅录集成》第 7 册，大象出版社 2008 年版，第 478 页。关于冲繁难的要缺，根据清高宗敕撰《清朝文献通考》选举中记载："（顺治）十二年……谕旨……历代州县之制，自汉以来，皆以人户分大小。隋有闲剧冲要之等，唐有赤畿望紧之差，明时因之，酌为繁简，定有成例，随才器使，各尽其用。著吏部详察旧例，参酌时宜，将地方分为三等，具疏奏夺。应选官员，考其身、言、书、判，精加拣择，亦各三等具奏。上等者列名引见，候朕面定，方将上等之缺从公掣签。其考居二等者授二等地方，三等者授三等地方，不必引见，俱从公掣签，务使州县各官人地相称……世祖章皇帝特令上等之缺列名引见恭候，钦定由是列圣相承。凡郡守牧令之选，奏名廷陛无不引见之官员，各省府州县定为冲繁疲难等缺，有四字相兼者，有三子者，有二字、一字者。"得出冲繁难的要缺是一个任务繁重的职位。

② 王钟翰点校：《清史列传》卷 76《循吏传三·刘衡》，中华书局 1987 年版，第 6257 页。

③ 王钟翰点校：《清史列传》卷 76《循吏传三·刘衡》，中华书局 1987 年版，第 6257 页。

生等查知向问，不惟坐视不耳，反敢宰杀耕牛，在场诓卖。至初六日，大设赌场，招聚多人，摇宝打牌，肆闹不堪。生等有地邻场约之责，拿伊赌具并所宰牛皮等件，正怀不由分说，喝陈长发、冯大五等将蚁刘大顺朋欧受伤，又幸杨兴盛等拖救。如此恶癀扰害，地方不宁。是以将赌具、牛皮缴案，协恳仁宪赏准差拘讯究法惩，除癀安良。①

此外，刘衡还在巴县推行保甲法，进行人口整顿、修学校、立义学等。

刘衡清廉公正、为民申冤的作风得到四川总督戴三锡的认可，戴三锡大计考评给予刘衡"公勤"，刘衡擢升绵州知州，并得到皇帝的接见②。足以见得刘衡为官蜀地功绩突出。

纵观刘衡为官蜀地，他严格管控吏役，打击盗匪，赈灾救济，政绩突出，造福了一方百姓。刘衡在办理好公务的同时，也不忘清正廉洁，率己为正，提倡节俭，偃武兴文。他的这些做法得到百姓的支持和上级官员的赞赏，也得到统治者的肯定，仕途道路继续升迁。

（四）落叶归根

刘衡在蜀地任知县，廉政爱民，政绩突出，得到了皇帝赏识。刘衡于道光七年（1827）十月升任成都遗缺知府，补保宁府，兼署川北道。旋即，刘衡凭"卓异"奉旨进京，接受皇帝召见。道光帝对刘衡的功绩充分肯定，谕曰："汝是戴三锡保的，戴三锡办事结实，所保不错。训以'公勤'二字，反复推阐百余言。"③刘衡在得到皇帝赞赏后，随即升绵州直隶州知州，处理绵州行政事务。

道光八年（1828），刘衡升任保宁府知府，刘衡任职期间兢兢业业，掌一府政令，下辖阆中、苍溪、南部、广元、昭化、巴州、通江、南江、剑州二州七县，负责宣布国家政令，审决讼案，征收赋税，考核属吏，治理百姓等事项。

---

① 四川省档案馆、四川大学历史系主编：《清代乾嘉道巴县档案选编》（下），四川大学出版社 1996 年版，第 352 页。

② 参见国家图书馆分馆编《中华历史人物别传集 40》，线装书局 2003 年版，第 378 页。

③ 国家图书馆分馆编：《中华历史人物别传集 40》，线装书局 2003 年版，第 378 页。

　　刘衡于道光九年（1829）调成都府，兼署成绵龙茂道。是年，刘衡弟弟刘沄与子刘良驹同中进士[1]，刘衡为此感到高兴。

　　道光十年（1830），刘衡擢河南开归陈许兵备河务道。在赴任途中，其配偶赵氏因惊得疾。刘衡此次任职，勤勤恳恳，惟恐出差错。《簾舫府君行述》中有云："府君益惶悚……每以生性戆直，万一事有不可不能随俗。"[2]道光十一年（1831），刘衡因病乞休，皇上特旨给假两月。是年七月，因病未能痊愈，刘衡辞官，携妻回乡养疾。道光二十一年（1841），刘衡卒，享寿六十有七。

　　刘衡去世后，葬于南丰七都下源堡。吴其濬为其作行状，记录刘衡的生平事迹。

　　四川学政杨秉璋上疏陈述刘衡循绩，并呈遗书，穆宗谕曰："刘衡历任广东、四川守令，所至循声卓著。去官四十余年，至今民间称道弗衰。所著《庸吏庸言》《蜀僚问答》《读律心得》等书，尤为洞悉闾阎休戚，于兴利除弊之道，筹画详备，洵无愧循良之吏。将历任政绩宣付史馆，编入《循吏传》，以资观感。"[3]后世所编撰的《清史稿》《名宦录》《清代先正事略》《清代朴学大师列传》《清史列传》等，都有刘衡的专传。

　　刘衡的勤奋努力与突出成就，为他赢得了生前与身后的美名。此后，四川垫江、梁山、巴县及广东博罗县均请刘衡入祀名宦祠。[4]刘衡入祀名宦祠后，香火不断，后世对他纪念有加。

　　四、良师益友

　　刘衡为人谦和，乐于交际，师友众多，兹对刘衡的主要师友略作考查。

　　（一）李潢

　　李潢（1746—1811），字又瑛，号云门，湖北钟祥人。乾隆辛卯

---

[1]　参见朱保炯、谢沛霖编《明清进士题名碑录索引》，上海古籍出版社 1980 年版，第 2786—2787 页。

[2]　国家图书馆分馆编：《中华历史人物别传集 40》，线装书局 2003 年版，第 378 页。

[3]　赵尔巽等：《清史稿》，吉林人民出版社 1998 年版，第 9943 页。

[4]　参见王钟翰点校《清史列传》卷 76《循吏传三·刘衡》，中华书局 1987 年版，第 6258 页。

（1771）进士，授翰林编修。后升任至内阁学士兼礼部侍郎、兵部右侍郎等。李潢博学多才，精于算学、天文学和音律学。著有《九章算术细草图说》《海岛算经细草图说》《辑古算经考注》等。

　　刘衡曾受业于李潢门下，追随李氏学习。梅曾亮在《六九轩算书》序言中谈到刘衡"受业于李云门侍郎"①。刘衡子刘良驹曾说："昔先君学算于李云门侍郎，侍郎以算法名，当时独许先君为可与语，先君亦好之不倦。"刘衡聪明睿智，得到李潢的赏识。《清儒学案》中记载："《缉古算经考注》，先生以稿授弟子刘衡。"② 可以看出李潢肯定刘衡的学识，对刘衡充满信任。李潢思想也非常开阔，他不仅在算学方面造诣甚高，为官方面也获得朝廷的赞扬。刘衡追随李潢学习的这段时间，开阔了视野，加强了对知识的追求，为以后学习打下了坚实基础。

　　李潢不仅知识渊博，为官清廉自律，在当时声望崇高。刘衡作为李潢的弟子，不仅从李潢身上学到了算学知识，为他出版《六九轩算书》起到推动作用，也从他身上学到了走向仕途的哲理。

　　（二）赵敬襄

　　赵敬襄（1756—1828），幼字瑞星，后改为司万，一字随轩，号竹冈，江西奉新人。嘉庆四年（1799）以第三名登第，授翰林院庶吉士，改吏部主事，文选司行走。曾在江西南平、琴台、岐峰，广东端溪、丰山等书院讲席，门生众多，闻达者甚众。③ 著有《赵太史竹冈斋九种》。

　　赵敬襄主讲南丰琴台书院时，就深知刘衡为人，并对刘衡的算学著作非常熟悉。赵敬襄曾提及："去年至南丰，遇刘公钝生，相得甚，无所不谈，顾未及算法。今年遇廉舫明府于端州，于钝生为从昆之子，始知其与钝生皆好此事。"④ 刘衡之子刘良驹曾谈道："曩先君在时，惟奉新赵竹冈前辈主

---

① 顾廷龙主编：《续修四库全书》（第 1046 册，子部·天文算法类），上海古籍出版社 1996 年版，第 576 页。

② （清）徐世昌等编著：《清儒学案》第 4 册，中华书局 2008 年版，第 4001 页。

③ 参见季啸风主编《中国书院辞典》，浙江教育出版社 1996 年版，第 483 页。

④ 顾廷龙主编：《续修四库全书》（第 1046 册，子部·天文算法类），上海古籍出版社 1996 年版，第 575 页。

讲吾邑，深契先君算学，为序其书。"① 文中"钝生"指刘良驹，这段材料指出赵敬襄与刘衡、刘良驹交往颇深，赵敬襄对刘衡的算学非常了解。嘉庆二十一年（1816），赵敬襄乘船至端州，适逢刘衡署四会县知县，赵敬襄与刘衡开始交往。

从赵敬襄为刘衡《六九轩算书》作序可以看出，赵敬襄与刘衡在思想、学术活动、读书著述等方面，颇有共鸣之处，二人亦师亦友，相交甚密。

（三）郭尚先

郭尚先（1785—1832），字元开，号兰石，福建莆田人。嘉庆十四年（1809）进士，历任国史馆纂修、文渊阁校理、四川学政、左赞善、光禄寺卿等。郭尚先工书法，康有为称其"风流扇荡，名重一时"②。他又善绘画，除山水之外，尤善兰、竹。郭尚先著述颇丰，有《芳坚馆印存》《进奉文》《经筵讲义》《增默庵文集》《增默庵诗集》《芳坚馆题跋》《使蜀日记》等。

郭尚先在《庸吏庸言》序文中提及："予以己卯使粤，时连舫先生官于粤，当道多言其贤，余亟欲一见。同使者吴瀹齐殿撰，曾受业先生之门，先生来试院，而余适他往，遂不获见。前岁，余奉关防来蜀，先生为阆守，私幸当得一见，以罄积悃。及予至阆，先生已移守成都，意予还成都时当得数数相见。及余归自建昌，先生已擢开归道，仅得再晤。"③ 郭尚先在广东时就听说刘衡的贤良美名，只因错过时间，未能相见。道光九年（1829），刘衡为官成都，适逢郭尚先奉命提督四川学政，二人才有幸见面，互有来往。郭尚先非常敬重刘衡的品行和学识，他曾回忆道："先生濒行，出自治官书一卷示余，于闾阎之休戚、风土之利弊，筹划详备，若秦越人治病洞见垣一方，是以药剂应手必效，而先生未尝以是为足。余于是知先生之所以自期者远也。"④ "令

① 顾廷龙主编：《续修四库全书》（第1046册，子部·天文算法类），上海古籍出版社1996年版，第578页。

② 康有为：《广艺舟双楫》，见上海书画出版社、华东师范大学古籍整理研究室选编、校点《历代书法论文选》，上海书画出版社1979年版，第863页。

③ （清）刘衡：《庸吏庸言·原序》，见刘俊文等编《官箴书集成》第6册，黄山书社1997年版，第173页。

④ （清）刘衡：《庸吏庸言·原序》，见刘俊文等编《官箴书集成》第6册，黄山书社1997年版，第173页。

嗣成进士为名翰林，则天鉴先生之诚，而为循良之报者，亦云厚矣。而先生顾谦甚，曰是庸言也。噫，唯其庸也，所以不可易也夫。"①

从郭尚先为刘衡《庸吏庸言》作序文可以看出，刘衡与郭尚先交往颇深，郭尚先非常敬重刘衡的为人为官，对其书《庸吏庸言》大加赞赏，刘衡对郭尚先也非常敬重。

（四）吴嘉宾

吴嘉宾（1803—1864），字子序，号寿椿，江西南丰人。道光二年（1822）中副贡，入京师。道光十八年（1838）中进士，选翰林庶吉士，授翰林院编修。后因功升内阁中书，加侍读衔。吴嘉宾与曾国藩为同榜进士，二人交往颇深。吴嘉宾文笔俊爽，著述颇丰，著有《求自得之室文钞》《尚絅庐诗存》《丧服会通说》《周易说》《书说》《诗说》《诸经说》等。吴嘉宾去世后，他个人被编入《清史列传》中。

吴嘉宾在《庸吏庸言》序文中提及他曾做过刘衡的幕僚，深知刘衡清廉自律、务实严谨的为官作风。吴嘉宾在《求自得之室文钞》记载："公（刘衡）子弟皆贵显，余既生同邑，又与公子良驹今官给谏者为姻戚，故尤深知公之为人。"②吴嘉宾不仅为刘衡幕僚，而且与之为姻戚，二人交往颇深。吴嘉宾还为刘衡的《庸吏庸言》《读律心得》作序文，可以看出刘衡对吴嘉宾非常信任。刘衡还在《庸吏余谈》自序中谈道："幕宾山阴吴君寿椿，以法家言世其家者，诚笃君子也，相知最深，相处亦最久，辄检其十余年所录存予所作禀、启、牌檄、批文诸稿，促付梓人云：'可代口舌劳。'予不获辞，爰刊一编，所谓《庸吏庸言》者，仓卒付梓。"③刘衡赞扬了吴嘉宾的才华和为人，对他的认真态度也极为赞赏。刘衡去世后，吴嘉宾还为刘衡写行状，以示对刘衡的纪念。

---

① （清）刘衡：《庸吏庸言·原序》，见刘俊文等编《官箴书集成》第6册，黄山书社1997年版，第173页。

② 《清代诗文集汇编》编纂委员会编：《清代诗文集汇编》第613册，上海古籍出版社2010年版，第435页。

③ （清）刘衡：《庸吏庸言·自序》，见刘俊文等编《官箴书集成》第6册，黄山书社1997年版，第174页。

刘衡与吴嘉宾既是僚属关系又为姻戚关系，双方亦有许多共鸣之处，二人亦师亦友，相互学习，共同促进。吴嘉宾为刘衡著作的出版，提供了极大便利。

五、著作繁丰

（一）《庸吏庸言》

《庸吏庸言》是刘衡为官广东、四川时各种告示的汇编。全书分为上卷、下卷和庸吏余谈三部分，上卷共 17 则，下卷共 14 则，庸吏余谈共 3 则。

对于《庸吏庸言》的成书，刘衡记述道："辄检此间禀札告条之尚存稿者，敬以质之同心，以明予之不用门丁、不昵书役，硁硁然守，王章而服家训者，只此区区不敢纵蠹作孽之苦心，庸也，非异也，何足当大雅一噱哉！爰署此编为《庸吏庸言》。"① 后来再经过家人和亲友的努力，此书得以出版。

本书共计 33000 余字，每则之间无一定的逻辑性联系，是刘衡为官理政经验的总结。

（二）《蜀僚问答》

《蜀僚问答》是刘衡"仁政"思想的又一代表作，全书采用问答的形式，是刘衡为官经验的总结。从《蜀僚问答》的体裁上看，为问答式写作方法，是他向部属传授为官经验而作。从题目上看，可知是在蜀地与属僚问答的记录。

全书共 1 卷，24 则，共计 9000 余字，每则之间有些有一定的逻辑性联系，是刘衡为官为政经验的总结。

（三）《读律心得》

《读律心得》是刘衡法律思想的代表作，全书采用分条的写作方式，它是刘衡对《大清律例》的解读和多年做官经验和对封建法律知识的总结。这本书在成书过程中，刘衡还结合案件的审理，认真地学习法律知识，通过"凡八阅，月方得微窥圣人制律之深意，辄随读分类录之，间缀以小注数

---

① （清）刘衡：《庸吏庸言·自序》，见刘俊文等编《官箴书集成》第 6 册，黄山书社 1997年版，第 173 页。

语"①，对法律知识进行总结。可见，刘衡对法律知识用功之深，为以后政务工作提供了借鉴。刘衡把读律时所做的三种记录，"一曰'理讼撮要'，一曰'通用加减罪例'，一曰'祥刑随笔'，乃汇录为一帙"②，命名为《读律心得》。

全书共 3 卷，每卷名为《理讼撮要》《通用加减罪例》《祥刑随笔》，共计 7000 余字，本书是在《大清律例》的基础上对法律知识的总结。

（四）《六九轩算书》

《六九轩算书》是刘衡算学著述的汇编，全书分为 6 种，各种名为《尺算日晷新义》《句股尺测量新法》《筹表开诸乘方捷法》《借根方浅说》《四率浅说》《缉古算经补注》，其中《尺算日晷新义》2 卷，《筹表开诸乘方捷法》2 卷，其他各种各 1 卷，总计 8 卷。

刘良驹在《六九轩算书》序中提到："良驹幼时随侍先君读书城西之石钟山房，见先君日居所为六九轩算者，授经之暇，时时布筹为乘除开方诸法，自制铜尺测量，随地立表或制器，及构室开户牖，悉寓句股形数，其笃嗜也如此。良驹鲁钝，虽经先君口讲指划，卒不得要领。洎先君服官粤、蜀，所著算书数种，恒携以自随。晚岁归里养疴，检昔时手稿。"③证明刘衡铨选期在家时就写完《六九轩算书》，此书是算学著作，用来计算各种生活中的数据，可用于为官所需的税收，农田水利等事项。本书有许多先进的数学算法，具有较强的实用性。

第二节　法贵为民：《读律心得》

《读律心得》是刘衡法律思想的代表作，全书采用分条的写作方式，它

① （清）刘衡：《蜀僚问答·读律在熟读诉讼断狱两门共四十一条》，见刘俊文等编《官箴书集成》第 6 册，黄山书社 1997 年版，第 149 页。

② （清）刘衡：《蜀僚问答·读律在熟读诉讼断狱两门共四十一条》，见刘俊文等编《官箴书集成》第 6 册，黄山书社 1997 年版，第 149 页。

③ 顾廷龙主编：《续修四库全书》（第 1046 册，子部·天文算法类），上海古籍出版社 1996 年版，第 577 页。

是刘衡对《大清律例》的解读与多年为官经验和对封建法律知识的总结，展现了刘衡重法和遵法的思想。

一、《读律心得》的成书与版本

《读律心得》是刘衡在继承历代法律知识的基础上，在对《大清律例》法律知识理解和深化的基础上写成的，是理论与实践的结晶。它的不同版本之间有哪些区别？它有哪些具体内容？它又对当时产生怎样的影响？下面我们就来分析《读律心得》成书与版本流传情况。

（一）成书背景

刘衡在广东任职县官的 7 年时间里，谨记祖父与父亲的教诲，以"毋作孽"为准则，清正廉洁，严控衙役，驾驭书吏，慎用门丁，除去弊端，造福一方百姓。但社会黑暗，吏治腐败，民间诉讼事件增多，刘衡深知自己阅历尚浅，缺乏经验，他曾提到"旋奉檄试令广东时，律未熟，未得要领，苦无胆力，是以在粤七年三任，自愧有忝厥官"①，体现出他对此时为政为官表现的反思。

嘉庆二十四年（1819）冬，刘衡父亲刘斯禧去世，刘衡辞去官职，归家丁忧。刘衡在家期间一直学习为官的准则，研究法律知识。嘉庆二十五年（1820），刘衡叔父刘斯嵋凭借侍御身份选任为陕西西安知府②，由于"府剧甚，案牍山积"③，刘衡当时居家无公事，叔父刘斯嵋于道光元年（1821）把刘衡召入府中，辅助检查文书档案等事情。西安知府公务烦多，刘衡"恐无以报命也，乃更悉心读律"④，更加认真地学习法律知识。

---

① （清）刘衡：《蜀僚问答·读律在熟读诉讼断狱两门共四十一条》，见刘俊文等编《官箴书集成》第 6 册，黄山书社 1997 年版，第 149 页。
② 参见秦国经主编《清代官员履历档案全编》第 18 册，华东师范大学出版社 1997 年版，第 657 页。刘衡在《蜀僚问答》中记载刘斯嵋在道光元年（1821）担任陕西西安知府，本人赞同《清代官员履历档案全编》的说法，所以取之。
③ （清）刘衡：《蜀僚问答·读律在熟读诉讼断狱两门共四十一条》，见刘俊文等编《官箴书集成》第 6 册，黄山书社 1997 年版，第 149 页。
④ （清）刘衡：《蜀僚问答·读律在熟读诉讼断狱两门共四十一条》，见刘俊文等编《官箴书集成》第 6 册，黄山书社 1997 年版，第 149 页。

当时清朝社会法律混乱，官员苦于法律的繁冗。吴嘉宾提到："国家恤老幼孤疾，下即以老幼孤疾与民讼。国家优八议、士大夫，下即以八议、士大夫与民讼。恃其法之所不加，因以挠法。甚则知法之人，以法为市，于是法之中又立法，故法不难知，而法中之法不易知。有司者苦法繁而不知所用，奚暇行法。"①

刘衡结合案件的审理，"凡八阅，月方得微窥圣人制律之深意，辄随读分类录之，间缀以小注数语"②。可见，刘衡对法律知识的细心研读，用功之深。刘衡对法律知识分门别类作了总结，为以后政务工作提供借鉴，"一曰'理讼撮要'，一曰'通用加减罪例'，一曰'祥刑随笔'，乃汇录为一帙"③，呈送给叔父查阅，叔父对刘衡极为赞赏，曰："此若年来心得者，可存也。"④刘衡就将此书命名为《读律心得》。

刘衡子刘良驹在跋文中提到："右《读律心得》三卷，乃家大人随侍方伯叔祖西安郡署时所手辑也。忆良驹己丑馆选后，乞假省亲蜀中时，家大人调守成都。良驹趋庭之余，见家大人出堂皇决事，辄手是编置案上，时用循览，或呼从隶举示，两造咸听命，有因是罢争者。良驹手录一帙，携至京师，戚友铨援外吏者，竞向假钞，匆遽中传写多讹。从父叙将试令山西，尤读而好之，谓此编实学治津梁，属速以付梓。良驹不谙律意，同年生狄君听、奎君绶、赵君镛及姻丈吴君光业皆官比部郎，有声于时，因请查考现行律例，雠校再四。"⑤通过刘良驹、吴光业等人的修改、校正，这本《读律心得》终于出版。通过现有资料可知《读律心得》最早的版本书是清道光十六

---

① （清）刘衡：《读律心得·序》，见刘俊文等编《官箴书集成》第6册，黄山书社1997年版，第159页。

② （清）刘衡：《蜀僚问答·读律在熟读诉讼断狱两门共四十一条》，见刘俊文等编《官箴书集成》第6册，黄山书社1997年版，第149页。

③ （清）刘衡：《蜀僚问答·读律在熟读诉讼断狱两门共四十一条》，见刘俊文等编《官箴书集成》第6册，黄山书社1997年版，第149页。

④ （清）刘衡：《蜀僚问答·读律在熟读诉讼断狱两门共四十一条》，见刘俊文等编《官箴书集成》第6册，黄山书社1997年版，第149页。

⑤ （清）刘衡：《读律心得·卷三·祥刑随笔》，见刘俊文等编《官箴书集成》第6册，黄山书社1997年版，第171页。

年（1836）刻本。

《读律心得》是刘衡法律思想的代表作，全书采用分条的写作方式。这本书在成书过程中，刘衡结合了历代案件审理的经验，通过对现有法律的解读，结合自身审案经验，对法律知识进行总结而成书。全书共 3 卷，名为《理讼撮要》《通用加减罪例》《祥刑随笔》，共计 7000 余字。

（二）版本比较

刘衡经常以《读律心得》作为自己审理案件的依据，该书在其生前、故后均有出版，通过搜集整理，发现不同的版本之间有所区别，故在此进行一一梳理。

1.《读律心得》版本概述

经搜集整理，《读律心得》主要有以下版本：

（1）《读律心得》清道光十六年（1836）刻本，刘衡撰，线装，1 函 1 册，复旦大学图书馆藏。

（2）《读律心得》清道光三十年（1850）刻本，刘衡撰，线装，1 函 4 册，封面高 23 厘米，版框高 17.4 厘米，宽 12.1 厘米，正文 9 行 21 字，白口，单黑鱼尾，左右双边，牌记"道光庚辰年重镌"，北京大学图书馆藏。

（3）《读律心得》来自《刘簾舫先生吏治三书》，刘衡撰，清同治七年（1868）楚北崇文书局刻本，线装，1 函 3 册。封面 26.2×15.2 厘米，框高 18.5 厘米，宽 13.1 厘米，正文 10 行 22 字，小字双行同，白口，单鱼尾，左右双边。内封面后镌"同治七年楚北崇文书局开雕"。藏于北京大学图书馆。

（4）《读律心得》来自《刘簾舫先生吏治三书》，刘衡撰，丛编于《牧令全书》，清同治七年（1868）江苏书局刻本，线装，1 函 1 册，封面高 26 厘米，版框高 17 厘米，宽 12.5 厘米，正文 11 行 21 字，眉上镌评行 10 字，线黑口，单黑鱼尾，左右双边，牌记"同治七年四月江苏书局重刊"，北京大学图书馆藏。

（5）《读律心得》来自《刘簾舫先生吏治三书》，刘衡撰，丛编于《牧令全书》，清同治七年（1868）江苏书局刻本，线装，1 函 1 册，正文 11 行 21 字，线黑口，单黑鱼尾，左右双边，版框高 16.4 厘米，宽 12.3 厘米，北京大学图书馆藏。

（6）《读律心得》来自《刘簾舫先生吏治三书》，刘衡撰，清同治七年（1868）江苏书局刻本，线装，1夹1册，南开大学图书馆藏。

（7）《读律心得》清同治七年（1868）楚北崇文书局刻本，刘衡撰，线装，1函1册，附录王世祯撰《手镜》，黄辅辰撰《代直隶总督劝谕牧文》，北京大学图书馆藏。

（8）《读律心得》清同治九年（1870）湖南省藩署局刻本，刘衡撰，线装，封面25.4×15.7厘米，北京大学图书馆藏。

（9）《读律心得》丛编于《刘簾舫先生吏治三书》，刘衡撰，清同治十二年（1873）羊城书局刻本，线装，1册，总封面二镌"同治十二年仲夏月重刊于羊城书局"，中国人民大学图书馆藏。

（10）《读律心得》来自《明刑弼教录》，王祖源辑，清光绪六年（1880）四川成都府署刻本，线装，内封背面牌记题"光绪庚辰夏成都府署刻"，北京大学图书馆藏。

（11）《读律心得》清光绪六年（1880）刻本，刘衡撰，戴杰主持重刊本，线装，1函1册，封面26.2×15.4厘米，卷首有光绪六年戴杰序，卷端题名下题"南丰刘衡簾舫辑，丹徒戴杰树人重刊"，北京大学图书馆藏。

（12）《读律心得》来自《明刑弼教录》，王祖源辑，清光绪六年（1880）福山王氏天壤阁刻本，线装，封面高26.5厘米，版框高16.5厘米，宽12.2厘米，正文11行21字，四周单边，黑口，单鱼尾，内封背面牌记题"光绪庚辰夏成都府署刻"，版心下题"天壤阁丛书福山王氏刊"，辽宁大学图书馆藏。

（13）《读律心得》来自《明刑弼教录》，王祖源辑，清光绪十年（1884）福山王氏天壤阁刻本，线装，北京大学图书馆藏。

（14）《读律心得》清光绪十年（1884）福山王氏天壤阁刻本，线装，北京大学图书馆藏。

（15）《读律心得》来自《合刻吏则七种》，王文韶辑，清光绪二十年（1894）刻本，线装，1函12册。封面高26厘米，版框高18.5厘米，宽13.1厘米，正文9行22字，黑口，双黑鱼尾，左右双边。附注：前有光绪二十年王文韶撰"合刻吏则七种序"。藏于北京大学图书馆。

（16）《读律心得》丛编于《刘簾舫先生吏治三书》，刘衡撰，清光绪二十二年（1896）上海图书集成印书局铅印本，线装，1 册，总封面牌记原题"光绪二十二年上海图书集成印书局印"，中国人民大学图书馆藏。

（17）《读律心得》丛编于王文韶辑《合刻吏则七种》，清光绪三十四年（1908）河南官纸印刷所石印本，线装，北京大学图书馆藏。

（18）《读律心得》1911 年出版，刘衡撰，线装，1 函 2 册，封面高 24.7厘米，书前有道光丙申年（1836）序，题跋印记"大学堂图书馆收藏记"朱印，北京大学图书馆藏。

（19）《读律心得》来自《敬简堂学治杂录》，戴杰辑，清光绪间戴杰刻本，具体出版时间不详，线装，1 函 6 册，中国人民大学图书馆藏。

（20）《读律心得》，刘衡撰，出版时间不详，线装，1 函 1 册，封面26.6×15.7 厘米，正文 13 行 22 字，小字双行同，黑口，左右双边，双鱼尾，版框 18.1×13.6 厘米，内封面题"重刊读律心得三卷"，山东大学图书馆藏。

上述是通过现有资料可查的版本，其中难免有遗漏。以上版本刊刻的时间、地点、内容等略微有差异，笔者通过对比研究将发现其中的不同，将会在下面进行讨论。

2. 版本比较

由于北京大学图书馆藏《刘簾舫先生吏治三书》中《读律心得》清同治七年（1868）楚北崇文书局刻本和《萧山丛书》中《读律心得》清光绪三十四年（1908）牧民宝鉴本最具有代表性，笔者将对这两本书进行对比研究。为了更好地进行研究，下将对北京大学图书馆藏《读律心得》简称"楚北崇文书局刻本"，《萧山丛书》中《读律心得》简称"牧民宝鉴本"。

（1）外观形态之比较

"楚北崇文书局刻本"：它是清同治七年（1868）楚北崇文书局刻本，线装，1 函 3 册，封面 26.2×15.2 厘米，框高 18.5 厘米，宽 13.1 厘米，正文10 行 22 字，小字双行同，白口，单鱼尾，左右双边。内封面后镌"同治七年楚北崇文书局开雕"，藏于北京大学图书馆。

"牧民宝鉴本"：它是清光绪三十四年（1908）河南官纸印刷所石印本，

正文 11 行 22 字，线黑口，单黑鱼尾，左右双边，影印后版框高 14 厘米，宽 9 厘米。"牧民宝鉴本"是光绪三十四年（1908）时任河南巡抚林绍年翻印王文韶的滇本。林绍年（1849—1916），字赞虞，晚号健斋，福建闽县（今福州）人，同治十三年（1874）进士。"牧民宝鉴本"见于萧山区政府与南开大学编《萧山丛书》，是依据清光绪三十四年（1908）河南官纸印刷所石印本影印，2014 年学苑出版社出版。

从外观形态可以看出"楚北崇文书局刻本"和"牧民宝鉴本"是由不同的雕版刊刻，采用的刊刻形式不同。

（2）内容比较

第一，序文。"楚北崇文书局刻本"和"牧民宝鉴本"在序文中有文字上的不同。"楚北崇文书局刻本"在序文中记载为"莅蜀之剧县，其能益显"，"然则先生是编，乌可不极公诸世欤"。"牧民宝鉴本"在序文中记载为"涖蜀之剧县，其能益显"，"然则先生是编，乌可不亟公诸世欤"。笔者分析，"莅"与"涖""极"与"亟"不同，但"莅"与"涖""极"与"亟"在清代可通用。

通过以上对比分析，"牧民宝鉴本"并不拘泥于以前版本，而是根据编纂者的需要进行编写，虽然文字上有不同，但内容变化不大，体现了当时文化的一定开放性。

第二，正文。通过对"楚北崇文书局刻本"和"牧民宝鉴本"的对比，发现正文中文字上有所不同，兹一一列举如下：

① 理讼撮要中："楚北崇文书局刻本"作"书吏作弊其知情不首之经承贴写照本犯罪加一等发落"，"牧民宝鉴本"作"书吏作弊其知情不首之经承贴写照本犯罪减一等发落"，"加"与"减"字不同，意思相反。

② 理讼撮要中："楚北崇文书局刻本"作"即不外绅士、吏役、老幼、妇女及诸色目"，"牧民宝鉴本"作"即不外绅士、吏役、老幼、妇人及诸色目"，"女"与"人"字不同。

③ 通用拟断罪名中："楚北崇文书局刻本"作"若擅杀之，止应拟满徒者，亦减二等科断"，"牧民宝鉴本"作"若擅杀之罪，止应拟满徒者，亦减二等科断"，"牧民宝鉴本"中多个"罪"字。

④ 通用拟断罪名中："楚北崇文书局刻本"作"加罪凡十七等"，"牧民宝鉴本"作"加罪凡十八等"，"七"和"八"字不同。

⑤ 祥刑随笔中："楚北崇文书局刻本"作"热审期内除窃盗及门殴伤人罪应笞杖"，"牧民宝鉴本"作"热审期内除窃盗及斗殴伤人罪应笞杖"，"门"与"斗"字不同。

⑥ 祥刑随笔中："楚北崇文书局刻本"作"如有私造木棒、棰、连根带须竹板、数十斤大锁联枷、荆条击背，例禁所不及赅载者，均属非刑"，"牧民宝鉴本"作"如有私造木棒、棰、连根带须竹板、数十斤大锁联枷、荆条击背及例禁所不及赅载者，均属非刑"，"牧民宝鉴本"中多个"及"字。

⑦ 祥刑随笔中："楚北崇文书局刻本"作"故禁故勘平人论"，"牧民宝鉴本"作"故禁故勘平人例"，"论"与"例"字不同。

⑧ 祥刑随笔中："楚北崇文书局刻本"作"若擅加钮镣，非法乱打"，"牧民宝鉴本"作"若擅加杻镣，非法乱打"，"钮"与"杻"字不同。

⑨ 祥刑随笔中："楚北崇文书局刻本"作"其余门殴、人命等罪犯"，"牧民宝鉴本"作"其余斗殴、人命等罪犯"，"门"与"斗"字不同。

⑩ 祥刑随笔中："楚北崇文书局刻本"作"加减罪例例"，"牧民宝鉴本"作"加减罪例"，"楚北崇文书局刻本"中多个"例"字。

⑪ 祥刑随笔中："楚北崇文书局刻本"作"四折无零，除四十板"，"牧民宝鉴本"作"四折无零可除四十板"，"牧民宝鉴本"中多个"可"字。

⑫ 祥刑随笔中："楚北崇文书局刻本"作"谓此编实学治津梁，属速以付梓"，"牧民宝鉴本"作"谓此编实学治津梁，嘱速以付梓"，"属"与"嘱"字不同。虽然在古代"属"同"嘱"，但"嘱"不同于"属"。

"牧民宝鉴本"刊刻时间在"楚北崇文书局刻本"之后，刊刻者均为博学之士，理应没有错讹，据笔者分析上面的不同主要有以下几种原因：

其一，时代背景不同。"楚北崇文书局刻本"的刊刻是在同治七年（1868），书局的管理体制比较保守，官箴书的印刷在内容和形式上比较守旧，遵从于前代的方面较多。"牧民宝鉴本"的刊刻是在光绪三十四年（1908），这一时期思想文化更新和社会风气转变，在"西学"和新学的冲击下，印刷出版业发生了巨大的变化，"牧民宝鉴本"在编纂上采用了新形式，以符合时代潮流。如"楚北崇文书局刻本"作"即不外绅士、吏役、老幼、妇女及诸色目"①，"牧民宝鉴本"作"即不外绅士、吏役、老幼、妇人及诸色目"②，"女"与"人"字不同，体现对女人观念的转变，这是由当时的环境产生的影响。

其二，两个版本都存在个别笔误。如"楚北崇文书局刻本"作"书吏作弊其知情不首之经承贴写照本犯罪加一等发落"③，"牧民宝鉴本"作"书吏作弊其知情不首之经承贴写照本犯罪减一等发落"④，根据《大清律例》对书吏作弊的惩罚，可推测应为"书吏作弊其知情不首之经承贴写照本犯罪加一等发落"。"楚北崇文书局刻本"作"加罪凡十七等"⑤，"牧民宝鉴本"作"加罪凡十八等"⑥，书中列有加罪十八等，可知"楚北崇文书局刻本"写错。又如"楚北崇文书局刻本"作"热审期内除窃盗及门殴伤人罪应笞杖"⑦，"牧民宝鉴本"作"热审期内除窃盗及斗殴伤人罪应笞杖"⑧，"楚北崇文书局刻本"作"其余门殴、人命等罪犯"⑨，"牧民宝鉴本"作"其余斗殴、人命等罪犯"⑩，可知"楚北崇文书局刻本"的刊刻者是出于笔误，把"斗"字写成"门"字。又如"楚北崇文书局刻本"作"加减罪例例"⑪，"牧民宝鉴本"

① （清）刘衡：《读律心得·卷一》，清同治七年（1868）楚北崇文书局刊本，第9页上。
② （清）刘衡：《读律心得·卷一》，清光绪三十四年（1908）河南官纸印刷所石印本，第8页下。
③ （清）刘衡：《读律心得·卷一》，清同治七年（1868）楚北崇文书局刊本，第7页下。
④ （清）刘衡：《读律心得·卷一》，清光绪三十四年（1908）河南官纸印刷所石印本，第7页上。
⑤ （清）刘衡：《读律心得·卷二》，清同治七年（1868）楚北崇文书局刊本，第5页下。
⑥ （清）刘衡：《读律心得·卷二通用加减罪例》，清光绪三十四年（1908）河南官纸印刷所石印本，第5页上。
⑦ （清）刘衡：《读律心得·卷三》，清同治七年（1868）楚北崇文书局刊本，第1页上。
⑧ （清）刘衡：《读律心得·卷三》，清光绪三十四年（1908）河南官纸印刷所石印本，第1页上。
⑨ （清）刘衡：《读律心得·卷三》，清同治七年（1868）楚北崇文书局刊本，第2页上。
⑩ （清）刘衡：《读律心得·卷三》，清光绪三十四年（1908）河南官纸印刷所石印本，第2页上。
⑪ （清）刘衡：《读律心得·卷三》，清同治七年（1868）楚北崇文书局刊本，第3页上。

作"加减罪例"①，"楚北崇文书局刻本"中多个"例"字，这是由于刊刻者粗心大意所致。

其三，"牧民宝鉴本"对字句的美化，使原文更加通顺。如"楚北崇文书局刻本"作"若擅杀之，止应拟满徒者，亦减二等科断"，"牧民宝鉴本"作"若擅杀之罪，止应拟满徒者，亦减二等科断"，"牧民宝鉴本"多个"罪"字，更能阐明这条法律条文的作用。如"楚北崇文书局刻本"作"四折无零，除四十板"，"牧民宝鉴本"作"四折无零可除四十板"，"牧民宝鉴本"多个"可"字，使原文更加连贯。又如"楚北崇文书局刻本"作"谓此编实学治津梁，属速以付梓"，"牧民宝鉴本"作"谓此编实学治津梁，嘱速以付梓"，文中"属"换为"嘱"，更能体现刘衡对《读律心得》这部书付梓的急切和喜爱心境，使原文更加流畅。

第三，批注。"楚北崇文书局刻本"在书中没有批注，"牧民宝鉴本"在版框上栏有批注，这里将批注列出进行分析。

①"牧民宝鉴本"卷1第2页下，页面上方标注："案不速审，弊乃丛生，近世有搭棚串诈之案，名曰图准不图审，果其批准即审，则奸伪立见，何容其诬哉。"

②"牧民宝鉴本"卷3第2页下，页面上方标注："奸吏舞文，率用一二虚字颠倒抑扬令情罪出入顿异，阅者猝难辨别，禁不准□所以杜舞文鬻法之弊。"

通过对批注的推测，这些批注是作者或是出版者对批注下方法律条文的解释和说明，以便于读者更好的理解文章。由于缺乏资料，这些批注的作者和写作时间无法准确考证。

二、《读律心得》的内容解读

刘衡官箴书《读律心得》是以《大清律例》为基础撰写而成的律文著作。刘衡通过对《大清律例》律意的理解和对律文的研究，从《大清律例》

---

① （清）刘衡：《读律心得·卷三》，清光绪三十四年（1908）河南官纸印刷所石印本，第2页下。

中援引40条律文和64条例文写成这本专著，包含刘衡依法治民、严格司法、公正廉明的法律思想和实践。笔者将通过《读律心得》各卷内容和《大清律例》内容的对比来分析刘衡的法律思想和实践，以供借鉴。

（一）《理讼撮要》条文分析

《理讼撮要》卷1与《大清律例》条文对比：

律目

读律心得①	大清律例②	不同之处
1. 凡犯罪未发而自首者免其罪。若得相容隐之亲属为之首，听如罪人自首法一条。【犯罪自首律】	1. 凡犯罪未发而自首者，免其罪。其遣人代首，若于法得相容隐者为首及相告言，各听如罪人身自首法。【名例律·犯罪自首律】	《大清律例》"其遣人代首，若于法得相容隐者为首及相告言，各听如罪人身自首法"，《读律心得》简化为"若得相容隐之亲属为之首，听如罪人自首法一条"，缩小了适用范围。
2. 其本应重罪而犯时不知者，依凡人论一条。【本条别有罪名律】	2. 其本应重罪而犯时不知者，依凡人论一条。【名例律·本条别有罪名律】	如实引用。

---

① 此处所引包括《读律心得》中《理讼撮要》，参照张德美点校、郭成伟主编《官箴书点评与官箴文化研究》，中国法制出版社 2005 年版。

② 刘衡所引用的为道光五年刊刻的《大清律例》（《读律心得》序中提及），本表所参照的《大清律例》是由张荣铮、刘勇强、金懋初点校，由天津出版社 1993 年 12 月出版的点校本，因此本的底本为道光六年颁布的，并为上海古籍出版社影印的文渊阁四库全书中的《大清律例》本、同治十一年湖北谳局的《大清律例汇辑便览》本、道光十年京都宣武门外桥西上斜街路南第七所官房发卖的《大清律例重订统纂集成》本等三种为校本。

读律心得	大清律例	不同之处
3. 词状波及无辜，及陆续投词牵连原状内无名之人，不准，仍从重治罪。【诬告例】	3. 凡词讼止许一告一诉，告实犯实证，不许波及无辜，及陆续投词牵连原状内无名之人，如有牵连妇女另具投词，倘波及无辜者，一概不准，仍从重治罪。【诉讼·诬告例】	《大清律例》把3、4条合为一条，《读律心得》省略了"止许一告一诉，告实犯实证"，把"词讼"变为"词状"，简化律条，原律内容并无变化。
4. 如有牵连妇女，另具投词。倘波及无辜者，不准，仍从重治罪。【诬告例】	4. 凡词讼止许一告一诉，告实犯实证，不许波及无辜，及陆续投词牵连原状内无名之人，如有牵连妇女另具投词，倘波及无辜者，一概不准，仍从重治罪。【诉讼·诬告例】	
5. 词讼案经在该管衙门控理，复行上控，先将原告穷诘，果情理近实，始行准理。属虚，除照诬告加等律治罪外，先将该犯枷号一个月。【越诉例】	5. 词讼其业经在该管衙门控理，复行上控，先将原告穷诘，果情理近实，始行准理。如审理属虚，除照诬告加等律治罪外，先将该犯枷号一个月示众。【诉讼·越诉例】	《理讼撮要》省略"如审理""示众"，简化律条，原律内容并无变化。
6. 赴各衙门告言人罪，一经批准，即令原告到案投审。若辄行脱逃及无故两月不到案听审，即将被诬及证佐俱行释放，所告之事不与审理。拿获原告，专治以诬告之罪。【诬告例】	6. 赴各衙门告言人罪，一经批准，即令原告到案投审。若不即赴审辄行脱逃，及并无疾病事故两月不到案听审者，即将被诬及证佐俱行释放。其所告之事不与审理，拿获原告专治以诬告之罪。【诉讼·诬告例】	《理讼撮要》省略"疾病"，内容不变。
7. 临断时供证已确，纵有一二人不到，非系紧要犯证，即据现在人犯成招，不得借端稽延。【诬告例】	7. 承审官于听断时，如供证已确，纵有一二人不到，非系紧要犯证，即据现在人犯成招，不得借端稽延，违者议处。【诉讼·诬告例】	《理讼撮要》省略"承审官""违者议处"，简化律条，内容不变。
8. 凡词讼对问得实，被告已招服罪，原告别无待对事理，随即放回。【原告人事毕不放回律】	8. 凡词讼对问得实，被告已招服罪，原告人别无待对事理，随即放回。【断狱·原告人事毕不放回律】	如实引用。

续表

读律心得	大清律例	不同之处
9. 题案有牵连人犯情罪稍轻者，准取的保，俟具题发落。其重案内有挟仇扳害者，承问官申解督抚详审，果系诬枉即行释放，不得令候结案。若承问官审系无辜牵连者，不必解审即行释放，止录原供申报。【原告人事毕不放回律】	9. 督抚应题案件，有牵连人犯情罪稍轻者，准取的保，俟具题发落。其重案内有挟仇扳害者，承问官审解督抚详审，果系诬枉即行释放，不得令候结案。若承问官审系无辜牵连者，不必解审即行释放，止录原供申报。【断狱·原告人事毕不放回律】	《理讼撮要》省略"督抚应"，扩大适用范围。
10. 凡内外题奏案件，有拟以杖、笞人犯，审结日即先行责释。【原告人事毕不放回律】	10. 凡内外题奏案件内，有拟以杖、笞人犯，审结日即先行责释，仍于题奏之日声明。【断狱·原告人事毕不放回律】	《理讼撮要》省略"仍于题奏之日声明"，简化律条，内容不变。
11. 凡鞫囚而证佐之人不言实情，故行诬证，致罪有出入者，减罪人罪二等。【狱囚诬指平人律】	11. 若鞫囚而证佐之人不言实情，故行诬证及化外人有罪通事传译番语，不以实对，致罪有出入者，证佐人减罪人罪二等。【断狱·狱囚诬指平人律】	《理讼撮要》省略"及化外人有罪通事传译番语，不以实对"，"证佐人"，减少律条适用的准确性。
12. 词内干证审系虚诬，按证佐不言实情律治罪。若非实系证佐之人，挺身硬证者，与诬告人一体治罪。【诬告例】	12. 词内干证，令与两造同具甘结，审系虚诬，将不言实情之证佐按律治罪。若非实系证佐之人挺身硬证者，与诬告人一体治罪。【诉讼·诬告例】	《理讼撮要》省略"令与两造同具甘结"，减少律条适用的准确性。
13. 军民人等于己词讼，若无故不行亲赉，并隐下壮丁，故令老幼、残疾、妇女、家人抱赉者，立案不行，仍提本身或壮丁问罪。【越诉例】	13. 军民人等于己词讼若无故不行亲赉，并隐下壮丁，故令老幼、残疾、妇女、家人抱赉奏诉者，俱各立案不行，仍提本身或壮丁问罪。【诉讼·越诉例】	《理讼撮要》省略"奏诉"，扩大适用范围。
14. 律得容隐之人，及年八十以上，十岁以下，若笃疾（瞎两目、折两肢之类曰笃疾），皆不得令其为证。【老幼不拷讯律】	14. 律得相容隐之人，及年八十以上，十岁以下，若笃疾（瞎两目、折两肢之类曰笃疾），皆不得令其为证，违者笞五十。【断狱·老幼不拷讯律】	《理讼撮要》省略"违者笞五十"，使惩戒不明确。

续表

读律心得	大清律例	不同之处
15. 年老及笃疾之人，除告谋反、叛逆及子孙不孝，听自赴官陈告外，其余公事许令同居亲属代告。诬告者，罪坐代告之人。【见禁囚不得告举他事例】	15. 年老及笃疾之人，除告谋反、叛逆及子孙不孝，听自赴官陈告外，其余公事许令同居亲属通知所告事理的实之人代告。诬告者，罪坐代告之人。【诉讼·见禁囚不得告举他事例】	《理讼撮要》省略"通知所告事理的实之人"，扩大适用范围。
16. 凡老幼及废疾犯罪，律该收赎者，若例该枷号，一体放免。【老幼废疾收赎例】	16. 凡老幼及废疾犯罪，律该收赎者，若例该枷号，一体放免，应得杖罪，仍令收赎。【名例律·老幼废疾收赎例】	《理讼撮要》省略"应得杖罪，仍令收赎"，使律条减少惩罚。
17. 凡瞎一目之人，犯军、流、徒、杖等罪，俱不得以废疾论赎，若殴人瞎一目者，仍照律科罪。【老幼废疾收赎例】	17. 凡瞎一目之人有犯军、流、徒、杖等罪，俱不得以废疾论赎，若殴人瞎一目者，仍照律科罪。【名例律·老幼废疾收赎例】	如实引用。
18. 凡年七十以上、十五以下及废疾犯流罪以下者，准其收赎一次。若收赎之后复行犯罪，除因人连累、过误入罪者，仍准收赎外，如系有心再犯，即各照应得罪名按律充配，不准再行收赎。【老幼废疾收赎例】	18. 凡年七十以上、十五以下及废疾犯流罪以下者，准其收赎一次，详记档案。若收赎之后复行犯罪，除因人连累、过误入罪者，仍准其照例收赎外，如系有心再犯，即各照应得罪名按律治罪，不准再行收赎。【名例律·老幼废疾收赎例】	《理讼撮要》省略"详记档案"，减少法律的准确性；把"治罪"变为"充配"，使惩罚变得更加具体。
19. 妇人犯奸、盗、不孝，各依律决罚。其余有犯徒、流、充军、杂犯死罪，该决杖者，与命妇、官员正妻俱准纳赎。【赎刑例】	19. 妇人犯奸、盗、不孝，各依律决罚。其余有犯笞、杖并徒、流、充军、杂犯死罪，该决杖一百者，与命妇、官员正妻俱准纳赎。【名例律·五刑例】	《理讼撮要》省略"笞、杖""一百"，减少法律的准确性。
20. 妇女除实犯死罪者，另设女监羁禁外，其非实犯死罪者，拘提录供，交亲属保领，听候发落，不得一概羁禁。【妇人犯罪例】	20. 妇女除实犯死罪，例应收禁者，另设女监羁禁外，其非实犯死罪者，承审官拘提提录供，即交亲属保领，听候发落，不得一概羁禁。【断狱·妇人犯罪例】	《理讼撮要》省略"例应收禁者""承审官"，减少法律的准确性，扩大律条的适用范围。

续表

读律心得	大清律例	不同之处
21. 凡拟徒收赎妇女，除系案内紧要证犯，仍行转解质审外，其经该州、县审讯明确，毋庸解审者，即交亲属收管，听候发落。【妇人犯罪例】	21. 凡拟徒收赎妇女，除系案内紧要证犯，仍行转解质审外，其经该州县审讯明确，毋庸解审者，即交亲属收管，听候发落。【断狱·妇人犯罪例】	如实引用。
22. 妇女犯奸盗、人命及别案牵连身系正犯，仍行提审。其余小事牵连，提子侄、兄弟代审。如遇亏空、搜查家产、杂犯等案，将妇女提审，永行禁止。违者，以违制治罪。【妇人犯罪例】	22. 妇女有犯奸盗、人命等重情，及别案牵连身系正犯，仍行提审，其余小事牵连，提子侄、兄弟代审，如遇亏空、累赔、追赃、搜查家产、杂犯等案，将妇女提审，永行禁止。违者，以违制治罪。【断狱·妇人犯罪例】	《理讼撮要》省略"等重情""累赔、追赃"减少律条的适用范围。
23. 妇人尊长与男夫卑幼同犯，虽妇人为首，仍独坐男夫。【共犯罪分首从律注】	23. 妇人尊长与男夫卑幼同犯。虽妇人为首，仍独坐男夫。【名例律·共犯罪分首从律注】	如实引用。
24. 妇人容留拐带罪坐夫男，夫男不知情及无夫男者，仍坐本妇，照律收赎。【略人略卖人例】	24. 妇人有犯罪，坐夫男，夫男不知情及无夫男者，仍坐本妇。照律收赎。【贼盗·略人略卖人例】	《理讼撮要》增加"容留拐带"增加法律的准确性。
25. 妇女犯奸，杖罪的决，枷罪收赎。【赎刑例】	25. 妇人犯奸，杖罪的决，枷罪收赎。【名例律·五刑例】	如实引用。
26. 妇人犯罪决杖者，单衣留裈，余罪单衣决罚。【工乐户及妇人犯罪律】	26. 妇人犯罪应决杖者，奸罪去衣留裈受刑，余罪单衣决罚。【名例律·工乐户及妇人犯罪律】	《理讼撮要》省略"应""奸罪去""受刑"，扩大用刑力度。
27. 妇人犯罪皆免刺字。【工乐户及妇人犯罪律】	27. 妇人犯罪皆免刺字。【名例律·工乐户及妇人犯罪律】	如实引用。
28. 妇女该犯斩枭，即拟斩立决，免其枭示。【妇人犯罪例】	28.《大清律例》无该条文。	《理讼撮要》增加该条文。

续表

读律心得	大清律例	不同之处
29.凡官吏有争论婚姻、钱债、田土等事，听令家人告官对理，不许公文行移。【官吏词讼家人诉律】	29.凡官吏有争论婚姻、钱债、田土等事。听令家人告官对理，不许公文行移，违者笞四十。【诉讼·官吏词讼家人诉律】	《读律心得》省略"违者笞四十"，减少律条的准确性。
30.凡八议者犯罪，八议者之祖父母、父母、妻及子孙犯罪，不许径自勾问，封奏取旨。若奉旨准问，议定奏取上裁。其犯十恶、反叛缘坐、奸、盗、杀人、受财枉法者，不用此律。【应议者犯罪律，又应议者之祖父母有犯律】	30.凡八议者犯罪。实对奏闻取旨，不许擅自勾问。若奉旨推问者，开具所犯及应议之状先奏请议，议定奏闻取自上裁。其犯十恶者，不用此律。【名例律·应议者犯罪律】 凡应八议者之祖父母、父母、妻及子孙犯罪，实对奏闻取旨，不许擅自勾问。若奉旨推问者，开具所犯及应议之状先奏请议，议定奏问取自上裁。【名例律·应议者之父祖有犯律】 其犯十恶、反逆、缘坐及奸盗、杀人、受财、枉法者，不用此律。【名例律·应议者之父祖有犯律】	《理讼撮要》将《大清律例》的三条合为一条，省略"开具所犯及应议之状先奏请议"这一程序，使法律条文更加简练，浅显易懂。
31.皇亲国戚及功臣（八议中亲与功为重）之外，祖父母、伯叔父母、姑、兄弟、姊妹、女婿、兄弟之子，若四品、五品官之父母、妻未受封者，及应袭荫子孙犯罪，从有司依律追问，议奏取自上裁。（其始不必参提，其终亦不许擅决，犹有体恤之意焉）。【应议者犯罪律，又应议者之祖父母有犯律】	31.皇亲、国戚及功臣（八议中亲与功为重）之外祖父母、伯叔父母、姑、兄弟姐妹、女婿、兄弟之子，若四品、五品官之父母、妻未受封者，及应袭荫子孙犯罪，从有司依律追问，议奏取自上裁。（其始不必参提，其终亦不许擅决，犹有体恤之意焉）。【名例律·应议者之父祖有犯律】	如实引用。
32.各处大小土官，有犯徒罪以上依律科断，其杖罪以下交部议处。【职官有犯律】	32.各处大小土官，有犯徒、流以上，依律科断，其杖罪以下，交部议处。【名例律·职官有犯律】	《理讼撮要》省略"流"，含义不变。

续表

读律心得	大清律例	不同之处
33. 僧、道官有犯，径自提问。【赎刑例】	33. 僧、道官有犯，径自提问。【名例律·赎刑例】	如实引用。
34. 僧、道犯奸、盗、诈伪，并一应赃私罪名，责令还俗，仍依律例科罪。其公事失错、因人连累致罪者，悉准纳赎，各还职为僧、道。【赎刑例】	34. 僧、道官有犯奸、盗、诈伪并一应赃私罪名，责令还俗，仍依律例科断。其公事失错、因人连累及过误致罪者，悉准纳赎，各还职为僧为道。【名例律·赎刑例】	《理讼撮要》省略"官"，使律条含义发生变化，指僧、道；省略"及过误"，使法律含义发生变化，减轻法律惩罚，本人认为是刘衡的误解。
35. 僧道犯罪，曾经决罚者，并令还俗。【除名当差律】	35. 僧道犯罪，曾经决罚者，并令还俗。【名例律·除名当差律】	如实引用。
36. 凡称道士、女冠者，僧尼同。【称道士女冠律】	36. 凡称道士、女冠者，僧尼同。【名例律·称道士女冠律】	如实引用。
37. 荫生有犯，应题参处分者，听各衙门题参。【职官有犯律】	37. 荫生有犯，应题参处分者，听各衙门题参。【名例律·职官有犯律】	如实引用。
38. 任满得代、改除、致仕等官，与现任同。封赠官与正官同。其妇人犯夫及义绝得与其子之官品同。犯罪者，并依职官犯罪律拟断。（应请旨者，请旨。应径问者，径问。以理致仕官及封赠官犯赃者，与无禄人同科，以其皆不仕禄也。若任满得代、改除，虽未食禄，亦照有禄人称断。）【以理去官律】	38. 任满得代、改除、致仕等官，与现任同。封赠官与正官同。其妇人犯夫及义绝者，得与其子之官品同。犯罪者，并依职官犯罪律拟断。（应请旨者，请旨。应径问者，径问。以理致仕官及封赠官犯赃者，与无禄人同科，以其皆不仕禄也。若任满得代、改除，虽未食禄，亦照有禄人称断。）【名例律·以理去官律】	如实引用。
39. 凡罢闲官吏，在外干预官事，结揽写发文案，把持官府、蠹政害民者，并杖八十，于犯人名下追银二十两，付告人充赏。【滥设官吏律】	39. 凡罢闲官吏在外干预官事，结揽写发文案，把持官府，蠹政害民者，并杖八十，于犯人名下追银二十两，付告人充赏。有所规避者，从重论。【职制·滥设官吏律】	《理讼撮要》省略"有所规避者，从重论"，减小了律条的适用范围。

续表

读律心得	大清律例	不同之处
40. 凡进士、举人、贡、监生及一切有顶带官，有犯笞、杖轻罪，照律纳赎。罪至杖一百者，分别咨部除名，所得杖罪免其发落。徒、流以上照例发配。【赎刑例】	40. 凡进士、举人、贡监生及一切有顶带官，有犯笞、杖轻罪，照律纳赎。罪至杖一百者，分别咨部除名。徒、流以上，照例发配。【名例律·赎刑例】	《理讼撮要》增加"所得杖罪免其发落"，使律条更加准确，使人免遭冤屈。
41. 文武生员犯该徒罪以上等罪，地方官一面详请斥革，一面即以到官之日扣限审讯，不必俟学政批回始行究拟。其情节本轻，罪止戒饬者，审明移会该学教官，照例发落，详报学政查核。贡、监生有犯，同。【职官有犯例】	41. 文武生员犯该徒、流以上等罪，地方官一面详请斥革，一面即以到官之日扣限审讯，不必俟学政批回始行究拟。其情节本轻，罪止戒饬者，审明移会该学教官，照例发落，详报学政查核。贡、监生有犯，同。【名例律·职官有犯例】	如实引用。
42. 生员扛帮作证，审虚详革，加一等治罪。【诬告例】	42. 生员代人扛帮作证，审属虚诬，该地方官立行详请褫革衣顶，照教唆词讼本罪上各加一等治罪。【诉讼·诬告例】	《理讼撮要》省略"代人""属虚诬，该地方官立行详请褫革衣顶，照教唆词讼本罪上"，简化了法律条文，使内容发生变化，法律条文不明确。
43. 举贡生监犯罪，例应刺字者，除党恶、窝匪、卑污、下贱仍行刺字外，若止系寻常过犯，不至行止败类者，免其刺字。【起除刺字】	43. 举贡生监犯罪，例应刺字者，除所犯系党恶、窝匪、卑污、下贱仍刺字外，若止系寻常过犯，不至行止败类者，免其刺字。【贼盗·起除刺字】	如实引用。
44. 兵丁因事斥革，后若有作奸犯科，除死罪外，俱照凡人加一等治罪。【有司决囚等第例】	44. 凡绿营兵丁因事斥革，即移明地方官另记年貌册档，严加管束，按季点验稽查。若有作奸犯科，除实犯死罪外，犯军、流以下俱照凡人加一等治罪。【断狱·有司决囚等第例】	《理讼撮要》省略"绿营""即移明地方官另记年貌册档，严加管束，按季点验稽查""实犯""犯军、流以下"，刘衡简化法律条文，但使律条缺少准确断案的作用。

续表

读律心得	大清律例	不同之处
45. 各衙门书吏舞文作弊，照平人加一等治罪。【官吏受财例】	45. 各衙门书吏如有舞文作弊者，系知法犯法，应照平人加一等治罪。【受赃·官吏受财例】	《理讼撮要》省略"如有""者""系知法犯法"，刘衡简化法律条文，使律条缺少准确断案的作用。
46. 书吏作弊，其知情不首之经承、贴写，照本犯罪加一等发落。【官吏受财例】	46. 书吏舞文作弊，其知情不首之经承、贴写，俱照本犯罪减一等发落。【受赃·官吏受财例】	《理讼撮要》将"减一等发落"改为"加一等发落"，加大了法律的惩处力度。
47. 役满书办考授职衔，犯罪即详请咨革，照所犯罪名加凡人一等。【处分则例】	47. "役满书办考授职衔，如有犯罪，系知法故犯之人，该地方官即将所犯情由申报该管上司转详督抚咨部革去职衔照所犯罪名加凡人一等治罪。"【书役·役满书办考职犯罪】①	《理讼撮要》省略"系知法故犯之人，该地方官即将所犯情由申报该管上司转详督抚"，简化法律条文，使律条缺少准确断案的作用。
48. 幕宾钻营引荐，事后收受为事人礼物，尚非舞弊诈财者，计赃以不枉法论，照衙门书吏加等例治罪。【在官求索借贷财物例】	48. 幕宾钻营引荐事后收受为事人礼物，尚非舞弊诈财者，计赃以不枉法论，照衙门书役加等例治罪。【受赃·在官求索借贷人财物例】	如实引用。
49. 幕宾钻营引荐，如倚仗声势，欺压本官，舞弊诈财者，照蠹役诈赃例，计赃治罪。【在官求索借贷财物例】	49. 幕宾钻营引荐，如倚仗声势欺压本官，舞弊诈财者，照蠹役诈赃例，计赃治罪。【受赃·在官求索借贷人财物例】	如实引用。
50. 幕宾钻营引荐，别无情弊，但盘踞属员衙门者，照书役年满不退例，杖一百，递回原籍发落。【在官求索借贷财物例】	50. 幕宾钻营引荐，别无情弊，但盘踞属员衙门者，幕宾照书役年满不退例，杖一百，长随枷号一个月，杖一百，各递回原籍，分别发落。【受赃·在官求索借贷人财物例】	《理讼撮要》省略"长随枷号一个月，杖一百"，简化法律条文，使律条缺少准确断案的作用。

---

① 故宫博物院编：《钦定吏部处分则例》，《故宫珍本丛刊》第281册，海南出版社2000年版，第125—126页。

读律心得	大清律例	不同之处
51. 幕友、长随、书役等，除犯诈、赃、诬、拿等项，罪有正条者，仍照例办理外。其但系倚官滋事，纵令妄为，累及本官者，各按本官降革处分上加一等，至徒三年而止。至总徒、准徒、军、流以上者，均与同罪。【诈教诱人犯法例】	51. 幕友、长随、书役等除犯诈、赃、诬、拿等项罪有正条者，仍照例办理外，其但系倚官滋事，纵令妄为，累及本官者，各按本官降、革处分上加一等：如本官应降一级者，将该犯处七十；降二级、三级者，以次递加；至革职者，杖六十，徒一年。本官罪应拟徒者，亦各以次递加一等，加至徒三年而止。至总徒、准徒、军流以上者，均与同罪。徒罪以下，将该犯递各原籍分别充徒管束，永远不准复充。如有犯罪之后仍潜身该地，欺瞒后任，改易姓名复充者，查实严加治罪。【诈伪·诈教诱人犯法例】	《理讼撮要》省略"如本官应降一级者，将该犯处七十；降二级、三级者，以次递加，至革职者，杖六十，徒一年"，"徒罪以下，将该犯递各原籍分别充徒管束，永远不准复充。如有犯罪之后仍潜身该地，欺瞒后任，改易姓名复充者，查实严加治罪"，简化法律条文，使律条缺少准确断案的作用。
52. 凡在官人役，取受有事人财，律无正条者，果于法有枉纵，俱以枉法计赃科罪。【官吏受财例】	52. 凡在官人役，取受有事人财，律无正条者，果于法有枉纵，俱以枉法计赃科罪。【受赃·官吏受财例】	如实引用。
53. 长随求索吓诈得财舞弊者，照蠹役诈赃例治罪，并照窃盗例初犯以"赃犯"二字刺臂，再犯刺面。其现任大小官员，如有收用刺字长随者，交部议处。【在官求索借贷人财物例】	53. 长随求索吓诈得财舞弊者，照蠹役诈赃例治罪，并照窃盗例，初犯以"赃犯"二字刺臂，再犯刺面，其有索诈禁赃，托故先期预遁，及本官被参后，闻风远扬者，拿获之日，照到官后脱逃例各加二等治罪，仍追原赃。其各衙门现任大小官员，如有收用刺字长随者，交部议处。【受赃·在官求索借贷人财物例】	《理讼撮要》省略"其有索诈禁赃，托故先期预遁，及本官被参后，闻风远扬者，拿获之日，照到官后脱逃例各加二等治罪，仍追原赃"，简化法律条文，使律条缺少准确断案的作用。

读律心得	大清律例	不同之处
54. 内外大小衙门蠹役，恐吓索诈贫民者，计赃：一两以下，杖一百；六两至十两，徒三年；十两以上，发近边充军。至一百二十两者，绞。加致毙人命，不论赃，绞。若拷打身死者，斩。为从并减一等。【官吏受财例】	54. 内外大小衙门蠹役，恐吓索诈贫民者，计赃一两以下，杖一百；一两至五两，杖一百，枷号一个月；六两至十两，杖一百，徒三年；计赃十两以上者发近边充军，至一百二十两者，照枉法拟绞；为从分赃，并减一等。其或索诈贫民令卖男鬻女者，十两以下亦照例充发；为从分赃者，不计赃并杖一百，徒三年。如有吓诈致毙人命，不论赃数多寡，拟绞监候；为从并减一等。【受赃·官吏受财例】	《理讼撮要》省略"一两至五两，杖一百，枷号一个月"，"为从分赃，并减一等。其或索诈贫民令卖男鬻女者，十两以下亦照例充发；为从分赃者，不计赃并杖一百，徒三年"；刘衡在文字上有调整，不影响内容大意；这些变化简化法律条文，使律条缺少准确断案的作用。
55. 蠹役犯赃，毋论首从，徒罪以下，以"蠹犯"二字刺臂；流罪以上，刺面。若将应刺之犯不行刺字，及刺字后仍准充当者，交部议处。【贼盗·起除刺字例】	55. 蠹役犯赃，除照例分别赃数治罪外，无论首从，徒罪以下，以"蠹犯"二字刺臂，流罪以上刺面。若定案时将应刺之犯不行刺字及刺字后仍无觉察滥准充当者，该管官交部议处。【贼盗·起除刺字例】	《理讼撮要》省略"除照例分别赃数治罪外""定案时""无觉察滥""该管官"，化简化法律条文，使律条缺少准确断案的作用。
56. 县总、里书如犯赃入己者，照衙役犯赃拟罪。【官吏受财例】	56. 县总里书，如犯赃入己者，照衙役犯赃拟罪，不准折赎。【受赃·官吏受财例】	《理讼撮要》省略"不准折赎"，简化法律条文，使律条缺少准确断案的作用。
57. 督抚、司、道上司差役扰害乡民，许州县查拿，将该役照例治罪。【官吏受财例】	57. 督抚、司道各上司差役，扰害乡民，许州县查拿，并许被害人呈告，将该役照例治罪。【受赃·官吏受财例】	《理讼撮要》省略"并许被害人呈告"，简化法律条文，使律条缺少准确断案的作用。
58. 皇亲、国戚、功臣（八议中亲与功尤重）四、五品文武官之亲属、奴仆、佃甲倚势害民陵官者，径自提问，加常人罪一等，止坐犯人，不必追究其主。【应议者之祖父有犯律】	58. 皇亲、国戚、功臣（八议中亲与功尤重）四、五品文武官之亲属、奴仆、管庄、佃甲倚势虐害良民、陵犯官府者，加常人罪一等，止坐犯人，不必追究其主。【名例律·应议者之祖父有犯】	《理讼撮要》省略"管庄""府"，增加"径自提问"，简化法律条文，为读律者提供方便。

刘衡结合自身的司法实践经验，对《大清律例》进行深化和总结，形成了浅显易懂的《理讼撮要》。《理讼撮要》的律文排列不同于《大清律例》，《大清律例》是以名例律、吏律、户律、礼律、兵律、刑律、工律的顺序为原则，而《理讼撮要》是以刑事犯罪的主体进行罗列，包括老幼残疾、妇女、军人、八议者、僧道、长随、幕宾等。名例律共24条，诉讼例共11条，断狱例共9条，受赃例共10条，其余贼盗例、诈伪例、书役例和刘衡自己增添的一条妇人犯罪例（妇女该犯斩枭，即拟斩立决，免其枭示）各一条。

在《理讼撮要》的内容中，刘衡引用名例律中的24条，体现刘衡"名例律乃全律之总也、枢纽也"①的观点，他看到了名例律的重要性。刘衡引用诉讼例、断狱例的条文也非常多，体现他对诉讼、断狱两门关系到县官司法审判的认识。刘衡认为诉讼、断狱两门是"息事安人之要"②，必须熟读，才能正确断案，兴利除弊。刘衡对诉讼、断狱两门的重视也反映了当时社会诉讼不断，政治腐败的社会现实，他希望通过明刑罚、禁制诬告来减少诉讼案件的发生。刘衡通过引用受赃、贼盗、诈伪、书役例律，来引起社会对官员、吏役不法行为的重视。通过援引法律，加大对官员、吏役贪污腐化行为的打击力度，减少官吏欺诈、勒索、侵扰百姓的事件。

通过《理讼撮要》和《大清律例》的条文对比，可以发现刘衡对《大清律例》进行了简化和提炼，使律例条文变得浅显易懂，不再是繁文缛节。但刘衡在提炼的过程中也出现了一些失误，如文中列表第11条，《理讼撮要》省略"及化外人有罪通事传译番语，不以实对""证佐人"，减少律条适用的准确性；文中列表第57条，《理讼撮要》省略"并许被害人呈告"，简化法律条文，使律条缺少准确断案的作用。再如《理讼撮要》省略"官"，使律条含义发生变化，只指僧、道，而不是指僧、道官；省略"及过误"，使法律含义发生变化，减轻法律惩罚，这应是刘衡对律例条文的误解。

《理讼撮要》虽然只是法律条文的排列，但它包含丰富的伦理道德思

---

① （清）刘衡：《蜀僚问答·律宜全读惟首卷之名例律却宜后读》，见刘俊文等编《官箴书集成》第 6 册，黄山书社 1997 年版，第 150 页。

② （清）刘衡：《蜀僚问答·读律在熟读诉讼断狱两门共四十一条》，见刘俊文等编《官箴书集成》第 6 册，黄山书社 1997 年版，第 149 页。

想，概括如下。

1. 重人伦

清朝统治者继承前代儒家文化的传统，非常注重三纲五常和伦理道德规范，《大清例律》中的许多内容也体现了这一点。刘衡继承《大清律例》的内容，在《理讼撮要》中也提到这一方面：

> ·凡犯罪未发而自首者，免其罪。若得相容隐之亲属为之首，听如罪人自首法一条。（犯罪自首律）
> ·其本应重罪，而犯时不知者，依凡人论一条。（本条别有罪名律）
> ·亲属相为容隐各条。
> ·干名犯义各条。
> 以上数条见圣人人伦之至，熟读之则孝弟之心油然生矣。①

从以上几条中，可以看出犯人犯罪时，亲属对其隐匿不举报，法律判处隐匿不报者无罪或减轻处罚。这是统治者依据人伦关系和儒家文化传统制定的法律措施，《论语·子路》："父为子隐，子为父隐，直在其中矣。"体现了国家重视孝悌人伦关系。康熙帝在《圣谕十六条》中指出，百姓要"敦孝悌以重人伦"②，要求百姓注重伦理纲常。刘衡在《理讼撮要》中指出这一点，体现了刘衡在法律审判中对人伦孝悌关系的重视。

2. 人本理念

以人为本是儒家文化的优良传统，刘衡深受儒家文化的影响，他在编纂《理讼撮要》中也注重人本理念。刘衡注重人伦观念的同时，也主张以人为本，他在《理讼撮要》中继承《大清律例》的做法，对清律中特别规定的情形，如"犯罪自首各条；罪人拒捕，捕者擅杀、格杀各条；犯罪存留养亲各条；犯罪得累减各条；犯罪共逃各条；老幼不拷讯各条；老幼废疾收赎各

---

① （清）刘衡：《读律心得·卷一·理讼撮要》，见刘俊文等编《官箴书集成》第6册，黄山书社1997年版，第160页。

② 商务印书馆四库全书出版工作委员会编：《文津阁四库全书》第141册，商务印书馆2005年版，第558页。

条；妇人犯罪各条；公事失错各条；过失误杀伤及夹签声请各条"① 进行减轻
处罚、宽宥罪人。如刘衡在《理讼撮要》条文中具体提到：

> ·律得容隐之人，及年八十以上，十岁以下，若笃疾（瞎两目、
> 折两肢之类曰笃疾），皆不得令其为证。（老幼不拷讯律）
> ·凡老幼及废疾犯罪，律该收赎者，若例该枷号，一体放免。（老
> 幼废疾收赎例）
> ·凡瞎一目之人，犯军、流、徒、杖等罪，俱不得以废疾论赎，
> 若殴人瞎一目者，仍照律科罪。（老幼废疾收赎例）
> ·凡年七十以上、十五以下及废疾犯流罪以下者，准其收赎一次。
> 若收赎之后复行犯罪，除因人连累、过误入罪者，仍准收赎外，如系
> 有心再犯，即各照应得罪名按律问拟，不准再行收赎。（老幼不拷讯律）
> ·妇人犯奸、盗、不孝，各依律决罚。其余有犯徒、流、充军、
> 杂犯死罪，该决杖者，与命妇、官员正妻俱准纳赎。（赎刑例）
> ·妇女除实犯死罪者，另设女监羁禁外，其非实犯死罪者，拘提
> 录供，交亲属保领，听候发落，不得一概羁禁。（妇人犯罪例）
> ·凡拟徒收赎妇女，除系案内紧要证犯，仍行转解质审外，其经
> 该州、县审讯明确，毋庸解审者，即交亲属收管，听候发落。（妇人犯
> 罪例）
> ·妇女犯奸盗、人命及别案牵连身系正犯，仍行提审。其余小事
> 牵连，提子侄、兄弟代审，如遇亏空、搜查家产、杂犯等案，将妇女
> 提审，永行禁止。违者，以违制治罪。（妇人犯罪例）
> ·妇人尊长与男夫卑幼同犯，虽妇人为首，仍独坐男夫。（共犯罪
> 分首从律注）
> ·妇人容留拐带罪坐夫男，夫男不知情及无夫男者，仍坐本妇，
> 照律收赎。（略人略卖人例）

---

① （清）刘衡：《读律心得·卷一·理讼撮要》，见刘俊文等编《官箴书集成》第 6 册，黄山
书社 1997 年版，第 160 页。

　·妇女犯奸，杖罪的决，枷罪收赎。（赎刑例）

　·妇人犯罪决杖者，奸罪去衣留裩，余罪单衣决罚。（工乐户及妇人犯罪律）

　·妇人犯罪皆免刺字。（工乐户及妇人犯罪律）

　·妇女犯该斩枭者，即拟斩立决，免其枭示。（妇人犯罪例）①

刘衡继承《大清律例》中以人为本的理念，并对这一理念继续发扬，展现了刘衡以人为本的执政理念。刘衡的这一理念得到百姓赞赏，也是统治者宣扬"仁政"理念的需要，维护了基层地方统治。

3. 法不阿贵

法不阿贵指执法公正，法律面前人人平等，对有权势的人也要严格执法。早在战国时期，商鞅在改革中就提出"法不避贵近"的主张，进行富国强兵，使秦国逐渐强大起来。《韩非子》一书中也提出："法不阿贵，绳不挠曲。法之所加，智者弗能辞，勇者弗敢争。刑过不避大臣，赏善不遗匹夫。"② 韩非当时提出法不阿贵的观点具有开拓性，在当时的社会环境下难能可贵。到了唐朝，柳宗元提出"法不阿贵、明法审全"的观点，严惩贪官污吏，以法治国。

刘衡熟读律例，深知法不阿贵的重要性，对法不阿贵思想加以继承。刘衡在《理讼撮要》中记载：

　·各处大小士官有犯徒罪以上，依律科断，其杖罪以下交部议处。（职官有犯律）

　·僧、道官有犯，径自提问。（赎刑例）

　·荫生有犯，应题参处分者，听各衙门题参。（职官有犯律）

　·任满得代、改除、致仕等官，与现任同。封赠官与（其子孙）正官同。其妇人犯夫及义绝（不改嫁）者（亲子有官，一体封赠），得

---

① （清）刘衡：《读律心得·卷一·理讼撮要》，见刘俊文等编《官箴书集成》第6册，黄山书社1997年版，第161—162页。

② （清）王先慎集注：《韩非子集解》，商务印书馆1933年版，第25页。

与其子之官品同。犯罪者并依职官犯罪律拟断。（以理去官律）

·凡罢闲官吏，在外干预官事，结揽写发文案，把持官府、蠹政害民者，并杖八十，于犯人名下追银二十两，付告人充赏。（监设官吏律）

·凡进士、举人、贡、监生及一切有顶带官，有犯笞杖轻罪，照律纳赎。罪至杖一百者，分别咨部除名，所得杖罪免其发落。徒、流以上照例发配。（赎刑例）

·文武生员犯该徒罪以上等罪，地方官一面详请斥革、一面即以到官之日扣限审讯，不必俟学政批回始行究拟。其情节本轻，罪止戒饬者，审明移会该学教官，照例发落，详报学政查核。贡、监生有犯，同。（职官有犯例）

·生员扛帮作证，审虚详革，加一等治罪。（诬告例）①

由以上内容可知，刘衡通过法律，对官吏及其亲属的犯罪行为严厉打击，坚持法不阿贵的主张，维护了基层社会安定。

4. 打击棍蠹

棍蠹，在刘衡的官箴著作中有其特定的内涵，在研究刘衡官箴书中限制棍蠹思想时，首先要对棍蠹的内涵进行界定。

首先我们看一下刘衡视野中的"棍蠹"。

卑职复查安民之道除蠹为先，天下无不爱民之官，而爱民之政不能下逮者，良由蠹等内外勾结，牢不可破，务以阻挠而扞格之，而爱民者往往或至于厉民。夫律设书役以供差遣。……卑职前在家乡亲见衙蠹之害民甚于盗贼，大抵役为甚，书次之。今幸隶仁绑，得亲训迪，颇知以痛除蠹役为务。②

---

① （清）刘衡：《读律心得·卷一·理讼撮要》，见刘俊文等编《官箴书集成》第6册，黄山书社1997年版，第162—163页。

② （清）刘衡：《庸吏庸言·严束书役革除蠹弊禀》，见刘俊文等编《官箴书集成》第6册，黄山书社1997年版，第180页。

　　为严禁蠹役事，照得安民之道除蠹为先，而衙蠹之凶，差役为甚。……丁以役为爪牙，役结丁为耳目。……本府管见以为，欲除蠹役，先驭门丁，未有信用门丁而独能剪除役弊者。①

　　本府前在家乡并先年游迹所经，亲见蠹役之害民，甚于贼盗。盖贼盗既畏事主之喊拏，尤惧官差之捕获，役则藉官势以肆恶，一票到手，吓诈百端。大而命盗案件，罔陷无辜，赃可栽诬，供能逼串。其小焉者，首赌不必起有赌具，禀奸不必获在登时。承缉则任指伙窝，吊赃则妄称销寄，以及多带帮差，擅用锁炼，私押人证，讼师、地棍、店主悉与狼狈为奸。②

　　而两边棍蠹各从而挑拨之，必至两造之结，各执一词，与堂断之言俱不符合，甚则书役高下其手，竟致供与结亦自两歧，或故留漏洞，或故示矛盾，以为翻异地步。③

　　为严除蠹弊事，照得为治之道，首在安良，而安良莫先于除蠹。本县访得县属有等土棍，结连衙蠹，藉讼扰害，其弊有五，良民被害，动辄破家。……今将蠹弊五条开列于后……以上五种蠹弊，士农工贾，俱有其人，绰号燕儿毛，又曰滚刀皮；其替人做呈词，名曰画猫猫；其串通索诈，名曰敲钉锤，曰起二黄箆；名色不一，而统名曰斗方法，又曰管闲事。乡间处处都有，城市一带尤多，某人某人，姓名住处，本县早已访闻确实。姑宽已往，再犯不宥，懔之慎之，特谕。④

　　由上述材料可见，刘衡对"棍蠹"的界定有"棍蠹""蠹""衙蠹""蠹役"，称谓不一。据此可知，"棍蠹"主要包括衙役、书吏、门丁、乡间讼师

①　（清）刘衡：《庸吏庸言·严禁蠹役札》，见刘俊文等编《官箴书集成》第6册，黄山书社1997年版，第183页。

②　（清）刘衡：《庸吏庸言·严禁蠹役札》，见刘俊文等编《官箴书集成》第6册，黄山书社1997年版，第183页。

③　（清）刘衡：《庸吏庸言·理讼十条》，见刘俊文等编《官箴书集成》第6册，黄山书社1997年版，第196页。

④　（清）刘衡：《庸吏庸言·严除蠹弊告示》，见刘俊文等编《官箴书集成》第6册，黄山书社1997年版，第203页。

等。瞿同祖先生这样定义衙役："衙门差役，通常称为'衙役'。他们服役于官府，充当信差、门卫、警员或其他卑贱职业。"① 笔者通过分析认为衙役不仅包括信差、门卫、警员，还包括捕役，他们服务于地方政府，进行相关的政务处理工作。徐珂在《清稗类钞》中认为"胥吏，公家所用掌理案牍之吏也，各治其房之事，俗称之曰书办"②。书吏也协助地方官处理政务，是地方政府不可缺少的人才。门丁是长随的一种，在这里是指官长的私人仆役，帮助官长处理私人生活，有时帮助官长处理一些小事情。讼师在这里是指帮助别人写状书以及教唆百姓进行诉讼的人。这几类人利用官府和官职庇护，极易成为"棍蠹"，恣吞良善，为治者所唾弃，治者认为这些人是丧尽天良，无恶不作，应该受到法律制裁的人。这就是刘衡视野中的"棍蠹"。

清朝中后期，吏治腐败，棍蠹侵扰百姓事件愈演愈烈。刘衡为政时期，棍蠹扰民现象严重。刘衡在编纂《理讼撮要》中主张严厉打击教唆词讼及诬告者，提出 4 个条目，分别为："教唆词讼各条，诈教诱人犯法各条，诬告各条，越诉各条。"③ 这些都是危害社会秩序，破坏百姓生命财产的行为，应受到严厉打击。

刘衡在具体的条文中也明确提到打击贪赃枉法的棍蠹，如：

· 各衙门书吏舞文作弊，照平人加一等治罪。（官吏受财例）

· 幕宾钻营引荐，事后收受为事人礼物，尚非舞弊诈财者，计赃以不枉法论，照衙门书吏加等例治罪。（在官求索借贷财物例）

· 幕友、长随、书役等，除犯诈、赃、诬、拿等项，罪有正条者，仍照例办理外。其但系倚官滋事，怂令妄为，累及本官者，各按本官降革处分上加一等，至徒三年而止。至总徒、准徒、军、流以上者均与同罪。（诈教诱人犯法例）

· 督抚、司、道上司差役扰害乡民，许州县查拿，将该役照例治

① 瞿同祖著，范忠信、晏锋译：《清代地方政府》，法律出版社 2003 年版，第 95 页。
② （清）徐珂：《清稗类钞》，中华书局 1986 年版，第 5249 页。
③ （清）刘衡：《读律心得·卷一·理讼撮要》，见刘俊文等编《官箴书集成》第 6 册，黄山书社 1997 年版，第 161 页。

罪。(官吏受财例)①

刘衡在《理讼撮要》中，专门列出 12 条打击棍蠹，这与刘衡注重管理衙役人员有关。刘衡认为只有严厉约束衙役，减少棍蠹侵扰，才能正确审理诉讼，减少冤假错案。刘衡在其官箴书《庸吏庸言》《蜀僚问答》中也提及打击棍蠹的重要性，他的观点是维护百姓利益的体现。在刘衡看来，打击棍蠹刻不容缓。

（二）罪例详解

清代《大清律例》共 40 卷，内容繁杂，律多成空文，例则繁碎。清朝官吏多是饱读儒学经书，对律例了解甚少。刘衡为了方便判案，"伏读本朝定律，加则不入死罪，减则首先死罪。至于流，加则分为三等，以次递加；减则并为一等，不次径减。加轻而减重，加缓而减速，仰见好生之德与天地参矣。臣不揣梼昧，敬汇为图，且集全编中有关加等、减等可以通用而散见于各门、各条者，录之得数十条，谨置案头，以备省览"②。刘衡通过总结这些罪例的加减原则，摘录数十条，使律例简洁精炼，方便官员断案。

《读律心得》卷 2 包括通用拟断罪名、通用加减罪例、通用加减罪例图三部分。通用拟断罪名包括 3 条，用于官员断案拟断罪名的依据。通用加减罪例包括 39 条，文中列出犯罪者加、减罪例的详细条文规定，并且有关条文列出具体的犯罪主体，包括生员、兵丁、幕友、长随、书吏等。详细的条文规定，使官员断案的依据更加明确，弥补了《大清律例》的繁琐之弊，减少了官员对律例的误解。通用加减罪例图则是详细地列出加罪 18 等和减罪16 等的换算例图，包括加罪中的笞罪 5 等、杖罪 5 等、徒罪 5 等、流罪 3 等，减罪中的斩绞 1 等、徒罪 5 等、杖罪 5 等、笞罪 5 等。刘衡制定的通用加减罪例图，有助于官员形成清晰的法律制裁观念，从而避免在判刑论罪过程中出现轻罪重罚、刑罚混乱的现象。

---

① （清）刘衡：《读律心得·卷一·理讼撮要》，见刘俊文等编《官箴书集成》第 6 册，黄山书社 1997 年版，第 163—164 页。

② （清）刘衡：《读律心得·卷二·通用加减罪例图》，见刘俊文等编《官箴书集成》第 6 册，黄山书社 1997 年版，第 168 页。

刘衡在文中提到的加罪，主要是针对诬告者、犯罪逃走者、犯罪拒捕者、幕友、长随、书役等的违法犯罪活动，如刘衡在文中提到：

·凡诬告人笞罪者，加所诬罪二等，流、徒、杖罪加所诬罪三等，各罪止杖一百、流三千里。（诬告律）

·凡犯罪逃走者，于本罪上加二等，罪止杖一百、流三千里。（罪人拒捕律）

·凡犯罪拒捕者，于本罪上加二等，罪止杖一百、流三千里。（罪人拒捕律）

·幕友、长随、书役等，除犯诈、赃、诬、拿等项照正条办理外，其耸官妄为，累及本官者，各按本官降、革处分上加一等，至徒三年止。（诈教诱人犯法例）①

这些加罪是为了惩治别有用心的犯罪活动，打击衙役中的棍蠹等，体现了刘衡对不法犯罪行为的严厉打击和对官府人员犯罪行为的重视。

刘衡也认真分析《大清律例》的减罪条例，这些条例针对自首者、因人连累者、差误者等，如文中提及：

·知人欲告而自首者，减罪二等。（犯罪自首律）

·因人连累致罪，而正犯罪人自死者，连累人减本罪二等。若罪人自首告及遇赦原免，或蒙特恩减一等、二等或罚赎者，连累人亦准罪人原免、减等、赎罪。（犯罪共逃律）

·若下司申上司事有差误，上司准行者，各递减下司官吏罪二等。若上司行下事有差误而所属依错施行者，各递减上司官吏罪三等，亦各以吏典为首。（同僚犯公罪律）②

---

① （清）刘衡：《读律心得·卷二·通用加减罪例》，见刘俊文等编《官箴书集成》第6册，黄山书社1997年版，第165—166页。

② （清）刘衡：《读律心得·卷二》，见刘俊文等编《官箴书集成》第6册，黄山书社1997年版，第165—166页。

这些减罪措施体现了清朝社会"仁政"的一面，可知当时法律比较灵活，重视人的生命和不轻易重罚的特性。

（三）《祥刑随笔》解读

《祥刑随笔》包含 20 条律刑条文和笞刑、杖刑、徒、流、军折枷例的惩罚措施，这些内容较为简略，但实用性强。刘衡借鉴《大清律例》，在《祥刑随笔》中介绍了刑具的使用规范、用刑的原则、用刑的时间及犯人患病用刑的处理规定等。

这部分内容也体现了法律中"仁"的一面，如文中提及：

·热审期内除窃盗及斗殴伤人罪应笞杖，不准减免其余杖责，人犯各减一等递行八折发落，笞罪宽免。（五刑例）

·应枷号者定于满日责放，不许先责后枷。遇患病即行保释医治，痊日补枷。若先责后枷遇患病不即行保释医治，以致毙命者，交部严加议处。（囚应禁而不禁例）

·强、窃盗、人命及情罪重大案件，正犯及干连有罪人犯准夹讯外，其别项小事概不许滥用夹棍。（故禁故勘平人论）

·凡问刑衙门不许于狱内用楲床，违者，官革职，杖一百，流三千里。（凌虐罪囚例）①

通过上述材料可知，除注重"仁"的一面外，另有三方面值得注意：首先，审讯过程中要严格谨慎，不可滥用刑罚，进行逼供。其次，法律在执行过程中要求官吏慎重用刑，心存宽容，减轻刑罚。再次，法律的执行要灵活运用，不可墨守成规，如遇人犯患病的情况，当先行保释医治，痊愈后再行问责。

（四）《读律心得》的评价

1.优点

《读律心得》内容丰富，是刘衡以《大清律例》为基础，对其中的律例

---

① （清）刘衡：《读律心得·卷三·祥刑随笔》，见刘俊文等编《官箴书集成》第 6 册，黄山书社 1997 年版，第 169 页。

法条进行的整理归纳。它是刘衡对《大清律例》的研究与多年为官经验和对封建法律知识的总结，具有很强的实用性。

其一，对律例解释细致。以通用加减罪例图为例，如加罪中的徒罪，对律意解释细致，让人一目了然。如：

> 徒罪五等：
> 由杖一百加一等，杖六十，徒一年；
> 加一等，杖七十，徒一年半；
> 加一等，杖八十，徒二年；
> 加一等，杖九十，徒二年半；
> 加一等，杖一百，徒三年。①

其二，选取的律例以实用性为主。《读律心得》的内容包括诬告、教唆词讼、越诉、官吏受财、赎刑、处分则例等，对官员进行案件审理，诉讼宣判等具有较强的实用性，基本解决《大清律例》条文繁琐的困扰。刘衡也经常"堂皇决事，辄手是编置案上，时用循览，或呼从隶举示，两造咸听命，有因是罢争者"②。

其三，爱民特色较强。德主刑辅是清代社会的基本政策，以《大清律例》为基础的《读律心得》也以此为基本理念。儒学的纲常礼教是《读律心得》的指导思想，《读律心得》中有许多减轻处罚、宽宥罪人的律例。如：

> 凡年七十以上、十五以下及废疾犯流罪以下者，准其收赎一次。若收赎之后复行犯罪，除因人连累、过误入罪者，仍准收赎外，如系有心再犯，即各照应得罪名按律问拟，不准再行收赎。(老幼不拷讯律)③

---

① （清）刘衡：《读律心得·卷二·通用加减罪例图》，见刘俊文等编《官箴书集成》第6册，黄山书社1997年版，第167页。

② （清）刘衡：《读律心得·卷三·跋》，见刘俊文等编《官箴书集成》第6册，黄山书社1997年版，第171页。

③ （清）刘衡：《读律心得·卷一·理讼撮要》，见刘俊文等编《官箴书集成》第6册，黄山书社1997年版，第162页。

2. 缺点

刘衡生活在清朝君主专制的社会里，很难突破当时制度的缺陷，再说《大清律例》也有它的不足之处，在这种情况下，《读律心得》难免存在缺陷。

其一，律条顺序编排混乱。《大清律例》是按照名例律、吏律、户律、礼律、兵律、刑律、工律的顺序进行排列，具有一定的体系。而《读律心得》没有一定的排列顺序，呈现出条理性不强，编排比较混乱的特点。

其二，专制主义色彩浓厚。刘衡深处清朝社会的大背景下，《读律心得》也是为专制统治服务的，它适用于大一统的封建国家统治，否则难以得到统治者的官方认可。如《读律心得》中对八议者犯罪和皇亲国戚及功臣亲属犯罪的处罚：

> ·凡八议者犯罪，八议者之祖父母、父母、妻及子孙犯罪，不许径自勾问，封奏取旨。若奉旨准问，议定奏取上裁。其犯十恶、反叛、缘坐、奸、盗、杀人、受财枉法者，不用此律。（应议者犯罪律，又应议者之祖父母有犯律）
> ·皇亲国戚及功臣（八议中亲与功为重）之外祖父母、伯叔父母、姑、兄弟、姊妹、女婿、兄弟之子，若四品、五品、文武官之父母、妻未受封者，及应袭荫子孙犯罪，从有司依律追问，议奏取自上裁。（应议者犯罪律，又应议者之祖父母有犯律）①

就可以看出法律对统治集团的庇护，这是维护统治者利益的需要。

其三，重刑。《读律心得》在内容上多是刑事处罚，涉及笞罪、杖罪、徒罪、流罪、死罪等，重视刑罚，而忽视民事条例，缺乏人文主义。如《读律心得》中提到：

---

① （清）刘衡：《读律心得·卷一·理讼撮要》，见刘俊文等编《官箴书集成》第6册，黄山书社1997年版，第162—163页。

·身犯两项罪名援引各律各例俱应斩决加拟枭示。（二罪俱发以重论例）

·凡两犯凌迟重罪者，于处决时加割刀数。（二罪俱发以重论例）

·凡擅伤罪人，除殴非折伤勿论外，如殴至折伤以上，按其擅杀之罪，应以斗杀拟绞者，仍以斗伤定拟。若擅杀之止，应拟满徒者亦减二等科断。（罪人拒捕例）①

其四，以经验为主。《读律心得》以《大清律例》为基础，通过刘衡断狱经验的积累和总结而写成，书中有许多心得来源于经验，因此，本书缺少抽象思辨的内容，缺乏灵活应变的特色。

其五，封闭性。刘衡生活在 19 世纪前后，西方先进的思想文化已经渐渐地传入到中国。然而刘衡禁锢在中国封建社会的圈子里，只注重传统的法律文化，并没有吸收西方先进的文化，使他的思想具有一定的封闭性。

三、传播与影响

《读律心得》是刘衡以《大清律例》为基础，通过自身为官经验对法律知识进行的总结，具有较强的实用性，传播范围较广，对后世官员处理诉讼案件产生较大影响。

通过资料整理，我们发现《读律心得》现有 20 种版本。通过对已知的版本分析，可知《读律心得》不同版本的传播情况。该书从 1836 年出版到 1911 年，传播至广东、四川、河南、山东、湖北、江苏、天津、湖南、北京、云南、上海、辽宁等 12 个省份，传播的时间跨度长，地域范围广。《读律心得》不仅在刘衡为官的广东、四川、河南等地传播，也在文化相对发达的山东、湖北、北京、江苏、天津、湖南、上海等地传播，还在云南、辽宁等文化相对落后的偏远地区传播，足以证明《读律心得》传播之广。

刘衡子刘良驹在此书跋文中提到："忆良驹己丑馆选后，乞假省觐蜀中

---

① （清）刘衡：《读律心得·卷二·通用加减罪例》，见刘俊文等编《官箴书集成》第 6 册，黄山书社 1997 年版，第 167 页。

时，家大人调守成都，良驹趋庭之余，见家大人出堂皇决事，辄手是编，置案上时用循览，或呼从隶举示，两造咸听命，有因事罢争者。良驹手录一帙携至京师，戚友、铨授外吏者竟向假钞，匆遽中传写多讹。从父叙将试令山西，尤读而好之，谓此编实学治津梁，属速以付梓。"① 由此可看出，刘衡这本《读律心得》不仅成为他办公和断案的依据，案头必览之书，也得到当时许多官员的赞赏和喜爱。

刘衡的《读律心得》为官员进行案件审理提供了依据和准则，给判案定罚带来了方便，提高了工作效率。《读律心得》得到当时及后世的赞赏，《同治建昌府志》《光绪江西通志》把刘衡的《读律心得》收录到艺文志中，认为它具有重要的价值。刘锦藻把《读律心得》汇编到《清续文献通考》经籍考中。徐珂的《清稗类钞》把《读律心得》作为箴规的汇编。丁立中在《八千卷楼书目》中收录刘衡的《读律心得》，把它作为藏书书目。李元度在《天岳山馆文钞》一书中，取《读律心得》中的精华而为师。戴肇辰在他的《学仕录》中提及《读律心得》的观点。《清史稿》也记载道："穆宗谕曰：'刘衡历任广东、四川守令，所至循声卓著。去官四十余年，至今民间称道弗衰。所著《庸吏》《庸言》《蜀僚问答》《读律心得》等书，尤为洞悉闾阎休戚，于兴利除弊之道，筹画详备，洵无愧循良之吏。将历任政绩宣付史馆，编入《循吏传》，以资观感。'衡所著书，皆阅历有得之言，当世论治者，与汪辉祖《学治臆说》诸书同奉为圭臬。"② 《读律心得》经过后世的不断推崇和传播，开拓了人们的法律视野，产生深远的作用。随着清代印刷业迅速发展，《读律心得》迅速在民间传播开来，使百姓法律知识增加，在一定程度上影响了百姓生活。

虽然《读律心得》存在一定的局限性，但它也有许多优点。它的产生和传播，在当时社会产生了深远影响。

---

① （清）刘衡：《读律心得·卷三·跋》，见刘俊文等编《官箴书集成》第 6 册，黄山书社 1997 年版，第 171 页。

② 赵尔巽等：《清史稿》卷 478《循吏三·刘衡列传》，中华书局 1977 年版，第 13057 页。

第三节　恤民自治：《庸吏庸言》

刘衡长期担任地方官员，深知地方社会中存在的各种弊端。面对弊端，刘衡通过学习和实践，继承了历代关于治理地方社会的经验，他又采取了独到做法，对地方的治理采用了许多有价值的治理措施。《庸吏庸言》是刘衡将其任职四川之前的各种告谕编辑而成，其中包含官员自洁自律的方法，对吏役控制的方式，以及官员对百姓进行教化、施行社会救济、实行保甲团练等措施的总结。

一、《庸吏庸言》的成书与版本

《庸吏庸言》是刘衡处理地方政务的箴言，是刘衡为人处世的指导方针，它的成书经历一系列的复杂过程。它是怎样成书的？它的不同版本之间有哪些不同？书中包含哪些智慧？它又对当时产生怎样的影响？我们通过分析《庸吏庸言》成书与版本流传可以更好地了解这部官箴书的价值，更好地解答上述问题。

（一）成书背景及主要内容

在中国历史上"告示"有多种称谓，如秦、汉、魏、晋时期多称"布告"，唐、宋、元和明代前期对"告示""布告""榜文"等名称使用较普遍，还有谕、公告、文告、告喻等名称。"明代中叶以后，大概是出于'上下有别'，并区分其适用地域的范围，君主和朝廷六部的布告称榜文，地方各级政府和长官的布告则称为告示。榜文、告示都是官府针对时弊或某种具体事项向百姓公开发布的文书，二者虽叫法相异，实际是同一性质的官方布告。"① 告示的主要功能在于劝谕、教化和改善民风民俗，重申国家法律，公布地方官府制定的政令、法令，以此达到维护国家统治的目的。清朝社会信息传播技术不够发达，为了更好地上情下达，官府就通过榜文、告示向民众公布政令和法令，使百姓了解与执行这些政令和法令。刘衡发布的告示继承

---

① 杨一凡、王旭编：《古代榜文告示汇存》，社会科学文献出版社 2006 年版，第 1 页。

了这一传统，对基层社会进行有效的教化和统治。

刘衡幼时深受儒家传统文化的影响，熟读修身齐家治国平天下之书，为后来步入政坛奠定了基础。嘉庆五年（1800），刘衡中恩科乡试副榜，考充正白旗，官学教习，以此施展自己的政治抱负，然而现实很残酷，面对纷乱纠葛的诉讼案件，刘衡深深感觉到缺乏经验。嘉庆十三年（1808），适逢刘衡教习期满，以县令注籍候铨，归家跟随祖父刘焯学习为官之道，认真听取祖父的教诲，"他日毋作孽也"①，学习为民之道。祖父刘焯在教导刘衡学习为官为民之道的同时，督促刘衡"读律暨廿四史循吏良能诸列传，旁及昔贤荒政、水利、保甲、弭盗、听讼、理冤狱诸法"②，使他对刑名之术也加深了学习。刘衡自己也勤奋刻苦，"家故藏书，辄搜取古今人总集、别集之语，近吏治者泛览而涉猎之，虽小说家未尝不寓目焉"③。嘉庆十八年（1813），刘衡奉檄广东试用四会县知县，设定团练章程，"曩在广东任四会时所拟章程，禀准通行者也。四会邻清远，地多山，盗薮也，予以此法行之，终其任二年又五阅月，民无以盗诉者"④，章程的设立减少了盗讼案件，取得一定成效。嘉庆二十二年（1817），刘衡调任博罗县知县，任职期间就颁布告示"慎用门丁"，减少门丁对公务的扰乱。此种方法也得到刘衡叔祖刘斯增的支持，"（刘衡）奉旨遇缺即补回粤署博罗县梅潭村……道光五年，十八叔祖斯增以进士宰此县，检查旧牍，见府君手定爰书，率钤不用门丁、不要钱小，印邑人士举为言"⑤。刘衡在道光元年（1821）进入叔父刘斯嵋西安幕中，一边协助叔父处理政务，一边研习律例，提升自己的法律知识。

刘衡通过沉淀知识和实践练习，公平公正地处理了许多公务，得到人

---

① （清）刘衡：《庸吏庸言·自序》，见刘俊文等编《官箴书集成》第 6 册，黄山书社 1997 年版，第 174 页。

② （清）刘衡：《庸吏庸言·自序》，见刘俊文等编《官箴书集成》第 6 册，黄山书社 1997 年版，第 174 页。

③ （清）刘衡：《庸吏庸言·自序》，见刘俊文等编《官箴书集成》第 6 册，黄山书社 1997 年版，第 174 页。

④ （清）刘衡：《庸吏庸言·团练章程》，见刘俊文等编《官箴书集成》第 6 册，黄山书社 1997 年版，第 221 页。

⑤ 国家图书馆分馆编：《中华历史人物别传集 40》，线装书局 2003 年版，第 374 页下。

民的信任，得到上级官员的赞赏。刘衡就想把这些治理经验流传给后人，给他们提供借鉴，以昭大义。他就"辄检此间禀札告条之尚存稿者，敬以质之同心，以明予之不用门丁、不昵书役，硁硁然守，王章而服家训者，只此区区不敢纵蠹作孽之苦心，庸也，非异也，何足当大雅一噱哉！爰署此编为《庸吏庸言》。"① "幕宾山阴吴君寿椿，以法家言世其家者，诚笃君子也，相知最深，相处亦最久，辄检其十余年所录，存予所作禀、启、牌檄、批文诸稿，促付梓人云：'可代口舌劳。'予不获辞，爰刊一编，所谓《庸吏庸言》者，仓卒付梓。"② 经过刘衡及其亲人的努力，此书在道光十一年（1831）出版。

本书采用的《庸吏庸言》版本是清同治七年（1868）楚北崇文书局刻本，它是《刘簾舫先生吏治三书》中的一书，线装，1 函 3 册。封面高 27 厘米，框高 18.5 厘米，宽 13.1 厘米，正文 10 行 22 字，小字双行同，白口，单鱼尾，左右双边。内封面后镌"同治七年楚北崇文书局开雕"，藏于北京大学图书馆。

《庸吏庸言》是刘衡为官广东、四川时各种告示的汇编。全书分为上卷、下卷和庸吏余谈三部分，共计 34 条目，33000 余字。上卷共 17 条目，分别为：巴县到任自誓告示、到任谒城隍神誓文、博采良谟告示、鸣锣条款、禁捕安拏告示、不用差役传案票稿、劝谕书吏告示、严束书役革除蠹弊禀、严禁蠹役札、慎用门丁札、相验遵例札、尸场结案札、禁藉命扰害告示、劝民切勿轻生告示、议复理讼禀、理讼十条、断追不能速缴之案将原契券付本主收执禀。

下卷共 14 条目，分别为：劝民息讼告示、劝谕生监告示、劝民崇俭告示、严除蠹弊告示、以民捕盗禀、筹议义田禀、酌拨义谷禀、收养孤贫禀、恤孤劝捐告示、养济院记、办理春荒章程、保甲团练禀、保甲章程、团练章程。

① （清）刘衡：《庸吏庸言·自序》，见刘俊文等编《官箴书集成》第 6 册，黄山书社 1997 年版，第 174 页。

② （清）刘衡：《庸吏余谈·自序》，见刘俊文等编《官箴书集成》第 6 册，黄山书社 1997 年版，第 222 页。

《庸吏余谈》共 3 条目，分别为：行各属秋冬收养无依之幼孩于署内养赡以全民命而迓天和檄、行各州县遇有斗殴之案验明伤痕收养署内延医调治檄、发昭化县具覆遵查何定元上控差役赵喜等一件禀批。

（二）版本比较

刘衡所著《庸吏庸言》在其生前、故后均有出版，通过搜集整理，发现不同的版本有不同之处，兹一一梳理如下。

1. 《庸吏庸言》版本概述

《庸吏庸言》经搜集整理，主要有以下版本：

（1）《庸吏庸言》清道光十九年（1839）刻本，刘衡撰，线装，1 册，藏于北京师范大学图书馆。

（2）《庸吏庸言》清道光三十年（1850）刻本，刘衡撰，线装，1 函 4 册，封面高 23 厘米，正文 9 行 21 字，白口，单黑鱼尾，左右双边，版框高 17.4 厘米，宽 12.1 厘米。牌记：道光庚戌年重镌。藏于北京大学图书馆。

（3）《庸吏庸言》清咸丰九年（1859）北京慎诒堂刻本，线装，1 函 2 册，封面 23.6×14.4 厘米，框高 18.3 厘米，宽 12.6 厘米，正文 8 行 20 字，小字双行同，白口，左右双边，单鱼尾。内封牌记载："咸丰九年夏镌琉璃厂慎诒堂藏版"。藏于山东大学图书馆。

（4）《庸吏庸言》来自《宦海指南》，许乃普辑，清咸丰九年（1859）刻本，线装，1 函 6 册。内封背面镌："咸丰九年春三月 / 许乃普题。"藏于中国海洋大学图书馆、中国人民大学图书馆。

（5）《庸吏庸言》清同治三年（1864）四川藩署刻本，刘衡撰，线装，1 册，藏于南京大学图书馆。

（6）《庸吏庸言》来自《刘簾舫先生吏治三书》，刘衡撰，清同治七年（1868）楚北崇文书局刻本，线装，1 函 3 册。封面高 27 厘米，框高 18.5 厘米，宽 13.1 厘米，正文 10 行 22 字，小字双行同，白口，单鱼尾，左右双边。内封面后镌"同治七年楚北崇文书局开雕"。藏于北京大学图书馆。

（7）《庸吏庸言》来自《刘簾舫先生吏治三书》，刘衡撰，清同治七年（1868）江苏书局刻本，线装，1 夹 3 册，子目有《庸吏庸言》2 卷，藏于南开大学图书馆。

（8）《庸吏庸言》来自《刘簾舫先生吏治三书》，刘衡撰，清同治七年（1868）楚北崇文书局刻本，线装，1函3册，封面高26厘米。附注：渔洋山人《手镜》一篇，代直隶总督劝谕牧文一篇。藏于北京大学图书馆。

（9）《庸吏庸言》来自《刘簾舫先生吏治三书》，刘衡撰，清同治七年（1868）江苏书局刻本，线装，1函1册，正文11行21字，眉上镌评行10字，线黑口，单黑鱼尾，左右双边，版框高17厘米，宽12.5厘米。牌记：同治七年四月江苏书局重刊，书名据内封面及序。藏于北京大学图书馆。

（10）《庸吏庸言》来自《刘簾舫先生吏治三书》，刘衡撰，丛编于《牧令全书》，清同治七年（1868）江苏书局刻本，线装，1函1册。11行21字，线黑口，单黑鱼尾，左右双边，版框高16.4厘米，宽12.3厘米。附注：同治八年丁日昌序。藏于北京大学图书馆。

（11）《庸吏庸言》来自《刘簾舫先生吏治三书》，刘衡撰，清同治七年（1868）楚北崇文书局刻本，线装，1函3册。封面高26.2×15.2厘米，框高18.5厘米，宽13.1厘米，正文10行22字，小字双行同，白口，单鱼尾，左右双边。内封面后镌"同治七年楚北崇文书局开雕"，书中钤"大学堂藏书楼之章"朱印。藏于北京大学图书馆。

（12）《庸吏庸言》清同治九年（1870）湖南省藩署刻本，刘衡撰，线装，1函2册，封面25.8×14.9厘米。内封背面牌记镌："同治九年秋八月湖南省藩署刊行"。书中钤"寿盦"阳文朱印、"盛"阴文朱印、"晟""大学堂图书馆收藏记"阳文朱印。藏于北京大学图书馆。

（13）《庸吏庸言》清同治九年（1870）湖南省藩署刻本，刘衡撰，线装，1函2册，封面26.3×15.2厘米。内封背面牌记镌："同治九年湖南藩署重刊"。书中钤"大学堂图书馆收藏记"阳文朱印。藏于北京大学图书馆。

（14）《庸吏庸言》清同治九年（1870）湖南省藩署刻本，刘衡撰，线装，1函1册，封面24.9×15.2厘米。内封背面牌记镌："同治九年秋八月湖南省藩署刊行"。书中钤"大学堂图书馆收藏记"阳文朱印。藏于北京大学图书馆。

（15）《庸吏庸言》清同治九年（1870）湖南省藩署刻本，刘衡撰，线装，1函6册，封面25.4×15.7厘米。收藏历史：函套题签钤"芸香斋京苏书籍发兑"阳文朱记。藏于北京大学图书馆。

（16）《庸吏庸言》清同治十二年（1873）羊城书局刻本，线装，1册，丛编于《刘簾舫先生吏治三书》。附注：总封面二镌"同治十二年仲夏月重刊于羊城书局"。藏于中国人民大学图书馆。

（17）《庸吏庸言》来自《合刻吏则七种》，王文韶辑，清光绪二十年（1894）刻本，线装，1函12册。封面高26厘米，版框高18.5厘米，宽13.1厘米，正文9行22字，黑口，双黑鱼尾，左右双边。前有光绪二十年王文韶撰"合刻吏则七种序"。藏于北京大学图书馆。

（18）《庸吏庸言》清光绪二十二年（1896）上海图书集成印书局出版，刘衡撰，铅印本，线装，1册，总封面牌记原题"光绪二十二年上海图书集成印书局印"。藏于中国人民大学图书馆。

（19）《庸吏庸言》来自《合刻吏则七种》，王文韶辑，清光绪三十四年（1908）河南官纸印刷所，石印本，线装。藏于北京大学图书馆。

以上版本是已知资料可查的版本，难免有遗漏。以上版本刊刻的时间、地点、内容等略有差异。

2. 版本比较

由于北京大学图书馆藏《刘簾舫先生吏治三书》中《庸吏庸言》清同治七年（1868）楚北崇文书局刻本和北京大学图书馆藏《刘簾舫先生吏治三书》中《庸吏庸言》清同治七年（1868）江苏书局刻本最具有代表性，兹将这两部书进行对比研究。为了更好地进行研究，下将《庸吏庸言》清同治七年（1868）楚北崇文书局刻本简称"楚北崇文书局刻本"，《庸吏庸言》清同治七年（1868）江苏书局刻本简称"江苏书局刻本"。

（1）外观形态之比较

清同治七年（1868）楚北崇文书局刻本，线装，1函3册。封面高27厘米，框高18.5厘米，宽13.1厘米，正文10行22字，小字双行同，白口，单鱼尾，左右双边。内封面后镌"同治七年楚北崇文书局开雕"，藏于北京大学图书馆。

清同治七年（1868）江苏书局刻本，线装，1函1册，正文11行21字，线黑口，单黑鱼尾，左右双边，版框高16.4厘米，宽12.3厘米，附注：同治八年丁日昌序，藏于北京大学图书馆。

（2）内容之比较

第一，序文。"楚北崇文书局刻本"中包括四川督学郭尚先撰的原序和刘衡写的自序。郭尚先（1785—1832），字元开，号兰石，福建莆田人。郭尚先历任国史馆纂修、文渊阁校理、四川学政、大理寺卿、礼部右侍郎等。刘衡调成都府后与郭尚先有交往，郭尚先著述颇丰，有《芳坚馆印存》《进奉文》《经筵讲义》《使蜀日记》等。道光十年（1830），郭尚先受刘衡委托，为官箴书《庸吏庸言》写序文。

"江苏书局刻本"中包括丁日昌之序文和编校《刘簾舫先生吏治三书》凡例。丁日昌（1823—1882），字禹生，又作雨生，号持静，广东丰顺县人。丁日昌历任苏松太道，两淮盐运使，福州船政大臣，福建巡抚，节制沿海水师兼理各国事务大臣等。丁日昌曾在同治八年（1869）编辑官箴书《牧令全书》，其中包括《庸吏庸言》一篇。他编校《刘簾舫先生吏治三书》凡例介绍道：《庸吏庸言》原本四种，有《庸吏余谈》一种，仅自序一页，目录一页，文三篇，不必另为一种，今删去自序目录，以余谈三篇并入庸言一类，名曰《吏治三书》。"江苏书局刻本"中包括四川督学郭尚先撰的原序，吴寿椿写的序，刘衡写的自序。

"楚北崇文书局刻本"和"江苏书局刻本"在序文中有文字上的不同。"楚北崇文书局刻本"在序文中一处记载为"唯其庸也"。"江苏书局刻本"在序文中一处记载为"惟其庸也"，"唯"与"惟"不同，但两字通用。

通过以上序文的不同，分析出"楚北崇文书局刻本"和"江苏书局刻本"虽然处于同一时期，但不同的编纂刊刻者会对《庸吏庸言》的出版产生不同的影响。

第二，目录。"楚北崇文书局刻本"分为3卷，分别为上卷、下卷和庸吏余谈三部分，上卷共17条目，分别为：巴县到任自誓告示、到任谒城隍神誓文、博采良谟告示、鸣锣条款、禁捕妄拏告示、不用差役传案票稿、劝谕书吏告示、严束书役革除蠹弊禀、严禁蠹役札、慎用门丁札、相验遵例札、尸场结案札、禁藉命扰害告示、劝民切勿轻生告示、议复理讼禀、理讼十条、断追不能速缴之案将原契券付本主收执禀。下卷共14条目，分别为：劝民息讼告示、劝谕生监告示、劝民崇俭告示、严除蠹弊告示、以民捕盗禀、筹议义田禀、酌拨义谷禀、收养孤贫禀、恤孤劝捐告示、养济院记、办理春荒章程、保甲团练禀、保甲章程、团练章程。《庸吏余谈》共3条目，分别为：行各属秋冬收养无依之幼孩于署内养赡以全民命而迓天和檄、行各州县遇有斗殴之案验明伤痕收养署内延医调治檄、发昭化县具覆遵查何定元上控差役赵喜等一件禀批。

"江苏书局刻本"分为2卷，分别为上卷、下卷，上卷共18条目，分别为：巴县到任自誓告示、到任谒城隍神誓文、博采良谟告示、鸣锣条款、严禁捕役妄拏告示、不用差役传案票稿、劝谕书吏告示、禀严束书役革除蠹弊由、札各牧令严禁蠹役由、札商各牧令官须自做慎用门丁由、行各州县遇有斗殴之案验明伤痕收养署内延医调治檄、札各牧令相验宜遵例自备夫马少带人役由、札各属自尽命案应遵例尸场结案由、严禁藉命扰害及赏格告示、发昭化县具覆遵查何定元上控差役赵喜等一件禀批、劝民切勿轻生告示、禀制宪札询民风好讼应如何妥议章程遵即议复十条由、禀复断追不能速缴之案遵札办理由。下卷共12条目，分别为：劝民息讼告示、劝谕生监敦品善俗以襄教化告示、劝民崇俭告示、严除蠹弊告示、禀缉盗之法用捕役不如使民自捕并严禁诬害由、禀复筹款收养孤贫由、收养孤贫劝捐告示、梁山县新建养济院记、行各属秋冬收养无依之幼孩于署内养赡以全民命而迓天和檄、办理春荒章程、禀呈编联保甲章程兼行团练由、保甲章程。

"楚北崇文书局刻本"分为3卷，共34则，书中条目对原文章题目进行了简化。"江苏书局刻本"分为一个目录，共30则，书中条目与原文章题目相同。

两个版本条目的顺序不同。"江苏书局刻本"比"楚北崇文书局刻本"少2篇，分别为"筹议义田禀""酌拨义谷禀"；"江苏书局刻本"把"保甲章程"和"团练章程"合并为一篇，为"保甲章程"；"江苏书局刻本"把"理讼十条"合并到"禀制宪札询民风好讼应如何妥议章程遵即议复十条由"；"江苏书局刻本"中把《庸吏余谈》的内容穿插到上卷和下卷中，省略了《庸吏余谈》。

目录的不同反映编纂者对刘衡《庸吏庸言》的理解不同，对文章内容的需求不同，他们也希望通过编纂和出版《庸吏庸言》来达到传播知识和文化的目的。

第三，正文。通过对"楚北崇文书局刻本"和"江苏书局刻本"的对比，发现有文字上的不同，兹一一列举如下：

① 巴县到任自誓告示一篇中："楚北崇文书局刻本"作"懔之特示"，"江苏书局刻本"作"懔之并将自誓对联附刻于后，凡以自白且自励也，特示"。

② 第二篇标题中："楚北崇文书局刻本"篇名作"到任谒城隍神誓"，"江苏书局刻本"篇名作"到任谒城隍神誓文"。又，"楚北崇文书局刻本"作"惟小子衡自慨凉德"，"江苏书局刻本"作"维小子衡自慨凉德"。

③ 博采良谟告示一篇中："楚北崇文书局刻本"作"惟自问德薄能鲜"，"江苏书局刻本"作"惟自问德薄鲜能"。又，"楚北崇文书局刻本"作"准其承递密函"，"江苏书局刻本"作"准其呈递密函"。

④ 不用差役传案票稿一篇中："楚北崇文书局刻本"作"以□□等词控某人一案"，"江苏书局刻本"作"以某某等词控某人一案"。又，"楚北崇文书局刻本"作"查所控系□细故"，"江苏书局刻本"作"查所控系某细故"。

⑤ 劝谕书吏告示一篇中："楚北崇文书局刻本"作"不许唆令人犯妄攀"，"江苏书局刻本"作"不许唆令人犯妄扳"。

⑥ 禀严束书役革除蠹弊由一篇中："楚北崇文书局刻本"作"不能不签押捕役，卑职亦酌予捕费"，"江苏书局刻本"作"不能不签差捕役，卑职亦酌捐捕费"。

⑦ 札各牧令严禁蠹役由一篇中："楚北崇文书局刻本"在"而元气剥削尽矣"后边无"原批初觉顺手久之，则掣肘矣。其甚焉者，不但丧心，抑且牵鼻，恐噬脐之无及，盍回首以毋迟。""江苏书局刻本"后边有"原批初觉顺手久之，则掣肘矣。其甚焉者，不但丧心，抑且牵鼻，恐噬脐之无及，盍回首以毋迟。"又，"楚北崇文书局刻本"作"何于蠹役而爱惜护庇之"，"江苏书局刻本"作"何物蠹役而爱惜护庇之"。又，"楚北崇文书局刻本"作"使扰吾民也"，"江苏书局刻本"作"使害吾民也"。又，"楚北崇文书局刻本"在"非其明验耶"后边无"原批岂所讯之案竟能事事允协耶，抑吾民监

我不庇蠹役之苦衷，而凉我耳思之。""江苏书局刻本"后边有"原批岂所讯之案竟能事事允协耶，抑吾民监我不庇蠹役之苦衷，而凉我耳思之。"

⑧札商各牧令官须自做慎用门丁由一篇中："楚北崇文书局刻本"作"但桌上格内油书'发某房'三字"，"江苏书局刻本"作"但桌上格均油书'发某房'三字"。

⑨札各牧令相验宜遵例自备夫马少带人役由一篇中："楚北崇文书局刻本"作"谁为应派之人"，"江苏书局刻本"作"谁为应证之人"。"楚北崇文书局刻本"作"只带轿夫□名"，"江苏书局刻本"作"只带轿夫四六名"。

⑩札各属自尽命案应遵例尸场结案由一篇中："楚北崇文书局刻本"作"尤不免失业废时"，"江苏书局刻本"作"究不免失业废时"。

⑪禀制宪札询民风好讼应如何妥议章程遵即议复十条由一篇中："楚北崇文书局刻本"作"由此而通线索"，"江苏书局刻本"作"由此而通索线"。又，楚北崇文书局刻本作"卑府前在牧令时"，"江苏书局刻本"作"卑府前作牧令时"。又，"楚北崇文书局刻本"作"刷就一条，呈览"，"江苏书局刻本"作"刷就一条，呈览，限期簿式"。又，"楚北崇文书局刻本"作"即无惮改正耳"，"江苏书局刻本"作"即不惮改正耳"。又，"楚北崇文书局刻本"作"不难杯酒释恨矣"，"江苏书局刻本"作"不难杯酒释憾矣"。

⑫劝谕生监敦品善俗以襄教化告示一篇中："楚北崇文书局刻本"作"究不能家谕户晓"，"江苏书局刻本"作"究不能家喻户晓"。又，"楚北崇文书局刻本"作"不但训饬其子弟"，"江苏书局刻本"作"不但诫饬其子弟"。

⑬严除蠹弊告示一篇中："楚北崇文书局刻本"作"本人原莫有告状的心"，"江苏书局刻本"作"本人原没有告状的心"。

⑭禀复筹款收养孤贫由一篇中："楚北崇文书局刻本"作"并查有库贮湖北"，"江苏书局刻本"作"并查有库储湖北"。

⑮收养孤贫劝捐告示一篇中："楚北崇文书局刻本"作"并库贮闲款一百五十四两零"，"江苏书局刻本"作"并库储闲款一百五十四两零"。又，"楚北崇文书局刻本"作"须于量力之中加意从厚"，"江苏书局刻本"作"但须于量力之中加意从厚"。

⑯ 梁山县新建养济院记一篇中："楚北崇文书局刻本"作"益以库贮闲款共得钱七百千文"，"江苏书局刻本"作"益以库储闲款共得钱七百千文"。又，"楚北崇文书局刻本"作"尤愿诸君子之有以善其后也"，"江苏书局刻本"作"尤愿诸君子之有以继其后也"。又，"楚北崇文书局刻本"作"今将新建养济院碑刻五项列后，一养济院记"，"江苏书局刻本"作"今将新建养济院碑刻四项列后"。

⑰ 办理春荒章程一篇中："楚北崇文书局刻本"作"前经延请城内及三里绅耆入署面商"，"江苏书局刻本"作"前经延请城内及三里绅耆到署面商"。又，"楚北崇文书局刻本"作"今议定邑中各顾、各保"，"江苏书局刻本"作"今议定各顾、各保"。又，"楚北崇文书局刻本"作"各保于接到此示后"，"江苏书局刻本"作"各保于接示后"。又，"楚北崇文书局刻本"作"伫见德孚桑梓"，"江苏书局刻本"作"但见德孚桑梓"。

⑱ 保甲章程一篇中："楚北崇文书局刻本"作"如数过三甲"，"江苏书局刻本"作"如数过三牌"。又，"楚北崇文书局刻本"作"注明铺户姓名"，"江苏书局刻本"作"注明铺主姓名"。又，"楚北崇文书局刻本"作"即就户中"，"江苏书局刻本"作"即就铺户中"。又，"楚北崇文书局刻本"作"一切纸笔、刷印用费"，"江苏书局刻本"作"一切纸笔、印刷费用"。"楚北崇文书局刻本"作"有保甲登记册样本"，"江苏书局刻本"作"无保甲登记册样本"。

⑲ 团练章程一篇中："楚北崇文书局刻本"作"遇有盗警较远之各望楼"，"江苏书局刻本"作"遇有盗警之较远各望楼"。

⑳ 行各属秋冬收养无依之幼孩于署内养赡以全民命而迓天和檄一篇中："楚北崇文书局刻本"作"幼孩至署内先问明姓名"，"江苏书局刻本"作"幼孩至署内问明姓名"。又，"楚北崇文书局刻本"作"各州县如有不合宜处"，"江苏书局刻本"作"该州县如有不合宜处"。

"楚北崇文书局刻本"与"江苏书局刻本"刊刻时间同为同治七年(1868)，编纂者均为博学之士，理应没有错讹，据笔者分析上面的不同主要有以下几种原因：

其一，编纂者的文化水平不同，对字义的把握不同。如巴县到任自誓告示一篇中，"楚北崇文书局刻本"作"懔之特示"，"江苏书局刻本"作"懔之并将自誓对联附刻于后，凡以自白且自励也，特示"，"楚北崇文书局刻本"对文字进行了简化。札各牧令严禁蠹役由一篇中，"楚北崇文书局刻本"作"使扰吾民也"，"江苏书局刻本"作"使害吾民也"，"害"字更能体现蠹役危害之深，"扰"字效果没有"害"字明显。

其二，个别版本存在笔误。如第二篇标题"楚北崇文书局刻本"篇名作"到任谒城隍神誓"，"江苏书局刻本"篇名作"到任谒城隍神誓文"，"楚北崇文书局刻本"漏写"文"字。保甲章程一篇中，"楚北崇文书局刻本"作"如数过三甲"，"江苏书局刻本"作"如数过三牌"，根据原文意思，应为"如数过三牌"，"甲"字存在明显错位，应为笔误所致。

其三，对字句的美化，使原文更加通顺。如博采良谟告示一篇中，"楚北崇文书局刻本"作"惟自问德薄能鲜"，"江苏书局刻本"作"惟自问德薄鲜能"，"江苏书局刻本"对字句进行了美化。禀严束书役革除蠹弊由一篇中，"楚北崇文书局刻本"作"不能不签押捕役，卑职亦酌予捕费"，"江苏书局刻本"作"不能不签差捕役，卑职亦酌捐捕费"，"予"字更能体现出县官对捕役的关爱和善赏，使原文更加通顺。

第四，批注。"楚北崇文书局刻本"在书中没有批注，"江苏书局刻本"在版框上栏有批注，这里将批注列出进行分析。

①"江苏书局刻本"卷上第 3 页下，页面上方标注"赫赫盟誓读之凛然做官之认真与否虽不在誓与不誓而以此质诸鬼神即借此检束身心神鉴在兹自常觉有所畏而不敢肆也"。

②"江苏书局刻本"卷上第 4 页上，页面上方标注"不寄耳目于吏役而求助于绅衿耆老并求助于公正之绅衿耆老则所知所闻必切中地方之利弊所行所作自大顺地方之人心吏役既不得明此以为□不省之绅耆文有所观或而改辙初任民事者当以此为第一著然驭人以身心己能公正而后能得公正之绅耆以相辅"，"地方利弊惟士著人知之最悉然必须公正绅士方能据实剀陈不至徇私偏袒至访间蠹棍讼师只据呈递密函严速确查不令得知来历所自则奸邪自然胆落人人皆肯尽言矣"。

③"江苏书局刻本"卷上第 4 页下，页面上方标注"逐日榜示押犯姓

名，使民周知，一有私押立即告发，其弊自绝矣"。

④"江苏书局刻本"卷上第 5 页下，页面上方标注"捕役妄拿，最为民害，良善破家，讼棍肆志，弊实不一而足""纵蠹殃民即民之贼，瘠民祉者，读之能无悚然"。

⑤"江苏书局刻本"卷上第 7 页上，页面上方标注"不用差役传案则政成而民信之矣，如其不能，莫若限定立簿，逐日亲查一法""此项书吏当勒修行于门中而不可妄自菲薄"。

⑥"江苏书局刻本"卷上第 7 页下，页面上方标注"门中人多犯此病照亲族实所以陷"。

⑦"江苏书局刻本"卷上第 8 页上，页面上方标注"书□□及至讼狱一与而亲劝志反受鱼肉者可胜数哉"。

⑧"江苏书局刻本"卷上第 8 页下，页面上方标注"增删口供情节此弊所在多有总在官之留心□""监狱宜时时查察，旁风土雨，汗秽卑□，随时修葺而涤去之，亦造福之一端也"。

⑨"江苏书局刻本"卷上第 9 页上，页面上方标注"书役不知畏法，势必罔所顾忌而无所不为。严之，予正当于若辈用之"。

⑩"江苏书局刻本"卷上第 9 页下，页面上方标注"呈词准驳能当堂当时批明榜示，只此一端已为百姓晚无穷讼累"。

⑪"江苏书局刻本"卷上第 10 页上，页面上方标注"驭胥役无过一严字，其要光在赏罚分明，不罚则不畏，有罚无赏则不奋也"。

⑫"江苏书局刻本"卷上第 10 页下，页面上方标注"命盗案件立限速结，则良苦不至株累，而蠹役刁唆索扰之计俱穷，造福民间不浅矣""捕必求精费心从重方可得力""所难得者民共信不致累耳，此非取信于平日，必不能骤服于临时"。

⑬"江苏书局刻本"卷上第 11 页下，页面上方标注"门丁与官最近，且服役必久，凡官之性情好恶无不备悉，当挟其小忠小信以邀恩宠，官若不察一相信任，势必内勾幕友，外串书役，彼书役者恃有护若无所顾忌，明此肆虐犬豕斯民，官方倚为腹心而百姓已欲寝其皮而食其肉矣，故有志剔弊者，必自门丁始"。

⑭"江苏书局刻本"卷上第 13 页下，页面上方标注"官所信用岂尽善良，稍有偏好，弊遂百出，而当局者往往不觉也"。

⑮"江苏书局刻本"卷上第 14 页下，页面上方标注"信用门丁之弊，不独庇役助役也，造作语言颠倒曲直能使本官喜怒随之转移而民之受害无穷矣"。

⑯"江苏书局刻本"卷上第 15 页下，页面上方标注"此条最为简明，牧令能照此办理，吏治必能起色"。

⑰"江苏书局刻本"卷上第 16 页下，页面上方标注"然则何道以处此惟不以束懂属之而彼自无所□技"。

⑱"江苏书局刻本"卷上第 17 页下，页面上方标注"驾驭门丁之法数密尽之，与其有用而滋弊，不若无用而犹无弊也"。

⑲"江苏书局刻本"卷上第 20 页下，页面上方标注"抬入署中医治乃保辜第一良法，所费无几所全实多，非爱民如子者不能如此周至"。

⑳"江苏书局刻本"卷上第 22 页下，页面上方标注"以上诸弊近日各处皆然，一遇命案相验其扰累具有目不忍睹、耳不忍闻者，卒之尸亲以疑役者疑官讦告不休，官反因是而得不是，不徒为蠹役作马牛哉，有心爱民者亦何乐而出此"。

㉑"江苏书局刻本"卷上第 23 页下，页面上方标注"沈痛言之一字一护，读此能不动心"。

㉒"江苏书局刻本"卷上第 25 页下，页面上方标注"命案牵连辄至破家荡产，官能耐烦片时，当场取结完案，所保全者多矣"。

㉓"江苏书局刻本"卷上第 29 页下，页面上方标注"平心和气以察事理之是非，方为任理不任气，否则执其成见，必至偏颇害事矣"。

㉔"江苏书局刻本"卷上第 32 页上，页面上方标注"官能公以办事勤以律己，而民自无不畏而爱之矣，可知畏不在于刑求、爱不在于惠结，治斯民者苟能以公勤自尽，而民自无不畏而爱之矣"。

㉕"江苏书局刻本"卷上第 33 页下，页面上方标注"此条为治讼下手第一层工夫，实搜根穷源之法"。

㉖"江苏书局刻本"卷上第 34 页上，页面上方标注"凡衙门作弊，全

在多层间隔多日耽搁，当堂亲收则无间隔矣，本日批呈则无延阁矣，弊何自生"。

㉗ "江苏书局刻本"卷上第 34 页下，页面上方标注"索据州县期呈有百数十纸者，难以即日批发，然至迟亦不可过五日，但要批得中肯、结得快捷，自然一日少一日"。

㉘ "江苏书局刻本"卷上第 35 页上，页面上方标注"尽事之贼也，限定查簿，则差役不能辗转为奸"。

㉙ "江苏书局刻本"卷上第 35 页下，页面上方标注"尝见民间一词到官既系准理，其原告固无不探听讯期，即被告之人亦望早日申诉，至抗不到官者千百中一二已耳，签差立限，即蠹役无所胜挪两造不至废时失业，而其要在官之勤听断始"。

㉚ "江苏书局刻本"卷上第 37 页下，页面上方标注"亦有不能不审后准息者，总在地方官权衡事理"。

㉛ "江苏书局刻本"卷上第 38 页上，页面上方标注"以控案多寡别功过上司，可以此察属员之勤惰，为州县者自宜早，早用心勿致累民自累"。

㉜ "江苏书局刻本"卷上第 39 页下，页面上方标注"凡事只要认□给误于前，卒改于后，况狱讼大事，其可自以为是乎，膺民社者，当奉此为箴砭"。

㉝ "江苏书局刻本"卷上第 40 页上，页面上方标注"如此乃无愧父母之称"。

㉞ "江苏书局刻本"卷上第 41 页上，页面上方标注"信件不收，要案鸣锣为迟、为速，均得其道"。

㉟ "江苏书局刻本"卷上第 42 页下，页面上方标注"得良民必须促宽，治恶人必须从严，但不可轻发，轻发或恐有所□格转益生其狃玩"。

㊱ "江苏书局刻本"卷下第 1 页下，页面上方标注"告条必如此人情大理力能动人"。

㊲ "江苏书局刻本"卷下第 4 页上，页面上方标注"□□□合上下皆当讲出官能俭则不至于贪民□俭则不至于不足□俭可□□□价亦俭可□励官箴"。

㊳ "江苏书局刻本"卷下第 6 页上,页面上方标注"严除蠹弊告示以下各款,皆去蠹之良方,蠹去而民自延矣"。

㊴ "江苏书局刻本"卷下第 7 页下,页面上方标注"用捕不如使民自捕,要言不烦。汪龙庄先生□宁远时驱逐流丐即是此法""□保甲之法不行而贼始□□□之□欹清具源必□□有保甲□"。

㊵ "江苏书局刻本"卷下第 17 页上,页面上方标注"各顾各保,无漏无滥,救荒之善策也。然各属情形不同,往往一保之中贫多富少,或且有贫无富,不得不仰给于他保,因地制宜,师其意焉可耳"。

㊶ "江苏书局刻本"卷下第 19 页上,页面上方标注"斟酌时势四字不可□过"。

通过分析,这些批注是作者或是出版者对相关词语或句子的解释和说明,以便于读者更加清晰明白地理解文本内容。由于缺乏资料,这些批注的作者和写作时间无法准确考证。

二、《庸吏庸言》的内容分析及评价

刘衡长期担任地方官员,深知地方社会中存在的各种弊端,刘衡通过学习和实践,对地方的治理采取了许多有价值的措施。《庸吏庸言》就是刘衡将其任职四川之前的各种告谕编辑而成,其中包括官员如何自洁,怎样对百姓进行教化、慈善救济、保甲团练,以及禁止棍蠹侵扰百姓等措施。

(一)官员自洁,以身作则

阮本炎曾说:"欲治士民,先治书差,欲治书差,必先自治。"① 刘衡为官期间清廉自律、精于政务、勤勤恳恳,处处为民着想。他严格要求自己,不扰民、不害民,廉洁奉公,为百姓作出榜样。

节俭是清廉的基础,是以身作则的首要。刘衡认为节俭才不会走上贪污腐化的道路,才能更好地为政以德,才能为周围的差役做好表率作用。关于官员节俭,中国古代典籍中多有论述,胡太初在官箴书《昼帘绪论》中指出:"故其要莫若崇俭,苟能俭,则买物不必仗官价以求多也,燕宾不必科

① 阮本炎:《阜宁到任红谕》,《求牧刍言》卷 1,文海出版社 1938 年版。

吏财以取乐也，苟苴不必讲，厨传不必丰也。莅官之日无异处家之时，而用官之财不啻如用己之财，斯可矣。"① 崇尚节俭就不会依仗官价买更多东西，宴请宾客不必靠搜刮差役的钱财而取乐，这样就禁制了差役搜刮民众。刘衡在《蜀僚问答》中也有这样的记载："某等既博一官，家有父母不能奉养，子弟不能教育，敢问其法云何？曰：'是莫如俭矣。'"② 同时他也指出了一些官员的腐化行为，衣服、车马、仪从等太过奢华，致使百姓厌恶。"卒之入不敷出，私债渐多，不至亏挪帑项，贻累亲朋不止。"③ 贪污腐化有时也会危害亲朋好友，甚至危害子孙后代，这都是不节俭导致不清廉的后果。正是深知贪污腐化的恶果，刘衡更加注重自己的行为，处处勤俭，廉洁公正，以身作则，为差役树立形象，减少腐化现象。

清廉自律是以身作则的要求。我国历代官箴格言都把清廉视为做官的最基本的道德要求和立政的根本做法。武则天在《臣轨》中言："知者不为非其事，廉者不求非其有，知其不可故也，是以远害而名彰也。故君子行廉以全其真，守清以保其身。"④ 武则天认为清廉才能把事情做得圆满，才能不会有损声誉。黄六鸿认为："士君子捧檄方新，以忠君爱民为心，虽衣敝驾羸，亦愈彰其羔羊之节矣。"⑤ 刘衡从小听从父亲的教诲，学习做人道理。刘衡《庸吏庸言》中载："蒙各宪谆谆以清慎相勖，若竟变易初心，敢于词讼案件，收受案内外人银钱物件，千百之多，铢两之少，一经染指，即属受赃。至于罚赎一事，借充公以巧取，此穿窬伎俩，而又明目张胆以行之，所谓小人无忌惮者，尤为无耻之尤。本县如或有此，不特违宪训而玷家声，吾

---

① （宋）胡太初：《昼帘绪论·尽己篇第一》，见刘俊文等编《官箴书集成》第 1 册，黄山书社 1997 年版，第 102 页。

② （清）刘衡：《蜀僚问答·理财之道在俭》，见刘俊文等编《官箴书集成》第 6 册，黄山书社 1997 年版，第 154 页。

③ （清）刘衡：《蜀僚问答·理财之道在俭》，见刘俊文等编《官箴书集成》第 6 册，黄山书社 1997 年版，第 154 页。

④ （唐）武则天：《臣轨·廉洁章》，见刘俊文等编《官箴书集成》第 1 册，黄山书社 1997 年版，第 25 页。

⑤ （清）黄六鸿：《福惠全书·卷之一·筮仕部》，见刘俊文等编《官箴书集成》第 3 册，黄山书社 1997 年版，第 234 页。

知天理之所不容，必为天条之所不赦，即使偶逃国法，亦断难幸免冥诛。"①
他认为贪污受贿是可耻的行为，有损先辈的教导，有损家门声誉，亦是有愧
于人民爱戴的行为，应当受到国家法律的惩罚。刘衡为民申明正义也不收百
姓分文，不吃百姓一粥一饭，"一切词讼案件，傥敢受百姓一文，维神其殛；
吃百姓一饭，维神其殛"②，他用实际行动严格要求自己，真正做到了一心为
民，公允清廉。

此外，刘衡也认真听取有识之士的意见。他虚心纳谏，与百姓打成一
片，他说："即事无不治，则所赖以相助为理者，计莫如本邑公正绅衿耆老。
既生长于是邦，自见闻之较切，本邑何利当兴？何弊当除？果有真知灼见，
即速公同确议，剀切禀陈，本县将嘉纳焉。"③ 显示了他公正自律的一面，树
立了以身作则的作风，防止贪污腐化现象发生。

（二）教化导民

刘衡以身则，清廉自律，使得百姓生活稳定，安居乐业。此外，刘
衡注重教化的作用，训教百姓，以维护基层社会安定。采取教化导民的方
式，可使百姓得到教育，可以醇化风俗，端正人心。

1. 爱民导民

刘衡作为地方长官劝民切勿轻生，"川省愚夫愚妇，往往因亲邻些小事故
递尔寻死，或吊颈，或投水，一念之差，片时毕命"④，一些百姓因为一些小事
情就想不开，选择轻生，这样既不会损害对方的利益，反而连累亲属。面对
这些小事"要忍气，能忍气便是有福的人，自后你心里但有气忿不甘的事，
只要忍耐半个时辰，投人讲理，要紧紧记得本府的话，切不可寻死轻生"⑤，

---

① （清）刘衡：《庸吏庸言·巴县到任自誓告示》，见刘俊文等编《官箴书集成》第 6 册，黄
山书社 1997 年版，第 175 页。

② （清）刘衡：《庸吏庸言·到任谒城隍神誓文》，见刘俊文等编《官箴书集成》第 6 册，黄
山书社 1997 年版，第 176 页。

③ （清）刘衡：《庸吏庸言·博采良谟告示》，见刘俊文等编《官箴书集成》第 6 册，黄山书
社 1997 年版，第 177 页。

④ （清）刘衡：《庸吏庸言·劝民切勿轻生告示》，见刘俊文等编《官箴书集成》第 6 册，黄
山书社 1997 年版，第 191 页。

⑤ （清）刘衡：《庸吏庸言·劝民切勿轻生告示》，见刘俊文等编《官箴书集成》第 6 册，黄
山书社 1997 年版，第 191 页。

谆嘱百姓爱惜生命。

"息讼"意识是专制统治政治下的一种基本观念，统治者提倡"无讼"，有利于维护社会安定。海瑞在《兴革条例·吏属》中认为："词讼繁多，大抵皆因风俗日薄，人心不古，惟己是利，见利则竞。"刘衡认为应该劝民息讼，"照得钱债田土、坟山及一切口角细故，原是百姓们常有的，自有一定的道理。若实在被人欺负，只要投告老诚公道的亲友、邻族，替你讲理，可以和息，也就罢了，断不可告官讦讼"①。这样才不会受到讼棍的欺骗，书差的吓索，棍蠹的侵扰。刘衡通过张贴告示使百姓明白知晓，"若遇田土、钱债等小事，就算有十分道理，也要忍气，牢牢记得本官的话，只要投告亲族和息，就吃点亏，总比见官，较有便宜，若还只有五六分道理，便要快快和息"②。通过息讼，百姓可以化解矛盾，不至于牵扯入案件，有利于更好地安居乐业。

2. 崇俭革陋、淳厚风俗

崇尚节俭才能革除奢华的陋习，才能养成勤俭的优良作风。曾国藩"历览有国有家之兴，皆由克勤克俭所致，其衰也则反是"③，把节俭作为治家治国的一项重要内容。刘衡也认为劝谕百姓崇尚节俭，才能使风俗淳厚。民间存在许多崇尚奢华的行为，"照得梁邑风俗竞尚奢华，大户倡之，齐民效之，斗靡夸多，彼此求胜，以为不如是，则贻人讪笑"④，这些行为将产生许多弊端，"一事之浮夸，一念之侈肆，中人之产不数载而荡然，或及身而堕入邪途，或子孙而流为饿殍，身家既丧，廉耻亦亡"⑤。面对这些奢靡的作风，刘衡身体力行，勤俭节约，"每日米盐零碎，统以六百钱为率，苟逾此

① （清）刘衡：《庸吏庸言·劝民息讼告示》，见刘俊文等编《官箴书集成》第6册，黄山书社1997年版，第200页。

② （清）刘衡：《庸吏庸言·劝民息讼告示》，见刘俊文等编《官箴书集成》第6册，黄山书社1997年版，第200页。

③ （清）曾国藩著、钟叔河整理：《全本曾国藩家书》，中央编译出版社2015年版，第242页。

④ （清）刘衡：《庸吏庸言·劝民崇俭告示》，见刘俊文等编《官箴书集成》第6册，黄山书社1997年版，第202页。

⑤ （清）刘衡：《庸吏庸言·劝民崇俭告示》，见刘俊文等编《官箴书集成》第6册，黄山书社1997年版，第202页。

数，必苦节数日所费以追补之，非矫也，凡以守吾素也"①。

刘衡张贴告示，开列五条崇俭的做法："筵宴不许过五碗，不许用品碗""服饰除绅士、生监外，一切无顶戴之人，只许穿布，不许穿绸缎""丧礼除祭品外，一切吊客、执事人役饮食，概用素菜，不许饮酒食肉，设宴不许作乐，不许发孝布""妇女不许烧香入庙，不许拜寄干亲""不许买食鸦片烟"②。劝诫百姓去恶从善，养成节俭的美德，使社会崇俭的风俗得以传播。这些做法在刘衡的推动下得以广泛实行，产生了良好的社会影响。

3. 贤良表率

官府有教化导民的职责，贤良之士可以辅助官府教化百姓。关于贤良表率的论述，《论语·子路》言："先有司，赦小过，举贤才。"说明贤良表率的作用。刘衡也指出："照得士首四民，士习端则民风厚，不特甲科乡宦，民望攸归，即俊秀生儒亦均有表率齐民之责。"③贤良之士在教化导民中具有重要性。因为乡下百姓多愚钝，局限于落后的习俗，而贤良之士则品德端正、学识精粹，在乡里能得到尊重效法，"所赖读书明理之人居处同乡，见闻较切，平时则一动一言，无非矩矱，遇事则排难解纷，动之以人情，晓之以国法"④。同时，贤良之士辅助官府进行教化，"宪戴刊发《圣训六谕》及《恭衍诗章》60首，广为讲解，并将《孝经》敬长睦族和邻，毋习邪教，毋好讦讼，毋好勇斗狠诸大端，随时劝说"⑤，贤良之士起表率作用，百姓耳濡目染，得到感化，良好的风俗得以传播。

教化导民也是一种以民为本的方式，体现了刘衡官箴中为政以德的爱民思想，得到百姓的支持和赞扬。

---

① （清）刘衡：《庸吏庸言·劝民崇俭告示》，见刘俊文等编《官箴书集成》第6册，黄山书社1997年版，第202页。

② （清）刘衡：《庸吏庸言·劝民崇俭告示》，见刘俊文等编《官箴书集成》第6册，黄山书社1997年版，第202页。

③ （清）刘衡：《庸吏庸言·劝谕生监告示》，见刘俊文等编《官箴书集成》第6册，黄山书社1997年版，第201页。

④ （清）刘衡：《庸吏庸言·劝谕生监告示》，见刘俊文等编《官箴书集成》第6册，黄山书社1997年版，第201页。

⑤ （清）刘衡：《庸吏庸言·劝谕生监告示》，见刘俊文等编《官箴书集成》第6册，黄山书社1997年版，第201页。

（三）慈善救济

清朝继承并发展了历代王朝实行的慈善救济政策，大力实行社会保障事业，在灾荒救济，收养孤贫、救济鳏寡孤独等方面取得了一些成果。① 刘衡对清朝的慈善救济政策有继承也有创新，他在收养孤贫、救济鳏寡孤独等方面采取了一系列措施，收到的效果也非常显著。

1. 收养孤贫

刘衡对收养孤贫采取了以下方法：

首先，酌拨义田租谷收养孤贫。刘衡认为"义田积谷，原为备赈之需，惟贫民之待赈事在荒年，若无告之人，虽遇丰登，亦形颠沛"②，义田积谷可以在需要的时候帮助孤贫。从义田每年收的租谷中拨出三成或四成，拨给收养孤贫的费用，可以避免义田谷物虫蛀、发霉等弊端，"酌以成数，仍不失捐置义田有备无患之本意，且无须动支正项，亦不必筹款劝捐，一转移间，遂使垂毙之孤贫，立有起色"③。这一举措一举两得，收到良好效果。刘衡为防止这一措施产生流弊，设立了五条收养孤贫的法令："一曰出缺必查明；一曰补缺必亲验；一曰注年貌最宜确切；一曰给印牌勿稍含糊；一曰散给口粮须有确数。"④规定"谷有新旧，自应依年分挨次出陈，数有出入，必取经

---

① 李向军：《清代荒政研究》，农业出版社1995年版。梁其姿：《施善与教化》，河北教育出版社2001年版。王卫平等：《社会救助学》，群言出版社2007年版。王俊秋：《中国慈善与救济》，中国社会科学出版社2008年版。邓拓：《中国救荒史》，武汉大学出版社2012年版。星斌夫：《中国社会福祉政策史的研究》，日本图书刊学会1985年。清水盛光：《中国族产制度考》，台湾文化大学出版社1986年版。王卫平、黄鸿山：《清代慈善组织中的国家与社会——以苏州育婴堂、普济堂、广仁堂和丰备义仓为中心》，《社会学研究》2007年第4期。薛剑文：《中国古代民间慈善救济事业的变迁及作用》，《山西大学学报》（哲学社会科学版）2013年第3期。彭奕菲：《中国传统慈善救济的清末转型——以流浪人口救济为视角的考察》，《法治与社会》2014年第4期。这些著作中对古代灾荒救济方面多有论述。

② （清）刘衡：《庸吏庸言·酌拨义谷禀》，见刘俊文等编《官箴书集成》第6册，黄山书社1997年版，第207页。

③ （清）刘衡：《庸吏庸言·酌拨义谷禀》，见刘俊文等编《官箴书集成》第6册，黄山书社1997年版，第207页。

④ （清）刘衡：《庸吏庸言·酌拨义谷禀》，见刘俊文等编《官箴书集成》第6册，黄山书社1997年版，第207页。

手人亲笔切结，而且以榜示，杜侵隐以交代为盘查"①。"'收养孤老'律是明清社会救济立法的重要体现，既与社会经济发展、社会结构变化、地方政治治理形式转变有关，又与明清统治者的重视、立法监督体系的健全、社会救济机构的设置及管理有关。"②采用法令，贯彻公开公示、责任到人的原则，使管理严格，能够避免流弊的发生，进而更好地帮助孤贫。

其次，筹款收养孤贫。清朝社会经济发展相对落后，政府资金较为匮乏，面对"梁邑地广人稠，其残废无告者，断不止此八人，且出一缺，方补一人，垂毙之民，安能久待"③的情形，刘衡希望能通过劝捐的方式得到筹款。刘衡身先士众，捐出廉钱三百千文，其他绅耆也慷慨解囊，进行捐助，"其劝捐之法，只令好善之家从优伙助，不愿者听之，断不敢稍事勒派"④，以免侵扰百姓。刘衡对这些筹款悉心管理，"查照捐数之多寡，或发商生息，或置产收租，或附郭建堂，或分乡设局，或按旬给发，或每月支销"⑤，细心妥议章程，以防止出现弊端。通过这些方式，才能更好地把筹款用于对孤贫进行救济，才能更好地为鳏寡孤独提供帮助。

2. 办理春荒

中国古代自然灾害频发，严重影响国家统治和社会安定，影响百姓的生活，受到历代统治者的重视。"清朝统治中国，共历 296 年，灾害总计达 1121 次，较明代更加繁密"⑥，面对这些灾害，统治者为安定人心，维护国家统治，把荒政作为基本国策。

面对风雨不测的灾害，刘衡积极施行国家荒政政策，也根据实际情况，

① （清）刘衡：《庸吏庸言·酌拨义谷禀》，见刘俊文等编《官箴书集成》第 6 册，黄山书社 1997 年版，第 207 页。

② 柏桦：《明清"收养孤老"律例与社会稳定》，《西南大学学报》（社会科学版）2008 年第 6 期。

③ （清）刘衡：《庸吏庸言·收养孤贫禀》，见刘俊文等编《官箴书集成》第 6 册，黄山书社 1997 年版，第 208 页。

④ （清）刘衡：《庸吏庸言·收养孤贫禀》，见刘俊文等编《官箴书集成》第 6 册，黄山书社 1997 年版，第 209 页。

⑤ （清）刘衡：《庸吏庸言·收养孤贫禀》，见刘俊文等编《官箴书集成》第 6 册，黄山书社 1997 年版，第 209 页。

⑥ 邓拓：《中国救荒史》，武汉大学出版社 2012 年版，第 27 页。

在他的管辖区域施行办理春荒政策。"刻下青黄不接，计算收割小春，尚有四五十日，不得不设法以救目前之急"①，面对灾害，刘衡邀请绅士耆老共同商议计策，认为"令本保之富户接济本保之贫民，盖同保则住居不远，人人相识，既不至于漏遗，亦不虞其冒滥"②，以此接济贫民，渡过难关，有利于赈灾的施行。

刘衡办理春荒的具体原则如下：其一，推选专门负责人。"公举绅耆数人，专办救饥之事，经众举出者，慎勿推诿。"③ 推选德高望重的人作为负责人，有利于事务的顺利开展。其二，查明贫富，劝富济贫。推选出的绅士耆老确切查明保内各户的贫富状况，由富裕到贫穷分为五等，"富户为第一等，次富为第二等，虽不富而尚可自赡者为第三等，略有产业生涯而养赡不足者为第四等，赤贫者为第五等"④，在救饥公局张贴公示。刘衡开列劝富救贫的方法："保内第一等富户，劝令从厚捐施；第二等次富，劝令量力捐施。所捐者或钱、或银、或谷、或米，悉听其便。第四等为次贫，准买减价出粜之米，第五等为极贫，计口散给捐施之米。"⑤ 这样贫富分明，有利于济贫计策的实行。其三，公示捐赠明细。为防止贪污腐化等弊端的发生，刘衡不仅公示贫穷人口的多少，也把捐赠明细公示，"将各富户捐出之银钱概行买米，并将富户所捐之米通盘计算，应散给极贫若干，应减价粜与次贫若干，将数目开单粘壁"⑥。通过这一方式，减少棍蠹对办理春荒的侵扰，捐赠明细详细准确，加强了公信力，利于政府工作的开展。其四，减价买米救助。对于第

① （清）刘衡：《庸吏庸言·办理春荒章程》，见刘俊文等编《官箴书集成》第 6 册，黄山书社 1997 年版，第 211 页。

② （清）刘衡：《庸吏庸言·办理春荒章程》，见刘俊文等编《官箴书集成》第 6 册，黄山书社 1997 年版，第 211 页。

③ （清）刘衡：《庸吏庸言·办理春荒章程》，见刘俊文等编《官箴书集成》第 6 册，黄山书社 1997 年版，第 211 页。

④ （清）刘衡：《庸吏庸言·办理春荒章程》，见刘俊文等编《官箴书集成》第 6 册，黄山书社 1997 年版，第 211 页。

⑤ （清）刘衡：《庸吏庸言·办理春荒章程》，见刘俊文等编《官箴书集成》第 6 册，黄山书社 1997 年版，第 212 页。

⑥ （清）刘衡：《庸吏庸言·办理春荒章程》，见刘俊文等编《官箴书集成》第 6 册，黄山书社 1997 年版，第 212 页。

四等次贫户，实行减价卖米的方式进行救助，减价卖米救助可以减少次贫户的负担，同时对次贫户买米的数量进行限制，防止出现囤积的弊端。其五，以工代赈。刘衡劝诫百姓兴修水利，修挖塘堰，如有没修完的地方，"该绅耆谕令多雇贫民，克日兴工，俾贫民得以资生，富户藉以兴利，以工代赈，一举两得"①，以工代赈的方法既可以救助贫户，又可以使富户得到利益，使百姓得到好处，社会和谐稳定。

3. 养济院救济

养济院的设立是统治阶级仁政思想的体现。养济院是收养孤寡贫弱的机构，"其前身可上溯到南北朝时所设的六疾馆、孤独园和唐代悲田养病坊、宋代的福田院、居养安济院等机构，南宋以来，开始采用养济院的名称"②，清朝也继承了这一名称。

梁山县养济院建立，投注了刘衡等人的诸多努力。道光四年（1824），刘衡由垫江知县奉命到梁山担任知县，梁山县在当地虽然富裕，但仍有许多孤寡贫困的百姓，"其患不在贫，在不均，故其无告之民，视垫邑且倍蓰，而县旧孤贫额才八名耳，为恻然伤之"③。刘衡面对这种凄凉的局面，毅然劝捐，尽心尽力收养孤贫。正值布政司使陆心兰要求全省查办对孤寡贫弱的救济事项，刘衡借此机会，劝导百姓积极捐资。此举得到百姓的积极响应，共收到捐款项钱"八千六百九十三千有奇，买腴田二处，岁收市斗谷三百七十八石四升二合五勺，购东城外附郭地一区，建养济院为屋一百二十八间"④。刘衡积极利用筹措来的善款在养济院收养了104名孤寡贫弱，为当地社会养老恤孤的慈善事业贡献出一分力量。

除养济院外，刘衡也在官府署内留养幼童。社会上有许多流浪的幼童，

① （清）刘衡：《庸吏庸言·办理春荒章程》，见刘俊文等编《官箴书集成》第6册，黄山书社1997年版，第212页。
② 王卫平、黄鸿山：《中国古代传统社会保障与慈善事业》，群言出版社2004年版，第110页。
③ （清）刘衡：《庸吏庸言·养济院记》，见刘俊文等编《官箴书集成》第6册，黄山书社1997年版，第210页。
④ （清）刘衡：《庸吏庸言·养济院记》，见刘俊文等编《官箴书集成》第6册，黄山书社1997年版，第210页。

面对"本府各属多系穷乡僻壤，本府出门时于城镇场市，往往见有年未及岁之幼孩，啼饥号寒，面有菜色者，多则一二十人，少则三五人，情殊可悯。查此等幼孩，既无父母伯叔兄弟可靠，又不能自食其力"①，当地的官员如果不设法帮助这些幼孩，就如同见死不救。刘衡指出："无论城乡，遇有无依之幼孩，即令衙役带至署内，先赐稀粥，三五日后，俟其脏气渐复，每人每顿给以干饭二碗。本府前在巴县时曾身试之，颇有明验，所费不多而所全不少。"② 如此一来，社会上的善士以及贤德的父母收养流浪儿童，不仅为幼童找到更好的住所和生活环境，也为养济院减轻经济负担，一举两得。

（四）保甲团练之法

保甲、团练制度是县级基层政权统治人民的基本制度，保甲制度是通过户籍编制来统治人民，团练制度是寓兵于民，是一种地方民兵制度。王尔敏先生曾说："团练与保甲不但并非两歧两物，而实是一体之两种转化，可谓平时之保甲，即为战时之团练。"③ 保甲制度和团练制度相辅相成，对维护基层社会的和谐安定起到了推动作用。

刘衡在借鉴前人经验的基础上，推行了以下保甲团练之法：

1. 保甲之法

宋代王安石通过兵民合一的形式建立起地方武装组织，是保甲法的开端，这一制度在宋明两代得到推行，清朝建立后继承了这一方法，把它作为维护基层社会治安的重要举措。关于清朝保甲制度的相关问题，国内外学界已有研究④，他们关注的多是保甲制度职能的研究，保甲制度与宗族的研究，

---

① （清）刘衡：《庸吏余谈·行各属秋冬收养无依之幼孩于署内养赡以全民命而迓天和檄》，见刘俊文等编《官箴书集成》第 6 册，黄山书社 1997 年版，第 223 页。

② （清）刘衡：《庸吏余谈·行各属秋冬收养无依之幼孩于署内养赡以全民命而迓天和檄》，见刘俊文等编《官箴书集成》第 6 册，黄山书社 1997 年版，第 223 页。

③ 王尔敏：《清代勇营制度》，见《清季军事史论集》，联经出版事业公司 1980 年版，第 5 页。

④ 闻钧天：《中国保甲制度》，上海书店出版社 1935 年版。叶木青：《中国保甲制度之发展与运用》，世界书局 1937 年版。李宗黄：《现行保甲制度》，中华书局 1943 年版。周中一：《保甲研究》，独立出版社 1947 年版。江士杰：《里甲制度考略》，上海书店出版社 1992 年版。白钢：《中国政治制度通史》，人民出版社 1996 年版。赵秀玲：《中国乡里制度》，社会科学文献出版社 2002 年版。王威海：《中国户籍制度》，上海文化出版社 2006 年版。李孔怀：《中国古代行政制度史》，复旦大学出版社 2006 年版。万昌华、赵兴彬：《秦汉

保甲制度与国家关系的研究等。兹试图在已有研究成果的基础上，结合刘衡的官箴书《庸吏庸言》，对刘衡的保甲法进行研究。

刘衡上任巴县知县之前，巴县地区户籍混乱，匪匪藏奸，社会动荡不安，人民生活在水深火热之中。例如，刘衡未上任之前，巴县廉里曾有五甲举人请示实行保甲法：

> 川地原来五方杂处，以是良莠不一。渝之东南半壁多山，最易匪匪藏奸。近来或一二十，或二三十，白日于途邀截。贫民势弱力微，惟呼吓叹惜而已。又贼盗起而夜偷，鸡犬均属不宁。生等目击之余，因思惜宪联牌之示谕，诚为查奸杜匪之良规。或十家或七八家，挨次联为一牌，每牌安牌首一人。或数十家或至百家，又选公正总牌长数人鉴之。造成册籍二部投印。以一存房，以一给总牌长，不时查察，则各烟户既不能蹈邪秽之行，凡诸匪盗必无所为住足之区，自匪可杜而盗可除也。但民心易驰在率土，仅安愚贱之常。恳赏示谕，俾遵行得尽守望之力。①

以来基层行政研究》，齐鲁书社 2008 年版。费孝通、吴晗等：《皇权与绅权》，三联书店 2013 年版。孙海泉：《清朝前期的里甲与保甲》，《中国社会科学院研究生院学报》1990 年第 5 期。陈晓敏：《清朝保甲吏长的第二身份特征》，《山西档案》2005 年第 3 期。高松：《清代保甲制度与流寓民管理》，《黑龙江民族丛刊》2015 年第 6 期。王晓琳、吴吉远：《清代保甲制度探论》，《社会科学辑刊》2000 年第 3 期。刘莉：《明清时期保甲制度与家族治理的地方控制》，《理论导刊》2007 年第 7 期。张德美：《清代保甲制度的困境》，《政法论坛》2010 年第 6 期。杨晗：《清代保甲权力的演变》，硕士学位论文，河南大学，2011 年 5 月。[日] 松本善海：《中国村落制度史的研究》，（东京）岩波书店 1977 年版。[印] 杜赞奇：《文化、权力与国家——1900—1942 年的华北农村》，王福明译，江苏人民出版社 2008 年版。[美] 孔飞力：《中华帝国晚期的叛乱及其敌人——1796—1864 年的军事化与社会结构》，谢亮生等译，中国社会科学出版社 1990 年版。[美] 魏斐德：《大门口的陌生人：1839—1861 年间华南的社会动乱》，王小荷译，新星出版社 2017 年版。周荣德：《中国社会的阶层与流动：一个社区中士绅身份的研究》，学林出版社 2000 年版。[日] 小细龙雄：《关于江南的里甲制》，《史林》1955 年第 2 期。[日] 小细龙雄：《关于里甲编制的几个问题》，《山口大学文学会志》1958 年第 1 期。[日] 中村治兵卫：《清代山西的村与里甲制》，《东洋史研究》1967 年第 3 期。

① 四川省档案馆、四川大学历史系主编：《清代乾嘉道巴县档案选编》（下），四川大学出版社 1996 年版，第 283—284 页。

通过上述禀状分析，巴县地区实行过保甲法，但这一政策实行的比较混乱，政府管理松弛，扰乱百姓的正常生活。刘衡在借鉴前人实行保甲法的基础上，依据自己为官经验，总结出如下方法：

其一，县官亲自裁断。州县各部门衙役奉行保甲制度，但他们当中很少有尽心办理事情的衙役，"徒滋科派之烦，是以该处绅士、齐民视保甲为畏途，求免入册，其入册者，相率减漏户口"①，导致保甲制度产生混乱。产生上述情况的原因在于地方官员把保甲的处理任务交给书差，"而一切工料、饭食、夫马之赀，无不费用。大约书役取给于约保，约保购之甲长，甲长索之牌头，牌头则敛之花户，层层索费，在在需钱。而清册门牌任意填写，以致村多漏户，户有漏丁，徒费民财，竟成废纸"②。刘衡在其管理范围内实行保甲制度，"与从前办法不同，事事系官为经理，不准书役一人下乡，致滋索扰"③，一切事物亲自裁断，不经衙役书吏之手。通过这种方式，减少衙役、书吏从中作梗的机会，行政效率得以加强。

其二，首事的选任。首事的人选应当是能够在百姓中树立威望，有效地管理乡里，并服务于地方政府，维护统治者利益的。清政府的保甲章程规定："士民公举诚实识字，及有身家者，报官点充。"④刘衡在选贤任能方面非常谨慎，他"传谕各衿耆，公举老成端重，众所信服之人，仿《周官》比闾族党之意，推为保正"⑤，"均须年力精壮，明白端谨者，方可胜任"⑥。由此可见，刘衡利用推选的方式选出公平公正的首事，这些首事是当地有声望的

---

① （清）刘衡：《庸吏庸言·保甲团练禀》，见刘俊文等编《官箴书集成》第 6 册，黄山书社1997 年版，第 213 页。

② （清）刘衡：《庸吏庸言·保甲团练禀》，见刘俊文等编《官箴书集成》第 6 册，黄山书社1997 年版，第 213 页。

③ （清）刘衡：《庸吏庸言·保甲章程》，见刘俊文等编《官箴书集成》第 6 册，黄山书社1997 年版，第 214 页。

④ 一凡藏书馆文献编委会编著：《古代乡约及乡治法律文献十种》第 2 册，黑龙江人民出版社 2005 年版，第 20 页。

⑤ （清）刘衡：《庸吏庸言·保甲团练禀》，见刘俊文等编《官箴书集成》第 6 册，黄山书社1997 年版，第 213 页。

⑥ （清）刘衡：《庸吏庸言·保甲章程》，见刘俊文等编《官箴书集成》第 6 册，黄山书社1997 年版，第 214 页。

人，他们也会受到当地百姓的监督，如果首事为非作歹，百姓可以鸣锣喊禀，进行举报。在首事与百姓互相监督与合作之下，避免了负责人为非作歹，使保甲之法顺利实行。

其三，编联方法。刘衡对民户、铺户、释道户的编联方法不同，采取因地制宜的方法编联百姓。

第一，刘衡对民户的编联规定，"每十户为一牌，牌内择一人为牌长。每十牌为一甲，甲内择一人为甲长……每十甲为一保，设保正一人。或三四十甲、五六十甲共为一保，共设一保正亦可"①。如果遇到牌甲不满十的情况，"若有零户，数在三户以内，则附于末牌之末，如数过三户，则与末牌均分为两牌。每甲十牌，若有零牌，数在三牌以内，则附于末甲之末，如数过三甲，则与末甲匀分为两甲"②。"该场、该村有仅止数户，不满十户者，即就本场、本村编为一牌。或仅止数牌，不满十牌者，即就本场、本村编为一甲"③。这种灵活多变的方式避免公式化的刻板，使保甲编联更加灵活。

遇到居民住所分散的情况，刘衡认为"应查明相隔最近之场市，或最近之亲族、房主、田邻，附入牌内"④，可以通过编联的方式加强居户之间的相互联系，彼此相互帮助。对于同居一院的穷苦孤独百姓以及游手好闲没有职业的百姓，刘衡采取这种方法，"除同院而同姓同宗者可并为一户外，若同院而俱异姓及虽同姓而不同宗者，必须以一姓为一户，各填户册，每户半纸，于册尾上格填写此户一院几家字样，但此等杂户颇难择立牌长。编联时，仍应以一院为一户，查明房主在内居住，则以房主出名立户，如房主不同居，则以有妻室或丁口最多者出名立户"⑤。通过这种方式对这些百姓进行

① （清）刘衡：《庸吏庸言·保甲章程》，见刘俊文等编《官箴书集成》第6册，黄山书社1997年版，第214页。
② （清）刘衡：《庸吏庸言·保甲章程》，见刘俊文等编《官箴书集成》第6册，黄山书社1997年版，第214页。
③ （清）刘衡：《庸吏庸言·保甲章程》，见刘俊文等编《官箴书集成》第6册，黄山书社1997年版，第214页。
④ （清）刘衡：《庸吏庸言·保甲章程》，见刘俊文等编《官箴书集成》第6册，黄山书社1997年版，第215页。
⑤ （清）刘衡：《庸吏庸言·保甲章程》，见刘俊文等编《官箴书集成》第6册，黄山书社1997年版，第215页。

编联，减少这些穷苦孤独百姓以及游手好闲没有职业百姓的犯罪机会，增强了牌长对他们的威吓。牌、甲中如果有作奸犯科的人，刘衡力主为牌内众人作主，"务即一体编入牌中，不准一户遗漏，准于册内该户之上盖用'自新'二字戳记，以示区别，一二年内能改过，则去之"①。刘衡以此举劝谕作奸犯科之徒，希望他们改过自新，这是刘衡为民爱民的表现，也是保甲法优点的进一步体现。

第二，刘衡对铺户百姓的编联规定，"巴邑城市及各场镇半系铺家，以一铺为一户，注明铺户姓名、伙计几人，其与居民杂处者，不拘居民、铺户，着于十户中，选一端谨之人为牌长，如十户俱系铺民，即就户中，选一端谨之人为牌长"②，"路旁小店、腰店、客店，以一店为一户……各列之附近之场市或村落牌内"③。铺户的编联井井有条，使铺户的社会生活更加方便。

第三，刘衡对释道户的编联规定，"庵观寺院以一处为一户，各列之附近之场市或村落牌内"④，加强编联的便利性，使村户与庵观寺院相互联系，减少犯罪事件的发生。

此外，刘衡实行的保甲法也对搬迁的居户有严格的规定。"甲内各户，如有搬去迁来者，牌长查明搬往何甲、何牌，迁自何甲、何牌，十日内告知甲长，保正于牌册内后幅注明。每季将搬去者门牌缴县，迁来者禀请补给。"⑤使搬迁居户管理明晰，方便地方治理。对于甲内生老病死事情，刘衡也要求牌长在五日内告知甲长，由保正分别在牌册内后页上注明，保甲册的

---

① （清）刘衡：《庸吏庸言·保甲章程》，见刘俊文等编《官箴书集成》第6册，黄山书社1997年版，第215页。

② （清）刘衡：《庸吏庸言·保甲章程》，见刘俊文等编《官箴书集成》第6册，黄山书社1997年版，第215页。

③ （清）刘衡：《庸吏庸言·保甲章程》，见刘俊文等编《官箴书集成》第6册，黄山书社1997年版，第215页。

④ （清）刘衡：《庸吏庸言·保甲章程》，见刘俊文等编《官箴书集成》第6册，黄山书社1997年版，第215页。

⑤ （清）刘衡：《庸吏庸言·保甲章程》，见刘俊文等编《官箴书集成》第6册，黄山书社1997年版，第215页。

内容清晰，便于户册管理，使刘衡的保甲法得以顺利开展。

其四，保甲的实施。经过刘衡和村民选定的保正，每位分发一本草册，这种草册有三种样式，"一曰户册，详列一户丁口生业，每一户造册半纸；一曰牌册，以次挨列十户内丁口之数，及迁移生死等事，每一牌造册一纸；一曰甲册，以次挨列十牌内丁口之数，每一甲造册半纸。各册之式，现俱刊发，尔等造册时，查照分别填注"①。保正根据实际情况用这种草册来登记户籍状况，"令将所管地段确切查明，各户姓名，作何生理，有无粮业，及户内丁口若干，填注于草册内。户户开列，不准遗漏一户，户内人人开列，不准遗漏一人"②，准确记录各户的家庭情况。在查清楚百姓的户籍情况，填写完草册之后，保正要将草册送到县衙，县官就将草册的记录准确地誊写登录到正册上，分别盖上官印。这种正册有两种形式，"一曰循册，一曰环册。每保正先给循册一分，每年腊月封印后送县，换给环册"③，这两种册子方便保甲制度的实行。等正册编定完成，就给每户发一面门牌。关于清代门牌的基本形制，闫鸣在《门牌保甲与清代基层社会控制——以清代门牌原件为中心的考察》已有介绍④，本文不再重复。门牌上清楚地记载各户状况，同时也发放给牌长、甲长，"每牌长给十家牌一面，每甲长另给一牌，开列该甲长及十家牌长姓名，俱令各将牌实帖薄板之上，朝挂夕收，如有遗失，准告知保正、甲长，禀请补给"⑤。保甲政策的实施，使社会管理更加合理，居户牢牢掌握在政府的控制之下，有利于地方安定，同时也体现了保甲法"相保相救"的宗旨，起到社会教化的作用。

---

① （清）刘衡：《庸吏庸言·保甲章程》，见刘俊文等编《官箴书集成》第6册，黄山书社1997年版，第214页。

② （清）刘衡：《庸吏庸言·保甲章程》，见刘俊文等编《官箴书集成》第6册，黄山书社1997年版，第214页。

③ （清）刘衡：《庸吏庸言·保甲章程》，见刘俊文等编《官箴书集成》第6册，黄山书社1997年版，第215页。

④ 参见闫鸣《门牌保甲与清代基层社会控制——以清代门牌原件为中心的考察》，《南京大学学报》（哲学·人文科学·社会科学版）2013年第2期。

⑤ （清）刘衡：《庸吏庸言·保甲章程》，见刘俊文等编《官箴书集成》第6册，黄山书社1997年版，第215页。

2. 团练之法

团练来源于保甲制度，是以保甲制度为基础建立起来的基层社会控制组织。清代把团练、积谷和保甲同列为"地方应办事宜"①，这一制度在清朝产生过重要影响。国内外关于清朝团练研究主要集中在团练与保甲制度，团练与基层社会关系，团练的设置、作用、制度演变等②，而对于团练制度自身运作的研究相对较少。本节将在前人研究成果的基础上，利用《庸吏庸言》等相关资料，对刘衡实行的团练制度进行研究。

刘衡在清朝实行团练制度的基础上，根据自身基层社会治理的经验，总结出如下内容：

其一，团练的设置。刘衡实行的团练制度是以保甲制度为基础设立的，它设立的目的主要是抵御外来的强盗、匪徒。刘衡首先设立董事，由每村之内的党正、保正或是大家推选出来的绅士耆老担任董事。董事选举完毕后，由董事负责选派壮丁加入团练，"大户派出壮丁三四名，中户二三名，小户两户一名"③。壮丁是本村各户从事农工各业的人，"惟壮丁内实有贸易、探亲外出者，及绅衿、耆老力不能持械者，许其选派雇工家丁，或雇倩本村年壮良民代替，仍报知董事注册"④，壮丁不能雇佣游手好闲之人。壮丁选完之

---

① （清）刘锦藻编：《清朝续文献通考》卷 216《兵考十五·团练》，商务印书馆 1955 年版，第 9631 页。

② 目前国内外关于清朝团练的研究主要有：[美]孔飞力：《中华帝国晚期的叛乱及其敌人——1796—1864 年的军事化与社会结构》，谢亮生等译，中国社会科学出版社 1990 年版。张研、牛贯杰：《19 世纪中期中国双重统治格局的演变》，中国人民大学出版社 2002 年版。杨国安：《国家权力与民间秩序：多元视野下的明清两湖乡村社会史研究》，武汉大学出版社 2012 年版。夏林根：《近代团练问题研究》，《江西社会科学》1982 年第 2 期。爱德华·麦科德、周秋光：《清末湖南的团练和地方军事化》，《湖南师范大学社会科学学报》1989 年第 3 期。黄细嘉：《近代的团练和团练制度》，《历史教学》1997 年第 10 期。都重万：《嘉庆年间广东社会不安与团练之发展》，《清史研究》1998 年第 3 期。梁勇：《清代中期的团练与乡村社会——以巴县为例》，《中国农史》2010 年第 1 期。宋桂英：《晚清山东团练研究》，博士学位论文，浙江大学，2006 年 1 月。

③ （清）刘衡：《庸吏庸言·团练章程》，见刘俊文等编《官箴书集成》第 6 册，黄山书社 1997 年版，第 220 页。

④ （清）刘衡：《庸吏庸言·团练章程》，见刘俊文等编《官箴书集成》第 6 册，黄山书社 1997 年版，第 220 页。

后，把壮丁姓名、年龄由董事登记造册，册子交县衙审核，刘衡给册子盖印、过红，册子一份存董事，一份送交县衙储存。壮丁的加入使团练制度充满了活力，为防止捆绑、擅杀、斗殴事件的发生，刘衡对武器进行了严格规定，"壮丁每人置备竹梆一个，火把二十个，防护刀棍长四尺以上者各一件。各棍上刻写某村壮丁某姓名字样，不许置造违禁器械，如违重究"①。

其二，团练的职责。团练成立之后由本村按照大、中、小三等户摊派捐款，建造望楼以及置办各类器械，望楼要建在各村重要路口，"及相离村庄较近之山径、河汊、阨要处，所限十日内建立望楼（筑土为之或以土为砖，堆砌成楼亦可），以便瞭望。如系大村及路径分歧所在，建造二三座，中村一二座，小村一座"②。望楼建立在重要路口，起到瞭望警戒的作用。团练也组织百姓设立放哨设备，"望楼置备铜锣一面，螺角一个。其各居民铺户每家各置铜锣一面，如实系贫窘无力，则改用竹梆亦可"③。刘衡对在望楼上放哨的壮丁也作了规定，"望楼每座壮丁八名，至少亦须六名。夜间上楼支更巡逻，五日一换，轮流更替，以均劳逸"④，同时，令壮丁白天继续从事农业生产，不至于荒废劳动，减少百姓的额外负担。

团练的职责主要是预防强盗、匪徒。针对强盗和匪徒，刘衡制定了详细的措施：

> 遇有盗匪来村，即在望楼上鸣锣、吹角。其锣以随手连击不断为号，本村各户壮丁立即鸣锣接应，其锣亦以随手连击不断为号，各壮丁明火持械，飞出救援。遇有盗警之附近各望楼，各村各户，一闻连击不断之锣声，立即鸣锣接应，其锣以连击五声为号。各壮丁明火持

① （清）刘衡：《庸吏庸言·团练章程》，见刘俊文等编《官箴书集成》第6册，黄山书社1997年版，第220页。

② （清）刘衡：《庸吏庸言·团练章程》，见刘俊文等编《官箴书集成》第6册，黄山书社1997年版，第220页。

③ （清）刘衡：《庸吏庸言·团练章程》，见刘俊文等编《官箴书集成》第6册，黄山书社1997年版，第220页。

④ （清）刘衡：《庸吏庸言·团练章程》，见刘俊文等编《官箴书集成》第6册，黄山书社1997年版，第220页。

械，飞赴锣声连击不断处之村庄救援。遇有盗警较远之各望楼，各村各户，一闻五声锣响，立即鸣锣接应，其锣以连击三声为号，各壮丁明火持械，飞赴五声锣处，以次至锣声连击不断处之村庄救援。[①]

通过上述材料分析，团练的职责是保卫村庄或这一地区的安全，遇到危险事件，团练中的民众相互救援、相互帮助，团练中的民众相互联结在一起，起到有效防御强盗、匪徒的作用。同时，为了有效打击盗匪，刘衡还制定了鼓励措施，"壮丁擒获伙盗一名，本县赏银二十两，如盗匪拒捕，该壮丁登时格杀一名，亦赏银五两。如擒获盗首，本县赏银五十两，格杀亦赏银二十两。如有拿获积案巨盗者，从优奖赏。"[②] 从而激发团练中壮丁的热情，使团练的作用发挥得淋漓尽致。

其三，团练弊端的预防。刘衡思考事情详细周密，他考虑到团练中可能出现的弊端，采取了提前预防的措施，他颁布条例规定："壮丁有怀挟私嫌，诬拿良民者，审实，照诬良为盗例严办。壮丁应听董事稽查，如有抗违不遵，及不在望楼支更值宿者，立提究处。"[③] 刘衡对心怀不轨、借公行私愤的壮丁进行严厉的处罚，对不听从董事安排的壮丁也进行严惩。刘衡所制定的这些预防弊端的措施，在当时起到维护统治阶级利益和保护民众安全的作用。

（五）禁制棍蠹

在清朝官僚政治系统中，官、僚、吏、役都是基层政治机构中不可缺少的组成部分。吏、役虽然不在官员之列，却是实际事务的执行者，是官、僚不可缺少的一部分。正如钱穆认为："胥吏流品虽低，但他们对当时政治影响却很大。"[④] 然而到了清朝，蠹役的弊端愈演愈烈，影响了人民的日常生活和社会安定，引起了国家统治阶级的重视。如汪辉祖所言："事无巨细，

---

① （清）刘衡：《庸吏庸言·团练章程》，见刘俊文等编《官箴书集成》第6册，黄山书社1997年版，第220页。

② （清）刘衡：《庸吏庸言·团练章程》，见刘俊文等编《官箴书集成》第6册，黄山书社1997年版，第220页。

③ （清）刘衡：《庸吏庸言·团练章程》，见刘俊文等编《官箴书集成》第6册，黄山书社1997年版，第221页。

④ 钱穆：《中国历代政治得失》，三联书店2001年版，第125—126页。

权操在手，而人为我用。若胸无成见，听人主张，将用亲而亲官，用友而友官，用长随、吏役而长随、吏役无一非官。人人有权即人人做官，势必尾大不掉，官如傀儡，稍加约束，人转难堪，甚有挟其短长者矣。"① 随着社会发展，一些禁制棍蠹的思想也应运而生。刘衡在借鉴前人禁制棍蠹的基础上，创立了更加系统的方法。

1. 熟读律例禁制棍蠹扰民

王亚南指出："官僚的政治生活就一般地体现为贪污生活。"② 为官一方的刘衡面对日渐腐败的吏治，看在眼里，急在心里。刘衡通过对以往禁制棍蠹扰民的了解，逐渐认识到熟读律例对禁制棍蠹扰民的重要性。

禁制棍蠹扰民要熟读律例。州县官首先要学习法律知识，才能减少官府中的棍蠹欺上瞒下。《清史稿》对知县的全部职责有这样的概括："知县掌一县治理，决讼断辟，劝农赈贫，讨猾除奸，兴养立教。凡贡士、读法、养老、祀神，靡所不综。"③ 官员要对"决讼"掌握于心，应该熟读律例。刘衡也认为熟读律例可以明辨是非，防止被棍蠹蒙蔽。

《庸吏庸言》中的许多内容都是刘衡熟读律例的结果，这里将结合《蜀僚问答》中的一些内容进行分析。刘衡的官箴书《蜀僚问答》中有言："或问何以除其弊，曰：'熟读《大清律例》而已。'"④ 熟读《大清律例》是禁制棍蠹的关键，是保全良民的方法。熟读律例可以使官员对处理案件充满自信，明晰法律知识，可以明辨是非，分判曲直。

诚如《蜀僚问答》中所言："律例既熟，胆力以壮，乃能于收呈时，依据《刑律·诉讼门》之十二条，分别准驳于听断时，则体会设身处地四字，恪遵《断狱门》之二十九条，分判曲直，乃稍稍能禁制棍蠹之害民者。"⑤ 汪

① （清）汪辉祖：《学治臆说·官须自作》，见刘俊文等编《官箴书集成》第 5 册，黄山书社 1997 年版，第 280 页。

② 王亚南：《中国官僚政治研究》，商务印书馆 2017 年版，第 118 页。

③ 赵尔巽等：《清史稿》卷 116《职官三》，中华书局 1976 年版，第 3357 页。

④ （清）刘衡：《蜀僚问答·禁制棍蠹诬扰在熟读律例》，见刘俊文等编《官箴书集成》第 6 册，黄山书社 1997 年版，第 149 页。

⑤ （清）刘衡：《蜀僚问答·读律在熟读诉讼断狱两门共四十一条》，见刘俊文等编《官箴书集成》第 6 册，黄山书社 1997 年版，第 149 页。

辉祖在官箴书中也这样认为："若田宅、婚姻、钱债、贼盗、人命、斗殴、诉讼、诈伪、犯奸、杂犯、断狱诸条，非了然于心，则两造对簿，猝难质诸幕友者，势必游移莫决，为讼师之所窥测。熟之，可以因事傅例，讼端百变，不难立时折断，使讼师慑服，诳状自少，即获讼简刑清之益。每遇公余，留心一二条，不过数月，可得其要。"① 官员对法律熟读于心、应用自如，才能对棍蠹产生震慑，禁制棍蠹侵扰百姓。

《庸吏庸言》中的告示《严禁捕役妄拿告示》《不用差役传案票稿》《劝谕书吏告示》《禀严束书役革除蠹弊由》《札各牧令严禁蠹役由》《札商各牧令官须自做慎用门丁由》《札各牧令相验宜遵例自备夫马少带人役由》《札各属自尽命案应遵例尸场结案由》等都是刘衡熟读律例的成果，以此减少棍蠹扰民。

2. 以巧妙的案件处理方法禁制棍蠹扰民

刘衡在继承历代案件处理方法的基础上，依靠自己过人的才华和胆略，逐渐创制了一套巧妙的案件处理方法，用以解决当时复杂的案件。"清代的公堂审讯，在动用刑具问题上没有严格规定"②，但刘衡很少用刑罚，而是运用巧妙的审讯方法，做到以民为本，以此禁制棍蠹扰民。

首先，县官亲自收呈，批驳呈词，先审原告。地方官应该及时批示，防止"棍蠹因缘为奸，甚则有贿买批语之说"③。这种由县官当堂亲自收呈的方法禁制了棍蠹影响案件审理的种种弊端。先审原告，是为了获得充足准确的证据。刘衡运用巧妙的手法，"何若临莅大堂亲自收呈，于接呈时向告状人逐细诘问，即用五听之法，或慑以盛怒，或入以游词。彼讼者多系乡曲小民，初见官长，讼师之浸润未深，其质尚朴，其胆尚虚，其口亦呐。真假是非，不难立剖，较之唤案集讯之时，真情尤为易得"④。在获得充分的证据之

---

① （清）汪辉祖：《学治说赘·律例不可不读》，见刘俊文等编《官箴书集成》第 5 册，黄山书社 1997 年版，第 311 页。

② 朱绍侯：《中国古代治安制度史》，河南大学出版社 1994 年版，第 693 页。

③ （清）刘衡：《蜀僚问答·保富之道莫要于批驳呈词先审原告》，见刘俊文等编《官箴书集成》第 6 册，黄山书社 1997 年版，第 151 页。

④ （清）刘衡：《蜀僚问答·保富之道莫要于批驳呈词先审原告》，见刘俊文等编《官箴书集成》第 6 册，黄山书社 1997 年版，第 151 页。

后，第一时间进行审讯。官员通过"五听之法"等手段获得比较准确的断案材料，有利于进一步审理案件。汪辉祖也常用"五听之法"进行断案，他在官箴书《学治臆说》中载："书言五听，非身历不知。余苦短视，两造当前，恐记认不真，必先定气凝神，注目以熟察之。情虚者良久即眉动而目瞬，两颊肉颤不已，出其不意，发一语诘之，其真立露，往往以是得要犯。"① 这种方法有利于获得比较准确的断案证据。对于重要案件，刘衡为避免棍蠹干扰，把疑犯带入密室诘问，还利用心理学等知识，通过虚实结合等方法来审理案件。如此一来，无论多么难办的案件都可以审理出来个八九分，可谓事半功倍。

其次，隔别取供之法。通过隔别取供之法防止审案出现偏差，具体方法是："凡审大案，必须将犯证分开数处，毋令聚在一处。官所问之话、所录之供，不得令案内一人知之、一人闻之……情真者则供必吻合，所谓'事真难假'是也，若非真情，则必言人人殊，往往彼此参差不合，所谓'事假难真'是也。若既隔别熬讯，所取之供，果人人符合，庶可确信为真情矣。"② 这样的审案法则也有利于获得准确的审案证据，为进一步审案打下良好基础。同时刘衡认为，伏人潜听私语之法对审理命盗案件也非常重要，具体方法是："如署内有密室，于密室后层先潜伏亲信、戚友一二人在内，然后将干证与所指之犯带到密室外间，官亦诘问数语，忽令人持帖称有客拜会，官则谕令将门锁闭，待会客毕再来审讯，犯等见室内无人，必彼此言语，是真是假，不难立得。或带同见证至城隍庙内审讯，仿前法变通行之，亦可必得真情。"③ 这些审理方法有利于官员得到充分的证据，进而作出正确的判决。

再次，在案件审理准确无误的情况下结案，当堂朱书判语。清朝方大

① （清）汪辉祖：《学治臆说·治狱以色听为先》，见刘俊文等编《官箴书集成》第 5 册，黄山书社 1997 年版，第 276 页。
② （清）刘衡：《蜀僚问答·要案隔别取供之法》，见刘俊文等编《官箴书集成》第 6 册，黄山书社 1997 年版，第 156 页。
③ （清）刘衡：《蜀僚问答·要案伏人潜听私语之法》，见刘俊文等编《官箴书集成》第 6 册，黄山书社 1997 年版，第 156 页。

湜在官箴书《平平言》中指出："初试为吏，律例本不洞悉，情伪亦不深知，兼之甫经到任，地方情形又不透彻。放告收词，何能当堂批示？不如俟退堂后，将本日所收之词与幕友逐一讲求，再行批示。"① 方大湜认为只有经验丰富的官员才能当堂批示。刘衡正是因为熟悉律例，所以才开创了这种当堂朱书判语的方法。当堂批示，能使百姓清楚了解审判结果，避免日后被棍蠹蒙骗。他的具体做法是：

> 每案审断既毕，毋论事之大小，官且勿遽退食，即于堂皇之上将面论之断语，朱书于点名单年月之内，其日公事稍简，则备叙全案之由。若十分忙冗，亦应将紧要断语，明切书之。书毕令两造将朱判自读一遍，如乡愚不识字，则饬房书大声宣读，俾两造倾听明白，则是非曲直，讼者各自了然。然后令原差带两造入内堂，照朱判各具遵结，照例粘连成卷，钤印存案。如此，则供与结不至两歧，而通案人证之结，亦归一律，书吏无从高下其手，且可杜日后抽换诸弊，即将来或有翻异而展卷了如指掌，可免混争也。②

这种做法也避免了棍蠹的再次危害，是刘衡禁制棍蠹扰民措施的进一步体现。刘衡本人也非常虚心，认为官员难免作出错误审判，审断设有错误，亟宜自行改正。他认为："案情百出，变诈多端，况繁剧之区，牍词冗杂，地方官纵极聪强，不能保其必无失误。"③ 出现错误在所难免，官员应该"须虚心复核，果有可商之处，即应立予平反"④。刘衡对案件及时反思，避免冤假错案的发生，这是爱民的进一步体现，是禁制棍蠹扰民措施的进一步实践。

---

① （清）方大湜：《平平言·卷二·放告收词不必当堂批示》，见刘俊文等编《官箴书集成》第 7 册，黄山书社 1997 年版，第 641 页。

② （清）刘衡：《庸吏庸言·理讼十条》，见刘俊文等编《官箴书集成》第 6 册，黄山书社 1997 年版，第 196 页。

③ （清）刘衡：《庸吏庸言·理讼十条》，见刘俊文等编《官箴书集成》第 6 册，黄山书社 1997 年版，第 196 页。

④ （清）刘衡：《庸吏庸言·理讼十条》，见刘俊文等编《官箴书集成》第 6 册，黄山书社 1997 年版，第 196 页。

巧妙的案件处理方法，使刘衡收获事半功倍的效果，为其禁制棍蠹扰民作了许多预防性工作，也为他管理地方奠定了基础。

3. 驾驭差役，禁制棍蠹扰民

刘衡在做好自身公务的同时也认真管理衙役，衙役自身素质和文化知识水平较低，他们容易受到落后文化的影响成为危害百姓的棍蠹，对地方社会中百姓的生命财产造成了巨大的危害。刘衡的这一认识在当时较为普遍。陈宏谋在官箴书《在官法戒录》中言："为吏者，熟悉律例，可以断狱决疑，此用其所长也。若用以舞文，或务为深入，则流毒便不可当。"①纪昀在《阅微草堂笔记》中认为："最为民害者，一曰吏，一曰役，一曰官之亲属，一曰官之仆隶。其四种人，无官之责，有官之权。官或自顾考成，彼则惟知牟利，依草附木，怙势作威，足使人敲髓洒膏，吞声泣血。"②所以刘衡运用谨慎严格的手段禁制棍蠹扰民。

第一，严刑峻法，严控衙役。衙役是知县命令的执行者，他们负责县里具体事务的处理，因此衙役政务执行的好坏关系到人民的切身利益。"一役有一役之弊，一事有一事之弊。"③嘉庆、道光年间吏治腐败，衙役的舞弊行为非常严重，刘衡为了禁止棍蠹扰民，对衙役实行严格控制。

其一，运用法律条文规范衙役的行为。清初陆陇其曾说："本朝大弊只三字，曰例、吏、利。"④所以要用法律规范衙役言行，防止他们贪污腐化。刘衡《读律心得》中指出："凡在官人役取受有事人财，律无正条者，果于法有枉纵，俱以枉法计赃科罪。"⑤刘衡认为衙役收受贿赂是违反法律的行为，应判官吏受财罪。刘衡通过读《大清律例》认识到："内外大小衙门蠹

---

① 《在官法戒·卷一·总论》，见（清）陈宏谋辑《五种遗规》，线装书局 2015 年版，第 440 页。

② （清）纪昀著，周荣池译注：《阅微草堂笔记　线装中华国粹》，二十一世纪出版社 2018 年版，第 67 页。

③ （清）田文镜：《州县事宜·防胥吏》，见刘俊文等编《官箴书集成》第 3 册，黄山书社 1997 年版，第 675 页。

④ （清）徐珂：《清稗类钞》，中华书局 1986 年版，第 5250 页。

⑤ （清）刘衡：《读律心得·卷一·理讼撮要》，见刘俊文等编《官箴书集成》第 6 册，黄山书社 1997 年版，第 164 页。

役，恐吓索诈贫民者，计赃：一两以下，杖一百；六两至十两，徒三年；十两以上，发近边充军；至一百二十两者，绞；如致毙人命，不论赃，绞；若拷打身死者，斩。为从并减一等。"① 按照受贿勒索钱财的轻重程度，给予内外大小衙门蠹役或重罚，或充军，或行绞刑，或斩首的不同惩罚。如此惩罚分明的情况下，势必会令衙门蠹役的罪恶行径有所收敛。禁制衙役在押解人证的过程中欺压人证，国家也制定了相关法律防止衙役欺压百姓。刘衡在《读律心得》中称："递解人犯，除原有枷镣照旧外，其押解人役，若擅加钮镣、非法乱打，除实犯死罪外，徒罪以上，俱枷号两个月，发烟瘴充军。(凌虐罪囚例)"② 刘衡对衙役处罚力度之大，起到了一定警示作用，这无疑从法律层面约束了衙役的行为。

其二，严禁捕役妄拏人证。《大清律例》中明确规定严禁捕役妄拏人证，刘衡在熟读律例和在实际案例的过程中，认识到了蠹役的危害，"本邑捕役承票缉贼，往往将票内无名之人捉影捕风，到处吓诈，甚则商令伊伙假报窃案，迨经奉缉，又将伊等平日豢养之贼及曾经犯窃旋即改悔之人捉送到官，教令诬扳某人接买赃物，某人知情同伙，遂至一案辗转波连十数人至二三十人不等，层层剥削，良善破产倾家，不可胜数"③。刘衡认真落实法律规定，防止捕役利用手中的私权欺压、残害人证，妄拏人证，禁制棍蠹扰民。

其三，认真贯彻法律中承票捉拏人证的规定。承票唤人要有官府的印票，票上必须有明确的姓名，才可以捉拏人证。防止衙役承票妄捉拏人证，"只求承行到手，即可高下在心"④，遏制随意勒索敲诈民众的行径。刘衡通过学习法律，制定了具体的捉拏举措，强调承票上有"锁"字，才能用"锁"，这样就避免了在押送过程中对人证滥用刑罚。刘衡认为："其寻常

---

① （清）刘衡：《读律心得·卷一·理讼撮要》，见刘俊文等编《官箴书集成》第 6 册，黄山书社 1997 年版，第 164 页。

② （清）刘衡：《读律心得·卷三·祥刑随笔》，见刘俊文等编《官箴书集成》第 6 册，黄山书社 1997 年版，第 169 页。

③ （清）刘衡：《庸吏庸言·禁捕妄拏告示》，见刘俊文等编《官箴书集成》第 6 册，黄山书社 1997 年版，第 178 页。

④ 《道光十三年重庆府抄发川督告示》，见四川省档案局、四川大学历史系编《清代乾嘉道巴县档案选编》，四川大学出版社 1989 年版，第 225 页。

户婚、田土、钱债等案，一票一差，从无一票二差之事，依限则记功，逾限则立责，决不姑宽，亦不以功抵过。"① 他对衙役严格管理，防止衙役妄拏人证，保护百姓的利益。

其四，对承票唤案严格规定时间。刘衡通过对《大清律例》的解读，认为如果超出了承票唤案规定的时间，则易生弊端。"差役承票唤案，票内注有到案限期，如果依限到案，该差记功一次，补差一票。其记大功一次者，补差三票。若逾限一日，记过一次，二日责十板，三日责二十板，四日以上定将该差枷责革役。"② 对衙役严格要求，禁制棍蠹侵扰人民。

其五，利用乡约传票。对于与案件相关的人员，刘衡也不用衙役传案票，而是利用乡约传票，这样就减少了衙役扰民。如果衙役把承唤人证带到衙门，则准时开单送审，不准私自羁押，私自羁押则会受到惩罚，"该差唤出被告人证，立即告知房书开单送审，不许私行押候，虽系昏夜亦应禀明定夺。倘人已到而延不禀审，逾两时者责五板，逾一夜者责一十板，逾一日一夜者责二十板，逾两日枷责革役，许被害人鸣锣喊禀或当堂回明"③。

其六，对于人命案，刘衡通过《清律例》的学习制定了"札各牧令相验宜遵例"。规定自备马夫，少带差役，自带伙食，不要差费，差役在自己身旁寸步不离，防止他们四处侵扰。"近日牧民之官，其最关于民瘼者，莫如理讼申冤，缉匪安民。"④ 刘衡同时把这些控制衙役的条文开列出来，设置成"鸣锣条款"，公示到县衙和大街小巷，让百姓对控制衙役的条款一目了然，如果捕役违反规定，被害人可以到县里鸣锣喊禀。

刘衡对衙役严格管控，对违法者进行法律惩戒，有利于规范衙役的行为，减少棍蠹对百姓的危害。

第二，刚柔并济，驾驭书吏。书吏是辅助县官处理公文、公事的人，

---

① （清）刘衡：《庸吏庸言·严束书役革除蠹弊禀》，见刘俊文等编《官箴书集成》第 6 册，黄山书社 1997 年版，第 181 页。

② （清）刘衡：《庸吏庸言·严束书役革除蠹弊禀》，见刘俊文等编《官箴书集成》第 6 册，黄山书社 1997 年版，第 182 页。

③ （清）刘衡：《庸吏庸言·严束书役革除蠹弊禀》，见刘俊文等编《官箴书集成》第 6 册，黄山书社 1997 年版，第 182 页。

④ （清）陈宏谋：《培远堂手札节要·寄家雨泉书》卷下，清同治七年楚北崇文书局刊本。

是县官的得力助手。书吏的日常工作是草拟公文、填发票证、整理文字档案等。瞿同祖指出："州县官，作为一个外来人，并不熟悉该地方情况及问题，甚至连方言都听不懂。这就解释了为什么州县官们易于受书吏们蒙骗。"① 书吏中大部分人唯利是图，利用职务便利欺压勒索百姓。在这样的情况下，刘衡禁制书吏扰民的措施应运而生。

　　其一，通过法律条文来限制约束书吏。"作为当时名宦，他尊重《大清律例》，把《大清律例》作为协调官民关系的重要手段。"② 他以《大清律例》为依据，对棍蠹扰民破坏司法的行为予以惩治，"凡各衙门书吏如有舞文作弊者，系知法犯法，照平人加一等治罪"③。刘衡通过制定相关规定来防止书吏歪曲法律条文作弊，从而保护百姓权益。接着，规定书吏书写文稿的规范格式，防止书吏弄虚作假。刘衡官箴书《读律心得·通用加减罪例》对书吏的行为作出规定："幕友、长随、书役等，除犯诈、赃、诬、拏等项照正条办理外，其耸官妄为，累及本官者，各按本官降、革处分上加一等，至徒三年止。"④ 由此可见，刘衡在限制书吏犯罪的同时也防止书吏侵蚀官员，防止官吏同流合污。

　　其二，除利用法律加以规范外，刘衡对书吏多以鼓励劝诫为主。书吏是县官的得力助手，没有书吏的帮助政府公务也很难顺利开展，袁守定在其官箴书中就指出："（对书吏）缓之则百计营私，急之则一纸告退。既有日办百为，势难任彼皆去。此当官者不可明言之隐也。"⑤ 刘衡鼓励书吏做好工作，规定他们考核期满可以考职授官，"照得各衙门设立书吏，佐助本官分办公事，期满之日，例准考职授官，理宜守法"⑥。刘衡也举了明朝徐况从吏

① 瞿同祖著，范忠信、晏锋译：《清代地方政府》，法律出版社 2003 年版，第 65 页。

② 郭成伟：《官箴书点评与官箴文化研究》，中国法制出版社 2005 年版，第 292 页。

③ （清）刘衡：《读律心得·卷二·通用加减罪例》，见刘俊文等编《官箴书集成》第 6 册，黄山书社 1997 年版，第 166 页。

④ （清）刘衡：《读律心得·卷二·通用加减罪例》，见刘俊文等编《官箴书集成》第 6 册，黄山书社 1997 年版，第 166 页。

⑤ （清）袁守定：《图民录》卷 2，清光绪五年江苏书局重刊本，第 27 页上。

⑥ （清）刘衡：《庸吏庸言·劝谕书吏告示》，见刘俊文等编《官箴书集成》第 6 册，黄山书社 1997 年版，第 179 页。

员到名臣的例子鼓励书役，通过官职来激励书吏守法。

其三，对书吏进行教化。刘衡要求书吏及时下达地方官的爱民之政，在《庸吏庸言·禀严束书役革除蠹弊由》中要求："俾知畏法，不敢放胆肆行，倘稍有犯，立予严惩，免致酿成案件，则可以保百姓之身家。"① 刘衡通过教化的方式鼓励书吏守法。陈宏谋也提倡教化的方式："驭吏不敢不严，而其望于吏役之迁善而远罪也不得不切。所至必开诚劝勉，不欲剧加以法。"② 刘衡认为具有良好行为的书吏，不但可以守法，也可以积德，必然得到好的回报。刘衡用较高的眼光看待书吏，"原以书吏虽系在官人役，究有体面，与各班差役不同，养尔等之廉耻，即以激发尔等之天良也"③，希望通过给予书吏们较高的心理定位，激发其"天良"，从而达到教化的目的，使之行善积德，更好地为百姓服务。

其四，对书役填发传票的要求十分谨慎严格。刘衡尽量少用书役，防止产生弊端。刘衡说："州县一官必须自做，然而书写拘唤之劳，势不能不分权于书役，奔走传宣之绁，势不能不使令夫家丁，乃官则委以腹心，寄以耳目，由此而通索线。"④ 防止书吏泄漏案情，防止书吏与衙役狼狈为奸危害百姓。刘衡对于亲往相验的命案也严禁书役勒索百姓钱财，禁制棍蠹侵扰百姓事件的发生，"一切夫马饭食俱自行备用，并严禁书役人等，不许需索分文。如该地方官不行自备夫马，取之地方。官照因公科敛律议处，书役计赃治罪各等语，法至严也。本府查相验如果少带人役，其夫马饭食钱文，如系本官自备"⑤，刘衡要求所带的书吏、差役都在案前伺应，防止他们勒索、诈

① （清）刘衡：《庸吏庸言·严束书役革除蠹弊禀》，见刘俊文等编《官箴书集成》第 6 册，黄山书社 1997 年版，第 180 页。

② 陈宏谋：《分发在官法戒录檄》。载贺长龄辑，魏源编次，曹堉校勘《魏源全集》第 14 册《皇朝经世文编》卷 15—卷 33《吏政·户政》，岳麓书社 2004 年版，第 477—478 页。

③ （清）刘衡：《庸吏庸言·劝谕书吏告示》，见刘俊文等编《官箴书集成》第 6 册，黄山书社 1997 年版，第 179 页。

④ （清）刘衡：《庸吏庸言·议覆理讼禀》，见刘俊文等编《官箴书集成》第 6 册，黄山书社 1997 年版，第 193 页。

⑤ （清）刘衡：《庸吏庸言·相验遵例札》，见刘俊文等编《官箴书集成》第 6 册，黄山书社 1997 年版，第 187 页。

骗百姓。

其五，审理完一个案件，必须当堂判决。《大清律例》指出："至各衙门一切案件，若假手书吏，以致定稿时高下其手，驳诘不已。"①刘衡通过当堂判决的方式防止棍蠹利用间隙从两边诉讼人之间挑拨，避免诉讼双方各执一词与堂上的审判结果不符，也杜绝了书吏从中惹是生非，"甚则书役高下其手，竟致供与结亦自两歧，或故留漏洞，或故示矛盾，以为翻异地步。如此则未有不翻案及酿成他故者，此朱判之所以必不可少也"②。刘衡通过当堂判决，不拖延、堆积案件，当日事当日毕，毋使"吏书且得乘其忙杂而朦之矣"③，防止书吏侵扰百姓的发生。刘衡对于未审理完的案件也防范书吏从中作弊，他在上级官员的教导之下，"兹奉札饬将审单照抄一张，钤印连所呈契券给本主收执，俟缴领两清，撤回附卷等因"④。刘衡利用两单相照应的手法避免书吏从中抽换文件、篡改文件，禁制了书吏害民事情的发生。

刘衡通过上述一系列的手法驾驭书吏，防止侵扰行为的发生，保障了地方政府的顺利运转，这也是刘衡禁制棍蠹扰民措施的进一步体现。

第三，亲力亲为，慎用门丁。门丁是属于清代官长长随的一种，是官长的私人仆役和助手，他们负责公文传达等相关事务，具有参与地方政务的机会，"公事出入无不由门丁经手"⑤。在协助地方官处理政务的过程中，有些门丁就趁机谋取私利，这样就使得地方政府难以正常运转。所以刘衡谨慎地使用门丁，做事情尽量亲力亲为。

首先，刘衡从法律上制止门丁的不法行为。刘衡运用法律对他们进行

---

① 《大清律例》卷 30《刑律·受赃》。张荣铮等点校：《大清律例》，天津古籍出版社 1993 年版，第 531 页。

② （清）刘衡：《庸吏庸言·理讼十条》，见刘俊文等编《官箴书集成》第 6 册，黄山书社 1997 年版，第 196 页。

③ （清）陈宏谋：《从政遗规：熊勉庵〈宝善堂居官格言〉》，见（清）陈宏谋辑《五种遗规》，线装书局 2015 年版，第 411 页。

④ （清）刘衡：《庸吏庸言·断追不能速缴之案将原契券付本主收执禀》，见刘俊文等编《官箴书集成》第 6 册，黄山书社 1997 年版，第 199 页。

⑤ （清）方大湜：《平平言·卷二·门丁不可用》，见刘俊文等编《官箴书集成》第 7 册，黄山书社 1997 年版，第 628 页。

制裁，《读律心得·理讼撮要》中称："幕宾钻营引荐，如倚仗声势欺压本官，舞弊诈财者，照蠹役诈赃例，计赃治罪。"① 如果门丁倚官滋事，还要加大对他们的惩处力度，对他们以严惩，"幕友、长随、书役等，除犯诈、赃、诬、拿等项罪，有正条者，仍照例办理外，其但系倚官滋事，怂令妄为，累及本官者，各按本官降革处分上加一等，至徒三年而止。至总徒、准徒、军、流以上者均与同罪。"② 通过制定法律，对门丁的违法行为进行限制和约束。

其次，亲力亲为防止门丁走漏消息。"官僚之一言一动，外人无不周知，撞骗招摇，多由于此。"③ 亲力亲为，能够防止门丁因缘为奸走漏消息，由此减少弊端的产生。同时门丁做的这些传唤等琐碎事情，只要地方官稍加留心就能完成。对于宾客寅僚往来传帖的事情，衙门里的跟班茶房可以来完成；对于其他事情，宅门之官役可以承担，"至于传呼胥役，出纳文书，则有看守宅门之官役"④。亲力亲为，也增加了官员与百姓直接交流和接触的机会，加强官员对百姓的了解，同时也阻断了门丁从中挑拨。"若于咽喉之地添一阻隔之物，致令亲民之官与百姓气脉不通，则官民交病矣"⑤。刘衡提倡"亲力亲为"的举措，可以防止门丁和蠹役等串通一气，有助于自身政务的及时高效处理，在主事官员自身清正廉洁的情况下，可以有效地减少贪腐的发生。

再者，减少门丁的任用。门丁和衙役经常串通一气，他们"由此而树党援，丁则以役为爪牙，役则藉丁为靠背，以致民情浮动，官谤沸腾，而彼昏不知也"⑥，甚则有些门丁"借助自身便利条件招权纳贿、欺公卖法，拼命

---

① （清）刘衡：《读律心得·卷一·理讼撮要》，见刘俊文等编《官箴书集成》第 6 册，黄山书社 1997 年版，第 163—164 页。

② （清）刘衡：《读律心得·卷一·理讼撮要》，见刘俊文等编《官箴书集成》第 6 册，黄山书社 1997 年版，第 164 页。

③ （清）何耿绳：《学治一得编·学治述略》，见刘俊文等编《官箴书集成》第 6 册，黄山书社 1997 年版，第 706 页。

④ （清）刘衡：《庸吏庸言·慎用门丁札》，见刘俊文等编《官箴书集成》第 6 册，黄山书社 1997 年版，第 184 页。

⑤ （清）刘衡：《庸吏庸言·慎用门丁札》，见刘俊文等编《官箴书集成》第 6 册，黄山书社 1997 年版，第 184 页。

⑥ （清）刘衡：《庸吏庸言·议覆理讼禀》，见刘俊文等编《官箴书集成》第 6 册，黄山书社 1997 年版，第 193 页。

攫取法外经济利益，严重扰乱了州县司法秩序，加深了地方政治的黑暗"①。少用门丁可以减少棍蠹串通的机会，减少了棍蠹等对百姓的扰乱，地方官可以安心处理爱民之政。

刘衡亲力亲为的做法可以减少官员与差役、官员与百姓之间不必要的麻烦，这种做法利民、利国，同时也可以禁制棍蠹侵扰，百姓可以安居乐业，地方官可以准确了解民间疾苦、更好地为国家服务，所以值得提倡。

第四，严打讼师，防范棍蠹扰民。清朝讼师多扮演代写诉状、咨询和谋划诉讼、贿役通吏的角色。清朝统治者一直主张息讼，《大清律例》中也明文规定严打讼师："凡有控告事件者，其呈词俱责令自作，不能自作者，准其口诉令书吏及官代书，据其口诉之词从质书写。如有增减情节者，将代书之人照例治罪。其唆讼棍徒该管地方官实力查拿，从重究办。"②此外，在许多官员看来，讼师"不仅通过教唆词讼，破坏族众、邻里间的和谐关系，而且在为当事人出谋划策时收取了与其活动不相称的大量报酬。为中饱私囊，讼师在当事人之间从中作梗，使诸多词讼未能及时审结"③。刘衡认为讼师是棍蠹的一种，他们侵扰百姓，教唆诉讼，应该严厉打击。

其一，发布告示，从源头上禁止兴讼。普通百姓由于文化水平较低，容易受到讼师的花言巧语欺骗。对于一些无关紧要的琐事，百姓本不欲告状，但"被蠹等从中挑拨，自夸熟识书差，包告包准，哄得人告了状"④，告状过程中难免各项花费，同时又受到棍蠹等的敲诈勒索，导致百姓倾家荡产。因此，刘衡贴出告示，严禁兴讼，希望百姓看到后能够明白这一道理。清代戴兆佳也发布类似告示，"自示之后，倘敢怙恶不悛，轻听讼师妄肆刁控，除依律反坐外，并严拿讼师党棍，立置重法。本县言出令随，决无宽假，毋贻后悔。"⑤再者，刘衡也在鸣锣条款中开列了告棍徒唆讼的条例，希

① 朱声敏：《清代州县司法实践中的门丁之弊》，《学术论坛》2014 年第 7 期。
② 《大清律例》卷 30《刑律·教唆词讼》。张荣铮等点校《大清律例》，天津古籍出版社 1993 年版，第 527 页。
③ 邓建鹏：《清代讼师的官方规制》，《法史研究》2005 年第 3 期。
④ （清）刘衡：《庸吏庸言·严除蠹弊告示》，见刘俊文等编《官箴书集成》第 6 册，黄山书社 1997 年版，第 203 页。
⑤ （清）戴兆佳：《天台治略·严禁刁讼以安民生事》，见刘俊文等编《官箴书集成》第 4 册，黄山书社 1997 年版，第 172 页。

望绅士、耆民及时举报教唆词讼之人，待官府查明准确后将会秘密捉拿，这样就从源头上减少了讼师侵民。

其二，劝民息讼。在刘衡眼里，息讼能够避免危害百姓身家性命，降低财产损失。百姓关于钱债、田土等问题发生的口角争端，多是由于一时冲动所致，可以通过亲友邻族等的调解解决。如果听了讼师的教唆，则诉讼人将会面临严重的后果，"大凡告状的人，自做呈之日起，到出结之日止，无事不要花钱。到城市便被店家捉弄，到衙门便受书差吓索。过了好些时，花了好些钱，还未见官的面，等到示期审讯，先要邀请邻证，早早守候，房租、吃喝、夫马哪一样不是钱。刚要审了，却又挂出牌来，改了日期，你从前那些钱都白花了。"① 这样一来讼师从中受益，诉讼人则受到了巨大的损失。汪辉祖也提出息讼，"词讼之应审者，什无三四。其里邻口角，骨肉参商细故，不过一时竟气，冒昧启讼，否则有不肖之人，从中播弄。果能审理平情，明切譬晓，其人类能悔悟，皆可随时消释"② 。所以不应该听从讼师的花言巧语，应该听从地方官息讼的劝告，减少棍蠹侵扰。

其三，防止衙役、书吏和讼师等狼狈为奸。汪辉祖在官箴书中指出："唆讼者最讼师，害民者最地棍。二者不去，善政无以及人。然去此二者，正复大难，盖若辈平日多与吏役关通，若辈藉吏役为护符，吏役借若辈为爪牙。遇有地棍讹诈，讼师播弄之案，彻底根究一二，使吏役畏法，则若辈自知敛迹矣。"③ 衙役、书吏和讼师等狼狈为奸危害甚大，为了金钱利益，他们利用手中的权力私下向讼师泄露消息，严重影响了正常的社会生活。刘衡指出："承缉则任指伙窝，吊赃则妄称销寄，以及多带帮差，擅用锁链，私押人证，讼师、地棍、店主悉与狼狈为奸。"④ 百姓经过诉讼后，有冤屈也没办

---

① （清）刘衡：《庸吏庸言·劝民息讼告示》，见刘俊文等编《官箴书集成》第 6 册，黄山书社 1997 年版，第 200 页。

② （清）汪辉祖：《佐治药言·息讼》，见刘俊文等编《官箴书集成》第 5 册，黄山书社 1997 年版，第 317 页。

③ （清）汪辉祖：《学治臆说·地棍讼师当治其根本》，见刘俊文等编《官箴书集成》第 5 册，黄山书社 1997 年版，第 282 页。

④ （清）刘衡：《庸吏庸言·严禁蠹役札》，见刘俊文等编《官箴书集成》第 6 册，黄山书社 1997 年版，第 183 页。

法解决，而且将会花费很多钱财，导致他们倾家荡产。再者，有些书吏利用职务之便，"至若房书之弊，多在捺搁案件，勾结讼师，图翻已结之案"①，刘衡对此深恶痛绝，规定严禁衙役、书吏和讼师等狼狈为奸，对这些棍蠹随时惩治，绝不姑息。

其四，在理讼过程中，防止讼师对案件审理的侵蚀。刘衡首先严饬代书，防止讼师对口供进行编造。方大湜也在官箴书提到代书的弊端，"民间词讼，以小为大、增轻作重，甚至海市蜃楼，凭空结撰"②。其次，刘衡对呈词当堂亲收，减少讼师对讼词的巧饰。刘衡也不轻易准许状文，准许了就必须审理，防止讼师随意告状。对审理词讼，刘衡讲求宁速勿迟的原则，防止讼师插入，横生枝节。刘衡通过这一系列的措施减少了讼师对案件审理的危害。

其五，揪出违规讼师，对其严惩。刘衡通过实力稽查和多方察访，找到违规讼师的住处，严慎查挐。讼师获案后，刘衡仿照汪辉祖《学治臆说》的记载对讼师进行严惩，"将该犯锁置堂柱，令其鹄立看本官审断他案，间日责决数板，旬月之间，未有不恳甚告饶者。虽极繁难之缺，但须办一二案，惩两三人，则若辈闻风丧胆，外来者裹足，本籍者革而矣"③。刘衡运用这种严酷的方法打击讼师，同时也对周围的讼师起到以一儆百的作用。

刘衡的这些措施减少了讼师对百姓的危害，也降低了讼师对诉讼案件的侵扰。他对讼师随时惩治，严厉打击，造福了一方百姓。

（六）《庸吏庸言》的评价

1. 优点

《庸吏庸言》的内容丰富，记载刘衡为官时各种告示、法令，包括官员明志自律、为官准则、处理地方事务的办事章程，以及劝谕百姓、安抚百

---

① （清）刘衡：《庸吏庸言·严束书役革除蠹弊禀》，见刘俊文等编《官箴书集成》第6册，黄山书社1997年版，第181页。

② （清）方大湜：《平平言·卷二·代书》，见刘俊文等编《官箴书集成》第7册，黄山书社1997年版，第639页。

③ （清）刘衡：《庸吏庸言·理讼十条》，见刘俊文等编《官箴书集成》第6册，黄山书社1997年版，第197页。

姓，实施保甲团练等内容。

《庸吏庸言》是刘衡在继承前人为官经验的基础上，加以创新，写成的实用性较强的著作。如"官须自作"这一观点，汪辉祖认为："事无巨细，权操在手，而人为我用。若胸无成见，听人主张，将用亲而亲官，用友而友官，用长随、吏役而长随、吏役无一非官。人人有权即人人做官，势必尾大不掉，官如傀儡，稍加约束，人转难堪，甚有挟其短长者矣。"[①]《庸吏庸言》在继承这一观点的基础上进行了创新，首先强调从法律上制止门丁的不法行为，用法律对他们进行制裁；其次，主张官员亲力亲为，不通过门丁传送消息，避免门丁和蠹役串通，《庸吏庸言》使"官须自作"的观点得到完善。后来，刘衡的叔祖刘斯增继承了"不用门丁"的方法，在处理政务的过程中不用门丁。《庸吏庸言》中"不用门丁"的方法在清中后期影响深远。

《庸吏庸言》要求官员清廉自律，为当时的学人和官员们提供借鉴和参考。《庸吏庸言》中采取的禁制棍蠹扰民的措施为当时统治阶级驾驭衙役提供了借鉴经验，使统治阶级对衙役贪污腐化的治理收到较好的效果。《庸吏庸言》中救助孤贫，办理春荒和新建养济院等观点，都以百姓利益为重，为百姓提供帮助，是兴利除弊之举，值得提倡和弘扬。

2. 缺点

刘衡生活在君主专制制度的社会里，很难突破君主专制制度的缺陷，在这种背景下，《庸吏庸言》中也有不足之处。

其一，篇章编纂顺序混乱。刘衡当时身体欠佳，"仓卒付梓，义例未能条贯，字体亦多讹脱"[②]，在文章篇章安排上存在一些问题，如将"禀制宪札询民风好讼应如何妥议章程遵即议复十条由"一文放在"劝民息讼告示"一文之后，条例会更加清晰。

其二，文中有许多地方带有封建性思想，《庸吏庸言》也没有摆脱封建阶级性。如"到任谒城隍神誓文"一文，带有封建迷信色彩。"劝民息讼告

---

① （清）汪辉祖：《学治臆说·官须自作》，见刘俊文等编《官箴书集成》第5册，黄山书社1997年版，第280页。

② （清）刘衡：《庸吏余谈·自序》，见刘俊文等编《官箴书集成》第6册，黄山书社1997年版，第222页。

示"体现了统治阶级的意志，便于实现政治统治和社会控制，使百姓缺少诉讼的自由权，缺少人文色彩。"团练章程"中"大户派出壮丁三四名，中户二三名，小户两户一名"①"建楼及置备各器具之工料，本村则按照大、中、小户三等派捐"②，这样强制派出壮丁和征收捐款的方式也引起一些百姓的不满。这些措施体现《庸吏庸言》内容的局限性。

三、《庸吏庸言》的传播影响

《庸吏庸言》内容丰富，涉及政治、经济、文化、军事、社会生活等方面，文章的系统性强，具有较强的实用性，传播范围较广，在社会上产生较大影响。

通过资料整理，发现《庸吏庸言》现有 19 种版本。通过对已知的版本分析，可知《庸吏庸言》不同版本的传播，该书从 1831 年出版到 1908 年，传播至北京、山东、湖北、江苏、天津、湖南、广东、云南、上海、四川、河南等地，传播的时间跨度长，地域范围广。《庸吏庸言》不仅在刘衡为官的广东、四川、河南等地传播，也在文化相对发达的山东、湖北、北京、江苏、天津、湖南、上海等地传播，还在云南等文化相对落后的偏远地区传播，足以见到《庸吏庸言》传播之广。

《庸吏庸言》涉及官员为官准则，提倡拥政爱民，是官箴书中的精华作品，对官员的行政方法起到了指导和说明作用，有利于提高官员的工作效率。

清人陈其元在《庸闲斋笔记》中记有关于刘衡《庸吏庸言》的读后感："同治六年，余初任南汇县时，励精图治，遇民间讼事，一经控诉立即提讯，随到随审，随审随结。三月之间，除寻常自理之案外，审结历任积案三百八十余起。案牍一清，民间颇著颂声。丁雨生中丞奏予奖叙，余私心亦未尝不自喜也……甚至南汇旧部民讼狱者，有不之本县而来青浦求余判断。

---

① （清）刘衡：《庸吏庸言·团练章程》，见刘俊文等编《官箴书集成》第 6 册，黄山书社 1997 年版，第 220 页。

② （清）刘衡：《庸吏庸言·团练章程》，见刘俊文等编《官箴书集成》第 6 册，黄山书社 1997 年版，第 220 页。

心益喜自负。至九年，丁中丞以所刊《牧令书》颁发各县，内有南丰刘廉舫先生衡《庸吏庸言》一册，余受而读之，不禁怅然自失，通身汗下。自是不敢自诩精明，轻受民词矣。"①认为刘衡《庸吏庸言》中的观点明确，方法精明。

清人许乃晋受到刘衡《庸吏庸言》的影响，把《庸吏庸言》纳入《宦海指南》中。刘锦藻把《庸吏庸言》汇编到《清续文献通考》经籍考中。《同治建昌府志》《光绪江西通志》把刘衡的《庸吏庸言》收录到艺文志中，认为它具有重要的价值。葛士浚在《皇朝经世文续编》中也借鉴《庸吏庸言》的内容。徐珂的《清稗类钞》把《庸吏庸言》作为箴规的汇编。戴肇辰在他的《学仕录》中收录《庸吏庸言》的部分内容，他把刘衡的文章奉为圭臬。再者，丁日昌、徐栋辑、王文韶、方大湜、徐世昌等都多次提及刘衡《庸吏庸言》中的看法和观点，对他的观点极为赞赏。

《清史稿》也记载："穆宗谕曰：'刘衡历任广东、四川守令，所至循声卓著。去官四十余年，至今民间称道弗衰。所著《庸吏》《庸言》《蜀僚问答》《读律心得》等书，尤为洞悉间阎休戚，于兴利除弊之道，筹画详备，洵无愧循良之吏。将历任政绩宣付史馆，编入《循吏传》，以资观感。'衡所著书，皆阅历有得之言，当世论治者，与汪辉祖《学治臆说》诸书同奉为圭臬。"②这都足以说明《庸吏庸言》对当时政治、经济、文化、社会生活等方面产生的深远影响。

此外，清代印刷业迅速发展，《庸吏庸言》迅速在民间传播开来，使百姓知识增加，《庸吏庸言》在一定程度上得到百姓认可，影响了百姓生活。

《庸吏庸言》中也有一定的封建性和阶级局限性，存在着一些消极思想。但瑕不掩瑜，《庸吏庸言》的广泛传播还是发挥了传播教化、教育官吏的作用，书中的许多做法亦被后人推崇沿用，产生深远影响。

---

① 陈其元：《庸闲斋笔记·讼简刑清法》，见章伯锋，顾亚主编《近代稗海》第 10 辑，四川人民出版社 1988 年版，第 514 页。

② 赵尔巽等：《清史稿》卷 478《循吏三·刘衡传》，中华书局 1977 年版，第 13057 页。

第四节　为官智慧：《蜀僚问答》

《蜀僚问答》这本官箴书是刘衡"仁政"思想的又一代表作，全书采用问答的形式，它是刘衡为官经验的总结，展现出刘衡以民为本的保富民措施、司法审讯方法、法律观等。这部书的传播对当时的吏治、民治等产生深远的影响，是刘衡为民为政思想的体现。

一、《蜀僚问答》的成书与版本

《蜀僚问答》是刘衡为官为政思想的智慧结晶，它的成书经历一系列的复杂过程，它是怎样成书的？它的不同版本之间有哪些不同？它的中心思想有哪些？又对当时产生怎样的影响？我们通过分析《蜀僚问答》成书与版本流传可以更好地了解这部官箴书的价值，更好地解答上述相关问题。

（一）成书背景

刘衡经过广东三县的知县经历，对处理地方事务逐渐熟练。后在陕西西安游幕阶段，他不仅熟读律例，增加法律知识的学习，而且跟着叔父刘斯嵋学习处理政务，学到了为民兴利除弊的方法。"道光三年（1823）刘衡起后为四川垫江知县。"①"（道光）七年，擢绵州直隶州知州，宣宗召对，嘉其公勤。八年，擢保宁知府，九年，调成都。每语人曰：'牧令亲民，随事可尽吾心。太守渐远民，安静率属而已，不如州县之得一意民事也。'"②他名声逐渐提高，周围的官员和部属逐渐开始请教刘衡从政经验和为官之道。

由于《蜀僚问答》没有序言和刊刻时间，所以很难了解这部官箴书的撰述原委和经过。从《蜀僚问答》的体裁上看，为问答式写作方法，是他向部属传授为官经验而作。从题目上看，可知是在蜀地与属僚问答的记录。从内容上看，《蜀僚问答》"富民涉讼必致破家之故"一文载："彼放债者难得仁厚之人，（巴县竟有以放此债为业者，详见《庸吏庸言》，严除蠹弊告示条

---

① 清华大学图书馆科技史暨古文献研究所编：《清代缙绅录集成》第 9 册，大象出版社 2008 年版。

② 赵尔巽等：《清史稿》，卷 478《循吏三·刘衡传》，中华书局 1977 年版，第 13057 页。

内。）大率乘人之危急，多索子息，扣去本钱，往往七折八扣，良民需用甚急，图救目前之厄，不得已含泪书券。"① 《蜀僚问答》"居官清慎勤三字诀以勤字为要"一文载："《庸吏庸言》所载'理讼十条'之第三条，曾谆切讲明'勤'字之理矣。其余九条，无非推广'勤'字之意。"② 可以看出，《蜀僚问答》成书于《庸吏庸言》出版之后。

"道光九年岁在己丑，衡调成都知府，越明年闰四月之吉，奉旨擢授河南开归陈许道员，七月卸成都府篆。既受代，僦居旅舍，寅僚咸来问吏治焉。"③ 这句话表明许多官僚经常来跟刘衡请教吏治知识，也进一步促成他这部书的出版。《庸吏庸言》载：

> 幕宾山阴吴君寿椿，以法家言世其家者，诚笃君子也，相知最深，相处亦最久，辄检其十余年所录，存予所作禀、启、牌檄、批文诸稿，促付梓，人云："可代口舌劳。"予不获辞，爰刊一编，所谓《庸吏庸言》者，仓卒付梓，义例未能条贯，字体亦多讹脱。岁辛卯，予引疾奉母携眷南归，儿辈搜检旧箧，又择其禀、启、牌檄之尚可行者得三，纸檄二，批禀一，令儿辈续刻之，另为一卷，题其签曰《庸吏余谈》。时道光十一年岁在辛卯孟冬月上浣，南丰刘衡自序。④

可知，《蜀僚问答》的成书应该在道光十一年之后。通过现有资料可查的最早版本书是清道光十六年（1836）刻本。

《蜀僚问答》是刘衡"仁政"思想的又一代表作，全书采用问答的形式，记录刘衡在蜀地与官僚研讨为官之道，是刘衡对自己为官经验的总结，

---

① （清）刘衡：《蜀僚问答·富民涉讼必致破家之故》，见刘俊文等编《官箴书集成》第 6 册，黄山书社 1997 年版，第 150 页。

② （清）刘衡：《蜀僚问答·居官清慎勤三字诀以勤字为要》，见刘俊文等编《官箴书集成》第 6 册，黄山书社 1997 年版，第 153 页。

③ （清）刘衡：《庸吏余谈·自序》，见刘俊文等编《官箴书集成》第 6 册，黄山书社 1997 年版，第 222 页。

④ （清）刘衡：《庸吏余谈·自序》，见刘俊文等编《官箴书集成》第 6 册，黄山书社 1997 年版，第 222 页。

全书共 1 卷，24 条目，共计 9000 余字。

24 条目分别为：图治之道在恤民贫、恤贫民之道在保富民、保富在除弊、除弊在禁制棍蠹诓扰、禁制棍蠹诓扰在熟读律例、读律在熟读诉讼断狱两门共 41 条、律宜全读惟首卷之名例律却宜后读、富民涉讼必致破家之故、保富之道莫要于批驳呈词先审原告、收呈时先讯原告之法、先审原告取供之法、先审原告取结之法、先审原告例有专条、居官清慎勤三字诀以勤字为要、讼案可讯即讯纵有一二人不到亦可讯结不必俟唤齐方讯亦例有专条、理财之道在俭、陋规有必不可收者革陋规之法、上官衙门常例旧规必不可省者、州县仓食为尤重、律例而外尚有应读之书、要案隔别取供之法、要案伏人潜听私语之法、罚赎恶习有志爱民者不为、盗案差手所起之赃虽经主认未可尽凭令失主认赃之法附。

（二）版本比较

刘衡所著《蜀僚问答》在其生前、故后均有出版，通过搜集整理，发现不同的版本有不同之处，兹一一梳理如下。

1.《蜀僚问答》版本概述

《蜀僚问答》经搜集整理，主要有以下版本：

（1）《蜀僚问答》清道光十六年（1836）刻本，刘衡撰，宁夏大学馆藏，书名为《读律心得 3 卷属僚问答 2 卷》，1 函 1 册，由于无法获取，所以具体内容不知。

（2）《蜀僚问答》清咸丰三年（1853）云海楼刻本，刘衡撰，1 函 3 册，附渔洋山人《手镜》1 卷，藏于湖南省图书馆。

（3）《蜀僚问答》来自《刘簾舫先生吏治三书》，刘衡撰，清同治七年（1868）楚北崇文书局刻本，线装，1 函 3 册。封面 26.2×15.2 厘米，正文 10 行 22 字，小字双行同，白口，单鱼尾，左右双边，框高 18.5×13.1 厘米。内封面后镌"同治七年楚北崇文书局开雕"，书中钤"大学堂藏书楼之章"朱印。藏于北京大学图书馆。

（4）《蜀僚问答》来自《刘簾舫先生吏治三书》，刘衡撰，清同治七年（1868）楚北崇文书局刻本，线装，1 函 1 册。封面 25.3×15 厘米。内封背面牌记镌"同治七年楚北崇文书局开雕"，附刻：王士禛撰《手镜》1 卷，黄辅辰撰《代直隶总督劝谕牧文》1卷。藏于北京大学图书馆。

（5）《蜀僚问答》来自《刘簾舫先生吏治三书》，刘衡撰，清同治七年（1868）楚北崇文书局刻本，线装，1函3册。封面26.2×15.2厘米，框高18.5厘米，宽13.1厘米，正文10行22字，小字双行同，白口，单鱼尾，左右双边。内封面后镌"同治七年楚北崇文书局开雕"。藏于北京大学图书馆。

（6）《蜀僚问答》来自《刘簾舫先生吏治三书》，刘衡撰，清同治七年（1868）楚北崇文书局刻本，线装，1函3册。附注：渔洋山人《手镜》1篇，代直隶总督劝谕牧文一篇。藏于北京大学图书馆。

（7）《蜀僚问答》来自《刘簾舫先生吏治三书》，刘衡撰，清同治七年（1868）江苏书局刻本，线装，1函1册。正文11行21字，眉上镌评行10字，线黑口，单黑鱼尾，左右双边，版框高17厘米，宽12.5厘米。牌记：同治七年四月江苏书局重刊，书名据内封面及序。藏于北京大学图书馆。

（8）《蜀僚问答》来自《刘簾舫先生吏治三书》，刘衡撰，丛编于《牧令全书》，清同治七年（1868）江苏书局刻本，线装，1函1册。正文11行21字，线黑口，单黑鱼尾，左右双边，版框高16.4厘米，宽12.3厘米。附注：同治八年丁日昌序。藏于北京大学图书馆。

（9）《蜀僚问答》来自《刘簾舫先生吏治三书》，刘衡撰，清同治七年（1868）江苏书局刻本，线装，1夹1册，藏于南开大学图书馆。

（10）《蜀僚问答》清同治七年（1868）江苏书局牧令书五种本，见于刘俊文等编《官箴书集成》，1997年黄山书社出版。

（11）《蜀僚问答》来自《牧令全书》，丁日昌辑，清同治八年（1869）江苏书局刻本，14册。牌记题同治戊辰秋江苏书局刊，钤"国子监印""国子监南学书光绪九年二月查过准部齐全"印。

（12）《蜀僚问答》清同治九年（1870）湖南省藩署刻本，刘衡撰，线装，封面25.4×15.7厘米。卷首有道光十年自序，道光丙申（十六年）杨士达序，道光十七年卓秉恬序。藏于北京大学图书馆。

（13）《蜀僚问答》清同治十年（1871）黔阳官署刻本，刘衡撰，1册。藏于湖南省图书馆。

（14）《蜀僚问答》清同治十二年（1873）羊城书局刻本，刘衡撰，线装，1册，附注：总封面二镌"同治十二年仲夏月重刊于羊城书局"。藏于中国人民大学图书馆。

（15）《蜀僚问答》清光绪二十年（1894）云南厘金总局刻本，刘衡撰，1册。藏于湖南省图书馆。

（16）《蜀僚问答》来自《合刻吏则七种》，王文韶辑，清光绪二十年（1894）刻本，线装，1函12册。封面高26厘米，版框高18.5厘米，宽13.1厘米，正文9行22字，黑口，双黑鱼尾，左右双边。前有光绪二十年王文韶撰"合刻吏则七种序"。藏于北京大学图书馆。

（17）《蜀僚问答》清光绪二十二年（1896）上海图书集成印书局出版，刘衡撰，铅印本，线装，1册，总封面牌记原题"光绪二十二年上海图书集成印书局印"。藏于中国人民大学图书馆。

（18）《蜀僚问答》来自《合刻吏则七种》，王文韶辑，清光绪三十四年（1908）河南官纸印刷所，石印本，线装。藏于北京大学图书馆。

（19）《蜀僚问答》是《合刻吏则七种》中的一篇，王文韶辑，清光绪三十四年（1908）河南官纸印刷所石印本，见于萧山区政府与南开大学编《萧山丛书》，2014年学苑出版社出版。

（20）《蜀僚问答》1911年出版，刘衡撰，铅印本，线装，1函1册。藏于北京大学图书馆。

（21）《蜀僚问答》1911年出版，刘衡撰，刻本，线装。藏于北京大学图书馆。

以上版本是通过已知资料可查的版本，有的版本难免有遗漏。以上版本刊刻的时间、地点、内容等略微有差异。

（二）版本比较

由于北京大学图书馆藏《刘簾舫先生吏治三书》中《蜀僚问答》清同治七年（1868）江苏书局刻本和《萧山丛书》中《蜀僚问答》清光绪三十四年（1908）牧民宝鉴本具有代表性，兹对这两部书进行对比研究。以下将对《刘簾舫先生吏治三书》中《蜀僚问答》简称"江苏书局刻本"，《萧山丛书》中《蜀僚问答》简称"牧民宝鉴本"。

1. 外观形态之比较

"江苏书局刻本"《蜀僚问答》是《刘簾舫先生吏治三书》中的一书，它是清同治七年（1868）江苏书局刊刻，线装，1 函 1 册，正文 11 行 21 字，线黑口，单黑鱼尾，左右双边，版框高 16.4 厘米，宽 12.3 厘米。同治八年丁日昌序，藏于北京大学图书馆。

"牧民宝鉴本"《蜀僚问答》是《牧民宝鉴》中的一书，它是清光绪三十四年（1908）河南官纸印刷所石印本，正文 11 行 22 字，线黑口，单黑鱼尾，左右双边，影印后版框高 14 厘米，宽 9 厘米。"牧民宝鉴本"是光绪三十四年（1908）时任河南巡抚林绍年翻印滇本。见于萧山区政府与南开大学编《萧山丛书》，是依据清光绪三十四年（1908）河南官纸印刷所石印本影印，2014 年学苑出版社出版。

"江苏书局刻本"有句读，一行与另一行之间有竖线间隔。如下图：

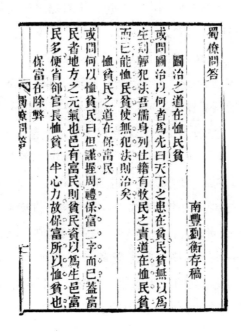

"牧民宝鉴本"无句读，无竖线间隔。如下图：

从外观形态可以看出"江苏书局刻本"和"牧民宝鉴本"的刊刻形式不同。

蜀僚問答

南豐劉衡存稿

圖治之道在恤民資

或問圖治以何者為先曰天下之憂在資民資無以為生則輕犯法吾儒身列仕籍有牧民之責道在恤民資而已能恤民資使無犯法則治矣

恤資民之道在保富民

或問何以恤資民曰但謹樽周禮保富二字而已蓋富民者地方之元氣也邑有富民則貧民資以為生邑富民多使貧卹官長恤資一半心力故保富所以恤資也

保富在除莠

2. 内容比较

第一，序文。"江苏书局刻本"中包括丁日昌之序文和编校刘簾舫先生吏治三书凡例。丁日昌（1823—1882），字禹生，又作雨生，号持静，广东丰顺县人。历任苏松太道，两淮盐运使，福州船政大臣，福建巡抚，节制沿海水师兼理各国事务大臣等。丁日昌曾在同治八年（1869）编辑官箴书《牧令全书》，其中包括《蜀僚问答》1 篇。他编校刘簾舫先生吏治三书凡例介绍道：《蜀僚问答》原本分上下卷，上卷仅 8 页，下卷仅 14 页，今合为 1 卷。

"牧民宝鉴本"中包括王文韶之序文和林绍年之序文。王文韶（1830—1908），字夔石，号耕娱、庚虞，又号退圃，浙江仁和（今杭州）人，咸丰二年（1852）进士。"光绪十四年（1888）王文韶复任湖南巡抚时曾刊刻过《牧民宝鉴》。次年，授云贵总督，因无刻板，只得再度在云南刊刻并印行。"[1] 林绍年（1849—1916），字赞虞，晚号健斋，福建闽县（今福州）人，同治十三年（1874）进士。"光绪三十四年（1908）时任河南巡抚林绍年翻印滇本。"[2] 这一版本是林绍年翻印王文韶的滇本。

---

① 萧山区政府地方志办公室、南开大学地方文献研究室编辑：《萧山丛书》第 6 册，学苑出版社 2014 年版，第 2 页。

② 萧山区政府地方志办公室、南开大学地方文献研究室编辑：《萧山丛书》第 6 册，学苑出版社 2014 年版，第 2 页。

通过以上分析，《蜀僚问答》在当时受到官僚阶级的重视，它的思想符合统治阶级的需求，得到当时他们的提倡，使《蜀僚问答》这本书得到流传。

第二，正文。通过对"江苏书局刻本"和"牧民宝鉴本"的对比，发现其中文字上的不同，兹一一列举如下：

① 读律在熟读诉讼断狱两门共 41 条一篇中："江苏书局刻本"作"方得微窥圣人制律之深意"，"牧民宝鉴本"作"方得微窥圣人制律之精意"。又，"江苏书局刻本"作"惟于宦场所在多触迕"，"牧民宝鉴本"作"惟予性复所在多触迕"。

② 保富之道莫要于批驳呈词先审原告一篇中："江苏书局刻本"作"较之唤案集讯之时"，"牧民宝鉴本"作"驳之唤案集讯之时"。

③ 收呈时先讯原告之法一篇中："江苏书局刻本"作"已足保富良矣"，"牧民宝鉴本"作"已定保富良矣"。又，"江苏书局刻本"作"遇有人证到此"，"牧民宝鉴本"作"遇有人证到店"。

④ 先审原告取供之法一篇中："江苏书局刻本"作"其词内情节必有矛盾处"，"牧民宝鉴本"作"其呈内情节必有矛盾处"。又，"江苏书局刻本"作"即带入署内密室百端诘问"，"牧民宝鉴本"作"即带入内署密室百端诘问"。又，"江苏书局刻本"作"官或以醒木重击案卓"，"牧民宝鉴本"作"官或以醒木重击案棹"。又，"江苏书局刻本"作"兹准尔告"，"牧民宝鉴本"作"我准尔告"。又，"江苏书局刻本"作"彼见官霁颜煦语"，"牧民宝鉴本"作"彼见官霁颜与语"。又，"江苏书局刻本"作"若彼情虚"，"牧民宝鉴本"作"彼若情虚"。

⑤ 居官清慎勤三字诀以勤字为要一篇中："江苏书局刻本"作"今将不必定令到案人证"，"牧民宝鉴本"作"今将不必定命到案人证"。

⑥ 讼案可讯即讯纵有一二人不到亦可讯结不必俟唤齐方讯亦例有专条一篇中："江苏书局刻本"作"邑民颇知感诵"，"牧民宝鉴本"作"邑民颇知感颂"。又，"江苏书局刻本"作"必阁案数日"，"牧民宝鉴本"作"即搁案数日"。

⑦ 理财之道在俭一篇中："江苏书局刻本"作"大宪自当加之异数"，

"牧民宝鉴本"作"大宪自当加之异顾"。又，"江苏书局刻本"作"岂肯计较各属馈送之有无丰啬哉"，"牧民宝鉴本"作"岂肯计较各属馈送之有无丰俭哉"。又，"江苏书局刻本"作"谓是皆吾民之膏脂也"，"牧民宝鉴本"作"谓是皆吾民之脂膏也"。又，"江苏书局刻本"作"则皆不俭之所至也"，"牧民宝鉴本"作"则皆不俭之所致也"。又，"江苏书局刻本"作"不但外官当谨懔也"，"牧民宝鉴本"作"不但外官当谨凛也"。

⑧ 陋规有必不可收者革陋规之法一篇中："江苏书局刻本"作"仍唤书吏伴与之曰"，"牧民宝鉴本"作"仍唤书吏伴语之曰"。

⑨ 要案伏人潜听私语之法一篇中："江苏书局刻本"作"或带同见证至城隍庙内审讯"，"牧民宝鉴本"作"或带同犯证至城隍庙内审讯"。

⑩ 罚赎恶习有志爱民者不为一篇中："江苏书局刻本"作"予作牧民司数年"，"牧民宝鉴本"作"予作牧令十数年"。又，"江苏书局刻本"作"所部士民有夸予清而形诸歌咏者"，"牧民宝鉴本"作"所部士民有夸予清正形诸歌咏者"。

⑪ 盗案差手所起之赃虽经主认未可尽凭令失主认赃之法附一篇中："江苏书局刻本"作"赃物当在典铺"，"牧民宝鉴本"作"予讯出赃物当在典铺"。又，"江苏书局刻本"作"幕友等俱谓可信为真盗矣"，"牧民宝鉴本"作"幕友等均谓可信为真盗矣"。

"牧民宝鉴本"刊刻时间在"江苏书局刻本"之后，二者之所以出现个别文字不同，主要有以下几种原因：

其一，时代背景不同。"江苏书局刻本"的刊刻是在同治七年（1868），这时统治者们的思想比较保守，努力维护统治阶级的利益，官箴书在词语运用上比较守旧，遵从于原著。"牧民宝鉴本"的刊刻是在光绪三十四年（1908），这一时期思想文化更新和社会风气转变，在"西学"和新学的冲击下，中国封建文化从根本上发生了动摇，"在新旧思想、新旧文化的撞击中，中国社会思想文化结构发生了前所未有的变化"①，所以林绍年在编纂本书时就采用了当时的新思想，运用了新词语。如"江苏书局刻本"作"方得微窥

---

① 李侃等：《中国近代史》，中华书局 2001 年版，第 266 页。

圣人制律之深意"，"牧民宝鉴本"作"方得微窥圣人制律之精意"。

其二，"牧民宝鉴本"对字句的美化，使原文更加通顺。如"江苏书局刻本"作"仍唤书吏佯与之曰"，"牧民宝鉴本"作"仍唤书吏佯语之曰"。又如"江苏书局刻本"作"赃物当在典铺"，"牧民宝鉴本"作"予讯出赃物当在典铺"。

其三，避讳。如"江苏书局刻本"作"已足保富良矣"，"牧民宝鉴本"作"已定保富良矣"。"江苏书局刻本"作"所部士民有夸予清而形诸歌咏者"，"牧民宝鉴本"作"所部士民有夸予清正形诸歌咏者"。当时清朝统治危机四伏，统治者希望得到繁荣昌盛的景象，为了避免统治者所忌，所以表达出"定保富""清正"的形象。

第三，批注。"江苏书局刻本"和"牧民宝鉴本"在版框上栏均有批注，只是"牧民宝鉴本"在影印的过程中有一小部分遗漏，总体来说差别不大，这里将批注内容列出进行分析。

①"江苏书局刻本"第3页下，页面上方标注"律例精熟则道理透彻，自然确有把握，不至朦胧受与所谓明镜高悬物来毕照也"。

②"江苏书局刻本"第5页下，页面上方标注"民开一词到官往往牵率富户以为讼费所自出之地，故状不轻准，准则酌提要证，余概摘删微特保全富民而棍蠹无可鱼肉，讼端亦由是渐息矣"。

③"江苏书局刻本"第6页下，页面上方标注"蠹役索诈不遂惯施此等慎偏切宜加意"。

④"江苏书局刻本"第7页下，页面上方标注"耐烦二字是听讼第一要诀，盖能耐烦方能悉心静气以辨事理之虚实"。

⑤"江苏书局刻本"第12页下，页面上方标注"不能守俭只缘打不破图好看一念，彻底思之，好看何如"。

⑥"江苏书局刻本"第15页下，页面上方标注"岁歉谷必增贵迟则作抵之价必不能敷，况无谷价移交安可坐待谷贵以自贻累"。

⑦"江苏书局刻本"第18页下，页面上方标注"如有冤枉案情必多琐碎曲折，惟耐烦虚心方能得之，故折狱尤以浮躁为切戒"。

这些批注是作者或是出版者对批注下方词语或句子的解释和说明，为使读者更加清晰明白地理解该书的内容。由于缺乏资料，这些批注的作者和写作时间无法准确考证。

二、《蜀僚问答》的内容分析与评价

《蜀僚问答》以问答的形式展现为官之道，是对属僚问政的系统性回答，包含刘衡为民、为政的思想智慧。从刘衡所处的时代分析《蜀僚问答》这部官箴书的内容，包含着丰富的以民为本保富民措施、灵活断案的断案方法和做好官员应该熟读律例的法律观。

（一）以民为本的保富民措施

清朝统治者实行养民的政策，笼络地主阶级和知识分子，对于前明遗老明确规定："各衙门官员，俱照旧录用。……其避贼回籍，隐居山林者，亦具以闻！仍以原官录用。"① 以此获得统治基础。"清国继承元明遗制规定地方制度，而地方分权驯至极端，其结果中央官厅与地方官厅不互相统属，皆直隶于皇帝。"② 这是清朝中央与地方的隶属关系，县是地方最基层的行政机构，在整个国家统治中起到至关重要的作用。县官们采取以民为本的理念，施行养民的措施，有利于社会统治。在官民关系上，刘衡指出："因思知县为亲民之官，官与民亲则血脉贯通，官民联为一体，而情无不通，即事无不治。"③ 他认为官员应该为亲民之官，要与民血脉相通，联为一体。他的以民为本具体体现在保富民、勤俭为民和重视州县仓库等几个方面。

1. 保富民

保富民的思想由来已久，古代一些思想家、政治家就曾论述过这一思想。④ 战国时期的思想家荀子在《富国篇》曾指出："以政裕民则民富，民

---

① 《清实录》第 3 册，中华书局 1985 年版，第 57 页。

② ［日］织田万著，李秀清、王沛点校：《清国行政法》，中国政法大学 2003 年版，第 233 页。

③ （清）刘衡：《庸吏庸言·博采良谟告示》，见刘俊文等编《官箴书集成》第 6 册，黄山书社 1997 年版，第 177 页。

④ 关于保富民思想的论述，可参见林文勋《中国古代的"保富论"》，《历史教学》2006 年第 12 期；张守军《中国历史上的保富思想》，《东北财经大学学报》2005 年第 3 期；解凌云《中国古代贫富思想研究》，博士学位论文，云南大学，2015 年。文中对古代思想家、政论家的保富民思想多有论述。

富则田肥以易，田肥以易则出实百倍。"① 唐朝柳宗元认为："夫富室，贫之母也，诚不可破坏。"② 明清之际思想家王夫之也认为："大贾、富民者，国之司命也。"他们认为富民是国家的有力保障，主张保富民。刘衡继承并创新了这一保富民思想，他在《恤民贫之道在保富民》中指出："但谨握《周礼》'保富'二字而已。"③ 保富民，富民可以通过捐赠、赈济等方式帮助贫民，以此达到百姓安居乐业，社会安定。

其一，保富民是恤贫民之道的关键。恤贫民才能谋求政治清明安定，刘衡说："天下之患在贫。民贫无以为生，则轻犯法。吾儒身列仕籍，有牧民之责，道在恤民贫而已。能恤民贫，使无犯法，则治矣。"④ 县官抚恤百姓，百姓就得以生存，就不会轻易触犯法律，社会就会安定。保富民才能更好地恤贫民，"盖富民者，地方之元气也。邑有富民，则贫民资以为生。邑富民多，便省却官长恤贫一半心力，故保富所以恤贫也。"⑤ 富民通过官员教化会帮助行政官一起抚恤贫民，这样保富民便可以恤贫民。汪辉祖在他的官箴书中也提倡保全富户，"水旱戎役，非财不可。长民者保富有素，遇需财之时，恳恻劝谕，必能捐财给匮，虽吝于财者，亦感奋从公，而事无不济矣。且富人者，贫人之所仰给也。邑有富户，凡自食其力者，皆可藉以资生。至富者贫，而贫者益无以为养，适有公事，必多梗治之患，故保富是为治要道"⑥。保全富户，是稳定统治秩序的关键，也是为治之道。

其二，保富民要兴利除弊。"盖兴利则富者益富，除弊则富者不贫，故

---

① （清）王先谦撰，沈啸寰、王星贤整理：《荀子集解》，中华书局 2012 年版，第 175 页。

② （唐）柳宗元：《答元饶州论政理书》，《柳河东集》卷 32，上海人民出版社 1974 年版，第 514 页。

③ （清）刘衡：《蜀僚问答·恤贫民之道在保富民》，见刘俊文等编《官箴书集成》第 6 册，黄山书社 1997 年版，第 148 页。

④ （清）刘衡：《蜀僚问答·图治之道在恤民贫》，见刘俊文等编《官箴书集成》第 6 册，黄山书社 1997 年版，第 148 页。

⑤ （清）刘衡：《蜀僚问答·恤贫民之道在保富民》，见刘俊文等编《官箴书集成》第 6 册，黄山书社 1997 年版，第 148 页。

⑥ （清）汪辉祖：《学治续说·保富》，见刘俊文等编《官箴书集成》第 5 册，黄山书社 1997 年版，第 297 页。

皆为保富要务也。"① 只有兴利才会使富民更富，除弊才不会使富民受到侵扰，才不会变得贫困。历史上以民为本，兴利除弊的事情很多，西汉龚遂下令渤海居民必须种榆树、韭菜等农作物，而且必须养牲畜，使得当地居民"春夏不得不趋田亩，秋冬课收敛，益蓄果实菱芡"②，促进了当地农业生产的发展，使得百姓过上了安居乐业的生活。"衡所见惟现任陕西巡抚杨中丞，前守汉中时，课民栽桑亿万株，殆真能实心爱民为久远之图者，外此不多觏也。"③ 陕西巡抚杨中丞为民兴利，这是以民为本的体现。"吏治以安良为本，而安良莫要于去暴。"④ 面对基层吏役贪污腐败，棍蠹扰民的事件，刘衡主张除弊，他说："禁制棍蠹诬扰良民而已。盖富民多孱弱，畏吏役如狼虎，棍蠹等窥其底里，相与勾结，视为鱼肉。甚则潜串官之门丁，诬陷恐吓，以取其财而破其家。此弊所在皆有，赖司牧者有以除其弊而保之也。"⑤ 他认为吏役如狼虎，与门丁等棍蠹相互勾结，鱼肉富民，诬陷富民，使他们倾家荡产，只有除弊，才能更好地实践以民为本。

其三，保富民要熟读律例。明代思想家薛瑄曾言："吏道以法令为师。"懂得法律的意义并且去遵循它，才能做好吏事，懂得法律知识才不会让吏役棍蠹蒙骗，才能更好地明辨是非。清朝名人袁守定认为："若平日于律例未尝习熟，一旦置之堂皇之上，不特大案当前，不能觑定归结之处，以求其所至要，即户婚田土诸细故，皆不能有所遵循，明于处置，其谬也多矣。《书》曰：'不学墙面，莅事维烦。'不读律例，其犹是乎。"⑥ 汪辉祖在《学治臆说》中指出："经言其理，史记其事。儒生之学，先在穷经。既入官则以制事为

---

① （清）刘衡：《蜀僚问答·保富在除弊》，见刘俊文等编《官箴书集成》第6册，黄山书社1997年版，第148页。

② （东汉）班固：《汉书·循吏传》，中华书局2000年版，第3639—3640页。

③ （清）刘衡：《蜀僚问答·保富在除弊》，见刘俊文等编《官箴书集成》第6册，黄山书社1997年版，第148页。

④ （清）汪辉祖：《佐治药言·严治地棍》，见刘俊文等编《官箴书集成》第5册，黄山书社1997年版，第318页。

⑤ （清）刘衡：《蜀僚问答·除弊在禁制棍蠹诬扰》，见刘俊文等编《官箴书集成》第6册，黄山书社1997年版，第148页。

⑥ （清）袁守定：《图民录·律例必熟习》，载陈生玺主编《治国明鉴》（下），浙江古籍出版社2014年版，第1083页。

重。凡意计不到之处，剖大疑，决大狱，史无不备，不必刻舟求剑，自可触类引申。公事稍暇，当涉猎诸史，以广识议。"①熟读律例才能更好地处理诉讼案件，不至于对案件产生错误的判断。刘衡也认为"禁制棍蠹诬扰在熟读律例"②，熟读律例才能除无赖欺骗骚扰的弊病，才能更好地保富民，才能更好地以民为本。

其四，保富民要避免富民涉讼。汪辉祖指出，"然民间千金之家，一受讼累，鲜不破败"③，富民一旦牵涉官司，就会受到连累，少有不导致倾家荡产的。刘衡认为"富民涉讼，不必命盗大案被诬，即寻常细故，列名邻证，便可破家"④，因为"然千金之家，其每年产业所得子息不过三五十金，多亦不过七十八十金，而每年事畜、衣食，及工匠、雇倩与戚友往来酬应，在在需钱，是每年子息，仅能敷用。一经涉讼，往来盘费、在城饭食及书差临时之索诈，私锁私押，百般凌辱威吓，非钱不行，有事后之酬谢，案结后仍然私押，不肯释令归家。种种花销，大约一讼之费，至少亦须数十金"⑤。有时富人的钱一时不凑手，放贷的棍蠹就趁机高额放贷，欺压富人，"此债既借之后，变为附骨恶疽，偿过本钱，又将尾欠之利息卷算作本，勒令另换一券，不出十年，积至四五百金，而富民鬻产矣。产一动，不至家业尽绝不止。"⑥这都是诉讼给棍蠹可乘之机，导致富民至贫。因此，行政官要明辨是非，运用法律知识避免富民涉讼。

其五，保富民要批驳呈词先审原告。刘衡通过实践总结出来一套以民

---

① （清）汪辉祖：《学治臆说·暇宜读史》，见刘俊文等编《官箴书集成》第5册，黄山书社1997年版，第288页。

② （清）刘衡：《蜀僚问答·禁制棍蠹诬扰在熟读律例》，见刘俊文等编《官箴书集成》第6册，黄山书社1997年版，第149页。

③ （清）汪辉祖：《学治续说·宜勿致民破家》，见刘俊文等编《官箴书集成》第5册，黄山书社1997年版，第303页。

④ （清）刘衡：《蜀僚问答·富民涉讼必致破家之故》，见刘俊文等编《官箴书集成》第6册，黄山书社1997年版，第150页。

⑤ （清）刘衡：《蜀僚问答·富民涉讼必致破家之故》，见刘俊文等编《官箴书集成》第6册，黄山书社1997年版，第150页。

⑥ （清）刘衡：《蜀僚问答·富民涉讼必致破家之故》，见刘俊文等编《官箴书集成》第6册，黄山书社1997年版，第150页。

为本、保富民的方法，他认为官员应该当堂亲自接收呈状，立刻批示答复，避免呈状拖延。如果拖延批示，"书差、棍蠹因缘为奸，甚则有贿买批语之说，种种弊端，皆由此起"①。如果官员亲自接收呈状，对告状人细心讯问，"即用五听之法，或慑以盛怒，或入以游词。彼讼者多系乡曲小民，初见官长，讼师之浸润未深，其质尚朴，其胆尚虚，其口亦呐"②，官员对事情的真假就会剖析明白，相较于比把案件的相关人员放在一块审讯，更容易得到真情，也避免棍蠹对案件的侵扰，这种做法以百姓的利益为重，更有利于保富民以恤贫民。

2. 勤俭为民

勤俭是中华民族优秀传统思想之一，历朝历代都把它作为国家统治的基本思想。司马迁《史记·平准书》记载："汉兴，接秦之坏，丈夫从军旅，老弱转粮饷，作业剧而财匮，自天子不能具钧驷，而将相或乘牛车，齐民无藏盖。"③西汉国家就提倡勤俭节约，恢复国家经济发展。清朝时期早于刘衡的官员袁守定指出，官员应该"勤"，不勤劳就会安逸，"若好逸怀安，案牍冗塌，则宅门以外，守候而待命者不知凡几矣"④，他还认为官员在勤劳的同时也要节俭，"在官必崇俭，必咬得菜根断，乃可行其志。若妄费，则用不支，将不免滥取矣"⑤，只有勤俭才能更好地贯彻以民为本，才能更好地为百姓服务。

首先，居官以勤为民。有些官吏曾经询问刘衡说：在晋代司马炎居官三字诀"清、慎、勤"中，哪个字最为紧要？刘衡认为"三者皆居官之要，而勤则其尤要者也。不勤，则事多拖累"⑥。勤才会以民为本，认真做事，不至

---

① （清）刘衡：《蜀僚问答·保富之道莫要于批驳呈词先审原告》，见刘俊文等编《官箴书集成》第6册，黄山书社1997年版，第151页。

② （清）刘衡：《蜀僚问答·保富之道莫要于批驳呈词先审原告》，见刘俊文等编《官箴书集成》第6册，黄山书社1997年版，第151页。

③ （西汉）司马迁：《史记·平准书》，中华书局2020年版，第1311页。

④ （清）袁守定：《图民录·勤》，载乔立君主编《官箴》，九州出版社2004版，第324页。

⑤ （清）袁守定：《图民录·俭》，载乔立君主编《官箴》，九州出版社2004年版，第325页。

⑥ （清）刘衡：《蜀僚问答·居官清慎勤三字诀以勤字为要》，见刘俊文等编《官箴书集成》第6册，黄山书社1997年版，第153页。

于拖拖拉拉。如果官员懒惰，则会"夫民之畏拖累，不必命盗重案，但系寻常户婚、田土等细故，亦不必名列被告也，但列名人证，尽足破家"①。刘衡在《庸吏庸言》理讼 10 条中的第 3 条就讲明了"勤"的道理，其余的 9 条箴言也是推广勤字的道理。如果官员真的以民为本，就要在勤的同时也要注重"简"，把县衙里文书案牍化繁为简，防止"案牍必多，棍蠹乘官繁冗，便敢作弊害民"②。刘衡根据多年的为官断案经验总结了这套简单易行的方法：

> 其最简之法，自以前条所言多驳呈词为第一义，次则莫如票唤人证时，择其不甚要紧迹近牵控者，酌量摘出，免其票唤到案，于唤票内其人姓名之旁，钤用此人不必定令到案图章一颗，又于票尾书明，今将不必定令到案人证共若干名开后。然细思之，与其差票内摘出免到，不如于批呈时即将某人不甚要紧，似是牵控，可以免唤到案缘由批于词尾榜示，尤为简易，尤能保富安良也。③

他的这些做法除去了弊端，俭省了民力，是以民为本的体现，得到了当时人们的认可。

其次，理财在俭而为民。清朝思想家陈宏谋认为："俭，美德也。余谓仕路诸君子，崇尚尤急。"④ 俭不仅是美德，也是为官者追求的目标。有些官吏曾经问刘衡："然皆为百姓谋者也，亦有自为谋之道乎？某等既博一官，家有父母不能奉养，子弟不能教育，敢问其法云何？"⑤ 刘衡斩钉截铁地回

① （清）刘衡：《蜀僚问答·居官清慎勤三字诀以勤字为要》，见刘俊文等编《官箴书集成》第 6 册，黄山书社 1997 年版，第 153 页。
② （清）刘衡：《蜀僚问答·居官清慎勤三字诀以勤字为要》，见刘俊文等编《官箴书集成》第 6 册，黄山书社 1997 年版，第 153 页。
③ （清）刘衡：《蜀僚问答·居官清慎勤三字诀以勤字为要》，见刘俊文等编《官箴书集成》第 6 册，黄山书社 1997 年版，第 153 页。
④ （清）陈宏谋：《从政遗规·魏环溪寒松堂集》，载（清）陈宏谋辑《五种遗规》，线装书局 2015 年版，第 411 页。
⑤ （清）刘衡：《蜀僚问答·理财之道在俭》，见刘俊文等编《官箴书集成》第 6 册，黄山书社 1997 年版，第 154 页。

答："是莫如俭矣。"他认为做官要节俭，不仅可以为百姓谋利益，也可以为自己谋利益。他为官期间见到"穷措大到任后，倾信门丁捉弄，任意挥霍，衣服、车马、仪从，件件讲究，又好馈赠往来，彼以为广交馈赠，可以树党援而邀宪眷乎"①，然而圣人和上司们是讲究洁身自好和奉公敬业的，他们注重的是做官者的品格和治理地方的能力，不会因为馈赠就对你额外地看中或提拔。刘衡认为："至于衣服、车马、仪从，则尤可不必讲究，我辈既已得官，虽服千金之裘，何加于我，亦何能动人，虽敝衣破轿，何损于我，亦何至取厌于人。"② 节俭才是第一位的，不要把讲究放在外在的表面上，要放在以民为本上，这才能得到百姓的认可。刘衡也提到，如果官员不节俭，"若性好华饰，但须每年将补服换用新鲜者，尽足以示观瞻。若以为致饰衣服舆从，或可动百姓之敬爱乎？"③ 这样的做法当然得不到百姓的敬爱，因为这些衣服、车马都是百姓交纳的租税，是百姓的血汗。百姓喜欢勤政节俭的官长，这样的官长才会以百姓利益为重，才会不计较衣服、车马等外在的浮饰。

刘衡在他的官箴书中提到了一个不节俭理财的例子作为警戒："尝见有甫经得官履任，任意挥霍，事事以华美丰腴相尚，只图好看，卒之人不敷出，私债渐多，不至亏挪帑项，贻累亲朋不止。其既也，身受监追，家遭籍没，子孙贫乏，至不能以自存，则皆不俭之所至也。"④ 这都是不节俭造成的严重后果。刘衡对于不节俭的做法联想到了节俭的作风，"试思我辈居馆糊口时，每年得不过数金、数十金，亦须度活赡家。一行作吏，养廉所得，至少亦六百金，多则千金、八百金，何不追想居馆时寒俭，仿照行之"⑤，这样

---

① （清）刘衡：《蜀僚问答·理财之道在俭》，见刘俊文等编《官箴书集成》第 6 册，黄山书社 1997 年版，第 154 页。

② （清）刘衡：《蜀僚问答·理财之道在俭》，见刘俊文等编《官箴书集成》第 6 册，黄山书社 1997 年版，第 154 页。

③ （清）刘衡：《蜀僚问答·理财之道在俭》，见刘俊文等编《官箴书集成》第 6 册，黄山书社 1997 年版，第 154 页。

④ （清）刘衡：《蜀僚问答·理财之道在俭》，见刘俊文等编《官箴书集成》第 6 册，黄山书社 1997 年版，第 154 页。

⑤ （清）刘衡：《蜀僚问答·理财之道在俭》，见刘俊文等编《官箴书集成》第 6 册，黄山书社 1997 年版，第 154 页。

就不会因为不节俭而去私借外债，就不会受到外债的困扰，就不会因此陷入违法犯罪的道路。

刘衡认为理财应该节俭，他也提出了自己的看法：

> 我辈为外吏，俭为第一关键，此关持守不严，则一切无足观矣。抑又思之，俭之一字，不但外官当谨懔也，其部院京官，并米俸无多，尤当恪守。须知衣履稍不华饰，君子爱人以德，同官中断无笑我者，即笑我亦笑我酸耳，酸乃秀才本等，况家风如此，何害焉。其笑人俭约者，皆卑贱下流无识之人也。我京朝官也，乃以博下流之欢喜而堕其素守、改其家风哉？①

因此，以民为本，勤政廉洁的官长一定要节俭。

3. 重视州县粮仓

粮食是民生之本，是人民生活的保障，"为政之要，首在足食"②，粮食的储备问题关系到国家的稳定，故而统治者对粮食储备极为重视。明朝时期就设有常平仓、预备仓、义仓、社仓等。清朝统治者沿用明朝制度，并不断对粮仓进行改造和完善，在各州县建立常平仓、社仓、义仓，以便于统治者调节粮价、备荒赈恤，保障人民安定生活。

清朝经过顺治、康熙、雍正三朝对仓政制度的完善和发展，到乾隆时期达到新的高度。乾隆帝以民为本，对州县粮仓加以重视，他下谕命各省督抚筹备积贮，"从来养民之道，首重积贮。而积贮之道，必使百姓家有盖藏，能自为计，庶几缓急可恃。虽至旱涝，可以自存，不致流离失所"③，以此达到便民的目的。嘉庆以后，社会逐渐走向衰落，常平仓、社仓、义仓也走向

---

① （清）刘衡：《蜀僚问答·理财之道在俭》，见刘俊文等编《官箴书集成》第 6 册，黄山书社 1997 年版，第 154 页。

② 席裕福，沈师徐辑：《皇朝政典类纂》卷 153《仓库·积储》，文海出版社 1982 年版，第 2104 页。

③ 南炳文、白新良主编：《清史纪事本末·乾隆朝》（第 5 卷），上海大学出版社 2006 年版，第 1428 页。

衰落。光禄寺少卿戴均元在嘉庆四年（1799）条奏各省仓储说："近年以来，多有缺额，或因公动用尚未买补，或有司亏缺未经交代。多半按照部价将银两存贮库内，辗转流抵，以图省便，其照额实贮在仓者十无二三。"① 刘衡面对这种衰败的形态和官吏僚属的提问，提出"仓为重，盖民以食为天、谷为命，仓者，民之天也、命也"②。他告诫官吏在任职期间，要认真管理好仓库，"若库项稍有不足，尚可为之设法弥补，仓项不足，设有急需，何以应之？"③ 只有仓库充足才不会妨碍百姓生计，所以官员在任时一定要检查好仓库。如果仓库不足，也一定要在二三个月内将粮食买够补足，这样才能有备无患，"否则贫民无以为生，富民必不能安业，难保无意外之变"④。如果仓库缺少粮食，官府没有金钱，就只好采取筹集钱财或是劝谕百姓富户捐助钱财。总而言之，要尽快补足仓库粮食。

刘衡提出这项措施是他以民为本思想的进一步深化，这项措施也符合清政府积极整顿和修复各州县仓库的要求，重视州县粮仓是为政为民的重要体现。

（二）严格司法审讯

刘衡作为地方长官长期从事司法活动，公正廉明，秉公执法，他通过对律学的钻研与实践，积累了丰富的司法经验，为后来者提供了借鉴。他的著述提供许多清代地方司法审讯的实践经验，对研究清代司法制度具有重要意义。

1. 先对原告审讯

不传讯被告，而先审原告，这是遵循法律制度的要求。在《大清律例》中就有先审原告的规定："词讼未经该管衙门控告，辄赴控院、司、道、府，

---

① 赵之恒等主编：《大清十朝圣训　清宣宗圣训　清文宗圣训》第 12—15 册，北京燕山出版社 1998 版，第 5826 页。

② （清）刘衡：《蜀僚问答·州县仓食为尤重》，见刘俊文等编《官箴书集成》第 6 册，黄山书社 1997 年版，第 155 页。

③ （清）刘衡：《蜀僚问答·州县仓食为尤重》，见刘俊文等编《官箴书集成》第 6 册，黄山书社 1997 年版，第 155 页。

④ （清）刘衡：《蜀僚问答·州县仓食为尤重》，见刘俊文等编《官箴书集成》第 6 册，黄山书社 1997 年版，第 155 页。

如院、司、道、府滥行准理，照例议处，其业经在该管衙门控理，复行上控，先将原告穷诘，果情理近实，始行准理。"① 这样可以节省时间，提高工作效率。

其一，收呈时先讯原告的原因。乡间诉讼中，有些原告是一些棍蠹，通过收呈时先讯原告的方法可以提前审理出棍蠹，减少棍蠹诬陷、骚扰百姓。如果聚集与案件有关的人员，"盖案经集讯，必须出票饬差传唤人证，距城近者二三日，远者五六日、七八日不等。差得票到手，此数日内便赶紧向富民索诈，其诈法倍加凶恶"②。被告和与案件相关的人员没进城之前，差役就用锁链的刑罚恫吓他们。进城之后，"必私押之卡房、羁候所（三江谓之自新所，四川谓之卡房，广东谓之羁候所）之内，实例禁之班房也"③，差役趁机对百姓进行敲诈勒索。有些饭店人员也与差役通气，趁机对人证进行侮辱和勒索。"三五日内，任意索诈数十千文，不遂其欲，则受一切苦恼"④。所以，官员收呈时先讯原告，通过审问清楚后惩治棍蠹，可以减少棍蠹对百姓的危害，使善良的百姓不至于倾家荡产。

其二，先审原告取供之法。面对巧言虚饰的棍蠹，长官在接收呈状的时候认真审讯，才能拨开谜团，证明虚实。首先，长官要有耐心。刘衡认为，长官细心核实呈上的申告，耐心讯问口供，发现申告与口供不同才能继续审理案件。这需要长官耐心，才能发现其中的真假。其次，运用五听之法⑤审讯。刘衡运用五听之法审讯，将原告带入署内密室百端诘问。

---

① 《大清律例》卷30《刑律·诉讼》，张荣铮等点校《大清律例》，天津古籍出版社1993年版，第507页。

② （清）刘衡：《蜀僚问答·收呈时先讯原告之法》，见刘俊文等编《官箴书集成》第6册，黄山书社1997年版，第151页。

③ （清）刘衡：《蜀僚问答·收呈时先讯原告之法》，见刘俊文等编《官箴书集成》第6册，黄山书社1997年版，第151页。

④ （清）刘衡：《蜀僚问答·收呈时先讯原告之法》，见刘俊文等编《官箴书集成》第6册，黄山书社1997年版，第151页。

⑤ 五听之法是古代司法官吏在审理案件时观察当事人心理活动的五种方式，分别是辞听、色听、气听、耳听、目听的简称，最早见于《周礼·秋官·小司寇》。郑玄对五听的注释：辞听是"观其出言，不直则烦"；色听是"察其颜色，不直则赧"；气听是"观其气息，不直则喘"；耳听是"观其聆听，不直则惑"；目听是"观其眸子视，不直则眊然"。

> 或凭空而慑以盛怒，或含笑而入以游词。盛怒时必唤进皂役多人令其吆喝示威，官或以醒木重击案桌，或大声疾呼，或提出别案应行杖责枷号之犯，当原告前发落，察其面目眉睫之间，是否颤震，摸其心窝，是否跳突，并令吐唾沫于器皿内，察其有无津液，若竟无之，或虽有而甚少，却有前项颤跳等情，即系情虚，可从此穷诘而入矣。①

通过震慑、恫吓的方法使原告讲出实情，得到案件的真实结果。当然，这也需要随时施宜，如果是因为乡下朴实百姓，因初次见长官，也会产生震颤、心突跳等情况，就不宜采用此法而需要用"游词之法"。"入游词之法，莫妙于先与闲谈，如课晴问雨，及询其家房屋向背，有无竹树，一家几人，每日饭食若干，薪水若干，饲畜牛犬鸡豚各若干之类，以炫鹜其心，错乱其词，而衰竭其气。"② 长官通过和原告的多方面谈话，"虚心细听，并设身处地，体察情理，彼既说得高兴，则其在外间，与讼师商酌默记之情节必定遗忘，必至参差颠倒，露出破绽"③。这样长官切入正题，耐心、认真讯问，便能够得到案件的真实结果。

其三，先审原告取结之法。对原告审讯取得了足够的证据，就采取方法让诬告者出具保证书，刘衡利用巧妙的方法，"必须以次递进，先取误听人言以致诬告情愿息讼归家之结，次取妄告之结。彼见结内并无'诬告'字样，以为无碍，必肯照官之稿写结，自用掌模"④。等到两份保证书得到之后，就可以让他直接承认诬告，即使不承认是诬告，利用两份保证书也可以让诬告者承认罪状。通过这种方法，被告一到官府，对其简单询问几句，就可以释放回家了。运用先审原告取结之法免去了许多弊端，棍蠹就没有办法

---

① （清）刘衡：《蜀僚问答·先审原告取供之法》，见刘俊文等编《官箴书集成》第 6 册，黄山书社 1997 年版，第 151—152 页。

② （清）刘衡：《蜀僚问答·先审原告取供之法》，见刘俊文等编《官箴书集成》第 6 册，黄山书社 1997 年版，第 152 页。

③ （清）刘衡：《蜀僚问答·先审原告取供之法》，见刘俊文等编《官箴书集成》第 6 册，黄山书社 1997 年版，第 152 页。

④ （清）刘衡：《蜀僚问答·先审原告取结之法》，见刘俊文等编《官箴书集成》第 6 册，黄山书社 1997 年版，第 152 页。

施展他们的残忍手段，意图陷害、诬告的人就打消了他们罪恶的念头，这样就减少了许多诬告案件，不致无辜百姓受到牵连，受到不必要的危害，社会就会更加安定有序，百姓就会更加方便生活。

先对原告审讯的方法可以减少诉讼的成本，有效地遏制讼棍怂恿诬告事件的发生，切断衙役、书吏等对案件的欺瞒和控制，起到便民的效果。刘衡运用这一方法也收到了一定的成效，"虽巴县极繁之缺，半年后竟累月不接一呈词，官逸而民安矣。讼棍之外来者潜逃，而在本地者俱敛迹或改行矣。"① 更让刘衡安慰的是，自从他上任 1 年，在总共 7000 衙役中有六千七八百人辞去，移交案件也只有 1 件。不得不说，刘衡这种先对原告审讯的方法提高州县地方工作效率，方便了百姓生活。

2. 灵活断案的技巧

清代社会对刑名事务非常重视。李光地认为："吏治民生之要，莫如钱粮、刑名二事。倘积案不清，旷日持久，未有不为丛弊之薮者。"② 指出了刑名的重要作用。随着清代社会人口的增多，人地矛盾不断突出，民间纠纷越来越多。面对不断复杂的民间诉讼案件，刘衡在吸收断案经验的基础上，采取灵活的断案技巧。

其一，要案隔别取供之法。只要是审理重大的案件，就应该将犯人、证人分开置于几处，不要让他们聚在一起讨论，长官审问犯人所说的话、所记录的口供，不能让案件中的任何一个人知道，防止走漏消息。然后审理案件，"将犯证分开先后带案细讯，情真者则供必吻合，所谓'事真难假'是也。若非真情，则必言人人殊，往往彼此参差不合，所谓'事假难真'是也"③。如果通过隔离审讯的方法得到各人所说的供词相符合，可以确定是真实情况了。这种方法能够在人员没有商量案件情况的前提下讯问出各种口

---

① （清）刘衡：《蜀僚问答·先审原告例有专条》，见刘俊文等编《官箴书集成》第 6 册，黄山书社 1997 年版，第 152—153 页。
② 李光地：《请严定承审命案处分疏》，载贺长龄辑，魏源编次，曹堉校勘《魏源全集》第 18—19 册《皇朝经世文编》卷 90—120《刑政·工政》，岳麓书社 2004 年版，第 134 页。
③ （清）刘衡：《蜀僚问答·要案隔别取供之法》，见刘俊文等编《官箴书集成》第 6 册，黄山书社 1997 年版，第 156 页。

供，长官和审判人员对口供加以分析，可以获得案件需要的证据，为案件审理提供方便。

其二，要案伏人潜听私语之法。面对被告极力喊冤的情况，刘衡采取伏人潜听私语之法。首先让一两个亲信藏于密室后层，然后"将干证与所指之犯带到密室外间，官亦诘问数语，忽令人持帖称有客拜会，官则谕令将门锁闭，待会客毕再来审讯"①。采取这种方法，让被审问人员放松警惕，被审问人员看到室内没有别人，极有可能相互交谈案件事情。这样，密室后层的亲信听清楚他们所讲的内容，就能知道案件的真实情况。袁简斋在《说部》中也曾描述这种要案伏人潜听私语之法，此法简单可行，是一种实用的技巧。刘衡认为也可以在城隍庙中运用这一技巧，通过这种伏人潜听私语之法获得真情。刘衡不仅把这种方法写入官箴书，而且运用到实际案件审理中，"予在广东四会任，有何参猷家连劫盗案，差役缉获刘亚康，矢口不承，予仿照此法，将刘亚康并余犯六七人锁至城隍庙东西柱"②，通过运用要案伏人潜听私语之法，得到了真实案情。

鉴于社会的黑暗，司法程序的不完善，刘衡灵活采取断案技巧，来审查情实。他运用要案隔别取供之法、要案伏人潜听私语之法等技巧进行司法审判。他的这些做法在当时具有许多可取之处，有利于维护社会秩序，保障人民权益，体现法律公正，为后来的司法工作者提供借鉴。

（三）对读律方法的解读

法律对维护社会稳定的作用是不言而喻的，这就要求州县长官等懂得一些法律知识，才能更好地维护基层社会统治。刘衡在为官期间就注重法律知识的学习，积累了丰富的经验。他认为禁制棍蠹诬扰就应该熟读律例，"乃能于收呈时，依据刑律诉讼门之十二条，分别准驳，于听断时，则体会'设身处地'四字，恪遵断狱门之二十九条，分判曲直，乃稍稍能禁制棍蠹

---

① （清）刘衡：《蜀僚问答·要案伏人潜听私语之法》，见刘俊文等编《官箴书集成》第 6 册，黄山书社 1997 年版，第 156 页。

② （清）刘衡：《蜀僚问答·要案伏人潜听私语之法》，见刘俊文等编《官箴书集成》第 6 册，黄山书社 1997 年版，第 156 页。

之害民者。"① 熟读律例不仅为国为民，也能提高工作效率。

关于如何读律，刘衡也形成了自己独特的看法：

其一，应熟读"诉讼""断狱"两门。《大清律例》篇幅巨大，律由436条组成，例则常有增修，嘉庆六年（1801）有1573条。面对如此庞大的法律条文，刘衡认为应熟读法律的主旨部分，"诉讼门之十二条，断狱门之二十九条，则其尤要而宜先读者也"②。这些法律条文都是维护百姓切身利益的，"言言酌情理之平，字字协中和之轨，而其要旨，敢以一言蔽之，曰'保全良民禁制棍蠹诬扰而已'"③。长官熟读法律条文才不会被周围的门丁、差役等欺骗，才能更好地为民除害、了结案件。

其二，律宜全读，惟首卷之《名例律》却宜后读。读律例以诉讼、断狱两门为关键，其余的律例条文也应该重视。刘衡认为："若人命、贼盗、斗殴、杂犯、受赃、诈伪，及户、礼、工各律，均须细读。况各例未必尽汇于本门内，颇有散见他律，以待将来移改修并者，自应参互读之。"④ 这些法律条文和百姓的生活息息相关，也应该熟悉，这样才有利于完备地审理案件。如果没有充足的时间，可以"于审案之前一二日，检取本案之律例，悉心细读，并与幕友虚衷商确"⑤。采取这种方法时间久了，自然会对法律融会贯通。律例全部读完后，再读《名例律》，因为"《名例律》乃全律之总也，枢纽也。全部律例各条，均不能出其范围，譬如满屋散钱，一条索子穿得。尤宜细心推究，但须各律既熟后方读之，勿先读也，先读则无所依傍，茫然不解矣"⑥。通

---

① （清）刘衡：《蜀僚问答·读律在熟读诉讼断狱两门共四十一条》，见刘俊文等编《官箴书集成》第6册，黄山书社1997年版，第149页。

② （清）刘衡：《蜀僚问答·读律在熟读诉讼断狱两门共四十一条》，见刘俊文等编《官箴书集成》第6册，黄山书社1997年版，第149页。

③ （清）刘衡：《蜀僚问答·读律在熟读诉讼断狱两门共四十一条》，见刘俊文等编《官箴书集成》第6册，黄山书社1997年版，第149页。

④ （清）刘衡：《蜀僚问答·律宜全读惟首卷之名例律却宜后读》，见刘俊文等编《官箴书集成》第6册，黄山书社1997年版，第150页。

⑤ （清）刘衡：《蜀僚问答·律宜全读惟首卷之名例律却宜后读》，见刘俊文等编《官箴书集成》第6册，黄山书社1997年版，第150页。

⑥ （清）刘衡：《蜀僚问答·律宜全读惟首卷之名例律却宜后读》，见刘俊文等编《官箴书集成》第6册，黄山书社1997年版，第150页。

过"律宜全读，惟首卷之名例律却宜后读"的方法，长官才能更好地掌握法律知识，才能更好地断案。

（四）《蜀僚问答》的评价

1. 优点

《蜀僚问答》记载刘衡吏治方面的实践经验与心得体会，重点论述以民为本的保富民措施、审理司法案件的方法和对法律知识的体会等方面，许多内容具有创新性和先进性，令人耳目一新，具有较强的实用性。如对读律方法的解读，刘衡运用浅显易懂的语言教导官吏和普通百姓学习法律知识，使人们容易学习和掌握。刘衡先对原告审讯的司法审讯方法是开创性的见解，为司法审判程序提供了便利，也为百姓带来了方便，减少了诬告事件的发生，值得后来者推广和学习。

清人丁日昌辑《牧令全书》收录了刘衡《蜀僚问答》的全篇内容，为牧令官提供借鉴，作为牧令官必读书目。徐栋辑《牧令书》收录了刘衡《蜀僚问答》中的多篇内容。① 王文韶辑《合刻吏则七种》，把《蜀僚问答》作为内修吏治和百姓安和的书籍，用来供为官者学习。方大湜在《平平言》中，多次提及刘衡《蜀僚问答》中的看法和观点，对他的观点极为赞赏。这充分体现出《蜀僚问答》充满了智慧和启迪。

2. 缺点

刘衡生活在君主专制制度的社会里，很难突破君主专制制度的缺陷，在这种背景下，《蜀僚问答》中也有不足之处。

其一，对陋规没有完全革除。刘衡在书中认为"贿赂需索"在一定程度上可以接受，他说："盖我辈得官，一切用度，有与官而俱来者，款项繁多，势不能减省。"② 体现刘衡对官员大量花销的认可，对这种"贿赂需索"的认同。刘衡对长官馈赠礼品也有一定的认同，他认为："我辈亦不必格外加多，但因仍前任旧章行之，盖与非伤惠，施者既不得谓之行赇，而取不伤

---

① （清）徐栋所辑《牧令书》，有多处辑录刘衡的《蜀僚问答》，如卷 15《保息·蜀僚问答》，卷 17《刑名上·蜀僚问答》。

② （清）刘衡：《蜀僚问答·陋规有必不可收者革陋规之法》，见刘俊文等编《官箴书集成》第 6 册，黄山书社 1997 年版，第 155 页。

廉，受者亦不得谓之纳贿，况为数无多，又何害焉。"①体现刘衡思想的局限性，他没有将封建糟粕完全剔除，这是《蜀僚问答》内容中的一点不足。

其二，篇章编纂顺序混乱。"编排档案文献须遵循一定的原则，这个原则要能够反映汇编的特点和规律，便于编排过程的掌握和应用。"②刘衡对《蜀僚问答》的内容没有细致的分类，篇章汇编没有按规律编排，顺序混乱，缺少一定的逻辑性。如"居官清慎勤三字诀以勤字为要"篇排列在"先审原告例有专条"篇之后，缺少联系性；"律例而外尚有应读之书"篇应排列在"律宜全读惟首卷之《名例律》却宜后读"篇之后，这样篇章之间才连贯。刘衡没有注重编纂的方法，导致篇章编纂顺序混乱，虽然这样的情况很少，但也影响了本书的价值。

三、《蜀僚问答》的传播与影响

《蜀僚问答》内容丰富，具有较强的实用性，传播较广，现有 21 种版本。通过对已知的版本分析，可知《蜀僚问答》的传播时间跨度为 1836 年到 1911 年，传播地域为宁夏、安徽、湖北、北京、江苏、天津、湖南、贵州、广东、云南、上海、四川、河南等，时间跨度长，地域传播广。《蜀僚问答》不仅在刘衡为官的广东、四川、河南等地传播，也在文化相对发达的安徽、湖北、北京、江苏、天津、湖南、上海等地传播，还在宁夏、贵州、云南等文化相对落后的偏远地区传播，足见《蜀僚问答》传播之广。

《蜀僚问答》讲述治民之道和案件审理方法，对官员的行政方法起到了指导和说明作用，有利于提高官员的工作效率。《清史稿》记载："穆宗谕曰：'刘衡历任广东、四川守令，所至循声卓著。去官四十余年，至今民间称道弗衰。所著《庸吏》《庸言》《蜀僚问答》《读律心得》等书，尤为洞悉闾阎休戚，于兴利除弊之道，筹画详备，洵无愧循良之吏。将历任政绩宣付史馆，编入《循吏传》，以资观感。'衡所著书，皆阅历有得之言，当世论治

---

① （清）刘衡：《蜀僚问答·上官衙门常例旧规必不可省》，见刘俊文等编《官箴书集成》第6册，黄山书社 1997 年版，第 155 页。

② 赵爱国编：《档案文献编纂学》，山东大学出版社 2001 年版，第 140 页。

者，与汪辉祖《学治臆说》诸书同奉为圭臬。"① 方大湜在《平平言》中，多次提及刘衡《蜀僚问答》中的内容，认为《蜀僚问答》"书所录，皆良法美意，读之，可以知得失、别是非"②。《蜀僚问答》论述了官员应具有的自身道德，包括公正、勤俭等，为官员提供了借鉴。戴肇辰在他的《学仕录》中提及《蜀僚问答》。刘锦藻把《蜀僚问答》汇编到《清续文献通考》经籍考中。《同治建昌府志》《光绪江西通志》把刘衡的《蜀僚问答》收录到《艺文志》中，认为它具有重要的价值。葛士浚在《皇朝经世文续编》也借鉴《蜀僚问答》的内容。徐珂的《清稗类钞》把《蜀僚问答》作为箴规的汇编。丁日昌、徐栋、王文韶等对《蜀僚问答》也极为赞赏。由于印刷业在清代迅速发展，使百姓知识增加，《蜀僚问答》也在一定程度上影响了百姓生活。

虽然《蜀僚问答》的传播产生深远影响，但我们也要辩证看待《蜀僚问答》广泛传播带来的作用。《蜀僚问答》中有一定的阶级局限性，存在着贪污腐化、巴结逢迎等消极思想。尽管如此，《蜀僚问答》所发挥的传播教化、教育官吏和职业能力培训的作用，也是不容忽视的。

纵观刘衡的一生，他在先辈们的悉心教导下，在自己勤奋好学、立志成才的砥砺中，作出了突出成就，成为一代循吏。翰林院修撰吴其浚为其做行述，国史馆总裁官朱凤标等为其作传，吴嘉宾、徐世昌、支伟成等在其著述中也对其作记载。这些名流评价刘衡为"循吏""良臣"。后世编撰的《清史稿》《清史列传》《清儒学案》等，都有对刘衡的介绍，充分说明刘衡的个人品行为其赢得了生前与身后的美名。

刘衡的《读律心得》以《大清律例》为蓝本，通过分析律例条文，对《大清律例》进行了整合与归纳，形成了易于断案量刑的《读律心得》。《读律心得》为州县官断案量刑提供了便利，化繁琐为简洁，提高了行政办事效率。

刘衡的《庸吏庸言》以自己亲身经历为基础，通过对仕宦知识的学习，总结出做官首先以身作则，注重自身行为规范，然后才能实施教化导民、慈

---

① 赵尔巽等：《清史稿》卷478《循吏三·刘衡列传》，中华书局1977年版，第13057页。

② （清）方大湜：《平平言·经史》，见刘俊文等编《官箴书集成》第7册，黄山书社1997年版，第598页。

善救济、保甲团练、管控衙役、禁制棍蠹等其他事项，刘衡在《庸吏庸言》中提出的做法系统全面，值得借鉴。

刘衡的《蜀僚问答》通过问答式的写作方式呈其内容，系统论述了保富民、勤俭为民的保富民措施，通过先对原告审讯等断案技巧，提高了处理诉讼的效率。刘衡对官员提出应熟读"诉讼""断狱"两门，律宜全读，惟首卷之《名例律》却宜后读的读律技巧，方便了官员断案量刑。

人无完人，刘衡也有若干缺失，他有时思想保守，维护专制阶级统治，在当时作出一些错误事情。但瑕不掩瑜，刘衡作为一名循吏在当时以及后世产生了深远影响，他的著作一版再版、广泛传播。刘衡的官箴书充满智慧，它作为初仕圭臬，对当时和后世产生了重要启示。

第五章　黄六鸿与《福惠全书》研究

第一节　黄六鸿与《福惠全书》

黄六鸿（1630—1717），谱名黄甫种，字子正，号思湖、思齐等，江西新昌人，出生于官宦家庭。祖父黄文英是明代贡生，以研究《易经》闻名乡里。伯父国琦、父亲国典、叔父国璋分别以治《春秋》《尚书》《易经》闻名。伯父娶明宗室为妻，黄六鸿娶明末福建巡抚邹维琏之女为妻，使黄氏成为地方显赫的望族。黄六鸿顺治八年乡试中举人，但直至康熙九年，才谒选得郯城知县。康熙十一年，黄六鸿丁父忧（伯父黄国琦故）离任。康熙十四年，任直隶东光县令。十七年升任六科行人司行人，期间曾上呈《奏议天下幕客书》，对幕友制度的诸多弊病进行了揭露和批判。后来授礼科给事中。曾于康熙二十八年礼科给事中任上，参劾了赵执信、洪昇等文化名流于国丧期间观看《长生殿》的"大不敬"事件，引起朝野震动。康熙三十年，升任工科掌印给事中兼管登闻鼓事。康熙三十二年，致仕归江宁。① 黄六鸿8岁时生父黄国典去世，后来便跟随伯父黄国琦生活。伯父曾先后任福建建阳知县、莆城署县等职，后升任吏科给事中。在明朝灭亡后，黄国琦归顺清廷，在历史剧变中保住了家族的地位和势力。这一经历也影响和造就了黄六鸿善于识

---

① 关于黄六鸿生平，参见《（康熙）江西通志》卷56《选举八》，清文渊阁四库全书本。戴肇辰《学仕录》卷4，清同治六年刻本。《（乾隆）郯城县志》，乾隆二十八年刻本。刘俊文等编《官箴书集成》第3册《福惠全书·自序》，黄山书社1997年版。龚汝富、刘江华《从黄六鸿〈福惠全书〉看清代州县吏治的经验智慧》，《江西财经大学学报》2011年第2期。

时务、权利弊的个性和处事方式。

黄六鸿致仕回乡后便开始了《福惠全书》的写作，并于康熙三十年刊刻印行。清人戴璐对该书有"坊间盛行，初仕者奉为金针"①的评价，《清史稿·艺文志》也将它收录于"官箴之属"中，这足以说明《福惠全书》在清代众多官箴书当中的地位和影响力。然而杜金在其文中认为"清人在提及黄六鸿时，大抵不出他编写《福惠全书》以及参劾赵执信两事。而且在谈到参劾一事时，往往还会补充说：'黄有《福惠全书》'；或者说，这位'黄某，即著《福惠全书》者。"②笔者颇认同这一观点，黄六鸿整体上是默默无闻的。在作品上，黄六鸿除《福惠全书》外，没有像刘衡等人有众多作品传世；在履历和官声上，黄六鸿远远落后于田文镜、李卫、陈宏谋等封疆大吏；在治绩上，黄六鸿也不像汪辉祖、徐栋等人，因治绩和名声而被《清史稿·循吏传》收入。这足以说明，其他官箴书在一定程度上是靠了作者的名声而受到关注，而黄六鸿为人们所知熟知，并在学界名声大噪，离不开他的《福惠全书》，类似于俗语所言"母以子贵"，是《福惠全书》成就了黄六鸿，这也从侧面反衬出了《福惠全书》的能量和价值。

第二节 《福惠全书》的组织架构

《福惠全书》书是中国官箴发展史上最为宏大的一部作品，全书分为莅仕部1卷、莅任部4卷、钱谷部2卷、杂课部1卷、编审部1卷、清丈部1卷、刑名部10卷、保甲部3卷、典礼部1卷、教养部2卷、荒政部1卷、邮政部2卷、庶政部2卷、升迁部1卷，共14部32卷，近30万字。其中，每部下又分设与该部内容相关的条目，兹统计如下：

莅仕部下设总论、谒选、投供验到、掣签、查全书、访风俗、拜客宴会、发谕单、邮禀帖、延幕友、募家丁、待接役、立号簿、上任吉期、画凭领凭、辞朝、辞行、荐托、治装、起程诸条。

---

① （清）戴璐著：《藤阴杂记》卷2，上海古籍出版社1985年版，第22页。

② 杜金：《明清民间商业运作下的"官箴书"传播——以坊刻与书肆为视角》，《法制与社会发展》2011年第3期。

莅任部下设总论、投到任禀、发到任示、入境、斋宿、受印、到衙门、出堂规、看须知、缴凭、谒庙行香、发各告示、设内外号簿、定买办、驭衙役、谨关防、亲查阅、览志书、查交代、考经承、考代书、革陋规、禁私谒、申缴门簿、谨操守、忍性气、戒躁怒、远博饮、承事上司、待绅士、交接寅僚、谨金押、清号件、酬苔书札、待游客、文移诸式（申文式、牒式、故牒式、牒呈式、关式、移会式、札付式、帖式、付子式、式批、用印式附、贤否册式、揭帖式、宪纲册式、吏书勤惰册）、详文赘说（请豁免赦前流借钱粮、请拨补驿站买马、请免投诚移驻官兵、议覆委勘沂州江风口沙压荒地）、禀帖赘说（上扬提台、复济东丹道台、上东兖钱道台、上东兖李道台、上兖州府蔡太尊）诸条。

钱谷部下设总论、催征（查实征、金粮里、点库吏、遴收役、别儒宦、三连票、流水收簿、流水日报簿、定催征法、苏排落甲、滚单落户、户头总催说、革保歇图差、革官银匠、地丁搭钱）、比较（比限说、立比簿、截票免比、摘拿顽户、完粮奖励、杂项并卯、征比余论）、拆贮（拆封、并簿、贮银）、解给（立解支库簿、立解支两截簿、比批簿、填解批、验掣批、严小批、粘批收、严管解、支放缓急）、漕项收兑（输粮便民、仓收陋弊、粮米派兑、米色刁难、严勒开帮）诸条。

杂课部下设总论、颜料匠班、当税、田房税、牛驴杂税、牙税、门摊税、渔课、盐课、芦课、军田、新垦、牧地、更名地、学租、私盐变价、赃罚、积谷、杂征余论诸条。

编审部下设总论、严饬里胥、慎选户长、查原册、设誓、首改前弊、定推收、开报册单、立局亲审、审后出示、攒造审册、编审余论诸条

清仗部下设总论、立丈册、定步弓、责经手、劝自首、具结状、禁需扰、清丈余论诸条。

刑名部下设总论、词讼（考代书、立状式、放告、批阅、挂号、差拘、比差、销差、劝息讼、农忙停讼、热审减刑、设便民房、禁打架、审讼、用刑）、问拟（附括八字义诀、释十六字、释死罪不同、释笞杖徒流决赎不同、释赎锾不同、问拟余论、释供状、释看语、释招状、释定议、释举照、照提、释卷案）监禁、恤囚余论、人命上（总论、庄地呈报、印官亲验、禁抄

抢、审鞫、检验、疑狱）、人命中（图赖、威逼、自尽、验尸、检肉尸）、人命下（验各种死伤法、检骨、检枯骨、保辜）、盗贼上（总论、遴捕役、失事、申报、缉捕、审盗）、盗贼下（问拟、窝主、起赃、盗贼家口、获半、讳盗、自首、土番点卯）、逃人（总论、烟户造报、店房雇工、缉逃、拿获、窝逃、审逃、解逃限期、部文行提、拉撅、盗贼供旗、卖身旗下、起解逃人、递解逃人）、奸情（总论、和奸、强奸、刁奸、鞫奸）、疑犯、杂犯（侵占田产坟山、婚姻、债负、家产）、反叛（谋反大逆、谋叛、首告、拿审、籍没、逆产变价）、赃私（释六赃、引律科断诀）诸条。

保甲部下设总论、选保甲长、保甲之制（烟户门牌式、烟户条约、甲长十家门牌、甲长条约）、保甲稽查、造保甲册、简验壮丁、训练伍壮、建筑栅濠、守御救援、城厢防守、朔望甘结、调集符信、功罪赏罚、奖举善恶、严禁骚扰、严禁赌博、驱逐娼妓、清查界址、防救失火、渔埠编保诸条。

典礼部下设总论、朝觐大计、朔望行香、春秋祭祀、敬礼城隍、祈祷晴雨、救护日月、拜牌接诏、迎春、宾兴考试、乡饮礼酒、修理文庙、崇祀名贤、旌表节孝诸条。

教养部下设总论、讲读上谕、择乡约、置善恶簿、立义学、生童课试、讲学、劝农功、修水利、垦荒田、艺果木、植桑榆、敦节俭、禁淫祀、严邪教、礼耆德、恤孤贫、立义塚诸条。

荒政部下设总论、积贮、赈济、除盗诸条。

邮政部下设总论、立局、总理、抄牌、拨马、送差、廪粮工料、应付大差、购马、腰站、喂养、选兽医、查倒毙、逐娼妓、勤亲察、船夫车驴、稽查徒犯诸条。

庶政部下设总论、条陈兴革、访拿蠹棍、申饬铺递、严缉私贩、承审钦件、额外杂办、申报灾伤、漕船催攒、河堤岁修、平治道涂、建立坊铺、修葺馆署、城门报单、佐贰滥刑、严饬关津、禁妇女烧香、禁凌锢仆婢、禁造假银、禁宰耕牛、育养婴儿、禁溺子女、建救生船、捕灭蝗蝻诸条。

升迁部下设总论、清钱粮、造交盘、查仓谷、查库贮、查税契、结钦宪件、清监仓、简词讼、请署篆、接新官、发家眷、销号件、吊卷案、毁刑具、备文册、买补驿马、论铺行、还借办、赏吏役、辞乡绅、辞常祀、出衙、交代、辞上司赴新任诸条。

由上述统计可以看出，在《福惠全书》所反映的全部事项中，莅任、钱谷、刑名三部分占有相当大的比重，其中刑名部分占所有篇幅的三分之一，论述极为详细，是重中之重。由此，我们可以推知，在清代地方州县的各项事务中，司法工作是最为重要，也是最为复杂、技术性最强的工作之一。另外，作者对其不惜笔墨的分析讲解，可以从侧面反映出，清代州县官在这一领域的知识是相对匮乏的，需要相关的训练和指导。诚如黄六鸿在凡例中所言："有司以钱谷刑名为重，而刑名较钱谷为尤重，夫钱谷不清，弊止在于累民输纳。刑名失理，害即至于陷人性命，故是集于刑名一条，更为加意。"① 笔者认为，莅任部所列各项，可以让牧令清晰到任后各项流程及各应存废事项，不为奸猾吏役所左右，走好上任第一步；钱谷部所列各项，可以帮助牧令顺利完成朝廷赋税缴纳工作，确保百姓生计，走好在任第二步；刑名部所列各项，可以指导牧令掌握司法知识，准确处理刑事案件，稳定社会治安，走好上任第三步。此三步环环相扣，唯有踏实走好这三步，步步为营，州县官方可从容处理其他政务事项。

另外，其他如杂课、编审、清仗和保甲诸部，则分别是对钱谷、刑名两部的延伸、补充和完善。典礼、教养、荒政、邮政、庶政诸部所关切的事项，则是州县繁荣发展、全面提升所必不可少的因素。筮仕部和升迁部，分别对官吏上任之前和即将卸任时所应注意的事项及应完成的工作做了详细说明和交代，使牧令一任做到有始有终。由上述分析可知，《福惠全书》所列各项，其实构成了州县牧令为官一任的完整系统，体系完备，论述翔实。再加上作者黄六鸿曾亲为县官的经历，其书的可信度、实用性和指导性是非常高的。由此，对《福惠全书》"坊间盛行，初仕者奉为金针"② 的评价便不足为奇了。同时，我们可以窥测，随着政治、经济、社会的发展，清代地方官吏所应处理的政务范围和复杂程度已经有了较大扩展，对司法等专业性、技

① （清）黄六鸿：《福惠全书·凡例》，见刘俊文等编《官箴书集成》第3册，黄山书社1997年版，第216页。

② （清）戴璐：《藤阴杂记》卷2，上海古籍出版社1985年版，第22页。

术性事务的掌握要求也不断提高。这也为官箴书在清代的大发展和繁荣提供了一个很好的解释和佐证。

第三节 《福惠全书》的福惠理念

黄六鸿所著《福惠全书》，共 14 部 32 卷，洋洋近 30 万言，体系完备，论述翔实，而规模如此宏大的创作，离不开黄六鸿的身世背景和混迹官场多年的经历，更离不开他造福地方、施惠百姓的"福惠理念"。从前述对作者身份的介绍我们得知，黄六鸿出身书香门第，官宦世家，这也造就了他作为一个封建士大夫骨子里的孤傲个性和家族荣耀感，为后世立言被他当作不可推卸的历史责任，也被认为是荣耀门第、留名青史的机会。在他看来，唯有如此方可"从此誉闻丹陛……感彻苍穹，庆泽绵于孙子"①。但是，非进士科班出身的身份，在一定程度上决定了他很难在诗词文赋方面能有所突破。另外，其礼科给事中任上，参劾赵执信、洪昇等文化名流的事件，已经在一定意义上将自己推向了主流文人士大夫的对立面。因而，黄六鸿想要在传统文化方面留名青史，已经埋下了潜在的争议。然而，黄六鸿基于对当时基层官吏行政素质低下、经验技术缺乏的体会，再加上他多年在地方为官的从政经历，为他积累了大量的实践经验和技术素材，由此，创作受众广泛、实用性强的官箴书便成了他成功为后世立言的突破口。

黄六鸿创作《福惠全书》的另外一个强烈动机，便是他心中的"福惠理念"。在他的思想意识中，为官一世，不仅要心存留名青史、光宗耀祖的理想，更要心存造福地方、施惠百姓的"福惠理念"。写书既为立言，更要通过所立之言达到教化进而造福百姓的目的，正如他对《福惠全书》的定位"夫是书也，乃政治之事也。"②读此书是为了让为官者明白"在上者必先存有造福地方之心，而后能有施惠百姓之事。事者心之推，而惠者福之实

---

① （清）黄六鸿：《福惠全书·凡例》，见刘俊文等编《官箴书集成》第 3 册，黄山书社 1997 年版，第 217 页。

② （清）黄六鸿：《福惠全书·自序》，见刘俊文等编《官箴书集成》第 3 册，黄山书社 1997 年版，第 211 页。

也。"为官者"欲存兴利除害、谨始慎终之心"，既是为官的本分，亦"即造福之心也"。同时，伴随着"利之兴害之除，始终之克谨克慎"，也完成了对百姓的"施惠之事也"①。黄六鸿未曾因自己位卑职微而妄自菲薄，作为基层牧令的他充分认识到"州邑之所系于民者亦大矣"②，他有一种由点及面的全局观，如其所言："牧宰者造福之心以施惠于百姓，一州邑如是，一州邑蒙其福。天下州邑如是，天下州邑蒙其福……如是又岂可以蕞土微员而少之耶。"③ 所谓"一屋不扫，何以扫天下"就是这个道理。黄六鸿之所以有这样的认识和胸襟，与其心中具有的"福惠理念"是分不开的。他曾将自己比作一县之家长，治下之男女老幼，"饥寒疾厄莫不环向而相呼"④，作为一家之长，"务必使之饱暖康强而其心乃大慰"⑤。为官者唯能拥有这种"福惠理念"方可"篦屋咸登康阜，于以跻唐虞雍熙之世，无难尔！"⑥ 由此，我们可以知道，在黄六鸿看来，"福惠理念"不应该仅仅是一种创作上的理念，更应该成为为官者在施政过程中的行动指南。

第四节 《福惠全书》的价值

一、为官戒奢，爱民为务

为官清廉，可以说是官场上永恒的主题，同时它也是中国官箴文化发展过程中的思想主线之一。宋代吕本忠在其《官箴》中提出了

---

① （清）黄六鸿：《福惠全书·自序》，见刘俊文等编《官箴书集成》第 3 册，黄山书社 1997 年版，第 211—212 页。

② （清）黄六鸿：《福惠全书·自序》，见刘俊文等编《官箴书集成》第 3 册，黄山书社 1997 年版，第 212 页。

③ （清）黄六鸿：《福惠全书·自序》，见刘俊文等编《官箴书集成》第 3 册，黄山书社 1997 年版，第 212 页。

④ （清）黄六鸿：《福惠全书·自序》，见刘俊文等编《官箴书集成》第 3 册，黄山书社 1997 年版，第 212 页。

⑤ （清）黄六鸿：《福惠全书·自序》，见刘俊文等编《官箴书集成》第 3 册，黄山书社 1997 年版，第 212 页。

⑥ （清）黄六鸿：《福惠全书·自序》，见刘俊文等编《官箴书集成》第 3 册，黄山书社 1997 年版，第 213 页。

"清""慎""勤"的为官"三原则",更是将"清"放在了第一位。此三字的为官原则受到了历代皇帝的推崇,康熙皇帝甚爱此三字,将其"刻石赐内外诸臣"①。在黄六鸿的《福惠全书》中,为官戒奢也是被反复提及的问题。戒奢是清廉的前提条件,唯有匡正和调整自己对物质的欲望,做到戒奢,才能保证在从政活动中的清廉。黄六鸿甚至将对戒奢的要求提到了整部著作和整个为官活动的初始位置来强调,主张在谒选时就要做到"食饮服御概从简约,勿轻借京债苛折重息",否则便"逾期叠滚,朝抵任而债主夕至",因此他认为"官中还债,莫若任前省钱"②。黄六鸿的这种举动和认识,与那些任前追求物质炫耀,大操大办,任中疯狂搜刮民脂民膏的贪吏形成了鲜明对照。

黄六鸿之所以有这种物质上的戒奢意识,是因为他认为"士君子捧檄方新以忠君爱民为心,虽衣敝驾羸,亦愈彰其羔羊之节矣"③。由此可以看出,做官的要务在于忠君爱民,精神上的享有胜过物质上的占有。在对福惠理念的分析中我们得知,黄六鸿曾将自己比作一州县之家长,百姓为其子,子之饥寒疾厄,与自己切身相关,正是因为有了这种爱民为务的信念,才有了黄六鸿"而志既定,则筮仕之地,无论其冲僻瘠饶,何往而不可安,何事而不可治哉"④的决心和气概。他在具体的施政过程中也时时处处以民为念,例如他制定催征之法,是因为"催征有法,而百姓不得受其累"⑤;他曾因郯地"(康熙)四年之奇荒,七年之地震,田禾颗粒无收,人民饿死大半,屋舍尽皆倒坏,男妇压死万余"⑥而奏请朝廷豁免郯地钱粮;亦曾因"郯邑自罹

① (清)王士禛著,赵伯陶点校:《古夫于亭杂录》,中华书局1988年版,第25页。
② (清)黄六鸿:《福惠全书·卷之一·筮仕部》,见刘俊文等编《官箴书集成》第3册,黄山书社1997年版,第223页。
③ (清)黄六鸿:《福惠全书·卷之一·筮仕部》,见刘俊文等编《官箴书集成》第3册,黄山书社1997年版,第234页。
④ (清)黄六鸿:《福惠全书·卷之一·筮仕部》,见刘俊文等编《官箴书集成》第3册,黄山书社1997年版,第223页。
⑤ (清)黄六鸿:《福惠全书·卷之六·钱谷部》,见刘俊文等编《官箴书集成》第3册,黄山书社1997年版,第286页。
⑥ (清)黄六鸿:《福惠全书·卷之五·莅任部》,见刘俊文等编《官箴书集成》第3册,黄山书社1997年版,第271页。

地震之后，房屋坍塌十室而九，本境在先逃亡之民，方欲归无所"① 而奏请朝廷撤销郊地驻防官兵。黄六鸿曾言"留心民事者，方且惜寸阴之莫挽，劳轶掌之为疲，又有何暇适而为此山林隐逸之具耶。"② 这种种举动也与那些为谄媚上司、隐灾不报、贪图享乐，专以搜刮为务的恶吏形成鲜明对照。

二、重视品行，选贤任能

良好的品行是为官者必不可少的素质，对州县官来说尤其重要，因他们负责政令传达、税赋征缴、刑案审理、养民教化等事务，关乎百姓切身利益。清世宗曾言："牧令为亲民之官，一人之贤否，关系万姓之休戚。故自古以来，慎重其选。"③ 从一个统治者的角度，道出了其对州县牧令品行的关切。"夫为官之道，必以操守为先，而州邑为尤要"④，表明黄六鸿对此亦有深刻认识。同时，作为州县牧令辅佐者的胥吏、衙役、幕友、家丁等人员，又是政令传达、税赋征缴、刑案审理、养民教化等事务的具体执行者，其活动具有与百姓面对面直接接触的特点，其品行好坏直接关乎百姓生活之安贫，州县建设之繁衰。因此，黄六鸿在加强自身品行操守的同时，也十分注重对胥役人员的选拔和任用。他在延请幕友时便特别强调"故兼长为难，先取品，识次之，才又次之。才识不充犹可群力相辅，品一不正虽有才识安足贵乎"⑤，将品行的好坏放在用人选拔的第一位。在选拔具体施政人员的过程中，黄六鸿始终贯彻"先取品"的原则，例如他认识到负责催征的里排"往往地方猾棍，熟惯衙门者钻充，或在城之豪蠹包揽，非图侵蚀钱粮即借端科

---

① （清）黄六鸿：《福惠全书·卷之五·莅任部》，见刘俊文等编《官箴书集成》第 3 册，黄山书社 1997 年版，第 275 页。

② （清）黄六鸿：《福惠全书·卷之五·莅任部》，见刘俊文等编《官箴书集成》第 3 册，黄山书社 1997 年版，第 261 页。

③ （清）田文镜：《州县事宜·卷首》，刘俊文等编：《官箴书集成》第 3 册，黄山书社 1997 年版，第 660 页。

④ （清）黄六鸿：《福惠全书·卷之五·莅任部》，见刘俊文等编《官箴书集成》第 3 册，黄山书社 1997 年版，第 259 页。

⑤ （清）黄六鸿：《福惠全书·卷之一·筮仕部》，见刘俊文等编《官箴书集成》第 3 册，黄山书社 1997 年版，第 229 页。

派花户"，因此"催粮排里，必老成殷实小心畏法者方可。"① 同样，对于柜吏、库吏、皂隶、门吏等人员的选择亦以此为标准。同时，黄六鸿还有一套行之有效的人员选拔办法，比如对于考察对象可以"暂令在寓数日，验其可用，然后议定工食，给与装资"②；对于别人推荐者，要求推荐人"亲写投用文契，载明籍贯人氏……中保等务查真正姓名花押存据，以免后日之患"③。以上诸种认识和做法，不但反映出黄六鸿为官的灵敏机智，也体现了他对基层办事人员品行的高度重视。同时，我们也可以从中推测出清代地方吏役群体工作的重要性，以及其品行低劣对地方治理和民生危害的严重性。

三、注重细节，实用为上

在《福惠全书》的凡例中，黄六鸿阐述了他造福百姓、施惠地方的"福惠理念"，而这种理念的实现，离不开具体而有效的指导措施。因此，作者根据他实现"福惠理念"的需要，列出了与州县施政有关的 14 部、近千条的具体内容和措施。虽然作品在论述上事无巨细、内容庞杂，甚至看起来有些琐碎，但在黄六鸿看来，每一部每一条都是其实现"福惠"所必不可少的因素，故而黄六鸿非常强调作品的实用性和对细节的重视。黄六鸿在自序中便强调："有司以钱谷刑名为重，而刑名较钱谷为尤重，夫钱谷不清，弊止在于累民输纳。刑名失理，害即至于陷人性命，故是集于刑名一条，更为加意。"④ 在认真分析州县地方施政情形之后，黄六鸿指出，对于最关民切的部分，一定要翔实编写，"更为加意"。同时，黄六鸿认为"旧刻诸集多以文告判牍擅长，虽字珠句玉，燦灿可观，然语必贴题，意必切事，非可漫为引

---

① （清）黄六鸿：《福惠全书·卷之六·钱谷部》，见刘俊文等编《官箴书集成》第 3 册，黄山书社 1997 年版，第 286 页。

② （清）黄六鸿：《福惠全书·卷之一·筮仕部》，见刘俊文等编《官箴书集成》第 3 册，黄山书社 1997 年版，第 229 页。

③ （清）黄六鸿：《福惠全书·卷之一·筮仕部》，见刘俊文等编《官箴书集成》第 3 册，黄山书社 1997 年版，第 230 页。

④ （清）黄六鸿：《福惠全书·凡例》，见刘俊文等编《官箴书集成》第 3 册，黄山书社 1997 年版，第 216 页。

用"①，表明文告、判牍、字珠句玉，并非其作品的择录方向和标准。他进而提出"所难者，在于每事必得其情理之是非，必审其行为之可否……特据事敷说易易耳，故一切未敢滥收。"②表明择录以符合情理、切实可行为要，"据事敷说"的内容则"未敢滥收"。另外，他还特别指出"品衡文字多用丹铅，以标精彩。兹集敷词粗俚期于明白而已，然其间有、者句读也、有△者欵目也、有○者肯綮也，有连、者紧切也，取其便于披览，无所侈乎文藻。"③体现出作者以广大读者方便为上，并不刻意炫耀辞藻，这也展现了作者谦虚踏实、以民为务的特点。通过以上分析，我们可以看出，黄六鸿在《福惠全书》的编纂过程中，始终把作品的实用性摆在写作的重要位置，无论是在内容编排、择录标准、用语特色还是在格式设计上，非常强调作品的实用性。

黄六鸿在强调书籍实用性的同时，还特别强调对细节的重视。如其所言："凡入仕当官有所关系之事，虽属细微末节，亦必指陈其要。"④他认为，治理一县之地，"如主翁之治家，无论大事经心，即琐屑亦须留意，所以家道渐致兴旺"⑤。正是因为具有这种注重细节的意识，他在上任之初稽查各项钱谷收支手续时，才会连小戳、批回这样的细枝末节都仔细核查；在发告示、设号簿、写书札时，连所用的纸张类型和填注格式都一一关照；在视察乡里时，连祠墓几处、节妇几人、寺观几座、僧道几何都详细问明。唯有如此，方可尽到"一家之长"的职责，百姓才不会因为施政者的好高骛远而受琐事之累，才能"家道兴旺"。从本质上讲，为官者重视大事是为民，关注小事则更是为民，只有将爱民之心延伸到百姓生活本身，理解百姓疾苦，才

① （清）黄六鸿：《福惠全书·凡例》，见刘俊文等编《官箴书集成》第3册，黄山书社1997年版，第217页。

② （清）黄六鸿：《福惠全书·凡例》，见刘俊文等编《官箴书集成》第3册，黄山书社1997年版，第217页。

③ （清）黄六鸿：《福惠全书·凡例》，见刘俊文等编《官箴书集成》第3册，黄山书社1997年版，第218页。

④ （清）黄六鸿：《福惠全书·凡例》，见刘俊文等编《官箴书集成》第3册，黄山书社1997年版，第217页。

⑤ （清）黄六鸿：《福惠全书·凡例》，见刘俊文等编《官箴书集成》第3册，黄山书社1997年版，第216页。

能在施政过程中更为符合实际和贴近民心。

其实，强调实用是重视细节的纲领和原则，重视细节是强调实用的表现和延伸，两者相辅相成，黄六鸿将其巧妙地结合起来，共同服务于自己"福惠理念"的施行。

第五节　《福惠全书》的地位与影响

《福惠全书》全文共 14 部 32 卷，近 30 万字，是中国官箴发展史上最为宏大的一部作品。乾隆朝官员戴璐，对其曾有"坊间盛行，初仕者奉为金针"① 的评价。另外，我们亦可从其他一些资料中发现人们对此书的重视和评价，如道光年间曾在四川多个地方任地方官的刘衡，便将《福惠全书》列为"律例而外尚有应读之书"② 的范畴。于道光、咸丰两朝任京官的周寿昌在其《思益堂集》中谈论《福惠全书》时，曾讲到"此书今尚行，凡初仕者，几于人置一编。"③ 从上述两例我们可以推知这样的结论，即诞生于清初的《福惠全书》，至少在清代中后期还延续着强大的影响力。而且无论是在京师还是地方，《福惠全书》都有着较高的知名度。不管在其他人群中是何种情况，至少在初仕者当中，《福惠全书》是必备书目之一。另外，《福慧全书》不但被广大人群熟知和阅读，而且还被后来的其他著作者广泛引用。最具代表性的便是，《清经世文编》中收录了《福惠全书》中的《审兴革》《养民四政》《杂征余论》《论编审》《积贮》《论驿政》《设腰站议》《保甲三论》《以盗止盗说》《问拟余论》，共 10 篇文章。从《福惠全书》的内容被大量收录的情况分析，黄六鸿的官箴巨著已经普遍地为官员阶层所认可。与此同时，这种转载形式，也在无形中扩大了读者的范围，为黄六鸿官箴思想的传播拓宽了渠道。再者，这也是对《福惠全书》所强调的实用价值的最有力佐证。除上述"被评价"和"被收录"两种形式体现《福惠全书》的地位和影响之

---

① （清）戴璐：《藤阴杂记》卷 2，上海古籍出版社 1985 年版，第 22 页。

② （清）刘衡：《蜀僚问答·目录》，见刘俊文等编《官箴书集成》第 6 册，黄山书社 1997 年版，第 147 页。

③ （清）周寿昌：《思益堂集》，岳麓书社 1985 年版，第 74 页。

外，其不同时期的众多刻本也从另一个侧面展现了它的影响力和受欢迎程度。如该书在问世之后，"仅笔者所知，江西省图书馆保留的版本就有康熙三十三年五绣堂刊本、怀德堂刊本、文英堂刊本等三种"①。另外，还有康熙三十八年种书堂刊本、日本小畑行简训译的永嘉三年日本刊本、清光绪十九年北京沙土园书行文昌会馆新刻本等版本。②"1984 年，由章楚译编的英文版在美国亚利桑那大学出版社出版"③。由此可见，《福惠全书》也已经走出国门，受到外国学者的关注并广为研究。

---

① 龚汝富、刘江华：《从黄六鸿〈福惠全书〉看清代州县吏治的经验智慧》，《江西财经大学学报》2011 年第 2 期。
② 参见龚汝富、刘江华《从黄六鸿〈福惠全书〉看清代州县吏治的经验智慧》，《江西财经大学学报》2011 年第 2 期。
③ 龚汝富、刘江华：《从黄六鸿〈福惠全书〉看清代州县吏治的经验智慧》，《江西财经大学学报》2011 年第 2 期。

第六章　周际华及其官箴书研究

第一节　周际华的家世与仕宦经历

一、周际华的家世

周际华之父周奎，字照域，乾隆七年（1742）出生于贵州贵筑。祖籍湖南祁阳，本是书香门第，到祖父时，家道中落。周奎出生之时，家中经济状况更是糟糕，一贫如洗。屋漏偏逢连夜雨，乾隆二十一年（1756），周奎的父亲因病去世，家中唯一的收入来源也没了。小周奎在向邻里乡亲借钱简单地将父亲下葬后，毅然决定扛起家庭生计的重担。他既要跟母亲一起上山砍柴、去田地割麦，还要照顾年迈的祖父和年幼的弟弟、妹妹，但小周奎深知只有读书才能改变命运，在农活的间隙，他总是会拿出书本研读、背诵。生活的艰辛并没有打败周奎，反而使其内心更加强大，不屈不挠。

母亲被周奎的懂事与好学所打动，但更多的是心疼与愧疚。所以，白天即使再劳累，晚上母亲也会点燃麻树的枝叶为周奎读书照明，自己则在一旁一边织布，一边陪读。

由于生活的艰辛加上没钱看病，祖父和母亲相继因病离开了周奎，此时的周奎还不满 18 岁，却已经成为家中的支柱。纵使生活一次次的不公，周奎仍然不忘阅读。皇天不负有心人，20 岁那年，他通过院试成为一名秀才。乾隆四十五年（1780），他又通过乡试，考中举人，这是近些年来贵州贵筑地区为数不多的中举。一时间，周奎在当地声名远扬。嘉庆六年（1801），周奎获得了他人生中的第一份官职——开泰县教谕，后又调任麻哈州训导。担任学官期间，周奎常常用自己儿时生活的艰辛和求学的不易来激励学生们，希望他们能够树立远大的志向，锻造坚毅的品格。嘉庆二十一年（1816），周奎告老还乡。道光二年（1822），因病去世。遗著有《来西录》《麟山记》《仙人洞记》《家训》等。

父亲周奎对周际华的人生产生了至关重要的影响。周奎刻苦勤奋、积极上进的宝贵品质是留给周际华巨大的精神财富，帮助其最终成为一个清正廉洁、爱民如子的好官。除了周际华，周奎的子孙中还有六名进士。"一门七进士"的佳话，在贵州老百姓间广为流传。

周奎：乾隆四十五年（1780）庚子科举人，官至开泰县教谕。

子周际华：嘉庆六年（1801）辛酉科进士，官至泰州知州。

子周际钊：嘉庆十四年（1809）辛酉科进士，官至刑部山东司主事。

子周际铨：嘉庆二十五年（1820）庚辰科进士，官至陕西麟游县知县。

子周际云：道光十二年（1832）壬辰恩科进士，官至河南后补道。

孙周琪：嘉庆二十五年（1820）己巳恩科进士，官至江苏常镇通海兵备道。

孙周颚：道光十五年（1835）癸巳科进士，官至云南清军盐法道。

孙周灏：道光二十五年（1845）乙巳恩科进士，官至直隶知县。

回看"七进士"的生平事迹，我们仿佛都能隐约看到周奎的影子，都能找到与周奎的相似之处。

二、仕宦经历

周际华，原名际岐，字石藩，乾隆三十七年（1772）出生于贵州省贵筑县花溪柏杨寨。周际华深受父亲周奎影响，自幼喜爱读书，加上天资聪颖，14岁便通过院试，成为一名生员，即秀才。而此时，周际华的父亲周奎留守北京参加会考已有7年之久，家中没有收入来源，家徒四壁。为了维持家庭生计，周际华通过教授县里教化未开的孩童以知识的方式来赚取收入，因为清朝规定拿到秀才的功名便可以教书育人，而此时周际华年仅15岁。周际华深知通过教书来谋生计必然会耽误自己的功课，学业必然退步，于是在授课、家务之余抽出时间，在贵阳贵山书院继续学习儒家经典。贵山书院离周际华家里足有30多里，为了能同时兼顾好求学和授课，周际华只好选择半夜从家出发赶往书院，路上不敢有半点耽搁，为的是能够在清晨赶至书院，完成书院留下的练习后，再火速返回，给蒙童授课，常饥乏困顿于田野间。周际华正是凭借着自己刚毅的品质、好学的精神承担起家庭生计的重担，在学业上也大有长进。

嘉庆三年（1798），周际华通过乡试，成为一名举人。嘉庆六年（1801），周际华通过殿试，成为进士，并被授予内阁中书一职。但孝顺的周际华考虑到母亲年老体弱，需要照应，便主动提出改任。嘉庆帝为其孝心打动，将其调任至贵州遵义，担任遵义府教授，负责该地的教化。周际华上任之初便遇到遵义大旱，百姓食不果腹。周际华向遵义知府申请开粮仓，将储存的粮食便宜卖给百姓救急。因遵义地区交通极不便利，发往贵阳的公文需要 7 日才能返回。知府犹豫不决，一方面不忍百姓挨饿受困，另一方面也不敢擅作主张，怕上级怪罪。周际华便苦言相劝，分析个中利害，终于成功劝说知府开仓放粮，遵义得以度过此次危机。幸得上天眷顾，后来旱情减轻，秋天粮食收成尚可，周际华又建议知府将部分秋粮填补仓库。

嘉庆十四年（1809），周际华丧母。按例回老家守孝三年，守孝结束后，补缺担任贵州都匀府教授一职。又因政绩出色，被保举作为候补县令。

道光二年（1822），周际华再次痛失至亲，父亲周奎病故。

道光六年（1826），周际华出任河南辉县知县。

道光十一年（1831），周际华调任陕州知州。

道光十六年（1836），周际华调任江苏高淳县县令。

道光十七年（1837），周际华担任江苏兴化县县令。

道光二十年（1840），周际华调任江都并兼任泰州知州。

道光二十二年（1842），周际华之子周玙被授任江苏常镇通海道。因清朝实行亲族回避制度，有血缘关系的官员需要避嫌，父子二人不得在同一省份、同一部门担任官职。周际华为了儿子的仕途，申请告病还乡。

回到家乡，周际华致力于花溪建设。周际华在麟山南麓一小溪旁建造了借花草堂，以教书育人；又在龟山上兴建了清晖楼，使贵州清秀的山水风光多了几分人文气息。

道光二十六年（1846），周际华于家中去世，终年 75 岁。留有遗著《一瞬录》《共城从政录》《海陵从政录》《家荫堂诗钞》《省心录》《感深知己录》等。

第二节　《海陵从政录》中的施政理念

一、严禁鸦片

在研究周际华任职泰州兴化县期间对清政府禁烟思想和措施如何贯彻落实之前，有必要对鸦片战争爆发前道光朝的禁烟论有基本的认识。鸦片战争发生前，围绕如何开展禁烟，如何把握禁烟的尺度，道光朝的大臣以及言官们展开了激烈的争论。道光朝禁烟运动大大小小开展十数次，但大体上可以分为六个阶段：第一阶段（1821—1829），这一阶段的禁烟理念和措施基本上承袭嘉庆朝，措施仅仅限于贩卖和吸食鸦片烟的禁令，具体的施行准则比较笼统、简单，惩处力度也相对较轻。鸦片成风的现象并没有得到明显好转。这一阶段的主要成果是制订了失察鸦片条例。第二阶段（1829—1830），这一时期较上一阶段发生了方向性的转变。考虑到鸦片大量进口导致的白银外流问题日益严重，将禁烟运动重点转向严禁外国商船私自夹带鸦片入境，但由于朝廷在对外态度上的不坚定等因素，最终的禁烟效果也不尽如人意。第三阶段（1831），这一阶段到达了道光朝禁烟的第一个高潮。第四阶段（1832），禁烟运动无论在思想还是在施行的广度和深度上都得到升华，禁烟运动更有针对性，着力打击鸦片的海上走私。第五阶段（1836），这一阶段关于禁烟运动出现了两种针锋相对的观点，即以黄爵滋为代表的广禁鸦片和以许乃济为代表的弛禁鸦片。最终广禁、严禁鸦片得到了道光帝及多数大臣的支持，路线既定，清朝禁烟运动的第二个高潮随之而来。第六阶段（1838 年后），全国掀起了一场轰轰烈烈的对鸦片的严查、严禁、严惩运动，并修订了严禁鸦片的相关法律，将吸食鸦片的人也列为惩治对象。

《海陵从政录》共收录有 4 篇直接与禁烟相关的文章，分别为《严禁吸食鸦片烟示》《严禁兴贩鸦片烟开馆诱食示》《严切谕缴烟土烟具示》《严禁书差吸食鸦片及包庇隐漏檄》。

统看这 4 篇文章，综合其对禁鸦片烟的强烈态度，禁烟土的规定和措施以及惩治对象的范围，可以基本确定其符合道光朝禁烟运动第五、六阶段的特点，属于严禁阶段，在时间节点上也符合周际华在泰州兴化的任期。此前，弛禁派曾经一度占据上风，随之而来的鸦片泛滥问题也直陈世人面前。对普通百姓而言，鸦片烟使其精神颓丧，体弱身残；对社会而言，民众吸食鸦片成风，直接导致大量小农家庭破产，催生一系列社会问题和犯罪行为，威胁社会秩序；对国家而言，面对鸦片浪潮的冲击，八旗军也未能幸免，军队战斗力急剧下滑。同时白银大量外流，国家财政严重失衡，从而产生恶性循环，形成对鸦片税的严重依赖。

《严禁吸食鸦片烟示》力陈鸦片烟之弊端："致令父母不以为子，乡党不以为人，本富者荡尽家资，本贫者流为匪类，精枯骨立，无复人形，即或残喘苟延，亦必俾昼作夜，外则不能谋生，内并不能育子。是其毒并不止于杀身，而且至于绝嗣。"[1] 周际华所拟这篇告示主要针对的劝诫对象是县中百姓，故对鸦片烟弊端的陈述着眼于对百姓自身的影响，鞭辟入里，更能引起百姓对鸦片的重视以及社会反响，彰显出周际华的政治智慧及敏锐度。而对吸食鸦片者也给予了极大的理解与同情，"鸦片之害固亦人所皆知，而犹不免吸食者，大约其始皆系被人引诱，继并欲戒不能"[2]，随后，话锋一转，"自谕之后务即痛自改悔，立时戒绝，倘或视为具文，不知悛改，本县现在严密访查，或早或迟，终必发觉，当必尽法惩治，断不姑宽"[3]，表明其禁烟土、惩治鸦片吸食者的决心。这一前一后，刚柔并济，既赢得了百姓的同理心，为以后的施政铺平道路，同时也挥起了其在泰州兴化禁烟运动的大旗。

《严禁兴贩鸦片烟开馆诱食示》则是针对烟贩以及烟馆经营者而下发的。周际华认为仅仅靠对吸食鸦片者的劝诫是无法有效缓解鸦片问题的，他进一步指出鸦片之害根源于开鸦片烟馆的恶徒，这与上一篇中所提及的"其

---

① （清）周石藩：《海陵从政录》，刘俊文等编《官箴书集成》第 6 册，黄山书社 1997 年版，第 257 页。

② （清）周石藩：《海陵从政录》，刘俊文等编《官箴书集成》第 6 册，黄山书社 1997 年版，第 257 页。

③ （清）周石藩：《海陵从政录》，刘俊文等编《官箴书集成》第 6 册，黄山书社 1997 年版，第 257 页。

始皆系被人引诱"相呼应，整治烟贩等烟土来源才是禁烟之本。周际华上任之初，即深入民间，对兴化境内的鸦片烟来源进行走访调查。"有种匪徒，勾串船户夹带烟土往来贩买，以及潜匿境内开馆诱食者，其恶尤堪痛恨"①，考虑到泰州兴化偏离都会城市，而且并无对外通商，周际华分析本地烟土多为外地不法商贩夹带入境，并开设烟馆。周际华拟谕劝诫开烟馆者即日起另谋生路，话语依然延续着"恩威并用""刚柔并济"的风格，"其贩土开馆者当思败露拏获，立时身膺重典，家产性命皆不能保，急早回头，立谋生业，如再不知改悔，仍然贩土煎熬、开馆诱食，一经访实，立即严拏，从重究办"②。烟贩及开办烟馆者能在兴化境内顺利进行鸦片烟交易，必然有本地书役、地保以及船家的包庇与帮助。周际华对此类人也下谕令，一旦发现，绝不宽待。

《严切谕缴烟土烟具示》则是周际华试图通过收缴烟土烟具以切断民众自己吸食的途径，达到禁烟的效果。"吸食者呈缴烟枪，兴贩开馆者呈缴烟土，概免治罪"③，并提出将要制定更为严厉之新例，敦促吸食者、烟馆经营者早日脱离鸦片烟。但周际华对鸦片成瘾的认识明显不足，高估了收缴烟土烟具对吸食鸦片者起到的作用，"如家无赌具，虽以奕秋博徒，亦祇好暂行忍过，熬忍既久，自然断绝，可知尔等欲思断瘾，必首去吸食之枪"。周际华期望通过收缴烟具来迫使吸食鸦片烟者戒烟，这是不现实的，当然这受到当时医疗条件的限制，自然也是难免的。道光十八年（1838），清政府颁布的《钦定严禁鸦片烟条例》中提及了借助药物帮助吸食鸦片烟者实现戒烟，这也表明政策的科学性与社会的发展程度是紧密相连的。

《严禁书差吸食鸦片及包庇隐漏檄》是周际华旨在肃清书吏队伍中的害群之马而拟的檄文。针对下属所呈折子中涉及的差役包庇烟贩、烟馆经营

---

① （清）周石藩：《海陵从政录》，刘俊文等编《官箴书集成》第6册，黄山书社1997年版，第257页。

② （清）周石藩：《海陵从政录》，刘俊文等编《官箴书集成》第6册，黄山书社1997年版，第257页。

③ （清）周石藩：《海陵从政录》，刘俊文等编《官箴书集成》第6册，黄山书社1997年版，第258页。

者，与之勾结，通风报信，甚至倚仗手中的权力，肆无忌惮地吸食鸦片烟的情况，周际华表明绝不纵容姑息，绝不做属下的"保护伞"，并将皇上关于禁烟的谕令抄录数份发予差役，令其立即悔改，否则严惩不贷。周际华在泰州兴化禁烟之初，将重点放在吸食鸦片者、烟贩以及烟馆经营者上，而疏于对官吏队伍的整治，这在很大程度上阻碍了禁烟运动的进程。整顿吏治之后，禁烟效果取得一定程度的提升。

道光十八年（1838），道光帝颁发我国历史上第一部真正意义上的综合性禁毒法令《钦定严禁鸦片烟条例》（以下简称《条例》），其禁烟之严厉，措施之完备，堪称历史之最。该条例将雍正至道光年间十数次禁烟的规定、条例进行整理、综合、修改，最终核定为禁烟 39 条。周际华在贯彻上谕精神、保持《条例》禁烟思想和禁烟措施主体不变的基础上，将与兴化县社情不符、与百姓无关的条例一一删去，最终精简成 20 条，并摘议告示全县。

开设鸦片烟馆，依照原来的禁烟条例，主犯应该判刑绞监候，从犯应该判刑流放。新例规定，开设鸦片烟馆以引诱良民吸食者，主犯判处绞立决，用来开鸦片烟馆的屋舍充公。从犯以及房屋的主人，判处发配新疆，没为官奴，屋舍充公。如有官吏差役隐匿，一并获刑。地保、邻里如有知情不报者，仍遵循旧例，判徒刑三年并杖打 100。准枉法从重判刑。

对于受贿私自释放鸦片烟贩的官役，一直以来没有明确的法律条文来定罪。新例规定，将有此类行为的官吏、兵役与鸦片烟贩一并治罪。受贿数额巨大的，在此基础上加刑。

对于狱卒私自将鸦片烟递予囚犯吸食者，一直以来没有明确的法律条文来定罪。新例规定，私自递予囚犯或者帮其代购鸦片烟供其吸食的狱卒，判处发配充军至极边、烟瘴之地。押解途中，如有解役、看役递予囚犯鸦片烟吸食者，判处发配充军至近边之地。

对于栽赃诬陷者，一直以来没有明确的法律条文来定罪。新例规定，如有兵役或者恶棍匪类冒充兵役以查缴鸦片烟为借口，栽赃、陷害他人吸食鸦片，借此敲诈勒索，一经查实，不论主犯从犯，都按照"诬良为盗"判刑，发配充军至边远之地。贪赃金额达到 120 两以上，主犯判刑绞监候。

对于鸦片烟案犯申请留养的情况，一直以来没有明确的法律条文来处置。新例规定，鸦片烟案犯，罪刑在流罪以上者，一律不允许其办理留养。

对于鸦片烟案件中，自首或者知晓已被下令抓捕后投案者，一直以来没有明确的条文来处置。新例规定，如果罪行还未被查获，自首的鸦片烟贩，免其刑罚。罪行暴露后投案自首的鸦片烟贩，罪减一等。自首后如若复犯，罪加一等，并且不再享受有自首的罪行减免权。

吸食鸦片烟的案件，只允许当地县官查办，不允许他人揭发控告。如案件是由他人检举控告而起，该案件不得进行审理。

栽种罂粟，并煎熬制成鸦片烟者，按照旧例，主犯判处发配充军至边远之地，从犯判处流放两千里。贩卖鸦片烟者，主犯判处带枷发配充军至近边之地，从犯判处"满徒"，即三年徒刑。新例规定，种植罂粟花并制成鸦片烟、鸦片膏者；贩卖鸦片烟、膏获利达 500 两以上或者获利未及 500 两，次数甚多者，主犯判处绞监候，从犯发配充军至极边、烟瘴之地。如果贩卖鸦片烟获利不足 500 两，次数也未及 3 次，主犯发配新疆，没为官奴，从犯发配充军至 4000 里外极边之地。官吏兵役如有隐匿包庇，与主犯同罪。将土地、屋舍、船只租借给鸦片烟案犯者，如若事先知情，按时间长短判刑。一年以上，发配充军至边远之地，并且杖打 100，流放 2000 里；半年内，判处 3 年徒刑，并杖打 100。租用的土地、屋舍皆充公。如能在罪行暴露前将鸦片烟案犯告发并送至官府，免其罪责，土地、屋舍亦不用充公。自首却未拏获鸦片烟案犯者，免其罪责，但土地、屋舍充公。

京城各办事衙门中如有吸食鸦片烟者，自收到部文之日，限准一年六个月。逾期如若怙恶不悛，仍然吸食，一律判刑绞监候。

吸食鸦片烟的平民，在一年六个月限内吸食者，在旧例基础上加刑，判处流刑 2000 里，杖打 100。如若不能供认出售卖鸦片烟的烟贩，罪加一等，判处流刑 2500 里，杖打 100。

官役及其亲属、幕友、仆人，在一年六个月的限期内如果吸食鸦片烟，比平民罪加一等。

按照旧例，官吏购买、吸食鸦片烟，比平民罪加一等。新例规定，一年六个月的限期内，官吏购买、吸食鸦片烟从重治罪，发配至新疆为苦力。

士兵购买吸食鸦片烟，按照旧例，照平民加一等治罪。新例规定，驻守京城的八旗兵以及驻防各省的绿营兵，在一年六个月限期内吸食鸦片者，发配充军至近边之地。

兴办鸦片烟馆、制作鸦片烟者以及鸦片烟贩，不论主犯从犯，除了已经判死罪的之外，其他一律等到一年六个月之后判处绞监候。

对于被抓获的吸食鸦片烟者，已经戒绝鸦片烟，但仍存有鸦片烟土或烟膏未销毁，没有明确的法律条文，惯例是杖打 80。新例规定，罪加二等，杖打 100。

制作以及售卖烟具者，按制造和贩售赌具同等治罪。

家中孩子购买吸食鸦片烟者，照例治罪，并追究其家长监护不力的罪责。

中央职官在一年六个月限期内吸食鸦片烟者，发配至新疆，绝不复用，其他职官不得为其保奏。

按照惯例，士兵缉私，允许携带带有官方编号的鸟枪，如碰到人多势众的盐枭，有权开枪射杀。新例规定，日后查办鸦片烟案，如碰到歹徒恶棍集聚，抵抗执法者，有权施放鸟枪，予以射杀。拘捕抗法者三人以上，如若杀人，主犯和杀人者，判斩立决，如若伤人，判斩监候，如若伤人尚未致死，主犯判斩监候；如用刀将他人弄伤或者导致骨折以上的伤情，判绞监候；未曾伤人却在现场呐喊助威者，一律发配新疆，没为官奴；集众对抗执法，主犯不管贩卖鸦片烟的数量和次数，均判绞监候，从犯发配充军至极边、烟瘴之地。

平民戒绝鸦片烟者，免其罪责，但官员不能亦依此处置。吸食过鸦片烟的官员便不再适合负责查禁当地的鸦片烟。日后，如有曾经吸食鸦片烟者仍担任官职，上司应及时禀告揭发，勒令其请退。

细察这 20 条，不难发现，条例体现"从严"的原则，对吸食鸦片烟者中平民、官吏、兵丁的处罚措施各有细致、具体的规定，对开鸦片烟馆诱惑他人吸食者以及鸦片烟贩从重处理。条例将戒烟时限定为一年六个月，以此为界制定不同的量刑标准。另外，条例还对鸦片烟犯知情的保、邻、佑以及鸦片烟犯家长的监管失责增订了刑罚措施，这点颇有建设性。对比之前的旧例，新条例严厉不少。如旧例规定，吸食鸦片者，最多判枷刑杖刑，如不招供出贩卖鸦片者，则杖刑 100，徒刑 3 年。而新例中对此项的规定是，给予吸食鸦片者一年半的时间戒烟，如若在规定时限内不知悔改，不论是官员还是平民，均判绞监候，即绞刑缓期执行。旧例对大吏以及王公子弟基本没有作具体的刑法处置，或者处置很轻微，而新条例则作出了从严处理的规定：爱新觉罗家族子弟如若吸食鸦片烟，发配至盛京沈阳，进行严格管控；在职官员以及其他王族子弟如若吸食鸦片烟，也发配至沈阳，不再征用。对上述几种对象，在一年六个月之后吸食鸦片烟者，不予姑息，绞监候。但有趣的是，《钦定严禁鸦片烟条例》制订前夕，关于此本条例在朝中曾引起巨大争论，最终弛禁派呈压倒性优势，支持者达 21 人，而此前呼声一直颇高的严禁派只获得 8 票。范文澜先生在其《中国近代史》中认为《钦定严禁鸦片烟条例》是"投降派"与"弛禁派"的成果，是用来打击"抵抗派"与"严禁派"的工具。①之后，陆续有学者杨国桢以及来新夏等持此观点，并加以发展。其实这种观点有失公允，该条例是清朝入关以来最为严苛的禁烟条例，无论是禁烟态度还是量刑标准上，都与"严禁派"主张相吻合。我们从鸦片烟贩及吸食鸦片烟者对该条例的评价"讥廷议为急于理财，訾新例为轻于改律"也可窥见一二。但如何解释为何明明弛禁派占据绝对优势，最后确定的条例却与"严禁派"主张不谋而合。我想这与道光帝的态度有很大关系，道光帝虽然未亲自参与《钦定严禁鸦片烟条例》的制订，但他不时过问条例的进展，起到积极的监督作用。在复审《钦定严禁鸦片烟条例》时，道光帝曾批文道"若不及早查禁，永杜弊源，则传染日深，其害伊于胡底。因思海贩窑口，实为祸首罪魁，倘非一律从严，概置重典，不足以防偷漏而塞来源。至吸食之弊一日不除，则兴贩之来一日不绝，亦不得稍从宽宥。今定以死罪，立限严惩。庶几根株净尽，力挽浇风。""弛禁派"也曾付诸努力，试图将条例的量刑减轻，《林则徐日记》中记载道"邓制军折差回，接京信两封，知鸦片罪名，廷议从轻，特荷圣裁改重"②。道光帝坚定的禁烟决心震慑了"投降派"，使《钦定严禁鸦片烟条例》得以顺利颁布。

---

① 范文澜：《中国近代史》上册，人民出版社 1955 年版，第 102 页。
② 林则徐全集编纂委员会编：《林则徐全集》第 9 册《日记卷》，海峡文艺出版社 2002 年版，第 390 页。

从成效上来看，《钦定严禁鸦片烟条例》也并非一纸空文，在整个道光朝后期的禁烟运动中起到了举足轻重的作用，最重要的便是为吸食鸦片者、烟贩及经营鸦片烟馆者、包庇鸦片交易者的惩治提供了法律依据和量刑标准。林则徐评价该条例"新例既已颁定，此后凡有获案，即皆遵照问拟"，法律条文的完备对顺利开展禁烟运动起到积极的推动作用。"纷纷戒食者已十有五六"，一年六个月的期限只过一半，戒烟者已达十分之五六，可谓立竿见影。一地方官吏禀文中还提到"拏获烟贩盈十累百""无案不破，有犯必擒。惟源源破获，人数既众，而罪应遣军流者尤多"。

当然，《钦定严禁鸦片烟条例》也存在不完备之处，甚至有一些自相矛盾的地方，这是由当时的政治环境和社会条件所决定的，但也不排除其中有"严禁派"与"弛禁派"斡旋的因素。例如，条例中第十条提到涉及鸦片烟的案件，只能由属地的地方官调查和处置，不接受揭发控告；反观条例三十八条却指出，犯鸦片烟案者的地保邻右，如果知情不报，隐瞒包庇，与犯案者一同究办。此外还在民间以十家为一牌，作为民间监督单位，一家犯案，整牌牵连，这又明显是鼓励揭发举报。

二、打击佛教

周际华在泰州兴化县令任期内，重视对民间信仰的规范，拆毁大量淫祠，对佛教道场也进行整顿，对佛事活动进行规范治理。《海陵从政录》中共收录周际华 6 篇相关的谕令或告示，分别为《毁淫祠示》《禁止佛事道场》《谕令僧尼》《严禁焰口》《严禁妇女宿庙烧香》《严禁高装》等。

"淫祠"一词古来有之，毁淫祠运动在历史上也时有发生。清朝对淫祠的认定基本上承袭了明朝的规定，一般分为三类。第一类，"天下神祠不应祀典者，即淫祠也，有司毋得致祭"[①]，淫祠指供奉不在国家法定祭祀制度中神灵的祠庙；第二类，"其民间合祭之神"[②]，是民间百姓私自建造、私自祭拜的祠庙；第三类是超过限额的寺庙。周际华在《毁淫祠示》中引用《礼

---

① （清）张廷玉等撰：《明史》卷 50，中华书局 1974 年版，第 1306 页。

② 《明太祖实录》卷 53。

记·曲礼》中"非其所祭而祭之，曰淫祠"的定义，实际上也就涵盖了上述的第一类和第二类，这与一些理学家提出的"淫祀不必皆是不正之鬼，假如正当鬼神自家不应祀而祀，他便是淫祀"[1] 和"非所祭而祭之，如法不得祭与不当祭而祭之者也"是异曲同工。

明清以来，西方基督教的传入，"佛教已际末法中半之运，道家亦有其鬼不神之忧"，佛教、道教遭受了不小的冲击，儒教也亟须振兴。儒教传统上是允许祭祀各类神灵以及民间的英雄贤哲，到了清代，民间"淫祠"供奉的神灵越来越多，这直接导致了对儒教自身教义的传播力度不够，朝廷统治者及地方官员逐渐意识到这么多的神灵信仰只是人们寄托福祉的工具，对社会的教化并没有什么帮助。很多儒学家甚至倡导除了孔庙和祭拜天地的祠宇，其他祠庙一律拆毁，包括佛寺道观。

周际华到任以后，深入民间访闻，意识到淫祠泛滥的严重性，"好事者倡之于前，众人合之。于后敛钱动众，蛊惑民心，其贻害实非浅鲜"，并将其与"佛老"思想的盛行一并认为是造成兴化县境内人心风俗败坏的重要原因。的确，佛教与道教在明清时期得到了蓬勃的发展，民间信仰日益丰富，民间私自修建的寺观祠庙日益增加。概括来说，佛老两教发展越兴盛，毁淫祠活动也越频繁，强度亦越盛。

从国家层面上来看，清朝统治者开展毁"淫祠"运动主要有三点考虑：1.捍卫国家正统祭祀制度，统一民间信仰；2.保障国家财政收入来源，避免不必要支出；3.稳定民心，净化社会风气。第一点很容易理解，顺理成章，这里不再赘述。大量劳动人口为了逃避税收和劳役，对国家税收造成不小损失，加上朝廷每年还需对各寺观祠庙进行恩赐和补贴，祠庙自身的祭祀活动经费也是巨大的开销，尤其在道光末年，鸦片烟泛滥加上农民起义、自然灾害，国库紧张，财政面临困难。毁"祠庙"能一定程度上"省无益之费"[2]。毁"淫祠"的另一出发点便是其可能对社会秩序和社会风气构成隐患。许多结社运动和宗教起义都是以"淫祠"为聚首地和大本营的。周际华在《毁淫

---

[1] 陈淳：《北溪字义》卷下，《景印文渊阁四库全书》第 709 册，台湾商务印书馆 1986 年影印本，第 49 页。

[2] （明）张萱撰：《西园闻见录》第 106《杂编》，1940 年哈佛燕京学社印本，第 22 页。

祠示》中也表示出此种忧虑，"毋许聚众烧香，致滋敛惑之咎"。这些结社人员还会装扮成神像，在大街上敲锣打鼓，借着迎神赛会的名义，实际上是聚众从事违法、不轨之事。周际华在《海陵从政录》中收录《严禁高装》这篇谕令的意图大致就是禁止此类装神弄鬼的行为。抛开"淫祠"为结社活动提供庇护所之外，"淫祠"所代表的佛老思想与封建传统社会儒家所倡导的社会秩序和行为规范有所抵触，受到统治者及地方施政者的反对也不难理解。

但地方官员毁"淫祠"运动的展开并不是完全按照朝廷的指示亦步亦趋开展的，有个人的主观能动性在其中。很多时候，毁"淫祠"运动往往是在清朝统治者并未下发有关毁"淫祠"的谕旨的情况下，地方官吏自发展开的。与统治者的多重顾虑不同的是，地方官员毁"淫祠"的动机就显得相对单纯一些，主要就是维护社会秩序和民间风气，以方便地方管理。这一定程度上也分担了中央监管民间祭祀活动和宗教事务的压力。道光朝并未明确下发过关于毁"淫祠"的谕旨，再根据《毁淫祠示》中"本县为人心风俗起见"的论述，我们基本可以确定周际华此次毁"淫祠"运动属于自发。我们还发现周际华数次在告示中提及"李君"这个民间宗教活跃人物，可以推测周际华在开展毁"淫祠"活动的同时，对民间受"崇拜"的"宗教领袖"也予以了打击，当然这应该也是出于加强社会管理的考虑。

周际华们试图通过毁"淫祠"来实现儒家思想所倡导的社会模式，这也是他们寒窗苦读得以进入仕途后所期待完成的政治抱负，但这远远不够。所以他们在毁"淫祠"的同时，往往还进行着办书院、订乡约等一系列教化措施，最终实现"孝顺父母，恭敬长上，和睦乡里，教训子孙，士农工商各专一业，钱粮税课，不失其期，四时八节，各祭祖宗，春祈秋报，各祭土谷，毋教唆词讼，毋抢割田禾，毋害众成家，毋欺公玩法，毋学赌博，赌博必倾家，毋学争讼，争讼必丧命，凡其迁善去恶之路，是皆消灾弭祸之门，不须谄分外之神"[1]的美好图景。

清朝中后期，内忧外患，中央对地方的控制力弱化，加上毁"淫祠"并未上升为国家政策，时起时伏，地方县令也并无此项法定职责，许多信奉

---

[1]　（明）张萱撰：《西园闻见录》第106《杂编》，1940年哈佛燕京学社印本，第21页。

佛老两教的地方官员包庇甚至支持"淫祠"的建造。周际华能够自发地抵制"淫祠"，破除迷信，端正社会风气，实属不易，可以看出周际华身上满满的政治责任感。

毁"淫祠"后收回的土地以及省下的财政费用，一般被用来建造书院、乡学、贤人祠庙等等，这与地方官毁"淫祠"的动机与出发点是相吻合的。周际华《海陵从政录》中《捐助文正书院修脯示》《八蜡庙倡修序》《重葺圣庙记》《文昌阁增修记》《文昌宫改建记》《移置节孝祠记》6 篇记文亦能印证。

毁"淫祠"运动也遭受了一定程度的阻力。"淫祠"长久以来已经成为百姓寄托福祉、保佑平安、慰藉心灵的场所，在其宗教活动、日常交往、经济生活中扮演着不可或缺的角色，所以试图完全清除"淫祠"是不现实的，这点我们通过雍正帝批复的一条奏折可以清楚地认识到，"凡移风易俗之事，须徐徐渐次处理，不可拂民之意，而强以绳之也。从前如汤斌等及几任巡抚亦有为此举者，皆不能抚回而中止，凡致百姓之怨望，无济于事"①。民众阻挠毁"淫祠"的现象时有发生，比如藏匿"淫祠"中所供奉的神像，避免被毁坏，待日后再放置在新建的"淫祠"之中。另外，民间的宗教祭祀活动所需各种物件及服务能够安顿穷人，为小农家庭带来了创造额外收入的机会。妇女作为烧香拜佛的主体，而其"三寸金莲"小脚又难以承受远行，舆夫和舟子便有了一笔不小的收入。正如钱泳所说："治国之道，第一要务在安顿穷人。昔陈文恭公宏谋抚吴，禁妇女入寺烧香，三春游屐寥寥，舆夫、舟子、肩挑之辈，无以谋生，物议哗然，由是弛禁。胡公文伯为苏藩，禁开戏馆，怨声载道。金阊商贾云集，晏会无时，戏馆酒馆凡数十处，每日演剧养活小民不下数万人。此原非犯法事，禁之何益于治？昔苏子瞻治杭，以工代赈，今则以风俗之所甚便，而阻之不得行，其害有不可言者。由此推之，苏郡五方杂处，如寺院、戏馆、游船、青楼、蟋蟀、鹌鹑等局，皆穷人之大养济院。一旦令其改业，则必至流为游棍，为乞丐，为盗贼，害无底止，不如听之。潘榕皋农部游虎邱冶坊浜诗云：'人言荡子销金窟，我道贫民觅食乡。'"② 寺

---

① 《雍正朝汉文朱批奏折汇编》，江苏古籍出版社 1991 年版，第 146 页。
② （清）钱泳撰：《履园丛话》，清道光十八年述德堂刻本，第 29—30 页。

庙道观同时也收容了部分不堪赋税的破产家庭的百姓，这对维护社会稳定也有一定的积极意义。故此，"淫祠"也有其存在的合理性。

周际华"兼署泰州，毁淫祠百余区，改为义学"①，取得了显著效果。但我们也看到，明清以来，宗教气息愈加浓厚，人们热衷于加入到祭祀诸类神灵的宗教活动以及祠庙寺观的建造中去，这对国家法定的祭祀制度是一股不小的冲击，甚至还出现统治者曾为了顺应民意，将"淫祠"所供奉的神灵加入到国家正统祀典之中的个别情况。这反映出封建社会晚期，内忧外患不断，社会危机加深，中央的行政力量已出现疲态。

《禁止佛事道场》《谕令僧尼》《严禁焰口》《严禁妇女宿庙烧香》4篇谕令都是周际华在兴化县境内对佛教的整顿，对不规范的、危害社会秩序的佛事活动以及违法乱纪、有伤风化的僧尼进行处理。周际华反对佛教，这对于一个靠熟读儒家经典、科举中第登上仕途的地方官来说，自然是情理之中。但其中还有更为深层次的原因，即佛教确实衰落了。

佛教自西汉末年传入中国以来，经历了魏晋南北朝时期的经营与发展，至隋唐五代达到顶峰。进入宋朝，程朱理学适应统治的需求，大大巩固了儒教的正统地位，成为历朝的官方哲学，再加上译经和解释佛教教义的高僧越来越少，与其他地区的佛教联系也日趋减少，佛教开始走向没落。《明会典》规定"释道二教，自汉唐以来，通于民俗，难以尽废，惟严其禁约，毋使滋蔓"，统治者对佛教的打压使其难堪其重。到了清代，佛教已经空有其表，失去其原有的影响力。究其原因，与佛教渡人救世精神的衰败和佛教义理的空泛不无关系。寺庙里的僧侣不再潜心钻研佛经教义，而是无所事事，不学无术，甚至不守清规戒律，作出一些坑蒙拐骗的勾当。周际华在《谕禁僧尼》中提到"每见绀宇琳宫，尽被僧流占住，香台兰若，每多女冠群居，或贪得香资，劝愚妇烧香于庙宇，或雀角细故，捏虚词涉讼于公庭，甚至男女不分，僧尼同席，茹荤饮酒，杂沓喧哗，不特亵渎神明，抑且有关风化，言念及此，实堪痛恨"②，形象地展现了兴化县内僧尼的堕落与腐化。专门从事

① （清）赵尔巽等撰：《清史稿》卷477《周际华传》，中华书局1977年版，第13029页。

② （清）周石藩：《海陵从政录》，刘俊文等编《官箴书集成》第6册，黄山书社1997年版，第250页。

中国佛教研究的日本学者冢本善隆曾提出，19 世纪中期，佛教在中国的地位和影响跌到了最谷底。佛教之所以还能在民间勉强为继，主要是僧人可以依然在各类祭祀活动中扮演着重要的角色。在文人阶层，佛教的功能大抵只剩下附庸风雅之用，在诗文中适时地加入些禅意，或许的确能寄托情怀，显得风雅脱俗。但文人如果要步入仕途最终还是要回归儒家经典和八股文，伴随着清朝考据之风的盛行，佛教义理逐渐与百姓的精神信仰相脱离。

佛教的高僧大德对佛教的衰败与僧侣的腐化也深有感慨。"迩来秋末，宗风寥落，有不忍言者。"禅河渐涸，法幢将摧，鱼山辍梵，狮座蒙尘。大德杨文会对僧人的不学无术痛心疾首，"自试经之例停，传戒之禁弛，以致释氏之徒无论贤愚，概得度牒。于经律论毫无所知，居然作方丈，开期传戒。与之谈论，庸俗不堪，士大夫从而鄙之。""概自江河日下，后后逊于前前。即有真实参悟者，已不能如古德之精纯，何况杜撰禅和，于光影门头，稍得佳境，即以宗师自命，认贼为子，自误误人。"

清朝的佛教寺院逐渐成为生活潦倒之人的投身之所，失去其昔日的神圣。有的甚至成为犯罪的庇护所。周际华在《禁止佛事道场》中指出"是以藏垢纳污，欺愚饰智，邪淫争逞，醉饱无厌，邑之人日受其祸而不知"①，佛事道场沦为藏污纳垢之地。

针对僧人不满足于"拥蒲团而课静室"，而热衷于举办宗教活动以此招徕香客，达到创收的目的，周际华予以严厉的批评与讽刺。周际华认为既已遁入空门，理应"自合深参净域，麦餐冰宿，自绝贪嗔，暮鼓晨钟，不惮劳苦，托金盔以向空门，本图忏悔，拥蒲团而课静室，宜守清规，岂可放浪形骸"。在深入民间访查以后，对"绀宇琳宫，尽被僧流占住，香台兰若，每多女冠群居，或贪得香资，劝愚妇烧香于庙宇，或雀角细故，捏虚词涉讼于公庭，甚至男女不分，僧尼同席，茹荤饮酒，杂沓喧哗，不特亵渎神明"的现象深恶痛绝。《大清律例》中有专门针对僧人犯罪的律条，"僧道犯奸""恐吓取财""私度僧道"，这与周际华告示中抨击的僧人恶行基本一致，可见周

---

① （清）周石藩：《海陵从政录》，刘俊文等编《官箴书集成》第 6 册，黄山书社 1997 年版，第 249 页。

际华是严格遵循朝廷对佛教的管理政策和制度的。

《严禁妇女宿庙烧香》这篇谕令则是延续了明清以来一贯的做法，妇女宿庙烧香一直以来为礼教和法律所不容。《大清律例》卷 16《礼律·祭祀》第 161 条规定："若有官及军民之家，纵令妻女于寺观神庙烧香者，笞四十，罪坐夫男。无夫男者，罪坐本妇。其寺观神庙住持及守门之人不为禁止者，与同罪。"①所附第 561 条例补充道："凡僧道军民人等于各寺观、庵院、神庙刁奸妇女，除将妇女引诱逃走，仍按照和诱知情分别首、从，拟以军、徒外，其因刁奸而又诓骗财物者，不计赃数多寡，为首之奸夫发边远充军；为从者，减等满徒。俱仍尽犯奸本法先于寺观、庵院庙门首分别枷号，满日照拟发配，财物照追给主。犯奸之妇女，仍依本例科罪。若军民人等，纵令妇女于寺观神庙与人通奸，杖 90，枷号一个月发落。"②这也能从侧面反映出在清朝僧道犯罪不在少数。

严禁妇女进庙烧香的主要原因有三：1. 烧香活动消耗国家财力。清代，佛寺主要收入来源便是吸引信徒香客前来烧香布施。古代，女子受教育程度很低，缺乏理性判断，对宗教盲目轻信和崇拜，由崇拜佛教转变为"佞佛"，再加上女子在家庭中往往能够掌握一定的财政权，大量社会财富靡费在香火上，甚至"瞒了公婆，背了汉子，偷粮食作斋粮，捐簪环作布施"，以致无法缴纳国家赋税。2. 统治者担忧此举会威胁统治安全。妇女进庙烧香，往往成群结队，"妇年三十以上，朔望群聚念佛，有道媪为之首领，导之入寺烧香，虽有司严禁，不能革"，朝廷担忧这发展成"结社"活动，历史上很多起义就是发端于此类群众聚集，虽然烧香拜佛以妇女居多，但不排除其家庭成员也加入其中。3. "伤风败俗"，这也是最重要的原因。封建礼教主张"男女大防"，而庙会则为女子走出深闺提供了正当的理由。男女混杂，违背妇道，甚至容易滋生男女私情。

周际华强调"为妇女者，有姑嫜则顺事之，有夫男则敬承之，有子孙则正教之，有邻里亲族则和睦之，平其嚣陵溪刻之心，守其柔顺坚贞之德，

---

① 张荣铮等点校：《大清律例》，天津古籍出版社 1993 年版，第 280 页。

② 张荣铮等点校：《大清律例》，天津古籍出版社 1993 年版，第 280 页。

穷则听命，富则济人"①，他认为妇女就应该恪守妇道，三从四德，相夫教子，调节好家族关系，就应该久居深闺，避免在外抛头露面。周际华对"一声传戒，众妇偕来。不惜布施，便是弭灾之诀；多情宿庙，即为作福之缘。秽德丑行，何可言状？……不务民义而肆力于神，不守闺门而乞灵于庙，不安妇道而要福于绝无知识之僧"②的现象深恶痛绝。周际华下发谕令表示要禁绝此类"歪风"，但并未颁布具体的刑罚措施，只是警告如有妇女仍继续进庙烧香，便招其父母丈夫到公堂接受训斥。

但是，回望那段历史，我们应该给予封建时期的女子以理解与同情。伴随着理学正统地位的确立以及中央集权制达到顶峰，在社会文化领域，女子受到的压迫与束缚亦达到历史所未曾有之高度。长时间的静守深闺，她们空虚的心灵渴求一丝安定与慰藉。她们频繁地去佛庙烧香祈祷，实际上是无力改变现实转而向宗教求助的无奈之举。陈东原在其《中国妇女生活史》中有这样一段形象的概括非常精彩："取前此两千余年的妇女生活，倒卷而缫演之，如登刀山，愈登而愈尖；如扫落叶，愈扫而堆愈厚。"③古代社会的妇女大部分时间默默承受封建礼教的枷锁与羁绊，但她们也会争取哪怕片刻的安宁与自由。

《严禁焰口》是周际华针对"放焰口"这一特定的佛教法事所下的禁令。放焰口是一种佛教仪式，是通过向焰口饿鬼投食施水，使其摆脱饥渴之苦，以帮其超度的法事活动，一般在民间用来追悼死者。焰口，指饿鬼，因其口中吞吐焰火而得名。焰口饿鬼因为生前小气，受到报应，死后形容枯槁。民间"放焰口"一般有"阴焰口"和"阳焰口"两种。"阴焰口"一般是在丧礼上用来追悼亡魂所用；而"阳焰口"则是用来为活人解咒消灾，延年益寿。"放焰口"仪式开始前，先搭一个供奉地藏王菩萨的法座，下面摆放着仪式所需的面桃和大米。参加"放焰口"仪式的各家百姓需要在一个台

---

① （清）周石藩：《海陵从政录》，刘俊文等编《官箴书集成》第 6 册，黄山书社 1997 年版，第 248 页。

② （清）周石藩：《海陵从政录》，刘俊文等编《官箴书集成》第 6 册，黄山书社 1997 年版，第 248 页。

③ 陈东原：《中国妇女生活史》，商务印书馆 1937 年版，第 375 页。

子上放置瓜果、面食等。伴随着肃穆的佛教音乐的响起，仪式开始了，众僧随即开始诵念咒语。法师负责施食，即把事先准备好的面桃和大米，分别向东西南北抛撒，重复三次，仪式告成。

"放焰口"法事本无可厚非，但周际华访查到县内有一张姓父子借"放焰口"之名聚集妇女，愚弄百姓，蛊惑人心，并趁机敛财。周际华非常痛恨"逞无端之臆说，假焰口以弭灾，舍有用之金钱，买奸僧之邪说"① 这类无耻恶行，这才发此禁令，反映出周际华在兴化县内对社会民风的重视，显示出周际华反对迷信，崇尚科学、理性的高贵品质。

三、维护稳定

周际华非常注重社会治安，惩恶扬善，力图为百姓建立一个法治、安定的和谐社会。周际华到任兴化县，即走访民风，考察差役，经过两个月的调查，在对兴化县的风土人情有大致的了解之后，设立乡约10条，并下发谕令至各乡，让百姓有则改之，无则加勉。第一条，鼓励男子自谋生业，断不可不务正业，游手好闲。周际华走访中发现不少年轻气盛的男子闲荡在街道市集之中，他对这种好吃懒做、自甘堕落的行为提出了批评，督劝其学习技艺，抑或受雇为工，靠手艺和劳动吃饭。第二条，号召女子以纺织为主业。兴化县内女子大多闲置在家，周际华分享了自己在河南辉县任期劝导妇女种桑纺纱的成功经验，指出此举"不惟可以束身心，亦可以资衣食"，周际华希望通过兴纺织使寻常百姓家增加收入，改善生活；另一方面妇女有了"功务"便不会出现"或倚门观望，徒耗日时，或甘学清音，竟忘羞耻"的现象，这是时代局限性所在，并不能苛责周际华。周际华提出了具体的施行方案，每家准备一架纺车，五家为一组，每组购置机床一架。难能可贵的是，周际华担心兴化本地妇女未接触过纺纱车床导致纺纱活动无法开展下去，捐出自己的养廉银，选址购置纺纱车床，聘请专门的纺纱师傅传授经验，培训县内妇女。足以彰显周际华无私奉献的高尚人格以及带领辖县百姓

① （清）周石藩：《海陵从政录》，刘俊文等编《官箴书集成》第6册，黄山书社1997年版，第250页。

致富的坚定决心。第三条，严禁妇女干扰诉讼。周际华首先提出，"狱讼之兴，原为必不得已之事，男子为之，尚滋拖累，乃更使妇女出头，相习成风，恬不知耻……此种恶风断不可长"。① 这反映出周际华内心还是坚持着中国古代厌讼的精神。孔子云："听讼，吾犹人也，必也使无讼乎"，主张借助社会伦理教化以及统治者的表率作用，让诉讼者以上诉为耻，最终实现"闾里不讼于巷，老幼不讼于庭"的理想状态。自此，厌讼思想成为民间百姓的思维习惯。儒家文化主导下的社会重视情感，一旦矛盾和纠纷上升为刑事诉讼，便伤了和气，自己也成为"另类"。"万事和为贵"，中华民族注重克制以及忍让。但是，到了清朝，这一状况发生了改变，诉讼率大大提高，讼师也异常活跃。小农经济条件下，物资贫乏，为"蝇头小利"而发生争执屡见不鲜，尽管受到"厌讼"的束缚，最终依然不得不对簿公堂。其次，古代县令执掌一个县的赋税、教育、治安、基建、赈济等大大小小各项事务，即使单从诉讼一项来说，县令也需参与现场勘察、追捕案犯、判决案件、管理牢狱等各个环节，实在力不从心，所以"无讼"不仅仅是社会安定和谐的象征，也是他们个人的切实需求。周际华对兴化县内"使妇女出头，相习成风，恬不知耻，其意恃妇逞刁，希图泼赖，甚至乡里中偶有口角，辄率妇女涂闹，以为莫之敢撄"，但凡发生纠纷，便让家中妇女撒泼要赖的现象极为重视，周际华在《海陵从政录》中有《严禁妇女涂闹》，专门进行论述。周际华谕告县内百姓，如发现有自恃妇女，胡搅蛮缠，扩大纠纷，干扰诉讼，便连带追究其丈夫或儿子的重责。第四条，除暴安良，严禁聚众滋事。周际华规定，聚众闹事者达 3 人以上即从重治罪。他还命令县中乡保敢于带头将恶棍扭送衙门，并鼓励被侵犯的百姓积极揭发恶棍的罪行。第五条，设立民防，防备盗贼。周际华首先分析了兴化县开展民防的地理优势，此地百姓多聚族而居，多则上百家，少则数十家。周际华因此建议每 10 家设一联，从中选出体格健壮、做事干练的人作联长；每 50 家设一团，从中选出老成持重、有威望的人作团总。各家提供稷和锄，作为抵抗盗贼的武器。一旦盗贼

---

① （清）周石藩：《海陵从政录》，刘俊文等编《官箴书集成》第 6 册，黄山书社 1997 年版，第 233 页。

来犯，以联、团为单位，群起而攻之，加上兴化县四面环水，盗贼一旦被发现，几乎不可能逃脱。他劝诫县民切莫"事不关己，高高挂起"，要有集体主义精神，以免日后灾祸降临在自己身上时后悔莫及。第六条，规范田地房产交易程序。周际华到任兴化县，发现一个令人匪夷所思的现象：在田地房产交易中，除了双方商定的正价外，另有三次加补。周际华指出，这虽然是风俗使然，但反映出人心不古，严重违背了契约精神，不利于社会良好风气的形成。周际华下谕令告诫百姓，日后凡是交易地产，请中间人估价，买卖双方商定交易价格，订立契约，此后便不许再有附加款或者加补，卖家不得滋扰买家。如遇到交易纠纷，应到公堂寻求诉讼，并呼吁县里的乡绅带头，开导百姓，不可狃于故习。卖家若违反规定，将会受到笞刑的惩罚。第七条，鼓励乡民种树。周际华对兴化县内的地理条件有大致的了解，"此地多水，难以种树"，但周际华仍号召百姓争取任何可能的空间栽植树木，以实现"材木之需，薪燎之用，皆可取资，即圩堤亦增强固"，不仅能解决日常生活所需，还能起到加固圩堤的作用。他还分享了在河南辉县鼓励种树的成功实践，辉县的百姓深受其益，以此来更好地在兴化县内推行植树政策。周际华提出可以在三处空间种树：1.圩田中不平坦的地方；2.田埂上，推荐种植柳树；3.房屋旁，推荐种植杂树。这也反映出周际华的绿化及科学发展的精神。第八条，劝桑，"广购桑枝而遍插之"。《孟子·尽心上》中说，"五亩之宅，树墙下以桑，匹妇蚕之，则老者足以衣帛矣"。可见在古代，对人们的穿衣需求来说，种桑养蚕是多么的重要。桑树种植对地理条件没有什么特殊的要求，兴化县内土地较为潮湿，适合种桑，另外桑树也不用占据太大空间，不至耽误粮食作物的种植以及影响人们正常生活。周际华向县内百姓介绍了苏州、松山地区百姓靠种桑纺织而致富的经验，吸引百姓加入到种桑纺织中来。可见周际华提出施政政策之前是科学考察过先进地区的成功经验以及当地的实际状况的，而非纸上谈兵，这是非常难能可贵的。周际华对发展种桑纺织业是有周密规划的，一方面鼓励百姓种桑养蚕，另一方面上文第二条已经提及，鼓励并培训妇女纺织，这样既能获得蚕桑之利，也能避免百姓无所事事带来的种种社会问题，端正社会风气。两方面举措都是从"戊戌之春"开始施行，周际华也盼望着兴化县能在五年之后，亦拥有苏州、松山那般兴盛的蚕桑纺织业。第九条，规范丧葬。周际华明确表示反对"停丧不葬"，他认为及时下葬是对死者的尊重，"亡人得土如得金，诚以人死为归，归而藏之"，另外及时下葬也能减少尸体腐烂病变带来的火灾及环境问题。清朝法律对"不葬"和与法令不符的丧葬方式有明确的刑法量刑，《大清律例》第 181 条规定，"若惑于风水及托故停柩在家，经年暴露不葬者，杖八十。若弃毁死尸，又有本律。其从尊长遗言，将尸烧化及弃置水中者，杖一百；从卑幼，并减二等"①，丧礼上"若男女混杂（所重在此），饮酒食肉者，家长杖八十"②。"停丧不葬"有的是因为积习已久，有的是因为观念差异，而最主要的还是"由于丧事开销大，使得一些人死去多年而不能入土"③。为此，周际华动之以情，晓之以理，提出家境殷实的可以厚葬，但丧礼不宜持续太久，而贫穷之家"求敛手足，形亦非难事"，兄弟族亲互相帮助，入土安葬应该也不是难事。第十条，打压佛教，破除迷信。周际华开门见山，佛事活动不过是愚弄百姓罢了，相反佛教人员能够放肆地释放贪欲和恶行。兴化县内百姓佞佛成风，僧人举办各式各样的宗教活动并以此渔利，周际华对此义愤填膺，大骂僧人为"秃厮"，直言佛已经沦为荒唐之物。"既不获益，则亦可废然返矣，夫士敦孝友，民重彝伦，即此便是为善。若第施舍万钱，以事虚无之佛法，而身家不顾，叛道离经。"④周际华认为，只要讲人伦，守道德，便是为善，无须借助虚无、荒唐的佛教信仰，那样不仅靡费钱财，更是误入歧途，离经叛道。不如将富余之钱财用于帮扶宗亲，振兴宗室。

《劝纺织》和《招习纺织》是周际华对"十约"中第 2 条的补充及具体说明。周际华借助《诗经》中《国风·豳风·七月》这首诗歌表达了对男耕女织、各司其职、家事和乐的社会状态的向往，同时也对兴化县内部分妇女荒废手足，涂闹街坊的现象表示了忧虑。周际华决定一改积习，对百姓进行潜移默化的劝导。周际华作出表率，捐出铜钱 500。亲自选址，在县城中一

① 张荣铮等点校：《大清律例》，天津古籍出版社 1993 年版，第 296 页。
② 张荣铮等点校：《大清律例》，天津古籍出版社 1993 年版，第 296 页。
③ 孟昭华、王涵编著：《中国民政通史》下卷，中国社会出版社 2006 年版，第 1031 页。
④ （清）周石藩：《海陵从政录》，刘俊文等编《官箴书集成》第 6 册，黄山书社 1997 年版，第 234 页。

僻静的地方设纺织局，共购置机床两架，纺车 30 架，选县中 11 岁至 13 岁的幼女，提供棉絮和午餐，先教其纺，后教其织，学习时间为辰时到申时。周际华还派纺织局董事到丹徒聘请到一名经验丰富的女教习和两名女工组织教学，第一批学员限额 30 人，一有学员学成毕业，便再行挑选补充。考虑到离县城较远的幼女来去不方便，周际华号召各乡仿照县纺织局的运行模式，召集董事筹办乡纺局。周际华对此举饱含信心，如果开展顺利，5 年内兴化县也能像江南苏州、松江地区那样，全员温饱，家家殷实。

周际华认为要维系一方治安，必须要建立一支训练有素、勤能有力、遵纪守法的差役队伍。周际华对此非常重视，在《海陵从政录》中有《筹备盗贼》《谕传差人役》《戒书差奢侈》《谕禁卒》4 篇相关的谕令告示。

《筹备盗贼》中，周际华对兴化县内近两年"迩来报窃已多，即劫抢亦复闲出"[①] 的现象进行了分析和总结，认为一味地苛责捕快无功对问题的解决是没有一点帮助的。盗窃、抢劫频发归根到底还是防备不严。兴化县捕快人手严重不足，且都疲软懒散，"驱策每有案出，先乏资斧，遂甘坐视"，加上捕快的酬劳和待遇很低，导致其工作积极性不高。为此，周际华与乡绅百姓一同商议对策，体现其官民共治的理念。周际华先是与百姓分享了其在河南辉县任期内的成功经验。辉县每个村庄内都设配有一名坊快，并将乡村和城市各分为东南西北四区，每区设两名总捕，负责督察。每到夏秋两季，便让本地士绅、有威望的老者、乡保等按田亩多少提供粮食，以此作为县内捕快的生计来源。为保证粮食能足额交付到捕快手中，周际华还规定整个程序胥役不得经手，直接发放至捕快。到了十月至来年二月，周际华又在辉县下发告示，无论城乡，每 10 户人家选出 1 名更夫整夜巡视。经过这一系列筹备措施的推行，辉县盗窃、抢劫的现象日渐平息。周际华考虑到兴化本地盗贼甚多，河流众多，因此缉补盗贼工作更为艰难。结合辉县的成功实践加上兴化本地具体实情，周际华决定在兴化也实行联防，但要增派人手。兴化乡村地区分七区，每区配置两名总捕；而由于县城面积较大，分设 4 区，每区

---

① （清）周石藩：《海陵从政录》，刘俊文等编《官箴书集成》第 6 册，黄山书社 1997 年版，第 251 页。

配置 4 名总捕。总捕由周际华亲自挑选，择优录取。坊快则由各村庄选拔出勤劳勇敢、身体出众者担任，坊快一律由总捕监管。一旦各区有盗贼犯案，便追究总捕和坊快的责任，依法处置。总捕以及坊快的工资及伙食，由城乡的乡绅以及有威望的老者共同商议数额后决定。

《谕传差人役》是周际华针对衙门的传差人员消极怠工、贻误案情问题作出的谕令。周际华在兴化县每每遇到诉讼案件，需要传召人证时，传差人员为了能够向原告索取好处，故意拖延，到证人家后，百般刁难，索求无度。一旦收受被告好处时，便又谎称人证身体抱恙抑或出远门无法前去作证，极度耽误案件的审理。即便人证传齐，部分传差人员也不及时上报人证已到达，使得证人既见不到县官，也不敢离去，不仅浪费其盘缠，还耽误其进行农业生产，甚至酿成大祸。为此，周际华规定，传差人员应该严格按照传票上的限定日期传召人证，不得耽误，传召完毕应该立即将传票销毁。如被传唤之人的确患病或远行，如实禀告并提供凭证。如有传差人员违反规定，造成案情的贻误，一经查处，严惩不贷。

注重廉洁也是净化差役队伍的重要一环。《戒书差奢侈》开宗明义，"人必能俭，方能廉"①。周际华认为，勤俭对官吏来说格外重要。周际华发现兴化县众属吏间奢侈之风盛行，书办们"冬则重裘，夏则轻葛，并闻饮食征逐，嫖赌吃烟，极其奢侈"。如此靡费的生活是书吏们的俸禄承担不起的，只能靠克扣钱粮，中饱私囊，贪赃枉法，收受贿赂得来。周际华劝诫众书办切莫为了所谓的面子贪赃枉法，以免最终反而丢了面子，害人害己。"何如不亏空，不婪赃，随常衣食，自然饱暖，使上而父母，下而妻子，不为尔悬心，不为尔受苦，本官见尔朴诚亦必信用，百姓见尔老实亦必爱重，终身安乐"，周际华苦口婆心般阐述勤俭节约的好处，能让家人安心，能受百姓爱戴，自己也问心无愧，终身坦荡无愧。周际华还现身说法，秉承勤俭节约的优良家风，周及其家人吃穿简朴，绝无攀比的现象。

《谕禁卒》是周际华对监牢中管理紊乱、禁卒收受贿赂、虐待犯人现象

---

① （清）周石藩：《海陵从政录》，刘俊文等编《官箴书集成》第 6 册，黄山书社 1997 年版，第 68 页。

进行整顿的一篇谕令。周际华强调，身陷囹圄者，虽然触碰刑法，罪行严重，但终究罪不至死。但凡遇到囚犯遭受疾病，应当给予关切与救治。这体现出周际华的仁爱之心。周际华通过走访调查了解到，兴化县监牢内部分禁卒勒索初进监牢的囚犯，稍不顺其心意，便伺机刁难、虐待，或者在发放食物时故意克扣。狱中乱象丛生，一些体格健壮或者在狱中服刑较长的老犯会对身体孱弱者横加暴力，这显然于法律所不容。周际华规定，遇到犯人感染疾病应及时传医诊治，禁卒如若存在索要贿赂、陵虐犯人等行为，一经查出，严惩不贷。狱中若出现囚犯间的暴力现象，则追究禁卒管理不力的责任。

　　"斗牌掷骰，最坏人心"。周际华认为赌博对社会危害极大，对赌博行为深恶痛绝。游手好闲之人沾上赌博之后，赢了便是损人利己，输了则会因为忿怒而产生争执，待到输到家徒四壁、饥寒交迫的时候，便沦为匪贼，为害一方。家境殷富之人沾上赌博之后，自恃家产颇丰，豪赌成性，不分昼夜，小则浪费时间，耽误产业；大则倾家荡产。至于那些开赌场诱骗无知子弟，使其深陷泥潭之恶棍，更是罪大恶极。

　　在《严禁棍徒诈扰》中，周际华对兴化县内的恶棍无赖进行了整治。周际华认为，"粮莠不除，则嘉禾不植；棍徒不靖，则民业难安"。县内有恶棍成日以赌博、讹诈为业，"或托送货物聚众硬索于街坊，或散帖庆生恃强勒献于乡曲"，在县里横行霸道，无法无天，而百姓又屈服于其"淫威"不敢反抗或者控告，使其气焰更为嚣张，百姓深受其害，周际华对此义愤填膺。周际华在全县内对恶棍进行清理，抓获主犯陆林、张猛虎等，极大地震慑了其他无赖恶棍，百姓拍手称快。周际华还下谕令要求各乡保平日要严格、仔细稽查，若发现恶棍无赖，直接扭送官府进行审理。此后，兴化县内恶棍大量减少，百姓不用再忍气吞声。

　　周际华认为诉讼程序是否合理、案件审理是否公正直接关系到地方治安的好坏。《谕代书条约》是周际华针对兴化县内代写讼书现象严重影响案件正常审理所下发的谕令。兴化县内，很多讼书为他人代写，其中存在着不少捏造事实、夸大其词、隐匿情节的情况，导致出现许多冤假错案。因此，周际华制定了相关规定，来抑制代写讼书的泛滥。规定如下：1. "凡有控告，必令本人自作呈辞"，日后只要是提起诉讼必须由本人提交呈辞说明案件情况。如果本人实在没能力或者没条件书写呈辞需要他人代书的必须在呈辞上注明代写人的姓名及其地址。2. 凡是由别人代写的呈辞，务必据实代写，不得增添、夸大或者隐匿案情。3. 投呈辞时务必告知本人的家庭住址或者代写呈辞的中间人的住址，以保证案件细节需要询问和核实的时候能及时传召。4. 官绅前来报案时，务必对其身份进行核对验证，并记录其部门及官职，防止假冒官员之名以图行事方便。5. 除非遇到牵涉本人并且情节严重的案件，妇女本人不得带头向公堂提交呈辞。如出现此类情况，则务必将其年龄、是否有丈夫儿子及为何不让其丈夫儿子呈递讼书注明在呈辞上。这条也体现了封建社会在法律诉讼层面对女子的限制与压迫，体现了那个时代的背景和特征。6. 如呈辞上罗列多名原告，务必问明代打官司的代理人，是否属实，是否如实代写。7. 既不在诉讼期内，又非重大案件，不得找人代写呈辞，以防陌生人搭台讹诈。周际华对民间诉讼程序出现的乱象保持着极强的敏锐度，能够迅速发现其中有违法治、伦理的行为及其动机，并及时采取措施予以禁止，端正社会风气，维护法律尊严。

《严禁贩米出境并酌定市价》则体现出周际华稳定物价、维护经济秩序、关注民生的施政特点。国之本为民，而民又以食为天，所以稳定粮价对稳定社会、经济秩序至关重要。兴化县由于地势的原因，所产稻米仅可满足当地人的日常需求，但不少产米大户和不法商贩，为了一己私利，囤积居奇，有的不法商贩还偷偷将本县大米偷运至外邑贩卖，造成本县内大米紧缺，致使米价疯涨，更有甚者故意传播谣言，谎称兴化县即将面临水涝，加剧百姓的恐慌。周际华忧心忡忡，急忙采取措施。他先是召集当地士绅以及有威望的老者，共同商讨并核定米价。并紧急下发禁令，商人售卖大米必须严格按照官府所制定的市价。如有囤米以抬高市价或者将本县稻米私运出去售卖者，严惩不贷。

四、捐学劝教

周际华深知教育对端正社会风气、维护社会稳定、促进社会发展具有不可替代的作用。因此，周际华到任兴化县以来，在捐学劝教上花费了巨大的财力、精力和人力，对兴化县的教育事业作出了卓越的贡献。

周际华上任之初，便用自己的养廉银以及部分俸禄对兴化县文正书院内的讲学者进行了酬金补助，这也是继承了其在河南辉县担任县官期间的一贯做法。周际华深知办书院对一个国家和社会的重要性，"书院之设，为国家储材，为诸生肄业，资文艺以征器识，培士气以厚民风，为政之经，莫大于此"①。在辉县任期内，周际华创办书院后，人文气息更加浓厚，民风更加淳朴，本邑考中科举的读书人也是屡见不鲜，周际华深感慰藉。兴化的文正书院虽然条文详尽，办学规范，但囿于经费短缺，无力聘请名师前来讲学，导致当地学子科考成绩不甚理想。为此，周际华每年捐出 200 两，作为讲师酬劳的专项基金，书院日常经费照常发给。周际华在《捐助文正书院修脯示》中对书院的生童提出了自己的期望，"体朝廷作人之意，知有司养士之心，砥砺廉隅，涵养学识，蒸蒸乎以家修之业，为廷献之资。入则为善士，为大儒；出则为名相，为纯臣"②，希望读书人能够感受到国家的培育之心，刻苦学习，日后登榜及第，报效朝廷。

为了振兴兴化县的科教事业，培养更多儒士、官吏，周际华又在丁酉年（1897）捐出部分养廉银及俸禄设立奖学金，发给成绩优异或者考取功名的本县考生作为奖赏，也能鼓励后生。己亥年（1899），周际华再次拿出部分养廉银和俸禄，捐助贫困且成绩优秀的科举考生作为其川资（即路费）。因为兴化县距离省城较远，进城赴考的路费对许多家境贫寒的考生来说是一笔不小的开支，为了鼓励生员上进，周际华下谕令"以文艺之短长，别川金之多寡，考列前十名者，助钱六千文，次十名四千，以后概助二千"③，根据成绩好坏，路费多寡，综合排名，分别予以资助。

在《谕书院诸生》和《申谕诸生》中，周际华对书院的童生在穿着以及行为礼仪上提出了具体的要求。周际华在考察书院之时，发现部分学生对

① （清）周石藩：《海陵从政录》，刘俊文等编《官箴书集成》第 6 册，黄山书社 1997 年版，第 235 页。

② （清）周石藩：《海陵从政录》，刘俊文等编《官箴书集成》第 6 册，黄山书社 1997 年版，第 235 页。

③ （清）周石藩：《海陵从政录》，刘俊文等编《官箴书集成》第 6 册，黄山书社 1997 年版，第 241 页。

官吏缺乏尊重恭敬之心，甚至故作倨侮傲慢之态。周际华认为尊重是相互的，官员需要定期去往书院考察并核对学生人数，以防假冒顶替，这是分内之事，不应该受到学生的抵触情绪。况且官吏盛装而来，是出于对书院和学生的尊重。相反，部分学生却不具章服，不予迎接，这是对官员的不尊重。从古至今，士儒都备受尊重，被褒称为"衣冠之伦"，作为书生自然应当表里如一。衣衫不整、不修边幅却成为兴化县内部分书生的常态，他们以此效仿致敬魏晋遗风。周际华一针见血地指出，魏晋时期社会动荡，吏治败坏，魏晋才子放浪形骸，为的是讽刺世道，而如今正处盛世，又逢明君，如果仍追逐遗风，便是不思进取，执迷不悟。周际华下发谕令，要求书院诸生无论穿布衣、素衣务必保持整洁，遇到官员前来考察，必须"明理淑慎"，以礼相待，不可"傲上张本"。

周际华还亲自赴书院讲学，与书生进行深入交流，并作《与诸生讲学随笔》一篇，文中反映了周际华的不少哲学思想，对更为全面地了解周际华有很大价值。细读《与诸生讲学随笔》，我们既可以从中发现程朱的思想，亦能捕捉到陆王的心学观点。周际华承认自己深受"濂溪先生"周敦颐的影响，但他并不将自己束缚在一家之言，而是博采众长，对程朱理学和陆王心学都采取取其精华、弃其糟粕的态度。但也正是因为如此，周际华的思想也出现了互相矛盾的地方。一方面，周际华继承了朱熹的学说，先有理而后有气，不满足于只有心之理，物之理，认为最终都归结为形而上之理，这是典型的客观唯心主义观点；另一方面，他又汲取王阳明思想的营养，发展出"心外无天""心外无人"的观点，这又是典型的主观唯心主义观点，这显然是周际华在综合两派学说时没能解决好的焦点问题。

周际华的辩证思维很是浓厚，"故一念中和，即一念位育；一事中和，即一事位育。推而无一念不中和，无一事不中和，便无时无处而非位育矣。若只就事功上说，则尧舜能之而孔子不能，孔子能之而凡儒者皆不能也。亦何贵乎存心养性乎"①，这大概是受到朱熹"中庸"思想的熏陶。周际华主张

---

① （清）周石藩：《海陵从政录》，刘俊文等编《官箴书集成》第 6 册，黄山书社 1997 年版，第 236 页。

人们应该顺着心中之理去探索外部世界，去认识外界事物之理。周际华将此概括为"心外无理""心外无天""心外无人"。周际华还运用此观点解释了为什么今人学习耗费大量时间，却远未达到古人的思想高度。周际华认为个中原因在于，古人遇到事物务必穷其理直至对其是非曲直了然于胸，而今人只知埋头沉浸在四书五经中，因循守旧，以古人的价值观解决今人之问题，必然无所长进，一无是处。这是今人缺乏自勉精神导致的。

周际华倡导诸生要"尽之心，尽乎理，身尽乎礼"，一旦能求得世间万物之理，其所学便不再是空中楼阁，如果儒者"漫言博学口舌之功"，那对其自身的提升是毫无裨益的，抛弃实学而追求文笔、口才，那是因小失大。周际华认为王安石"舍身心而言博学"，终究只是在文学上取得了造诣，却因此误国，加重北宋的社会危机。当然，周际华对王安石的这个评价较为偏激，有失偏颇，但却鲜明地体现了周际华崇尚"实学"的思想特点，这也渗透在其施政措施和理念当中。

周际华劝诫诸生要"慎思"，并强调"慎思"更关键是要在"思"之前"慎"，而非在"思"后再"慎"，归根到底，周际华还是认为"慎思"是离不开明理的，"其功在先明乎理，理足则神完，神完则气静，故寂然不动，感而遂通。若理有未明，则寂时似佛感时，便梦欲之所引，体用两亡"①。

周际华鼓励诸生读书要有"两心"，即恒心和用心。周际华强调"人必有恒，方能有益"，因为事情都是越做越熟，越做越精，最终达到"过则日见而可以任我陶汰，善则日进而可以任我扩充"的境界。展开来说，按照自己一贯的处事原则和经验，事情多半能顺利进行；坚持做善事，坚持一心为民，统治自然能够长久。细数历史上的伟人名士，无一不是用心坚持方取得成果。只做一时好事终究只能获取一时的快乐，而无长远的好处。这其实是周际华对这些书生日后如果登榜及第为官所提出的要求，即不仅现在读书求学需要有水滴石穿的恒心，日后为官也要心系百姓，坚持做利国利民的善举。周际华还告诫诸生"用心"的重要性，每个人都要经历不同的人生阶

---

① （清）周石藩：《海陵从政录》，刘俊文等编《官箴书集成》第 6 册，黄山书社 1997 年版，第 236 页。

段，在每个人生阶段面临不同的任务和挑战，这都需要我们"用心"。读书时，就要"在学问中细细思想，曲曲揣摩"，必能提升德行，增强学识；当官时，就要"在民事上细细体贴，曲曲筹划"，必能兴利去弊，造福社稷，造福百姓。

周际华在捐学劝教的同时，还注重对县内祠堂、阁楼、庙宇的建造和修缮，这也是加强社会教化的具体表现之一。周际华在兴化县内主持了对八腊庙、圣庙的修葺，对文昌阁的增修，对文昌宫的改建，此外，还将节孝祠进行了迁址、改建。这也显示了周际华对国家正统宗教的维护。

周际华的《海陵从政录》中涉及女性教化的谕令或者告示也不在少数，这是封建社会千百年来的泥潭，这也是周际华们难以摆脱的。

在封建等级社会，男女的地位也是天差地别。恩格斯曾经说过，"最初的阶级压迫是同男性对女性的奴役同时发生的"①。古代统治者不仅仅规定了封建社会的尊卑、贵贱，同时界定了极其严格的男女界限。"夫为阳，妻为阴""阳贵阴贱，阳尊阴贱"便是这一界限的基本概括及核心思想。经过各朝各代的发展，最终在这一核心思想的基础之上，延伸发展成了"三从四德""三纲五常"，从此压迫着女性的发展空间及活动范围。"女教"也成为封建统治者奴役女性的工具，以为社会培养出更多的"贤妻良母"。

前文涉及了在社会不同方面对女性区别对待的例子，比如宗教活动、诉讼等。"亲属相隐"是清朝法律乃至古代法律一致鼓励的基本原则之一，但这其中还设置了对妇女的特殊的规定，"妻、妾告夫及告夫之祖父母、父母者，虽得实亦杖一百，徒三年"②，即使罪行属实，妇女控告丈夫及家中长辈也要受刑罚。现在看来实属可笑，但却反映出封建女性所遭受的不公正待遇和冤屈，反映了女性嫁入婆家后地位的卑贱。此外，清朝法律对女性的诉讼类型也进行了严格的限制。"若妇从除谋反、叛逆、子孙不孝，或己身及同居之内为人盗诈、侵夺财产及杀伤之类，听告，余并不得告"③，将女性的诉讼类型限定在威胁国家、宗族安全或者情节恶劣的案件之内。案件的审理

---

① 《马克思恩格斯选集》第 4 卷，人民出版社 2012 年版，第 61 页。

② 张荣铮等点校：《大清律例》，天津古籍出版社 1993 年版，第 522 页。

③ （清）崑冈修、刘启瑞纂：《大清会典事例》卷 819，清光绪石印本。

过程中，女性也被要求尽可能避免抛头露面。虽然并没有具体的律典条文规定县官不得提审女性，但这早已成为清朝官员间的共识，官员对于涉及妇女的案件都进行简单化处理，并尽可能让其丈夫、儿子代理，"此亦养廉耻维风化之意也"。

《申谕妇女》体现了周际华对"女德"的理解。"女重闺门，礼严阃教，所以端风化之原，养廉耻之道也。"① 周际华认为妇女就应该静守深闺，避免抛头露面，要遵从"女教"的行为指导，不能越界，这才是讲究廉耻的表现，社会风气才能端正。周际华指出，士绅或者读书人家的女性一般都是遵守女德以及族规的，而街坊乡间的女子却"不知羞耻"，整天抛头露面，游手好闲。要么披头散发在门栏向外张望，要么沉溺佛教，靡费钱财，要么恃妇逞刁，涂闹公堂，严重干扰司法。周际华为了能让妇女"安分守己"，捐出养廉银设置纺织局，鼓励妇女学习纺织，"既愿妇职之维修，更望夫纲之克振"。为了贯彻"以夫为纲"的思想，周际华教导县内男子要承担起对自己妻子的监管责任，不得让其"浪游于中市"，不得让其"观戏于广场"，不得让其"肆毒于街邻"，不得让其"求福于庵观"。

周际华在《严禁妇女涂闹》中对妇女涂闹乡邻，引起纷争并干扰诉讼这一特定现象进行了严厉的批判。周际华认为妇女之道，贵在遵守"三从"，即"在家从父，出嫁从夫，夫死从子"。他十分赞成《礼记·曲礼》中"外言不入于阃，内言不出于阃"的表述，他希望妇女自觉做到不干涉外事，以"别男女之嫌，杜奸淫之渐"。妇女抛头露面，卷入到邻里纠纷中，只会加剧事态的严重性，造成社会动乱。当然，周际华判断其中不少是妇女的父亲或者丈夫故意纵容，让其胡搅蛮缠，以此获得有利局面。周际华呼吁"父戒其女，夫戒其妇，子劝其母"，教化女性遵守闺帷之礼，不要再作出涂闹之举，进行自我反思，同时体谅别人，戾气自然消除，纠纷自然消解。

---

① （清）周石藩：《海陵从政录》，刘俊文等编《官箴书集成》第 6 册，黄山书社 1997 年版，第 248 页。

第三节　《共城从政录》中的施政理念

一、疏浚水道，修筑道路

周际华深知兴修水利对百姓的生产生活有着非比寻常的影响，因此初到辉县便四处考察各处河流状况。辉县的西南地区属洼地，每逢秋天水涨时，便不可避免地导致涝灾。周际华认为"此自来之形势使然，然亦筹备之不力也"①，虽然此处地形无从改变，但可以通过疏浚河道的方式加速积水的通泄，避免涝灾。周际华一次在峪河镇办公，恰逢大雨，原本以为庄稼可免于浇灌，借机生长。不曾想到，这场大雨持续了一整夜，"南北街成渠深丈许，入民房者三四尺"，围墙倒塌，房屋沉陷。周际华被困在峪河镇长达 4 天，整个镇子与外界失去了联系。周际华登楼眺望，发现麦田皆被洪水淹没。问及镇民，了解到发生如此严重的涝灾主要原因还是峪河泥石淤积已久，常年无人清理，导致排洪不畅。周际华当即召集当地士绅，建议疏浚峪河河道，并捐出俸银 100 两，以作酬劳，不少百姓被周际华的无私所打动，纷纷表示愿意冒着危险前去清淤。

周际华事后仍惦记着峪河河道淤堵的问题，他说，"身为民牧而使民受害若此，予为何如人耶。"② 为此，周际华多次亲赴峪河岸边考察，在结合当地居民所提的建议后，他认为导致峪河堵塞的直接原因是峪河原先所倚仗的红石堰年久失修，已经失去了束流、防泥的功用。但囿于修缮红石堰所需经费庞大，周际华劝导当地富商、士绅出资修复红石堰，并带头捐出 200 两俸禄银，以作表率。当地百姓饱受洪涝之害，迫切希望一劳永逸，永久消除这一祸患。周际华顺应民意，一呼百应，群情鼓舞，红石堰修复工程得以展开。经过两三百工人历时三个月的辛勤付出，终于恢复红石堰往日的模样，峪河也被疏浚，百姓欢呼雀跃，都强烈要求立碑以纪念这一丰功伟绩，并请

---

① （清）周石藩：《共城从政录》，刘俊文等编《官箴书集成》第 6 册，黄山书社 1997 年版，第 290 页。

② （清）周石藩：《共城从政录》，刘俊文等编《官箴书集成》第 6 册，黄山书社 1997 年版，第 290 页。

周际华为石碑撰记文，遂有《重疏峪河筑红石堰碑记》传世。

　　周际华还提议对境内的玉带河进行疏浚。玉带河不仅仅承担着辉县境内的灌溉任务，它"纤抱城邑，以培风水。一时人文鹊起，科甲蝉联，不惟本邑称盛，即他县之发迹者，亦多系辉人。应验不爽，历历可征"①，玉带河还是辉县文脉的象征和传承。玉带河在康熙朝、乾隆朝各历经一次疏浚，每次清淤过后，辉县"则文风户口无不增盛"②。如今，距离乾隆朝的上次疏浚已经过去 80 年，辉县也失去往日之生气，"人文寥落，令人徒致慨于山川之明秀也"③，商业贸易也日渐衰微，周际华认为辉县的萧条与玉带河的衰败有一定联系。再者，玉带河的淤塞导致每逢夏季山上的水不能及时排泄，倾注到农田造成大规模涝灾，百姓深受其苦。周际华认为疏浚玉带河刻不容缓，他身体力行，亲赴现场，勘验旧河道，测得从玉带河的礼字闸到智字闸这一玉带河故道的长度，并据此估算疏浚所需经费。百姓对周际华估算的经费甚是满意，各士绅商人也是踊跃捐钱，打算像以往一样雇佣工人进行疏浚。周际华提出一个新的建议，玉带河在辉县境内径长 20 里，可以将其分为 20 段，根据距离远近，县中各家出民夫参与疏浚，这样既可以提升效率，又能减少所需开支。但周际华也有自己的担忧，一方面怕县中急功近利之人从中捞利，偷工减料，敷衍了事，造成工程质量不过关；另一方面他怕苟安好懒者对疏浚工程持观望态度，消极怠工，影响工程进度。周际华为此下发告示《劝重疏玉带河》告诫百姓，疏浚玉带河是利民的好事，关系到每个人切身利益，切莫为一己私利耽误辉县农工商的振兴。各家民夫不得稍有懈怠，应趁农闲之时，全身心投入，提升效率，争取早日竣工。

　　《筑东石河》记录了周际华在河南辉县兴修东石河的不朽政绩。辉县境内的东石河从山的南面汇集了众多山脉的积水，加上山体陡峭，故水流湍

---

① （清）周石藩：《共城从政录》，刘俊文等编《官箴书集成》第 6 册，黄山书社 1997 年版，第 291 页。

② （清）周石藩：《共城从政录》，刘俊文等编《官箴书集成》第 6 册，黄山书社 1997 年版，第 291 页。

③ （清）周石藩：《共城从政录》，刘俊文等编《官箴书集成》第 6 册，黄山书社 1997 年版，第 291 页。

急。一到夏秋两季，东石河由北及南，所到之处，田地被淹没，民房被摧毁，造成了巨大的经济损失。周际华将其原因总结为东石河上游水流过于湍急，而下游排泄不及，河水有如倾注而下，形成涝灾。考虑到玉带河下游已经疏浚完毕，但上游仍有水道堵塞，周际华亲率民夫沿途找寻。之后，周际华与民夫在淤塞之地疏通 60 多丈长的水道，并将挖凿出的泥土筑成堤坝，使东石河顺流直下而不发生旁溢。在周际华的带领下，东石河清淤疏浚工程在一个月内便完工，还修筑成两条堤坝。效率之快，令人震惊。这反映了周际华深入群众，为百姓服务的精神以及吃苦耐劳、以身作则的优良品质。

除了兴修水利，疏浚水道，周际华同样也关注着陆路交通的状况。周际华在《劝修道路》中指出，不仅县城道路需要平整，"乡村里巷，亦各有应行之道，急宜修理"①，乡村、巷道也应该具备正规的道路供百姓出行。周际华在辉县境内考察时发现，由于正轨年久失修，坑坑洼洼，许多百姓为了省时，往往开辟"捷径"，从正轨旁的麦禾田中直穿而过，导致许多庄稼被践踏。田地的主人不得不在田两侧挖出大坑并堆砌一道墙垒作为屏障，但这些举措并没有起到很好的效果。本来已经残破的正轨长期无行人和车马路过，更加茅塞，更加泥淤。"车马之遄行不利，而麦禾之滋害已多"②，周际华对此种现象忧心不已。周际华并没有责怪百姓，而是反省了自己的劝导不力，"自恨劝导之不先，又何怪尔等之因"③。在自省过后，周际华指出"而车马之艰难，麦禾之践踏，虽钝根人，亦具有心知，岂无有过"，一边劝诫人们切勿继续贪图"捷径"，一边号召县内大户出资修补正轨。在经费筹足之后，周际华便组织民夫对大道上残缺的地方进行填补，道路的两旁挖出一道宽三四尺的壕沟，挖出的泥土便垫在大道凹凸不平的地方。这样一来，雨天的积水便可以顺利排出，道路也不会再泥泞不堪。周际华规定道路修缮完毕后，县中百姓

---

① （清）周石藩：《共城从政录》，刘俊文等编《官箴书集成》第 6 册，黄山书社 1997 年版，第 289 页。

② （清）周石藩：《共城从政录》，刘俊文等编《官箴书集成》第 6 册，黄山书社 1997 年版，第 289 页。

③ （清）周石藩：《共城从政录》，刘俊文等编《官箴书集成》第 6 册，黄山书社 1997 年版，第 289 页。

不得再横穿麦田，践踏庄稼，违者严惩不贷。周际华此举既改善了交通，方便了百姓的出行，同时也保护了农田和庄稼，避免农业生产受到破坏。

二、劝课农桑，注重经济

周际华认为农业为立国之本，而农民的勤劳是农业兴盛的最根本保障，"盖力作勤，斯仓廪实，野有盖藏，国无饥岁，皆自劳苦中得之，未有手足享安闲而身家获饱暖者也"①，只有农民辛勤耕耘，国库才能充盈，家庭才能温饱富足，才能抵御自然灾害。周际华在《劝农》中号召百姓积极农耕，切勿偷懒好闲。他分析了辉县从事农业种植的先天优势，辉县土地肥沃，"除近山石田不计外，其余沃土不下十分之七"②，加上辉县境内泉水众多，农作物灌溉极为便利。但辉县每年的谷物收成却并不好，百姓的温饱几乎不能实现。周际华认为收成不尽如人意的主要原因还是农民懒惰，"见种旱地者一犁而已种矣，种稻田者亦一锄而已种矣，治之不熟，粪又不备，任其地力之自成"③，土地利用率低，不勤翻土，不勤浇水，不勤浇粪。相反，种地的农民平日晒着太阳，在村头聚集闲谈，甚是闲逸，闲谈过后，回家倒头就睡，对地里的庄稼全然不顾。周际华对"夫地力必资以人力，奈何以有用之力等之于无用，致使易沃之壤终至于瘠壤耶"的行为深恶痛绝，他在《劝农》中指出，"若农功先惰，其害尤深"，不仅仅是影响人们的"食"，也会累及作为副业的纺织业，影响百姓的"衣"。周际华下发谕令，日后会不定期进行乡间走访，如发现在田间辛勤劳作者，定加以奖赏，以资鼓励；对于执迷不悟，仍游手好闲，不悟本业的农民，定有重罚。并劝诫父亲、丈夫加强对儿子、妻子的督导和教育。

纺织业作为农业的副业，对封建社会的生产生活也有着不可替代的影

---

① （清）周石藩：《共城从政录》，刘俊文等编《官箴书集成》第 6 册，黄山书社 1997 年版，第 274 页。

② （清）周石藩：《共城从政录》，刘俊文等编《官箴书集成》第 6 册，黄山书社 1997 年版，第 274 页。

③ （清）周石藩：《共城从政录》，刘俊文等编《官箴书集成》第 6 册，黄山书社 1997 年版，第 274 页。

响。清代中后期，江南许多地方如苏州、松江等地百姓均靠桑蚕之利发家致富，就连北部气候寒冷、地理条件恶劣的边疆地区亦种桑养蚕，周际华表达了对河南辉县这一中原沃土却不兴养蚕纺织、"机杼不闻"的不解。但他也指出，这不仅仅是百姓的"无知"，更是地方官的失职。县内土地丰腴，泉水密布，灌溉极为便利，加上桑树种植对周围的地理条件没有特殊要求，所以在辉县开展种桑养蚕是现实可行的。辉县本地本有少数养蚕纺织的民户，其织造的黄绢通货四方，享誉周边，如若能加以普及，便能改变"独使东南数郡得专其利"的现状。周际华下发《种桑记》谕令，让每家种植桑树十棵，"虽不如数，固已有四万余株矣"①，种桑取得了很大成效。第二年，又根据每家田地多寡，令其拿出1亩或2亩或3亩土地，推广氾胜之的种桑方法，经过几年的试验，桑树种植取得较大成功之后，周际华便着手劝民纺织的计划。自古以来，男耕女织是小农家庭一贯的生产方式。《劝农》之后，辉县"惰农"现象日愈好转，而县内妇女却"非不自疾其穷也，乃竟衣食无资，恬不愧悔，或结队烧香，或呼群拾麦，或当场瞧唱，或暗地摩牌，或袖手闲谈，或出头构讼，露面抛头，盈于道路"，周际华认为这是家长或丈夫管教不力的结果，导致其养成习惯，不以为耻。但对于妇女，又不便出台严厉的惩罚措施，周际华认为潜移默化，劝其纺织，也许更能取得好的效果，"百姓亦未尝无纺织者，特游手者过多尔"②。周际华随即下发谕令《劝纺织》，鼓励本邑妇女投身纺织。周际华捐出部分俸银和养廉银，资助设置纺织局，购置机床和纺机，聘用经验丰富的纺织工人，鼓励年轻女子前来学习纺织技艺，并提供工资和伙食。纺织局先行在县城内筹办，如取得一定成效，各乡再依经验仿办。周际华认为，重女工，推纺织，不仅能够发展当地经济，还能教化女性，端正社会风气。

　　周际华还在辉县积极倡导种植树木。周际华受到宋代袁采《袁氏世范》的影响，"桑果竹木之属，春时种植，甚非难事，十年二十年之闲，即享其

---

① （清）周石藩：《共城从政录》，刘俊文等编《官箴书集成》第6册，黄山书社1997年版，第278页。

② （清）周石藩：《共城从政录》，刘俊文等编《官箴书集成》第6册，黄山书社1997年版，第275页。

利矣"①。而如今，百姓任凭荒山闲地废弃，不在其上种植一草一木，导致家中所需薪火紧缺。兄弟间往往因为几根柴火斤斤计较，反目成仇；邻里间时常为临界处一根树木的所有权大动干戈，讼至公堂。殊不知，如果用诉讼所需费用雇佣工人种植树木，10 年后的收益远超想象。劝桑初显成效，周际华希望百姓能顺势加大其他种类树木的种植，每户将种植树木数量上报官府，登记在案。各下属官吏应该乘势利导，挨家挨户核对数量，继续劝勉百姓增种。对积极响应号召，增种树木数量巨大的予以奖赏。如若走访发现有百姓住宅旁空旷不毛，定当严厉责问，并追究当地管事人督促不力之责。周际华还对辉县北部荒山的植树提出了建设性意见。他指出，如此广阔的区域，却只能荒芜，让人可惜。"倘能广植橡槲，则可以放蚕，可以烧炭，其利更属无穷"②，周际华派人到靠山而居的百姓家中进行劝导，"各购槲子种之，不待十年即可治茧"③。如果有百姓愿意响应号召，便发其执照，日后所获之利，皆归其所有，他人不得滋扰。他还鼓励百姓不要因为山势险峻，又多石少土，难以种植，便索性放弃。"盖此山之前，岂无茂树？良由斧斤伐之，牛羊又从而牧之，尔辈又不肯随时补植，是以若彼濯濯也。"④ 辉县北部山区原本也郁郁葱葱，由于百姓多放牧于此，树木被啃食无几，又不肯进行补种，这才有了如今的荒凉景象。

周际华不但提倡种树，还出台了保护植被的规定。"种后尤不许乞丐暨小儿辈擅行毁折，并不许牧牛羊者任意践踏，责成该管地方，一见即禀，或种植之家自行具禀，本县立加惩戒，断不从宽。"⑤ 这一定程度上避免了重蹈

---

① （清）周石藩：《共城从政录》，刘俊文等编《官箴书集成》第 6 册，黄山书社 1997 年版，第 276 页。

② （清）周石藩：《共城从政录》，刘俊文等编《官箴书集成》第 6 册，黄山书社 1997 年版，第 276 页。

③ （清）周石藩：《共城从政录》，刘俊文等编《官箴书集成》第 6 册，黄山书社 1997 年版，第 276 页。

④ （清）周石藩：《共城从政录》，刘俊文等编《官箴书集成》第 6 册，黄山书社 1997 年版，第 276 页。

⑤ （清）周石藩：《共城从政录》，刘俊文等编《官箴书集成》第 6 册，黄山书社 1997 年版，第 276 页。

往日之覆辙。周际华还访闻，在辉县高庄黄水口处，聚集着很多售卖柴火的百姓，而其木柴皆为深山老木的树根。"夫树必庇荫其本根，而后枝叶畅茂"，周际华也能理解穷苦百姓捣树根卖钱是为了谋生计，但他也指出"采樵者但取其枝叶而留其本根，则生者不息，而用者亦可以不穷，若并其本根而伤之，且尽拔之，造物虽仁，亦难供亿"①，他允许采樵者砍伐树枝作为柴火，但他出台规定，严禁百姓捣毁树根以作柴火。经过周际华一系列的措施，辉县"室宇器具，落实取材，薪蒸樵苏，仰取俯拾，且藩篱之蔽，可备不虞，夏日之阴，以荫暍者"②。这些举措都反映了周际华注重可持续发展，深谋远虑的眼光。

三、兴建义学，发展教育

周际华非常重视教育，认为教育对改善社会风气，促进社会教化有着不可替代的作用。周际华上任伊始，便将辉县境内历史悠久的百泉书院迁至辉县城中，使之交通更为便利，也省去了修复旧书院的高额费用。后来陆续几次对书院进行修缮。周际华还带头捐款，各乡绅富商纷纷响应，募集资金为百泉书院聘请名师，并资助书院内成绩优异的学生，以资鼓励。

清代，在书院就读的基本都是将要参加科举考取功名的生员。由于书院名额有限，且需要收取一定费用，所以对一些家境贫寒以及还未通过院试的子弟来说，义学这一免费书塾才是他们最好的选择。周际华也认识到如果要发展辉县的教育事业，提升辉县的人文气息，仅仅依靠振兴书院是远远不够的。义学是提供初级教育的场所，周际华在《建义学碑记》中指出，"非徒以是广登进之路也，惟使天下之人无不学。斯野处者，既不匿其秀，而蠢愚无知之民，习闻仁义中正之训，亦得相安于耕凿衣食，不至惑于异端邪说，陷罪戾而不自知"③，建设义学不以考取功名为目的，而是为了让所有的

---

① （清）周石藩：《共城从政录》，刘俊文等编《官箴书集成》第 6 册，黄山书社 1997 年版，第 276 页。

② （清）周石藩：《共城从政录》，刘俊文等编《官箴书集成》第 6 册，黄山书社 1997 年版，第 277 页。

③ （清）周石藩：《共城从政录》，刘俊文等编《官箴书集成》第 6 册，黄山书社 1997 年版，第 273 页。

人都能受到一定程度的教育，使得在乡野居住的人也能"腹有诗书气自华"，而那些粗俗鄙陋之人也能受到仁义道德的洗礼，形成正确的价值观，从而就不至于被异端邪说所蛊惑，作出有违法纪和教化的不轨之事。周际华认为发展好义学对"道德一而风俗同"的实现大有裨益。但周际华在对辉县考察之后发现，按规定应该设置的义学在辉县却难觅其踪，少数存在的义学也名存实亡。周际华召集辉县当地的士绅、孝廉，提出复建义学，并得到了一致的支持和拥护。"劝捐钱壹百千，予亦助钱壹百千，共贰百千生息以充公，用其延师修脯。"① 周际华一人便出了办义学经费的一半之多，足以见其兴办教育的强大决心和大公无私的高贵人格。在周际华的号召和引导下，在众乡绅孝廉和百姓的共同协作下，两年的时间内共建成了包括东关义学在内的 20 所义学。辉县的教育事业从此蒸蒸日上，人才辈出，社会风气也日渐良好。

周际华为了鼓励生员发奋学习，不时会去书院讲学，并与诸生一起讨论。周际华对学什么、怎么学有自己的一套理解，他亲自制定了《学约》10 条与诸生共勉。1. 立学。周际华指出"学于古训乃有获，学者敩也"，即要去效仿古人的做法。不能只是埋头苦读却不明其义，知道古代圣贤的光辉事迹却不知道去效仿，不能将所学付诸实践，即使对古人之学考据得再详尽，文采辞藻再华丽，那也不是真正的学问。而至于学什么，周际华明确指出，首先应该学习的就是"三纲五常"，"敩为父子，敩为君臣，敩为长幼、夫妇、朋友"。2. 立教。周际华指出从事教育的人应该"必先明乎道之所由修，业之所由成，惑之所由辨，然后以其所得，使人各得"②，这样才能树立师道。但如今，老师们急功近利，要么为了功名仕途，要么为了家庭生计，对儒家经典缺乏钻研，对何为"道"，何为"业"不甚了解。自己尚且一知半解，传道授业解惑自然也就无从谈起了。教者灌输给学生无聊空洞的八股文，对如何修身立命却避而不谈，这种舍本求末的做法让周际华极为不齿。周际华鼓励书院的生员，"能潜心于'尊德性''道问学'两端，则山水之灵，

---

① （清）周石藩：《共城从政录》，刘俊文等编《官箴书集成》第 6 册，黄山书社 1997 年版，第 273 页。

② （清）周石藩：《共城从政录》，刘俊文等编《官箴书集成》第 6 册，黄山书社 1997 年版，第 269 页。

当必特钟于儒者"①。立教这一条充分反映了周际华注重实用，反对"虚学"，当然这与明清之际兴起的经世致用的朴实学风具有一定的联系。3. 立志。周际华指出，诸生能不能学有所成的前提是能否树立正确并且坚定的志向。正确的目标，就应该竭尽全力；错误的目标，"即死心不为"。"凡事必要立定主意、站定脚跟、咬定牙关做去，事方有成"，相反，如果三心二意或者三天打鱼两天晒网，不肯为目标而坚持奋斗，那终将一无所获。4. 立身。周际华指出，人贵在自爱，而读书人更应该珍惜自己读书人的身份。这就要求读书人内要有格物致知之精神，诚实正直之品质；外则要有齐家治国平天下的伟大抱负。反之，不看重自己读书人的身份，对自己放松要求，长此以往，身体和学识都会退步很大，不仅不能成为圣贤，甚至还会流为不肖。5. 立品。周际华强调"士君子立品宜高，取法乃大。所谓'正其谊不谋其利，明其道不计其功'，其立品者峻也"②，作为读书人，理应注重气节，杜绝污习秽行。不以贫穷为辱，不以富贵为荣，光明磊落，浩然正气。如果能像苍松翠竹那般，即使经受严寒也不为所动，那就更难能可贵了。6. 立德。周际华认为"德"不是高高在上、无法企及的，不是只有圣贤才具备的。只要在生活中的小事、细节处留意、尽心，时刻用"道"和"德"约束自己，明道积德也并非难事，学识和事业自然也能取得进步。7. 立功。"儒者有道德而后有事功，事功根于道德，非矜言才气、驰逐荣华之谓也"③，周际华强调每个人生下来际遇是不同的，每个人有各自的使命去完成，有自己的"功"去实现。而"功"的实现也是有赖于"德"之先立。周际华劝诫诸生，断不能因为命运的不同、条件的差异而丧失"立功"之心。如于时得志，平步青云，成为中央相、卿之类的大人物，那么功就在天下；如稍微次之，成为县令之类的地方官吏，也可以在辖地内施展抱负；即使未考取功名、加官晋爵，也可以在乡野山林，

---

① （清）周石藩：《共城从政录》，刘俊文等编《官箴书集成》第 6 册，黄山书社 1997 年版，第 269 页。

② （清）周石藩：《共城从政录》，刘俊文等编《官箴书集成》第 6 册，黄山书社 1997 年版，第 269 页。

③ （清）周石藩：《共城从政录》，刘俊文等编《官箴书集成》第 6 册，黄山书社 1997 年版，第 270 页。

用自己的德行影响周围的百姓，也是"立功"一件。8. 立言。"言以阐道，古来载籍极博，必其道明于心，见于行，而后发于言也"，周际华认为，在"立德""立功"之后，必须还有"立言"这一环节。"立言"是对"德"和"功"的归纳与概括，是供后人来验证自己的行为是否达到了"德"和"功"的标准。所以，"立言"不能只是追求辞藻华丽，或是浮光掠影，浅尝辄止，而是要具有深刻的主旨，浓厚的底蕴，要能让读者有所发，有所省，"无谓之谈，违心之论"是不可取的。9. 立诚。周际华指出，诚信为立人之本，"诚则为人，不诚则鬼，诚伪之辨，敬肆之所由分，即人禽之所由判也，是以君子慎之"。"诚"首先要做到不自欺，"谨""信""忠""敬"，归根到底，都是基于人的一颗诚心。如果连自己都欺骗，那么怎么让别人信任于你。周际华告诫诸生，一旦开欺骗之习，寝食难安，学业、品行自然无从长进。10. 立名。周际华虽然也对名不副实、声闻过情之人表示不屑，过度地追求名声会成为士人的负担，但他也指出事出有名无可非议，完全没有必要为了故作高洁而"大隐于世"，那不是真正的高洁，而是真正的"无用之名"。周际华鼓励诸生敢于树立"立名之道"。

四、移风易俗，改善风气

周际华调任辉县之初便亲自访闻，了解辉县当地的民风民俗，并作《观风》，置于《共城从政录》之首，可见周际华对民风、民俗的重视程度。《共城从政录》中涉及移风易俗、改善风气的篇章不少，反映的面也比较广。

周际华对赌博和饮酒这两种行为非常痛恨。到任辉县三年来，周际华屡屡对赌博者和饮酒者进行劝导，其中有不少幡然悔悟，茅塞顿开，一改积习。但赌博、饮酒之风一时还难以完全消除。为此，周际华一连下发《禁饮酒赌博》《申禁赌博》两篇禁令，希望能够进一步消除歪风陋习。"是何必不得已之事，必犯法而为之，以至于逞凶购祸，破产倾家，贻害良民，酿成恶俗。"① 周际华对为何部分百姓对赌博以及饮酒如此执着，死不悔改表示不

---

① （清）周石藩：《共城从政录》，刘俊文等编《官箴书集成》第 6 册，黄山书社 1997 年版，第 280 页。

解。周际华指出，醉后轻则有失仪态，洋相百出，重则滋生乱象，酿成恶果。醒酒之后，担心身体受到损害还有的挽救，一旦造成灾祸，追悔莫及。至于赌博，危害就更为严重，"或索取赌账，剥衣夺物，斗殴致命者有之；或无物偿还，逃往他方，短见自尽者有之；况愈贫愈赌，愈赌愈贫，始则鼠窃狗偷，继则纠伙行劫。"① 沾染赌博的人，赢钱的时候贪念骤起，输钱的时候气急败坏，肚量狭小，所以沾染赌博的人更容易沦为作奸犯科之人。周际华号召县中有文化的读书人对粗鄙愚昧之人进行劝诫，长兄父辈更要担起劝诫和监督的责任。如果有人怙恶不悛，一旦发现，必严惩不贷。周际华鼓励百姓互相揭发。周际华在一次查访中，发现有个别赌局是县衙的书吏衙役主持操办的，他们仗着自己是公务人员，掌握着或多或少的权力，有恃无恐，气焰嚣张，通过买通巡役来逃脱惩处。周际华大为震怒，立即将涉事衙役和巡役革职查办，并警告其他衙役和巡役，如与赌博行为有牵连或者对赌博行为知情不报，隐匿包庇，罪加一等。

周际华对辉县"拾麦"现象也下发了禁令。"拾麦"之风由来已久，《诗经·小雅·大田》中就提到"彼有遗秉，此有滞穗。伊寡妇之利"。"拾麦"风俗目的是为了抚恤家境贫困的老年妇女或者寡妇，这是社会仁爱的一种具体体现，本不应禁止。但周际华通过走访发现，在辉县，"拾麦"的不仅仅是老年妇女与寡妇，即使青年妇女，不管家庭是否贫困，一到麦子成熟的季节，呼群引伴，集聚麦田。周际华批之"恬然不知道耻也"。更有甚者，仗着自己是女流之辈，行或盗或抢之事，造成祸乱。这些妇女平日里游手好闲，纺织不勤，便指望着靠"拾麦"不劳而获。周际华接着批评道，"祸患之机，虽隋璧夜珠亦不妄取，而况乎非我之物，为利又属无多，何其攘夺而不知悔也"②，抢夺麦子容易造成混乱，人身安全也容易遭受损害，况且拾麦受益并不多。周际华劝导百姓换位思考，如果是自己辛苦耕耘方才收获的粮食被"拾取"甚至被"偷窃""抢夺"，自己会是一种什么感受。周际华因此

---

① （清）周石藩：《共城从政录》，刘俊文等编《官箴书集成》第 6 册，黄山书社 1997 年版，第 281 页。

② （清）周石藩：《共城从政录》，刘俊文等编《官箴书集成》第 6 册，黄山书社 1997 年版，第 282 页。

下令，只允许鳏寡孤独或极度贫穷无人照料的人才可以行"拾麦"之事，年轻妇女如有"拾麦"行为，必加严惩，并将其父亲、兄长、丈夫一体治罪。

周际华也非常重视经济领域的社会风气问题。《禁大秤小斗》便是对市场上缺斤少两的欺诈行为而下的禁令。"大秤小斗"意思就是用超出标准的秤买进，以图剥削；用低于标准的秤卖出，以图克扣，"小往大来，轻出重入"。这对市场秩序是一种极大的破坏。贫苦家庭更是饱受其害，"乡懦贫民，终岁勤劳，或履险而采彼药材，或竭力而成兹菜果，或巉岩梯涉而得此樵薪，或手足胼胝而谋斯升斗"①，部分商贾不仅不对其怜悯，反而觉得他们好欺负，"大秤小斗"更甚。周际华下令，日后交易所用秤以 16 两为统一标准，如果秤轻重大小与之不符，限一个月内前往衙门呈换。一个月之后，如果怙恶不悛，被查获或者被百姓举报，皆严惩不贷。

《共城从政录》中涉及移风易俗、改善风气的篇章还有不少，如《劝息讼》《禁夜戏淫祠》《劝葬说》《佛说》《烧香说》《劝减迎神会》等，上一节对《海陵从政录》的研究中已经有所涉及，内容基本一致，此处便不再赘述。

周际华在辉县治县数载，兴修水利、发展经济、捐学劝教、移风易俗，清正廉洁、爱民如子。在得知周际华奉命即将调离辉县后，百姓谱写了一首"十愿歌"，表达对周际华的爱戴与不舍。

> 霜风搅树声飕飀，我侯去辉逢三秋。黄童白叟攀辕留，山川无色天为愁。我侯迁升在吴会，光仪遥望云山外。但愿他年重返苏门山，千家万户皆欢颜。
>
> 程邵姚许聚此邦，谁与接迹兼山堂。我侯先后遥相望，笃行实践非寻常。召杜诚哉民父母，区区岂足报高厚。但愿我侯位置山水闲，名与昔贤共长久。
>
> 祓褉团坐声嬉嬉，共听我侯劝农诗。此中何预我侯事，焦劳终日

---

① （清）周石藩：《共城从政录》，刘俊文等编《官箴书集成》第 6 册，黄山书社 1997 年版，第 283 页。

心忧危。飘然一去谁怜我，黔阳万里烟云锁。但愿侯之善政垂千春，沐其德者思其人。

山涨瀰湃声喧豗，良田转瞬成污莱。我侯捐俸重疏凿，从此仓赤登春台。红石堰筑如铁牢，峪水净渌环周遭。但愿此堤永不改，千载我侯川上在。

讲堂新设张皋比，诸生鱼贯何委蛇。我侯退食问晨炊，犹搜箱箧延名师。人文蔚起联甲第，果然高折蟾宫桂。但愿贤令好士皆如此，行见韦布化青紫。

环宅若画浓阴凉，仓庚音滑如娇簧。中有女手织七襄，机声札札闻邻墙。问何以故风俗良，皆因我侯劝蚕桑。但愿民闲衣帛遍黎老，不藉天公黄棉袄。

秦镜照胆明如何，我侯高坐威严多。鬼蜮现形魑魅惧，相戒莫犯包阎罗。至今治辉十年久，巷无打降与酗酒。但愿此后阖境无强梁，耕食凿饮游羲皇。

琳宫梵宇穷人工，沙门惑众谈虚空。我侯棒喝如霹雳，力维人道倡文风。改建义学二十处，至今牧童皆识字。但愿我侯百代继书香，子孙俱作紫薇郎。

玻璃十顷涵云烟，涌金喷玉翻珠圆。天生奇物不容没，云石高矗船房边。君不见清晖高阁波心起，倾欹有年今就理。吾愿游人思所来，莫误此闲作海市。

侯来十稔阅星霜，百废具举纲纪张。我欲忘之不能忘，新修邑志堪参详。此去何方作霖雨，亿万赤子失哺乳。但愿我侯眉寿登千龄，举世永奉为仪型。[1]

《海陵从政录》和《共城从政录》是周际华分别在江苏泰州兴化和河南辉县担任县官期间所著官箴书，记录了其在当地的施政措施与为官理念。两

---

[1] （清）周石藩：《共城从政录》，刘俊文等编《官箴书集成》第 6 册，黄山书社 1997 年版，第 310—311 页。

部官箴书都是由二三十篇劝谕、告示或杂记组成。仔细比较两本官箴书的内容，我们可以发现两本官箴书无论是在语言风格、文章体裁、叙述内容上都有很多相似之处。两部官箴书内容都贴近百姓生活，都涉及劝课农桑，移风易俗，破除迷信，捐学劝教，惩恶扬善，维护治安等内容，且两者一定程度上还存在着继承与被继承的关系。例如，《海陵从政录》中关于"劝桑""劝种树木""劝纺织"等相关实践都汲取了其在辉县的成功经验，甚至具体操作方式也大体一致，并无多少改变。《海陵从政录》和《共城从政录》中反映的周际华的教化观念也基本一致，例如注重"三纲五常"的基本伦理，加强对女德的教化，对佛教进行抵制，注重破除迷信。当然，官箴书的本质是教导官员如何为官，而封建社会的官员根本任务还是为封建统治服务，维护纲常礼教，所以官箴书中体现的价值判断趋于统一也并不奇怪。但由于周际华在两地任县官相隔数年，加上兴化县、辉县两地民风、物产、地形有明显差异，两部官箴书亦有各自的独特之处。例如《海陵从政录》，成书年代在道光朝中后期，彼时清王朝饱受鸦片之害，周际华在官箴书中用大量篇幅讨论了如何开展禁烟，如何制定禁烟条例和惩治措施，这都为研究鸦片战争前夕鸦片对民间的影响提供了珍贵的史料。而辉县境内水灾严重，周际华一连下发数条劝谕，兴修水利，疏浚水道。这为研究辉县的地理沿革提供了第一手史料。

第七章 刚毅及其官箴书研究

第一节 刚毅的政绩与著述

一、仕宦生涯

刚毅（1834—1900），全名他塔拉·刚毅，字子良，满洲镶蓝旗人，世居札库木（一说辽宁抚顺新宾县，一说吉林白山市长白县）。关于刚毅的生年，在《中国历史人物生卒年表》《中国近代史辞典》以及流传的一些传记中，都记载为 1837 年。孔祥吉对其生年进行了考证，并在《刚毅传》中作了阐述："中国第一历史档案馆藏，《光绪二十四年王大臣生日年岁单》记载，刚毅生日是'农历八月二十五日'，是年刚毅六十五岁。据此推算，六十五年前应为道光十四年。"[①] 因此，刚毅应是生于道光十四年八月二十五日（1834 年 9 月 27 日），而非流传的道光十七年（1837）。刚毅生活的年代，正是清王朝的衰弱时期，社会动荡，面临内忧外患的困境。在内，吏治腐败、军备废弛、国库亏空、阶级矛盾激化、反清斗争激烈；在外，西方列强侵略中国，用鸦片荼毒中国人民。自道光二十年（1840）鸦片战争爆发以来，中国逐渐沦为半殖民地半封建社会，在此期间爆发了一系列运动：太平天国运动、洋务运动、维新变法等等。刚毅就是在这样的历史背景下成长起来，历任笔帖式、按察使、布政使、巡抚、兵部尚书、军机大臣，一步步由一名小吏成长为朝廷重臣。纵观刚毅的一生，"外任封疆，内入军机"[②]，可

---

① 苑书义、潘振平主编：《清代人物传稿》下编第 4 卷，辽宁人民出版社 1988 年版，第 173 页。

② 陈泽珲：《廉政史鉴》，湖南人民出版社 2009 年版，第 378 页。

谓深受荣宠。

《清史稿》记载，刚毅"以笔帖式累迁刑部郎中"①，"同治五年（1866），由笔帖式议叙主事"②，负责抄写和翻译满蒙汉文文书，是为相对低级的文职官吏。但笔帖式一职升迁较为容易且速度较快，被称为"八旗出身之路"。"同治八年（1869），保员外郎。光绪五年（1879），转补郎中。京察一等，引见，奉旨交军机处记名，以道府用。"③ 在升迁刑部郎中后，刚毅恰逢"葛毕氏案"三堂会审，"葛毕氏案"即"杨乃武与小白菜案"，主审官为刑部尚书桑春和、"四朝名宦"皂保，刚毅负责讯问。"葛毕氏案"案发于同治十二年，到光绪二年结案，历时 3 年，案情曲折，一审再审，震动朝野，最后杨、毕二人被平反。此案涉及人员众多，下自升斗小民，上至朝廷大臣，还受到了光绪皇帝、慈禧太后的直接关注。刚毅参与"葛毕氏案"的平反，按照律例拟定判决文书。因本案获得皇帝的赏识，在以后的仕途中深受慈禧太后重用，成为其仕途的转折点。

"光绪五年值己卯京察，外官曰'大计'。京官曰'京察'，前者于寅申己亥年举行，后者逢子午卯酉年举行。这年正月，翁同龢升任刑部尚书，京察时以刚毅列为一等。部曹京察一等必外放，刚毅因此得为广东潮嘉惠道。"④ 光绪六年（1880），刚毅晋升为广东惠湖嘉道。七年（1881），擢江西按察使。八年（1882），调直隶按察使。旋授广东布政使。光绪十年（1884），调云南布政使。十一年（1885）升任山西巡抚。刚毅在六七年的时间里由道府升为巡抚，升迁之快，实为瞩目。上任不久，刚毅上书开馆课吏，编纂《牧令须知》等官箴书，诏饬行各省。刚毅疏陈套外、疃金等处屯田事宜，建分段、开渠、设官三策。在套外地区实施屯垦，促进了此地的农业和水利事业的发展。十二年（1886）五月，刚毅前往大同镇属营伍进行巡行视察。同年六月，"淫雨为灾，省城傍西汾河溃溢，冲灌城垣"⑤。刚毅疏

① （清）赵尔巽等撰：《清史稿》卷 465《刚毅传》，中华书局 1977 年版，第 12751 页。

② 王钟翰点校：《清史列传》第 16 册，中华书局 1987 年版，第 4882 页。

③ 王钟翰点校：《清史列传》第 16 册，中华书局 1987 年版，第 4882—4883 页。

④ 高阳：《翁同龢传》，中国友谊出版公司 1999 年版，第 411 页。

⑤ 王钟翰点校：《清史列传》第 16 册，中华书局 1987 年版，第 4885 页。

陈汾河水灾，并取得治理的实效。可见，刚毅在任山西巡抚时建树颇多。

光绪十四年（1888），刚毅被调任江苏巡抚，"时江苏各属迭遭水患"①，因河道年久失修，淤塞严重，又值阴雨不断，泛滥成灾。由于资费不全，前任抚臣虽有挑浚，但也没有修理完善。刚毅赴任后，亲临苏州、松江、太仓地区，亲率官民进行挑浚事宜，与百姓通力合作，先后疏浚了蕴藻河、吴淞江等河道，对此地的水患治理作出了重要贡献，深受百姓爱戴。十七年（1891）十一月，刚毅"以应解甘肃新饷垾数批解"②，加以头品顶戴殊荣，享受正一品优待。

光绪十八年（1892），调广东巡抚。表奏《胪举人才吁恳简用折》，呼吁举荐人才，"查有知府周莲、惠荣，知县诸可宝、沈全四员，虽无奇才异能，均属言行如一，肫笃不渝，堪期远大之用"③，得旨允行。

光绪二十年（1894），清政府为慈禧太后举办六旬大典，并于几年前就开始筹备资金。"刚毅为讨慈禧欢心，督同粤海关采办赤金一万两，源源解往京城，除此之外又有专款报效。刚毅的这些举动，屡蒙慈禧称赞。"④ 正月，刚毅被诏回京祝嘏。正是这一年爆发了甲午中日战争，清政府面临着巨大的危机。同年十月，"刚毅被补授军机大臣、并且兼职礼部侍郎，得赏紫禁城内骑马。十二月，被转礼部左侍郎，充方略馆总裁。二十一年（1895），刚毅调任户部右侍郎，监管钱法堂事务，充满洲翻译副考官。二十二年（1896）四月，擢为工部尚书。七月，充崇文门监督。九月，充会典馆正总裁。二十三年（1897），调任刑部尚书"⑤。

光绪二十四年（1898），刚毅"补正红旗蒙古都统调兵部尚书、协办大学士，赏西苑门骑马，充经筵讲官，充翻译阅卷官"⑥。是年三月，刚毅疏陈

---

① 王钟翰点校：《清史列传》第 16 册，中华书局 1987 年版，第 4886 页。
② 王钟翰点校：《清史列传》第 16 册，中华书局 1987 年版，第 4887 页。
③ 苑书义、潘振平主编：《清代人物传稿》下编第 4 卷，辽宁人民出版社 1988 年版，第 167 页。
④ 苑书义、潘振平主编：《清代人物传稿》下编第 4 卷，辽宁人民出版社 1988 年版，第 167 页。
⑤ 王钟翰点校：《清史列传》第 16 册，中华书局 1987 年版，第 4887 页。
⑥ 王钟翰点校：《清史列传》第 16 册，中华书局 1987 年版，第 4887 页。

裁汰冗员、罢不急之官，常平社仓、充实仓廪，加强保甲、严裁空粮，整顿营勇、操练阵法。刚毅历陈积弊、实力稽查、严行整顿，政绩显著，特旨赏加一级。

刚毅在地方任职时颇为精明干练，但在他进入军机后却表现得非常顽固和守旧。正值国家危机空前严重之时，外国列强入侵不断，清政府摇摇欲坠。又恰逢光绪皇帝亲政初期，康有为等人屡次进言，要求变法维新，新政之言不绝于朝。光绪二十四年（1898），光绪皇帝任命康有为进行"戊戌变法"。对此，刚毅极力反对，几乎抵制光绪帝的一切变法诏书。刚毅坚持祖宗成法，斥责"维新派学习西法是弃长取短，本末倒置，'欲尽驱入夷狄之教'"①。刚毅还陈言："今欲倾我大清天下者为康有为，而新法皆有为所臆造。今用新法，是用有为，以叛徒执政，实从古所无。"②刚毅主张恪守祖宗成法，不可轻易更张，唯有设险固边，加强军事，才能解除危难时局。刚毅还上书赞颂慈禧训政功德，"溯查咸丰年间，运漕艰厄，内讧外侵，势甚危岌，惟我皇太后垂帘听政，一本祖宗成法，无偏无倚，卒使中外臣工，同心协力，廓清海宇，柔服远人，措天下苍桑盘石之安，而还之皇上"③。明显地，刚毅以慈禧为依托，认为祖宗之法不可变，要时时以法祖为心，才可以宏图永固。他还支持废黜光绪帝，深得慈禧太后宠信。为了抵制变法，刚毅提出了整顿釐金、举办保甲、整顿仓谷等一系列革弊的具体办法。百日维新开展前夕，维新派建立了保国会、保滇会、保浙会等组织，用以开变法风气，鼓舞变法之计。康有为借由这些组织，当众演说，慷慨激昂。刚毅面对如此情形，极其恼怒，又值御史潘庆澜等上奏弹劾保国会，刚毅立即进言光绪帝，请求对与会人员进行查究。光绪帝反对："如若会能保国，对大清来说岂非善哉，为何查究？"是年，四月二十九日，御史宋伯鲁和康有为上疏，

---

① 苑书义、潘振平主编：《清代人物传稿》下编第4卷，辽宁人民出版社1988年版，第168页。

② （清）费行简：《慈禧传信录》，剪伯赞等著，中国史学会编辑《戊戌变法》第1册，上海人民出版社1957年版，第468页。

③ 苑书义、潘振平主编：《清代人物传稿》下编第4卷，辽宁人民出版社1988年版，第166页。

痛斥八股之弊，请求"立废八股"。八股取士是旧封建制度的核心内容，在历史上发挥了一定的积极作用，但到了晚清时期，其缺少历史修养，思想麻木，思维僵化，已经不适应社会的发展了，因此，废除八股取士是历史的必然。光绪试图废除八股取士制度，却遭到了刚毅的强烈反对。刚毅曰："八股取士运行了数百年，怎可废止。"① 刚毅迂腐顽固，固守传统思想，极力反对废除八股制度。除此之外，刚毅还反对康有为在军事上的变法革新。康有为裁剪绿营，改用西法练兵。刚毅却称："有藤牌地营，能赤手搏斗，不畏枪炮。洋人骨骼坚硬，伸屈不灵，不足为敌。"刚毅刚愎自用，对坚船利炮的危害茫然无知，愚钝地认为洋枪洋炮不足畏惧，洋人骨骼不及国人灵活，能与洋人徒手相搏，实在是可笑至极。

英国传教士李提摩太在谈及刚毅时，如是说：

> 在我逗留北京的后期。2 月 2 日，我去拜访刚毅。他是满族人，62 岁了。第一次看到他是在 80 年代，当时他是山西巡抚，是那里最顽固地反改革官员。任何涉及花钱的改革措施都将立即被他否决。他会说这是劳民伤财的举措。在山西，他与术士们在一起讨论古老的天文学和占星术。在许多个夏夜，他一边观察星星，一边听他的那些朋友们讲述有关世界的已经过时的认识，内容大约是天体对人类命运的影响。每当他收到士兵为练习购买子弹的申请时，他总是说子弹太贵了，并命令士兵用土块练习。②

作为一名英国传教士，在中国待了 45 年的李提摩太，不仅是一位有影响力的宗教人士，也是诸位达官贵人的座上宾。他穿梭在不同的政治势力之中，其个人经历几乎是一部中国晚清史的缩影。从李提摩太关于刚毅的回忆录中可以看出，刚毅属实陈腐道统，顽固守旧。

---

① （清）康有为：《康南海自编年谱》，翦伯赞等著，中国史学会编辑《戊戌变法》第 4 册，上海人民出版社 1957 年版，第 148 册。

② ［英］李提摩太：《亲历晚清四十五年——李提摩太在华回忆录》，李宪堂、侯林莉译，天津人民出版社 2005 年版，第 240 页。

　　光绪二十五年（1899）四月，刚毅被授权赴江南查办事件。七月，疏陈筹饷练兵，整顿釐金、关税、盐务，及整顿地方一切事宜，又奉旨查办江苏清赋事务。

　　光绪二十六年（1900），义和拳在京畿一带起义，局面难以控制。赵舒翘、刚毅奉命前往查办，刚毅等人主张招抚，"推拳民忠勇，有神术"①者，可利用其对抗外国侵略者，以维护清朝的统治。刚毅向慈禧太后报告所看到的情况，拳民三五成群，聚集甚伙，在各村镇，均设拳厂，扬言扶清灭洋。在直隶、山东等各州县，更是无处无之，已然达到了诛不胜诛的局面。②因此，对于义和团应抚而不应剿。作为慈禧太后的宠臣，刚毅吹嘘"神术可恃"，再加上载漪等人也从旁鼓扇"雪耻强国，在此一举！"最终促使慈禧太后下令招抚义和团，并命令刚毅、载勋进行招抚事宜。涌入京城的拳民越来越多，他们到处张贴反对洋人的揭贴，捣毁洋人教堂、烧毁教徒房屋，并且公开设立"坛棚"。《清史稿》载拳民肆意烧杀焚掠，设神坛。拳民的活动已经严重影响到紫禁城的治安，朝廷下令稽查、解散等，都不能奏效。清政府已经不能控制北京城内的局面了。同年五月，刚毅赴保定一带解散义和团。八国联军攻占北京，京城沦陷，光绪帝与慈禧太后西逃，刚毅扈从至太原，途中染疾，卒于候马镇。其后各国以"纵庇拳匪"之名，要求清政府严惩刚毅，但因其病故，免其置议，追夺原官。

　　在《清史稿》中，刚毅有传，但未作任何评价，讳莫如深。综上看来，虽然刚毅任职期间因其顽固守旧，犯下不可弥补的过错，阻挠戊戌变法、利用义和团盲目排外以致局面失控，无可挽回。但是刚毅对有关国计民生的大事，如裁汰冗员、积谷设仓、治理防务、筹饷练兵、清理财政等等，都鞠躬尽瘁，其勤政为民可见一斑。刚毅从笔帖式这样的小吏一步一步成长为中枢重臣，其政绩斐然，不容磨灭。

---

① （清）赵尔巽等撰：《清史稿》卷465《刚毅传》，中华书局1977年版，第12752页。
② 参国家档案局明清档案馆编《义和团档案史料》上册，中华书局1959年版，第137页。

二、显著政绩

(一) 开馆课吏

清康、雍、乾三朝为中国封建王朝的最后一个盛世，也是当时中国社会繁荣的回光返照。然而盛世局面之下却隐藏着巨大的危机，其实从乾隆中叶开始，清朝便开始衰落，吏治江河日下。道光十年（1830），道光帝评判当时的吏治官风："如今之势，世风日下，为官者不虚心察吏、不体恤民情，政事不理，百姓不安。"① 道光时期，时值大学士、军机大臣曹振镛曾对其门生后辈表述：在官场中，"无他，但多磕头，少开口耳"②，这就是他历经乾、嘉、道三朝而晚年身名俱泰、隆宠不衰的秘诀。咸丰时期，正是因为吏治败坏才发生了"户部钞票舞弊案"，牵涉人员广，涉案金额大，对当时社会造成了恶劣影响。到光绪时期，各级官僚更是推诿敷衍，腐败横行。被称为"清末四大家"之一的况周颐曾说，"道、咸以还，仕途波靡，风骨销沉。"③

面对日益腐坏的吏治官风，刚毅在地方任职时，就注意到地方官员素质低，办事能力弱。刚毅认为"欲整顿地方，必先培植人材。欲培植人材，必先讲习吏治"④。所以选拔的人才必须深谙吏治之法，应以"以培植人材者，补选政之不及而善其后"⑤。明朝时期即有观政制度，所谓观政，即把新晋官吏分派到各衙门实习。清朝时，新晋进士也曾有"观政三月"的前例。因此，刚毅上疏"参酌仿照'观政三月'之例，请饬部明定章程通行各省督抚。不论出身，部选州县各官员，上任之前，在各道府各衙门悉心学习地方事宜，为期三个月，限满赴本任。"⑥ 这样一来，虽然实缺人员的到任推迟三

---

① 《宣宗成皇帝实录》第 35 册，中华书局 1986 年版，第 678 页。

② （清）况周颐：《民国笔记小说大观（第一辑）——眉庐丛话》，山西古籍出版社 1996 年版，第 2 页。

③ （清）况周颐：《民国笔记小说大观（第一辑）——眉庐丛话》，山西古籍出版社 1996 年版，第 2—3 页。

④ （清）葛士浚辑：《清经世文续编》卷 17《吏政二》，清光绪二十四年上海书局石印本，第 5 页。

⑤ （清）葛士浚辑：《清经世文续编》卷 17《吏政二》，清光绪二十四年上海书局石印本，第 5 页。

⑥ （清）葛士浚辑：《清经世文续编》卷 17《吏政二》，清光绪二十四年上海书局石印本，第 5 页。

个月，但是不管是对人还是对地方都起到了积极作用。

据此，刚毅赴任太原后即提出设立课吏馆。光绪十三年（1887），刚毅上疏：新晋州县各官员，大多初入仕途，未有民社之任。选途既广，人类不齐。其中才识夙具有志上进者，固不乏人，而阘茸迂拘、疏于吏治者正复不少。人材既有短长，地方复有难易。以长材屈下邑，则难尽其能。以要地界庸才，则必负厥职。在部臣总掌铨衡，若把未经历练之员，居以要职，极易被无良的幕友丁婿假手政权，以致弊政丛生。夫当官莅政，庶务纷纭。容有学习而不免偶失者，断无不学不习而反臻上理者。①

八股取士是明清朝选拔官吏的制度，从内容到形式严重束缚应考者，致使许多知识分子不讲求实际学问，空言大义。所以初入仕途的官员大多未经历练，不懂如何正确处理职场事务，因而"与其参核于负乘之后，而补救无及"。不如"预教于未到任之前，而保全实多"②，因此，刚毅把开馆课吏定为历任各省的第一要务。由此可见，课吏馆是为了组织地方官员学习为政的基本知识，以培训候补官员，达到澄清吏治的作用。

刚毅在"敬陈管见疏"中也提到了课吏的内容："部选各员，至课吏馆，以忠爱教之，以清勤勉之。如何居官办事、交接任务、审理命盗案件、办理保甲社仓、催征正杂钱粮、约束书役家丁、惩罚讼师土棍，反复讲明如何如何革除陋弊，臣复闲举一案，使之判断。故作一问，使之裁答。案指一事，使之条陈。虚谋一语，使之剖晰。"③课吏馆以"忠爱""清勤"为主旨，以《秋谳辑要》《牧令须知》等为教材，教习官吏居官办事之法，包括交接、审案、保甲、社仓、催科等。并且僚属们每日相互切磋问难，随时指点。④这些课吏内容对提高官吏素质、提高解决实际问题的能力大有裨益。"是以年

---

① 参见（清）葛士浚辑《清经世文续编》卷 17《吏政二》，清光绪二十四年上海书局石印本，第 5 页。

② （清）葛士浚辑：《清经世文续编》卷 17《吏政二》，清光绪二十四年上海书局石印本，第 5 页。

③ （清）葛士浚辑：《清经世文续编》卷 17《吏政二》，清光绪二十四年上海书局石印本，第 5 页。

④ （清）刚毅：《审看拟式》序，江苏书局，光绪十五年版。

来课吏馆中各员，履历一经补署，无不感发亀勉，骎骎向上"①，设馆课吏成效显著。

清末，帝国主义列强的入侵，中国传统的官制遭到冲击，清政府也被迫对官制进行改革。刚毅设馆课吏的影响是深远的，对于澄清吏治、整顿地方起到了积极的作用，开启了清末官员岗前培训的先例。

（二）套外屯田

清朝末年，为了加强西北边防，清政府在蒙古实施"移民实边"政策。"移民实边"是指从内地把大批汉族农民移向边疆地区垦殖，通过屯垦充实边防，加强边防力量，抵御外来入侵。

蒙古的"移民实边"政策可追溯到秦汉时期，当时就有汉人居住在蒙古草原南部，屯垦为生。汉武帝时期，为了加强北方边防，公元前 119 年，一次移民 70 多万口，丰富了北方诸郡，兵农结合的实施不仅减轻了国家军队粮饷的负担，而且保障了边境的安全。由于采取了移民和屯田戍边的措施，汉代西北边疆的经济文化发展迅速。契丹统一北方之后，更是招致了大规模的汉族移民，蒙古地区得到进一步的开垦。过去，在蒙古垦种的人大多数是俘虏、罪犯、逃亡者或者是屯兵，他们属于被动迁入蒙古的移民。明代以后，许多内地贫困农民为求生存开始自发迁入到蒙古地区，垦种为生。

清朝统一后，为了加强对蒙古统治，清廷始终坚持"因俗而治"和"分而治之"的一系列方针：1. 建立盟旗制度，分化蒙古族，控制上层贵族；2. 实行驻军制度，广泛驻扎八旗军，监督并牵制蒙古各军事力量；3. 实行蒙汉分离，防止蒙古汉化、蒙汉联合。大一统的局面打破了蒙汉民族间的地域界限，尽管清朝实行蒙汉分治的政策，但相比于明朝及其之前，地域上的统一和政治上的稳定有利于汉族移民的发展，这使得蒙古与内地的关系日益密切，蒙古地区的垦种得到进一步发展。

清前期，西北边疆的主要矛盾是民族内部矛盾。嘉庆、道光之后，国势衰落，边疆统治日渐松弛。鸦片战争后，帝国主义势力的入侵动摇了中国

①　（清）葛士濬辑：《清经世文续编》卷 17《吏政二》，清光绪二十四年上海书局石印本，第 5 页。

社会的各个方面，清政府的统治陷入内外交困的境地。自 19 世纪 60 年代以来，俄、美、英、德等帝国主义势力开始入侵蒙古，面对帝国主义列强的侵略，加强西北边防已刻不容缓。不少边疆大吏提出"筹边"之计，以应对清政府边疆危机。光绪十一年（1885），刚毅被提升为山西巡抚，在套外地区组织屯垦，他为加强西北边防作出了重要贡献，对边疆地区的经济发展产生了重大影响。清代葛士濬辑《清经世文续编》卷 66《兵政五》中载录了刚毅《筹议晋省口外屯垦情形疏》，该奏折详细记载了光绪十二年（1886）刚毅上疏筹议套外、躧金地区屯田事宜。

1. 蒙垦的可行性

地理环境。躧金地区"坐落西北，斜向东南，袤长五百余里，平川广漠，一望无垠"①，东为大佘太什拉干、乌拉前山、后山，"峰峦凑接，气势回合，续而不断，由西而东，渐就收缩，此躧金一带，山势地向之大略也"②。后套地区土地肥沃，灌溉便利，麦谷黍秫皆可种③，并且河渠"曲折蜿蜒，不可枚数"④，丰富的水利、肥沃的土地，使得山、陕、直隶等地区无业贫困之民，到此租佃垦种，自立生业。由此可见，套外、躧金一带的地向，其山势巍峨雄伟、峰峦重叠，利于防边；其平原辽阔、土利水宜，适合屯垦。可见其优渥的地理环境是其屯垦的有利因素之一，是可行性的基础。在此处实行屯田制，是一件能使当地居民欢欣鼓舞的大好事。

历史沿袭。康熙时期，黄河被分流到南路，蒙古开始租种分佃，建设渠道。西部为躧金一带，共计 5 渠。东部为后套，共计 3 渠，迂回曲折约 200 里。中间为支渠，大多曲折蜿蜒之状，数不胜数，黄河冲刷使得淤泥堆积，土质肥沃。支渠蜿蜒、数量丰富，灌溉广泛。无数的支渠把各河道联

---

① （清）葛士濬辑：《清经世文续编》卷 66《兵政五》，清光绪二十四年上海书局石印本，第 3 页。

② （清）葛士濬辑：《清经世文续编》卷 66《兵政五》，清光绪二十四年上海书局石印本，第 5 页。

③ （清）葛士濬辑：《清经世文续编》卷 66《兵政五》，清光绪二十四年上海书局石印本，第 5 页。

④ （清）葛士濬辑：《清经世文续编》卷 66《兵政五》，清光绪二十四年上海书局石印本，第 3 页。

络起来，使耕地数量在渠道周围大增。这些渠道推动了套外、躔金一带农田水利事业的发展，随之地商经济迅速发展。道光八年（1882），躔金地区被批准租给地商 5 年，以此抵还债款。之后，此地区"奉部文而承种者有之，由台吉而私放者有之，由各庙喇嘛而公放者有之，开垦甚多"①。商民日益集中，屯垦的地亩也日益扩增。正当地商如火如荼地大力进行垦种、发展水利之际，同治初年爆发了西北回民起义，"军民杂处，农事日荒，渠工日废，各地商坐是失业"②。甘回侵扰宁夏、躔金地区，社会环境动荡不安，各地商分立"仁、义、礼、智、信"五社，兴办团练，维护套外、躔金地区治安。各地商输将运粮，致屯垦荒废、渠道堵塞，永济渠自此中落。由此可见，由于回民的侵扰，套外、躔金地区人口流动幅度很大。土地时垦时荒，对农田、水利、地商等各个方面都造成了破坏性的影响。"光绪二年，遭马贼蹂躏，不特躔金之僻东西陲者，牛垻商号不过数家，即后套左右，亦不过二百余家，颓垣废堵，触处皆然。该处土本红炉，利于浇灌，现在失所既久，土质坚硬，红柳及织机草、枸杞树等茂然成林，几无蹊径。"③套外、躔金地区地商家所剩无几，断壁残垣随处可见，原本丰腴的土地，现在杂草丛生、荒废成林，河渠也随之堵塞。与咸丰年间相比，达拉特旗"岁收租银不下十万"，而今"所收租钱不及三千串"④，其空乏可一目了然。今昔相比，较为悬殊。

2. 蒙垦的必要性

加固边防。蒙古的"移民实边"政策贯穿整个清朝，但不同的阶段，清政府移民屯垦具有不同的开放程度。"随着国内外形势的变化，移民屯垦大体经历了初期的限垦阶段，中期的禁垦与部分放垦阶段，末期的全面放垦

---

① （清）葛士濬辑：《清经世文续编》卷 66《兵政五》，清光绪二十四年上海书局石印本，第 2 页。

② 内蒙古档案局、内蒙古档案馆：《内蒙古垦务研究》第 1 辑，内蒙古人民出版社 1990 年版，第 87 页。

③ （清）葛士濬辑：《清经世文续编》卷 66《兵政五》，清光绪二十四年上海书局石印本，第 3 页。

④ （清）葛士濬辑：《清经世文续编》卷 66《兵政五》，清光绪二十四年上海书局石印本，第 3 页。

阶段。"① 在晚清时期，各方侵略势力对蒙古地区虎视眈眈，因其远离内地、清朝统治相对薄弱，从而成了列强侵略的主要地区之一。在清朝的历史上，"分而治之"和"因俗而治"的政策不仅不能抵御帝国主义的侵略，甚至不能保证边疆的稳定和领土的完整。随着边疆危机的加深，清朝统治者逐渐意识到只有实施屯垦才能改变其脆弱且单一的游牧经济，才能巩固边防、稳定边疆，巩固其统治。② 套外、躧金地区地处西北边疆，是清政府的西北门户，具有重要的地理位置。可见，在该地屯垦显得格外重要。

多边互利。鸦片战争造成白银外流，清政府负债累累，严重的财政赤字亟须弥补。咸丰年间，达拉特旗套外地界"岁收租银不下十万"，但近年来岁收租钱却不及三千串文。可见，如若清廷支持并且大力在套外、躧金地区屯垦，疏通河渠、开垦荒芜，不仅能够恢复套外、躧金地区水宜土利的地貌，还能利用此地的财政收入缓解财政危机。

历年来蒙古王公贵族私自大量放垦，汉族地主和地商趁机兼并、包揽土地，重担转移到了农民身上，蒙旗、地商与农民之间的土地纠纷愈演愈烈。这就需要政府出面，用刚柔并济、劝惩互用的政策来解决这一地区的矛盾。而清政府统一丈量土地、征收赋税，不仅能够解决复杂的土地纠纷，还能增加财政收入。

内地地区土地兼并也日益严重，无地、少地的农民日渐增多，尤其是灾荒之年，农民流离失所，成为流民，影响社会安定。并且，乾隆、嘉庆、道光各朝就已经推行开垦套外屯垦、借地养民的政策了。在蒙古地区实行屯垦，不仅可以使得蒙古王公封建主接受流民开垦土地、获取地租之利，还可以有效地安置流民，达到稳定社会秩序的目的。

套外屯垦得到了蒙旗支持，正如刚毅所认为屯垦既可以扼守要塞，恢复水利，赡养蒙古各旗，于时局大有裨益。达拉特等旗听闻此事，纷纷表示此举"上可以急公者，报答朝廷之深恩，下可以沾利者，稍裕身家之生计"③。所

---

① 陈育宁、汤晓芳：《北方民族史论丛》，宁夏人民出版社 1991 年版，第 129 页。

② 参杨强《蒙古族法律传统与近代转型》，中国政法大学出版社 2013 年版，第 185 页。

③ （清）葛士浚辑：《清经世文续编》卷 66《兵政五》，清光绪二十四年上海书局石印本，第 3 页。

以，不管是对于清廷的统治还是对于蒙古各旗居民的生活，都是值得欢欣鼓舞的举措。

因此，刚毅奏"诚能及时筹议屯政，无事则固吾边围，幸免为逋逃渊薮。有事则防敌伺隙，便于控制事机"①。所以，其奏疏很快就得到批准。并于同年五月，巡阅大同镇属营伍，检查军屯事宜。

3. 三段之策：分段、修渠、设官。

一曰：分段策。"西则躔金和永牛埧上下，东则后套沙忽庙左右，均属适中之地，于此分为三段，拨兵一千。"②因为套外、躔金地区适宜的地理位置，将此地区分为三段，从大同府拨兵一千人，分段驻扎，且耕且练，寓兵于农。并且"西可以联络甘凉陇秦之声气，东可以联络佘太现扎之马营"③，如此便能联络东西兵力，形成一道坚硬的驻防。每名官兵分得田地、耕牛和种子，先挑选容易疏通的渠道整修，这样官兵可以自食其力，疏通的渠道也能便利当地居民。"兵则耕种，自食由营官经理"，官兵耕种自食，由营官统一管理。剩下的田地由蒙古商人按照以往的规定租种，就近分拨。

一曰：修渠策。达拉特、杭锦二旗渠道最多，此外，"乌拉特中旗界内大佘太昭有山水一道，向来引水浇地，宽窄不过二十里，两旗界内西山嘴南有珊瑚湾河道"④。所以，无须另开大渠，只需在湾东北部修筑大坝，多开支渠。那么乌拉前山之前均可浇灌。"西口界内有乌拉河渠一道，系藉黄河北流旧道之口"⑤，可以引水浇地，这是蒙古商人自开的渠道，各旗在此地领租耕种。"若开商屯，应将躔金、后套各渠，官为修浚，通利其各处。旧商界

---

① （清）葛士浚辑：《清经世文续编》卷66《兵政五》，清光绪二十四年上海书局石印本，第3页。

② （清）葛士浚辑：《清经世文续编》卷66《兵政五》，清光绪二十四年上海书局石印本，第3页。

③ （清）葛士浚辑：《清经世文续编》卷66《兵政五》，清光绪二十四年上海书局石印本，第3页。

④ （清）葛士浚辑：《清经世文续编》卷66《兵政五》，清光绪二十四年上海书局石印本，第3页。

⑤ （清）葛士浚辑：《清经世文续编》卷66《兵政五》，清光绪二十四年上海书局石印本，第3页。

内支渠，仍责成各商修理，务臻一律顺畅，以利引浇。"① 躔金、后套地区各私人渠道改为官修渠道，由朝廷拨款修浚。原来蒙古商人界内支渠，仍然由蒙古各商疏浚，以利各处。蒙商将这些渠道进行租赁并且租价由蒙商自行规定，官方不能干预。将渠道租赁后，其收益"二成交官"。如此一来，渠道得以修浚，使得灌溉便利，土地得到开垦耕种，而且蒙商可以获得更多的租金，清廷也能获得额外的财政收入。

一曰：设官策。套外地区"东西袤延七八百里，南北斜宽二百里至三百六七十里不等"②，如此广袤的地域，界址内商民交流稀少，彼此不能深悉，租种易起矛盾争端。"设文、武官各一员，驻扎躔金，专理兵屯、商屯事务"③，取二成地粮用于设官经费，不需要额外的公费开支。所设的文、武官员主要处理屯田事务，如屯兵滋事、商屯欠租等事，解决矛盾纠纷、稳定套外地区秩序。

4. 蒙垦影响

《绥远通志稿》卷1（上）记载："即乌、伊两盟各旗牧地中，自清季创垦设官以来，其农民之源源而来，聚族而居者，亦尚能与蒙古民众相安于无间。苟他日能于蒙古之畜牧，汉民之农耕，兼筹并顾，而优为之所，则莽莽绥疆，固确乎为国家西北边防不拔之金汤也。"④ 由此可见，套外地区屯垦影响深远，对于当时处于内忧外患、财政危机的清政府来说，是不无裨益的。套外、躔金地区的屯垦对于巩固边防、缓解财政危机、团结盟旗各部、解决百姓生计问题产生了深远的影响，为重塑蒙地经济结构和绥远地区的经济发展奠定了基础。

（三）汾河治水

光绪十二年（1886）六月，山西暴雨不断，泛滥成灾，以致汾河溃溢，

① （清）葛士浚辑：《清经世文续编》卷66《兵政五》，清光绪二十四年上海书局石印本，第3页。

② （清）葛士浚辑：《清经世文续编》卷66《兵政五》，清光绪二十四年上海书局石印本，第3页。

③ （清）葛士浚辑：《清经世文续编》卷66《兵政五》，清光绪二十四年上海书局石印本，第3页。

④ 绥远通志馆编纂：《绥远通志稿》，内蒙古人民出版社2007年版，第71页。

"冲决太原金刚堰大坝及护城堤。直扑西北隅阜城、振武二门，同时冲开大溜漫壕而南，复由大南门倒灌入城，西南一带官民庐舍浸塌甚众"①。连月的阴雨，使得汾河水位骤涨，堤坝决口，房舍倒塌，一片狼藉，太原及附近各县遭受了暴雨灾害。

面对严重的水灾，刚毅于是年七月初八日禀奏："淫雨为灾，省城傍西汾河溃溢，冲灌城垣，致将西南隅驻防满营兵房被淹。"刚毅上疏奏陈汾河水灾，并且阐述了如何堵救、赈抚等一系列措施。表奏后得旨："览奏均悉，即著分属确切查勘，妥为抚恤，以拯灾黎。一面赶紧堵截新溜，挑濬旧河，务使水归故道，毋任再行漫溢。"② 根据旨意，官府当即一面赈济百姓，将百姓迁至公共住所；一面大兴工役，将旧有的堤坝增高加厚，加筑新坝，以塞决断流、治理水灾，于次年五月竣工。

八月初八日刚毅又禀奏：

> 城西守尉衙署一望泥涂，屋多倾塌，现暂住公所，势难久居。满城地本低洼，被灾尤重。溯查嘉庆、道光年间两遭水患，均照房间酌给修费，今则塌损殆尽。若就原地建造，与创新无异。万一再遇水患，修造之巨款，仍弃洪流，何若移徙高旷之区，虽经费较繁，尚可一劳永逸，亟应在城内选择可建衙署、营房之地，饬工估计，筹酌办理。此兵房所宜赶办者也。惟有吁恳天恩俯准就地劝捐，俾资应用。③

刚毅认为公共之所不能久居，势必要重建房舍。然而近溯嘉、道年间，太原也曾遭受水灾，官府拨款修缮房舍。如果还是在原地建造房屋，万一再遇水灾，房舍依旧受损，不如在地势较高且空旷处重建房舍，便可一劳永逸了。并且衙署、营房等地的修建也急需赶办。可以看出，刚毅思虑周到，注重务实，因此取得了实效。

---

① 裴群主编：《汾河志》，山西人民出版社 2006 年版，第 421 页。
② 王钟翰点校：《清史列传》第 16 册，中华书局 1987 年版，第 4885 页。
③ 赵生瑞：《中国清代营房史料选辑》，军事科学出版社 2006 年版，第 550 页。

（四）藻河、吴淞江治水

刚毅担任山西省巡抚，建树颇多。于光绪十四年（1888），调任江苏巡抚。当时江苏各地连降大雨，吴淞江、蕴藻河是其境内主要的泄洪河流，但是各属河道因年久失修以至于堵塞严重，雨水溃溢，便泛滥成灾。百姓房屋倒塌，庄稼被淹，衣食无着。

"苏州、松江、太仓等州县居浙下流，古称泽国，偶值霪潦，便不免泛滥为灾。"① 江苏境内水系发达，河流甚多。"考古之三江，皆在今江苏境内，吴淞一江独当娄江、东江之中，经崑山、嘉定、青浦、上海四县入海，为浙江之尾闾。"② 吴淞江与东江、娄江共称"太湖三江"。吴淞江位于江苏境内，袤延300余里，流域面积广阔，具有重要的灌溉和漕运价值。但由于吴淞江堵塞严重、年久失修，若遇到阴雨连绵的季节，水位上涨，便会溃溢泛滥成灾。前任抚臣虽然"择要挑浚"，但是"苦于需费不赀，未毕全功"，然而已经使得"苏州、松江、太仓及浙江之杭州、嘉兴、湖州六府州民，普沾利益"③。由此可见，疏浚吴淞江裨益颇多。蕴藻河，又俗称蕴草滨，位于宝山县境内。这条河为吴淞之分支，位于刘河、吴淞江之间，分泄上游之水以入海，是宝山县的主干水流。蕴藻河盘旋蜿蜒超30里，是运送商贾和灌溉田地的重要河道。但是因其"年久失修，深者仅通舟楫，其淤塞尤甚之处，不啻渐成平陆。并经嘉定商民于该河迤西唐家桥地方建筑大堤，名为拦截浑潮，实则壅遏水脉"④。因此，蕴草河日就淤浅，大水漫堤，灾情严重。这就是吴淞江和蕴草河当时的情形。

面对如此严峻的灾情，所以刚毅上疏"现值春赈方亟，积困未苏，拟俟将来冬令水涸之时，由臣察看情形，再图大加挑挖，俾东南之民共享水利，不被水害。"⑤并且刚毅"稽诸志书，询诸耆老"，多次进行实地考察，根据"河身即形浅涸，易于程功；河道不甚宽广，亦易于筹款"，提出切实

① 王钟翰点校：《清史列传》第16册，中华书局1987年版，第4886页。
② 王钟翰点校：《清史列传》第16册，中华书局1987年版，第4886页。
③ 王钟翰点校：《清史列传》第16册，中华书局1987年版，第4886页。
④ 王钟翰点校：《清史列传》第16册，中华书局1987年版，第4886页。
⑤ 王钟翰点校：《清史列传》第16册，中华书局1987年版，第4886页。

可行的实际方案。刚毅提出"水潦告灾之后，民间待食方殷，拟用以工代赈之法，招集民夫，趁东作未兴，赶紧开濬，并函商督臣调拨狼山镇总兵唐德庆所部驻扎吴淞防营各勇丁，一面抽拨臣标防营，前往通力合作，以冀妥速竣事，其中一切挑浚之法，非臣亲往指授，恐难悉协。臣拟乘坐小舟，前赴该处，督率营县详加查办，饬令兴工"①。这样不仅解决了百姓衣食无着的境地，而且为疏浚工程提供了劳动力，解决了前任巡抚"需费不赀"的困难。因此，奏疏得到朝廷的肯定，下旨议行。刚毅利用冬季水涸的特点，亲自指挥，率领民工，调拨总兵，挑挖疏濬，最终疏通了蕴藻河、吴淞江。

刚毅以挑濬、以工代赈之法疏通了蕴藻河、吴淞江，出色地解决了江苏的水患问题，使居民免受水灾之害，当地的百姓对其感恩戴德。

三、主要著作

刚毅从政期间善于吸取他人的为官经验，也注重总结自身的从政方式与心得，编纂成书，供下属官员学习、借鉴，著作颇丰。除《居官镜》和《牧令须知》这两部官箴书外，还著有《洗冤录歌诀》《见闻辑要》《秋谳辑要》《审看拟式》《洗冤录义证》《将兵十法》等。

（一）《洗冤录歌诀》

光绪五年（1879），湖北书局刻，共3卷。卷1为《急救方》，卷2为《检验杂说歌诀》，卷3为《七杀式》。该书主要讲述了断定伤病、检查死因等方法，为官员断案提供了丰富的经验。该书内容详细、面面俱到，是刚毅居官办案态度认真、行为严谨的体现。

（二）《见闻辑要》

此书于光绪六年（1880）刊，由广东惠湖嘉道署发行，不分卷。此书重点叙述了军事谋略，恩华纂辑《八旗艺文编目》收《见闻辑要》于"兵事"类。书中载："攻者，贵攻其心；守者，贵守其气。必胜则攻，未必则守。善攻者，不以全军攻；善守者，不以全军守。"②此中刚毅主张攻者最重

---

① 王钟翰点校：《清史列传》第16册，中华书局1987年版，第4886页。

② （清）刚毅：《见闻辑要》，江苏书局光绪十五年版。

要的是瓦解、动摇敌人的军心士气；作为守者，最重要的是鼓励、激发我军的军心斗志，作战要以"攻心为上"。

（三）《秋谳辑要》

光绪十年（1884）刑部刊印，6卷，另有卷首1卷，无序。又有光绪十五年（1889）江苏书局刊印本。本书将清同治后期至光绪初年间全国各省、州县上报秋审之成案及有关秋审之条款编为一书。卷首有历年关于秋审案件之谕旨67道，卷1为《秋谳志略》《秋审条款》两部分，以下5卷为成案部分。《秋谳辑要》资料丰富，易于查检，对于后人研究晚清时期社会的秋审制度以及发案情况具有重要价值。

（四）《审看拟式》

成书于光绪十三年（1887）、光绪十五年（1889）江苏书局刻，两册4卷，有序。卷1为《名例》《吏律》《户律》《礼律》《兵律》；卷2为《刑律》，以盗案为主；卷3也为《刑律》，以命案为主；卷4附有"审看论略"10则。在州县审看各案之叙断程式中，刚毅择出判语80余则，按例分目。刚毅在序中阐述其选择的标准："情节形势，叙列贵乎简明；援律比拟，轻重酌乎情理。命盗奸伪，按律分目，命之曰《审看拟式》，以示同官。"① 总之，判词要做到"尽情尽理、详而不烦、简而不略"②，为同官制判提供良好的示范。

（五）《洗冤录义证》

此书刊于光绪十七年（1891），江苏书局刻，共4卷，有序。《洗冤录》是中国古代第一部法医学著作，海宁许梿《洗冤录详义》是当时对于《洗冤录》流传最广的注解，但《洗冤录详义》"烦且冗，又有引经据典，征及小学训诂各条，囿于校勘家习气"③。因此，刚毅对《洗冤录详义》汰繁存要，以雁门郎锦骐《检验集证》作为补充，并吸收欧洲解剖学成果，辑成《洗冤录义证》。卷1为检验总论、验伤及保辜总论，尸格、尸图、验尸、洗腌、初检、复检、辨四时尸变、辨伤真伪、验妇女尸、白僵尸、已烂尸、验骨、

———————————

① （清）刚毅：《审看拟式》序，江苏书局光绪十五年版。

② （清）刚毅：《审看拟式》序，江苏书局光绪十五年版。

③ （清）刚毅：《洗冤录义证》序，江苏书局光绪十七年版。

检骨、论沿身骨脉、滴血、检地等。并附检骨图、检骨骼、新摹诸图。卷 2
为殴死、手足他物伤、木铁砖石伤、踢伤致死、杀伤、自残、自缢、被殴勒
死假作自缢、溺水、溺井、焚死、汤泼死等内容。卷 3 为疑难杂说、尸伤杂
说，论中毒、服毒死、诸毒、意外诸毒等。卷 4 介绍急救方、救服毒中毒
方、治蛊毒、辟秽方等。并附经验方。该书叙述简明扼要，要求官员查案实
事求是、明察秋毫，并为行政官员查案提供了行之有效的方法。

（六）《将兵十法》

此书于光绪二十三年（1897）编辑而成，时刚毅年逾周甲。此书 1 卷，
内容包括：序、为将之法、用人之法、行军之法、安营之法、练兵之法、布
阵之法、交战之法、攻守之法、料敌之法、战地利法。清朝末年，时局艰
难，"居官者不摞甲胄，不谈兵戈，居安忘危，军备废弛，不能振拔……满
洲人士不似昔年，而如今，竟文藻而不识韬略，更有甚者，对于谈兵论武之
士，鄙而笑之。"① 刚毅，身为朝廷重臣，"目睹时艰，心中忧闷"，于是闲暇
之余浏览兵书，寻求战法，搜集历朝历代武备之书②，择要而录，其中包含
许多古代用兵的精华，并且语言通俗易懂，对于整顿军纪、加强武备具有较
强的实用价值。

这些著作以勉励官员为主，要求他们廉洁奉公、爱民亲民、谨慎勤勉
等等，或教授领兵作战之法、官员办案以及规范写作判词、文书等等，充分
体现了刚毅在政治、经济、文化、军事、刑法等方面的从政经验以及思想意
识。在晚清时期，这些经验办法对于精准办案、提高行政效率以及培养官员
的道德品质都极具意义。

第二节　《居官镜》的思想内涵

一、《居官镜》的编纂

《居官镜》是刚毅的官箴力作，认为居官者应以"尊君为本"，以"尽

---

① （清）房立中：《兵书观止》第 4 卷，北京广播学院出版社 1994 年年版，第 478 页。
② 参（清）房立中《兵书观止》第 4 卷，北京广播学院出版社 1994 年版，第 479 页。

忠为心"，以"爱民为务"，此书被从政者奉为"从政经典"。该书于光绪十八年（1892）编纂完成，内容分为《臣道》和《治道》两部分。在《臣道》中，刚毅大讲为官的八字宗旨"忠、敬、诚、直、勤、慎、廉、明"，并且指出居官应注重操守、廉洁奉公、谨慎用权。在《治道》中，刚毅分论吏、户、礼、兵、刑、工之政。在吏政方面，认为居官者应才德兼备，才可以不足，但德不能亏欠。在户政方面，提出养民之道在于上遵循天时，下依靠地利。在礼政方面，提出居官者应正人心，端风俗，革除社会恶习，百姓才能安居乐业，朝廷才会清明，国运才会长久。在兵政方面，提出将领应有勇有谋，详细论述了用人、练兵、行军、安营、交战等策略。在刑政方面，主张明刑弼教，导德齐礼，扬清激浊。最后是工政，提出房屋修葺等内容。这部官箴书揭露了地方官吏的种种弊病，并提出了相应的革弊方式方法，成为当时从政必要工具书之一。

二、《居官镜》的臣道思想

（一）"忠、敬、诚、直、勤、慎、廉、明"八字宗旨

我们经常用"廉洁奉公""两袖清风""一琴一鹤"等词来形容为官者清廉。那么，真正的"好官"定义又是如何？"清、慎、勤"的理念最早出自晋武帝司马炎。南宋吕本中在其所著的《官箴》一书中进一步指出："当官之法，唯有三事：曰清，曰慎，曰勤。知此三者，可以保禄位，可以远耻辱。"①到了明清时期，此三字已经成为居官者的第一箴言。清康熙帝也多次将"清、慎、勤"三字赐予诸臣。因此，"清、慎、勤"，不仅是廉政文化的根本，也是廉政文化的基本理念。为官之人经常面对金钱和权势的诱惑，如果不能自我克制，抱有侥幸的念头，就会迈入贪腐的深渊。所以，为官之初就要做到清廉、谨慎、勤勉。简而言之，谨记这"清、慎、勤"三条法则，处处警醒自己，也就掌握了官场中的立身处世之道。

在此"清、慎、勤"的基础上，刚毅提出了居官的八字宗旨："忠、敬、诚、直、勤、慎、廉、明"。所谓"忠、敬、诚、直、勤、慎、廉、明"，刚

---

① （宋）吕本中：《官箴》，1927—1930 年武进陶乐景宋咸淳百川学海本，第 1 页。

毅给了如下解释："事君之念，肫恳笃挚，谓之忠；小心兢业，毫无怠忽，谓之敬；精白乃心，无欺无伪，谓之诚；陈言无隐，表里如一，谓之直；黾勉从公，夙夜匪懈，谓之勤；行不放逸，语不宣泄，谓之慎；清洁之操，一尘不染，谓之廉；见理透彻，是非立辨，谓之明。"①

此外，刚毅还强调："居官办事，以诚、敬、忠、爱为质，以文字、章句为华。"任职办事，首先要以心存诚心主敬，竭尽忠爱，用来修养品质，如若还有余力，才可以讲求文采。如果不讲求于实际，虚于辞藻，只能是一时的赏心悦目，被认为是"滑吏之资"，而不是"栋梁之用"②。

除了"清、慎、勤"之外，还要求居官者做到忠诚、敬畏、孝悌、公正、廉明等等。如果做到这些，那么人们一定敬畏、爱戴他，并以其为榜样效仿他。

（二）"猷、为、守"三者并重

刚毅提出"猷，为，守"三者并重的为官理念。"猷"，谋也。《书·盘庚上》："各长于厥居，勉出乃力，听予一人之作猷。"孔颖达疏："听从我迁徙之谋。""为"，作为。《诗·王风·兔爰》："我生之初，尚无为。""守"，节操，操守。在刚毅之前，历代官箴书中也提到了类似的观点。

"《洪范》称：'有猷，有为，有守'，三者并重。"③《三平斋省思录》对于"有猷，有为，有守"作了进一步解释："为政三有……有猷即有谋略，有为即有作为，有守即有操守。有谋略，才能识大势，知事理。有作为，才能除弊端，兴百业。有操守，才能秉诚信，立根本。"④ 其中以谋略为条件，以作为为基础，以操守为根本，三者同等重要。

《居官镜》中提到，"居官立身，固以操守为本。"⑤如果只重操守，仅以

---

① （清）刚毅：《居官镜》，刘俊文等编《官箴书集成》第9册，黄山书社1997年版，第271页。

② （清）刚毅：《居官镜》，刘俊文等编《官箴书集成》第9册，黄山书社1997年版，第271页。

③ （清）刚毅：《居官镜》，刘俊文等编《官箴书集成》第9册，黄山书社1997年版，第272页。

④ 九思：《三平斋省思录》，北京出版社2013年版，第58页。

⑤ （清）刚毅：《居官镜》，刘俊文等编《官箴书集成》第9册，黄山书社1997年版，第272页。

操守来沽名钓誉，那此类官吏就会悠闲散漫。对于百姓而善良之人，感叹其不能禁民为非，然而豪强者却称颂他无所取。对于属员而循规蹈矩者，安之不能禁属员妄为，然而贪劣者却赞美他。刁生多事而宽待之，劣绅不法而姑容之。故刁生、劣绅皆言其和平，甚至胥吏作奸而不能惩，盗贼肆行而不能禁。① 自胥吏到豪强再至盗贼，对于这样不作为的官员都喜闻乐见，不愿其离任。如此一来，地方事务无法纠正，得过且过，姑息养奸，于百姓无益，于地方事务无利。像这样只为博取名誉的"清官"，虽与贪官的行迹不同，但是负恩误国的罪行是一致的。

为官者，"守"固然重要，但"为"与"猷"同样不可忽视。刚毅进一步指出，为官者不能只看重其操守，更要考察其经猷。洁己沽名、碌碌浮生之人，不仅无所作为，并且容易误事；敢于任事、才干卓越之人，不仅勇于担当、格局宽阔，还能为百姓办些实事。雍正曾言，对于那些虽然没有贪赃枉法之过，但才能平庸、低下的人，应"明试以功"。他进一步指出："'察吏之道，当观其实在政绩如何'，而舆论则'不尽足凭'。"② 惩治贪官劣绅、禁止盗贼作恶、有勇有谋、敢于为事，才是评价为官者政绩高低的标准，单以舆论的好坏是不全面的。可见，居官立身，"猷""为""守"应三者并重。

（三）"礼、义、廉、耻"国之四维

官德，是指官员恪守职业道德，保持政治操守。先圣孔子终生主张"为政以德"，用道德和礼教来治理国家。孔子云："政者，正也；子帅以正，孰敢不正？"又云："其身正，不令而行；其身不正，虽令不从。"可见，官德的本质是一种政治道德，而在封建社会中，政治道德始终处在社会道德的核心位置。

由此，官德的好坏关系着国家政治的成败。所谓"礼、义、廉、耻，国之四维"，最早出于《管子》。《管子·牧民》中载："国有四维，一维绝则倾，二维绝则危，三维绝则覆，四维绝则灭。……何谓四维？一曰礼，二曰义，三曰廉，四曰耻。"管仲以"礼、义、廉、耻"为为政道德，以德治国

---

① 参（清）刚毅《居官镜》，刘俊文等编《官箴书集成》第 9 册，黄山书社 1997 年版，第 272 页。

② 黄婴等：《中国历代的改革家》，解放军文艺出版社 1995 年版，第 160 页。

是治国之要，国有四维，缺一不可。管仲强调：有了礼，人们会遵守礼节规矩；有了义，就会合理公正；有了廉，就会廉正廉明；有了耻，就会正直善良。治国理政者须明确地认识"礼、义、廉、耻"，知耻而后治，坚守"国之四维"。有道是，"四维不张，国乃灭亡"。

刚毅在《居官镜》中表达了自己对于"礼、义、廉、耻，国之四维"的观点，他认为："礼、义、廉、耻，国之四维，所指者远，所包者宏，当求其大者以为务，而不可局于仪文末节间也。"① "礼、义、廉、耻"作为治国四大纲领，内容宏大，意义深远。

"以礼言之，如化民成俗，立教明伦，使天下之人，为臣知忠，为子知孝，此礼之大者也。进退周旋，俯仰揖让，此礼之小者也。"② 礼，从大处看，约束百姓，教化人伦，使臣知忠，子知孝；从小处看，能进退，懂谦让，这才符合礼的品质。

"以义言之，如开诚布公，荡平正直，使天下之人无党无偏，和衷共济，此义之大者也。然诺不欺，出入必谨，此义之小者也。"③ 就义而言，公平正直，刚正不阿，这是义的大节；出入谨慎，这是义的小节。

"以廉言之，理财制用，崇俭务实，使天下家给人足，盗贼不起，争端不作，贪官污吏无以自容，此廉之大者也。箪食豆羹，一介不取，此廉之小者也。"④ 廉，从大的方面看，应该是理财有方，节俭务实，百姓安居，官场廉洁；从小的方面看则是不受贿，不贪财，勤俭节约，才符合廉的品质。

"以耻言之，行义达道，兼善天下，当以君之不为尧、舜为耻，当以一夫不获其所为耻。若夫乡党自好，不失言于人，不失色于人，此乃耻之小者耳。"⑤

---

① （清）刚毅：《居官镜》，刘俊文等编《官箴书集成》第9册，黄山书社1997年版，第276页。
② （清）刚毅：《居官镜》，刘俊文等编《官箴书集成》第9册，黄山书社1997年版，第276页。
③ （清）刚毅：《居官镜》，刘俊文等编《官箴书集成》第9册，黄山书社1997年版，第276页。
④ （清）刚毅：《居官镜》，刘俊文等编《官箴书集成》第9册，黄山书社1997年版，第276—277页。
⑤ （清）刚毅：《居官镜》，刘俊文等编《官箴书集成》第9册，黄山书社1997年版，第277页。

就耻而言，不仅应兼济天下，还要洁身自好、言行戒慎、容貌得体，这才是知耻。

居官者以天下为己任，不可只知小节而忽略大节。孔子曰："道之以德，齐之以礼。"礼、义、廉、耻，是政府官员的必备品质，既可以处理繁乱的事务，遇到危难也可牺牲性命挽救时局，润色礼教，受人敬重。

（四）"六正六邪"人臣之行

官箴书中反映官德的问题很多，通常以警戒或告诫的形式来引起官员们的注意，一般用"忌""邪""戒"等字眼来表述。如李垾所著的《富平赠言》中有类似的"七戒"，即"戒高兴、戒骄奢、戒缓慢（怠慢百姓事）、戒矜张（自满）、戒近小人、戒小术（施诡道）、戒奇异（假鬼神，好元虚）"[1]，等等。用此类"忌""邪""戒"等表述的都是为官者较容易犯的错误，因此官箴书的作者将这些易犯的错误指出来，以供为官者警戒。

刚毅在《居官镜》中，引刘向《说苑》中的"六正六邪"说。所谓"六正"，即未雨绸缪，使主立于显然之处，是为圣臣。尽心尽意，日进善道，以礼义勉主，以长策献主，将顺其美，匡救不逮，是为者良臣。鞠躬尽瘁，夙兴夜寐，励主以古之行事，是为忠臣。明察成败，转危为安，防微杜渐，使君无忧，是为智臣。守文奉公，不受赠遗，戒奢节俭，是为贞臣。家国昏乱，直言谏上，是为直臣。[2]此"圣、良、忠、智、贞、直"为优秀官员应该具备的品质。

所谓"六邪"，即庸碌无为，不务公事，左右观望，是为具臣。曲意逢迎，偷合苟容，溜须拍马，不顾后害，是为谀臣。嫉贤妒能，巧言令色，是为奸臣。智足以饰非，辨足以行说，离间骨肉，祸乱朝廷，是为谗臣。专权擅势，结党营私，是为贼臣。朋党比周，以蔽主明，是非不分，是为阴臣。此"庸、谀、奸、谗、贼、阴"应为官员所警戒。[3]

---

[1]　岑大利、顾建军：《中国古代官德研究》，中共中央党校出版社 2014 年版，第 76 页。

[2]　参（清）刚毅《居官镜》，刘俊文等编《官箴书集成》第 9 册，黄山书社 1997 年版，第 280 页。

[3]　参（清）刚毅《居官镜》，刘俊文等编《官箴书集成》第 9 册，黄山书社 1997 年版，第 280—281 页。

"贤臣处六正之道，不行六邪之术，故上妥而下埋，生则见乐，死则见思，此人臣之术也。"① 在《臣轨》中，虽然这是武则天作为君主要求臣子的标准，但在各级官员中，同样适用于上司考察下属的人品优劣，政绩好坏等等。特别要注意"六邪"，这六种伎俩在居官办事中不易察觉，更有甚者，谀臣、奸臣、谗臣在现实中的害处比贼臣、阴臣有过之无不及，且他们往往言行不一，巧言令色，内心越奸诈阴险表面上越忠心耿耿、恭敬顺从，使人不知不觉陷入其圈套之中。因此，在面对桀骜不驯或是阿谀奉承之辈时，为官者要有所分辨，以防为其暗中所败，并做到以才能进行选拔，观察能力加以任用，以"六正"来标榜为官者的行为，以"六邪"来告诫为官者，时时自励，处处自省。

三、《居官镜》的吏治思想

（一）设官分职，各司其职

国家分职设官，各有攸司，典守庶政，治理百姓，使天下之人丰衣足食，自爱守礼。对于不同的官职以及不同岗位的官员都有其相对应的官德、原则要求。

大吏，指大官。刚毅认为，如果大吏不懂得爱惜民财，效仿州县专事逢迎，把公事都摊派给属僚办理，那么属僚就会"有事自得包庇"，导致牧养牲畜之法，教化百姓之方，一概置之不理。究其原因，就是"上官不以吏治为事，始开其端，久之随波逐流，遂成锢弊，今欲清其源，责在大吏也"②。

大吏实属不易，属员通常无所不至地投其所好，欺隐粉饰事实。一方面，"上官过境"，属员会以"稍尽地主之谊"为借口，预备供给，向百姓苛索、敛钱，使得民不聊生；另一方面，"上司到任送礼，三节、生辰送礼，谒见则有门包，办公则有科派……"③ 属员不但不为百姓谋福利，反而整日

---

① 裴传永：《为官思想录》，中共中央党校出版社 2005 年版，第 257 页。

② （清）刚毅：《居官镜》，刘俊文等编《官箴书集成》第 9 册，黄山书社 1997 年版，第 277 页。

③ （清）刚毅：《居官镜》，刘俊文等编《官箴书集成》第 9 册，黄山书社 1997 年版，第 277 页。

专事于各种谄媚奉承、乾脩之利，久而久之，锢弊丛生。

因此，首先大吏应具备"毁誉不动于中，喜怒不形于色，具有包罗所属之襟怀，与夫统驭群僚之器量"①，要做到不因眼前利益而忽略了长远的发展，造成"将兴一利，利未举而弊先伏；将除一弊，弊未去而害更甚"②的后果。

因此，首先道和府这一级官员必须"中正和平，推诚布公"③，摆正自身位置，对于属员中的良吏，通过奖励诱导的方法，避免以私枉法、偏执己见、沽名钓誉，还要时刻警醒自己要洁己奉公、公正廉明、务实废虚。其次要"以诚敬格天，忠爱图治，公正率属，威惠驭下，视国事如家事，合众心为一心。"④大吏不可因小失大、畏首畏尾、鼠目寸光，应深谋远虑、格局开阔，做到民安吏肃。还要做到"用人不过信，听言必考实"，不偏听、偏信，"不以人废举，不以己绳人。不以先觉为能，不以臆度为智，不御人以口给，不自衒以聪明，不形好恶以招谣，不大声色以示威。不以常理御非常之事，不徇所见昧所遇之时。"⑤处事从容有序，因时制宜，心有主宰，就事论事，据理言理，这才是大吏应该具备的品质。

道府官员有着承奉上官、察视下属、安抚百姓的职责。属员的举动大多取决于上司的言行，如果属员办事不力，都是上司督导不勤所致。是以即益于国计，又有利于民生，却又不违背公平正义的事，都是当行之事，绝不可因人的喜怒有所趋有所避。对于做事违反常理违反常规的，不可听其一味地怂恿，如果其有微小的瑕疵，应该多方训导以匡正错误。对于属员的错误、

---

①　（清）刚毅：《居官镜》，刘俊文等编《官箴书集成》第 9 册，黄山书社 1997 年版，第 277 页。

②　（清）刚毅：《居官镜》，刘俊文等编《官箴书集成》第 9 册，黄山书社 1997 年版，第 278 页。

③　（清）刚毅：《居官镜》，刘俊文等编《官箴书集成》第 9 册，黄山书社 1997 年版，第 278 页。

④　（清）刚毅：《居官镜》，刘俊文等编《官箴书集成》第 9 册，黄山书社 1997 年版，第 277—278 页。

⑤　（清）刚毅：《居官镜》，刘俊文等编《官箴书集成》第 9 册，黄山书社 1997 年版，第 278 页。

拖沓，不可推脱自身的责任。对于奉行不力的属员，不可姑息。其次"切不可沾染近习"①。在刑钱案件中，由专门的人员进行考核，是整个案件的关键。如若这些官员只顾扶同瞻徇、上下和睦，则会使案件黑白颠倒，以致无真相、公道可言。如若以自我为中心，贪念自身利益、鼠目寸光、揣摩迎合，更甚者荒废度日，不理政事，使得幕友操权，丁役移威。可见，官应虚心察吏，吏要实心爱民，才会使吏治免于俗庸陋习的危害，达到兴利除害的目的。

牧令，原指州牧和县令，清朝成为对知州、知县的习称，即为地方官。地方官又被称为"父母官"，《礼记·大学》载："《诗》云：'乐只君子，民之父母。'民之所好好之，民之所恶恶之，此之谓民之父母。"此文献中"父母"指的是管理百姓的人，甚至是指国君。后来历史上出现了两个非常有名的地方官，分别是西汉的召信臣、东汉的杜诗。杜诗为南阳太守，深受百姓爱戴，百姓将其与前代的召信臣相提并论，于是就有了"前有召父，后有杜母"之说，将"父母"一词赋予了地方官的含义。宋代王禹偁有《谪居感事》云："万家呼父母。"并自注："民间呼令为父母官"②，从此地方官被正式地比作父母官。

地方官有教养百姓之责，所以百姓称其为父母。在封建社会中，父母关爱子女，同时又是子女的主宰者，所以"父母官"就如同父母一样兼具两个特点：一是"爱民如子"；二是"为民做主"。《清世宗实录》记载：雍正帝认为地方官应当"实尽父母斯民之道，视众庶为一体，刚柔相济，教养兼施，化浇薄而为醇良，惩奸邪以安善类"③。雍正帝强调地方官不但要具有很强的业务能力，更重要的是尽"父母"之责，爱民如子。

因此，刚毅提到，首先牧令当与百姓"休戚相关，以目前之赤子，犹如膝下之儿孙，民之所好者好之，民之所恶者恶之"④。严惩恶丁、缉捕盗

---

① （清）刚毅：《居官镜》，刘俊文等编《官箴书集成》第 9 册，黄山书社 1997 年版，第 279 页。

② 雅瑟、袁钰编：《中国古代常识 1000 问》，新世界出版社 2011 年版，第 120 页。

③ 《清世宗实录》卷 55，转引自尹树国《盛衰之界：康雍乾时期国家行政效率研究》，黄山书社 2008 年版，第 138 页。

④ （清）刚毅：《居官镜》，刘俊文等编《官箴书集成》第 9 册，黄山书社 1997 年版，第 279 页。

贼、轻徭薄赋、备仓储防荒歉、兴水利除旱涝、速审词讼、紧查异端等事务，都是与百姓休戚相关之事，直接或间接涉及百姓的利益，是"父母官"应当竭尽所能做的事情。其次要做亲民之官，须将做到亲字，牧令应在斋戒停兴之日或者因公下乡之时，亲往田间，如同家人父子一样，谈闲话聊家常、劝民勤俭、嘱其遵纪守法，并且询问百姓疾苦，为民兴利除害。还要"设义学，宣圣谕，邀集绅耆，讲求水利，编查保甲，建立社仓，开垦荒田。"① 牧令应全心全力教养百姓，为民谋福利，使其安居乐业，才不辜负"父母官"的称呼。

"将帅者，国家之藩辅，三军之司命也。"② 作为保卫国家的重臣，他们率领勇猛的士兵，割舍家人，奔赴战场，从此众将士们金戈铁马，同生共死。《孙膑兵法·将义》载："德为将者必备品质，为将不可无德，无德则无力，无力则三军不得胜。"③ 军事统帅领兵打仗、指挥作战，其德行品质的优劣对于军队的建设以及战争的胜负有着直接的影响。

《六韬·龙韬·论将》记载："武王问太公曰：'论将之道奈何？'太公曰：'将有五材十过。'武王曰：'敢问其目。'太公曰：'所谓五材者，勇、智、仁、信、忠也。勇则不可犯，智则不可乱，仁则爱人，信则不欺，忠则无二心。'……故兵者，国之大事，存亡之道，命在于将。将者，国之辅，先王之所重也。故置将不可不察也。"④ 可见，将者在开疆拓土、保卫国家安全方面起着至关重要的作用，并且将者应有"勇、智、仁、信、忠"的品质。《孙子兵法·计篇》中将"智、信、仁、勇、严"作为将者必备的品质，对将帅的选拔提出了严格的要求。

在《居官镜》中，刚毅对于将帅者作了一番表述，其认为军事统帅是保卫国家的重臣，是掌握军队命运的人。一个优秀的将领应具备智勇双全、

① （清）刚毅：《居官镜》，刘俊文等编《官箴书集成》第9册，黄山书社1997年版，第279页。

② （清）刚毅：《居官镜》，刘俊文等编《官箴书集成》第9册，黄山书社1997年版，第280页。

③ 徐培根、魏汝霖：《孙膑兵法注释》，黎明文化事业股份有限公司1976年版，第173页。

④ 张亮译注：《六韬　三略》精装典藏本，江西教育出版社2016年版，第59页。

爱护士卒、赏罚有信、纪律严明、忠心为国等基本品质。

在"智""勇"方面，《黄石公三略·上略》载："将无虑，则谋士去，将无勇，则吏士恐。"庄应会《武经要略·圣猷庙胜篇》提到，"为将之道，智勇贵兼全。弓马便捷，所向无敌，勇也。计算深远，无所遗失，智也。智勇而后可以建功业。"可以看出，将者足智多谋、勇敢果断的品质对于行兵打仗非常重要。

而刚毅认为不只是将领，士卒也应是有勇有谋之人。军事统帅带领勇猛将士，奔赴危险之地，从此蹈以白刃，共处安危。有谋略的将领统帅军队会增加士卒智谋，勇猛的将领统帅军队会使士卒更加勇猛，从而起到上行下效的作用。将帅者不仅自身要智勇双全，还要对士卒"勇者励之，谋者亲之，智者用之"①，培养智勇双全的人才。

在"仁"方面，《孙膑兵法·将义》载："将者不可以不仁，不仁则军不克，军不克则军无功。""仁"是将帅之人必备的品质，应与士卒同患难，共安危。

刚毅认为将帅者应做到"爱兵如己子"②。关爱士卒就如同关爱自己的子女，保护百姓就如同保护婴儿一样。将帅者应做到：交战之时，冲锋陷阵；战胜之后，退后谦让；不私藏金玉，不私留美女；与战士同食同饮，同甘共苦。将帅者因为"体人之心所以得人之心"，因为"爱人之身始能用人之身"③，受到士卒、百姓的拥戴。

在"严"方面，严指统帅要赏罚有信，军纪严格。因为《孙子兵法·计篇》载："将弱不严，教道不明，吏卒无常，陈兵纵横，曰乱……凡此六者，败之道也。"孙子认为将者应"威行于众，严行于吏，三军信其将畏者，乘其适"。军纪严明是关系到战争胜败的大事，不能不讲求。

---

① （清）刚毅：《居官镜》，刘俊文等编《官箴书集成》第 9 册，黄山书社 1997 年版，第 280 页。

② （清）刚毅：《居官镜》，刘俊文等编《官箴书集成》第 9 册，黄山书社 1997 年版，第 280 页。

③ （清）刚毅：《居官镜》，刘俊文等编《官箴书集成》第 9 册，黄山书社 1997 年版，第 280 页。

刚毅主张"纪律严明，秉心如秤"①。此外，刚毅还提到将帅者应"罚不贷贵，赏不遗贱。"这句话出自《晏子春秋·问上》："诛不避贵，赏不遗贱。不淫于乐，不遁于哀，尽智导民而不伐焉。"诛罚不回避官高势大的人，行赏不遗漏贫穷低贱的人，意指赏罚贵在公正、有信，同时也是表达了刚毅对于赏罚的一种态度。

"为国求才，总揽英雄，不为利挠，不为势趋"是将帅者忠心为国、真心爱民的表现。"是以发号施令，人皆乐从"②，从而为战争的胜利打下基础。

（二）为官戒奢，爱民为务

自古以来，勤俭就是修身、齐家、治国、平天下的美德。《左传·庄公二十四年》载，"俭，德之共也；侈，恶之大也"③。古人从社会道德规范的高度来解释节俭，认为所有的德都来源于俭，俭能养德，与俭相对的奢是一种最大的恶行，而俭朴的德行可以防止奢侈腐败的行为。《墨子·辞过》载："俭节则昌，淫佚则亡。"④它认为国的得与失在于"俭""侈"二字，节俭使得国力昌盛，淫佚使得国力衰亡，从而证明"俭"和"侈"影响着整个国家命运。在我国历史上因为君王贪图享乐、骄奢淫逸招致灭国之灾的实例不胜枚举，最典型的就是商纣、夏桀的奢靡腐化导致亡国。在《训俭示廉》中，司马光对"俭"和"侈"提出了自己的见解："侈则多欲。君子多欲，则贪慕富贵，枉道速祸；小人多欲，则多求妄用，败家丧身。是故，居官必贿，居民必盗。"⑤因此能否克勤克俭，不仅关系着一个人品质的好坏、官德修养的高低，甚至决定了一个国家的存亡。

中国的官德修养古训中，大多是以俭养廉，以廉养德，节俭是为官之本，亦是为官之德。但是仅凭节俭就可以评定居官者官德的好坏、政绩的高低？实则不然。刚毅认为："俭为美德，以之律己犹可，以之观人，则往往

① （清）刚毅：《居官镜》，刘俊文等编《官箴书集成》第9册，黄山书社1997年版，第280页。

② （清）刚毅：《居官镜》，刘俊文等编《官箴书集成》第9册，黄山书社1997年版，第280页。

③ 王石主：《中国历史上的廉政》，西南师范大学出版社2013年版，第165页。

④ 秦榆编：《墨子学院》，中国长安出版社2006年版，第136页。

⑤ 王石主：《中国历史上的廉政》，西南师范大学出版社2013年版，第180页。

受其惑。"① 节俭是一种居官美德，可用其律己，但不可用其观人，以防沽名钓誉之嫌。

俗语说："知人知面不知心"。刚毅以公孙弘和卢杞为例来说明这一道理。"公孙弘之布衣，卢杞之恶食，皆藉此欺君，而天下国家因之凋敝"。《史记·平津侯主父列传》记载："弘为人恢奇多闻，常称以为人主病不广大，人臣病不节俭。弘为布被，食不重肉……弘为人意忌，外宽内深。诸尝与弘有隙者，虽佯与善，阴报其祸。杀主父偃，徙董仲舒于胶西，皆弘之力也。"② 西汉丞相公孙弘"食一肉脱素之饭"，盖布被，自奉节俭。但其为人阴谋奸狠，杀主父偃、排挤董仲舒，皆其所为。唐朝宰相卢杞，相貌丑陋，恶衣粗食，但阴毒残忍、排斥忠良、忌能妒贤。这些位高权重者表面上为官仁厚，克勤克俭，实则行为相背。刚毅以此来说明这些大奸臣节俭的外衣下，藏匿着险恶用心。

刚毅还提到陈仲子。"陈仲子，齐人也。其兄为齐卿，食禄万钟。仲子以为不义，将妻子适楚，居於陵，自谓於陵仲子。穷不苟求，不义之食不食，遭岁饥，乏粮三日，乃匍匐而食井上李实之虫者，三咽而能视身。自织履，妻辟纑，以易衣食。楚王闻其贤，欲以为相，遣使持金百镒，至於陵聘仲子……于是出谢使者，遂相与逃去，为人灌园。"③《孟子·滕文公下》中，匡章认为陈仲子为廉士。孟子反驳匡章道：不吃母亲的东西却吃妻子的东西，不住哥哥的房子却住於陵的房子，这些行为难道可以称之为廉吗？陈仲子只是像蚯蚓那样"充其操"而已。《战国策·齐策》中，赵威后评论陈仲子：陈仲子，上不臣王，下不治家，这种于国于家皆是无用之人，何不杀之？身为"巨擘"的陈仲子，其行为用当今的话来说就是一种虚伪，一种酸腐。用朱熹引用范氏的话来说，更为严重："人之所以为大者，以其有人伦也。仲子避兄离母，无亲戚君臣上下，是无人伦也。岂有无人伦而可以为廉

---

① （清）刚毅：《居官镜》，刘俊文等编《官箴书集成》第9册，黄山书社1997年版，第275页。

② （汉）司马迁：《史记》卷112，中华书局1959年版，第2950—2951页。

③ （晋）皇甫谧著，（清）任渭长、沙英绘，刘晓艺撰：《高士传》，上海古籍出版社2014年版，第149页。

哉?"① 廉洁自律是好的品质,但是清高过了头,无益于人,无益于国。

俭本身是一种美德,是中华民族的优良传统,但是廉洁并不是生活越俭朴越好,人不是越穷酸清贫越好。相比较于俭,刚毅认为居官者更重要的是能够"察吏安民",了解"属员之贤否,地方之利弊",而不是只做表面功夫,用"淡泊其身"来"盗窃名誉"②。更甚者把"布衣""恶食"当作遮羞布,扛着节俭的大旗掩盖其罪恶的行径。

居官当"以民生休戚为念",有民才有国,民是建立国家的根本,所以以民为本、爱民为务是中国古代民本思想的精华。商周时期,姜太公治国"以民为本,仁政爱民,力主重民贵民,收服民心,使民归附"。"因为'天下非一人之天下,乃天下之天下也',所以要以民为国本,本固邦才兴。"③后来的管仲继承和发扬了姜太公的治国思想,提倡"以民为本,爱民为务",辅佐齐国成就霸业。

"以民为本,爱民为务"的人本思想得到不断发展。到了清朝时期,皇太极发展"以仁治国"的观念,并论述了国与民的关系:"人臣以称职为先,国家以爱民为务。"④皇太极认为国家是为百姓服务的,国家真正的责任在于"爱民",要做到"以仁心爱万民"。皇太极非常关心百姓疾苦,要求各官员"办理事务,当以民生休戚为念"⑤。并且要求八旗诸臣尊民、重民,"于国中百姓,仰体上心,克加爱养,不令属下人等,违法扰民。"⑥皇太极用"仁"的思想,把尊民、重民上升到了国之要务的高度,以此凝聚民众、团结民心。

稽古揆今,明君贤臣以安天下者,多"以民为本,爱民为务"。这是衡量为官者是否称职、是否能受到百姓爱护和拥戴的最重要的因素之一。

---

① 郭庆祥:《浩然正道·孟子详解》,东方出版社2014年版,第172页。

② (清)刚毅:《居官镜》,刘俊文等编《官箴书集成》第9册,黄山书社1997年版,第275页。

③ 姜正成:《帝王之师——姜尚》,海潮出版社2014年版,第98页。

④ 关德章:《清王朝设计者皇太极》,中央广播电视大学出版社2014年版,第55页。

⑤ 关德章:《清王朝设计者皇太极》,中央广播电视大学出版社2014年版,第55页。

⑥ 关德章:《清王朝设计者皇太极》,中央广播电视大学出版社2014年版,第55页。

（三）做人要实，谋事要实

1.因民而利，不碍于公

《论语·尧曰》载："因民之所利而利之，斯不亦惠而不费乎？择可劳而劳之，又谁怨？欲仁而得仁，又焉贪？"这是至圣先师孔子对于子张"何谓惠而不费"的解释。可见，在不碍于公的前提下，居官者要急百姓所急，想百姓所想。

同样，刚毅认为："朝廷设官，凡所以为民。"只要对民众有益，不妨碍公务之事，则宽和严都可以做到仁爱。如若偏执己见，广泛地去获取虚名，不把百姓的事当成事去做，不以百姓的思念为思念，结果恐怕是严苛与放纵的罪名相等，所做的好事比错误的事危害更大。因此，居官行政，必须要居心中正，"以义理为权衡"，才能完成"天下之务"。①

《管子·君臣下》载："为民兴利除害，正民之德。"兴利除弊是指兴办对国家对人民有益的事业，除去各种弊端，但是万万不可曲解兴利除弊之意。刚毅举例说："即如修葺城垣，平治道路，疏濬河渠，开垦荒田"，这是国家原有的制度保障；"水旱平粜，荒年赈济"，是国家救济百姓的福利。这些都可以称作兴利吗？像盗贼奸宄，按法应当治罪；土豪恶棍，法律所不容宽恕。惩罚盗贼，治办恶棍，这些都可以称作除弊吗？②居官者劝民孝顺父母敬爱兄弟，勉励百姓耕桑，惩治盗贼、恶棍，这都是其应尽的职责，是其分内之事，不能被冠以"兴利除弊"的非常之举，拿来炫耀。就如同居官者到处宣传自己不贪污，为官者本来就不应贪污，却拿这件事来炫耀，岂不可笑。

2.救弊须穷致弊之由

刚毅认为"欲拯积弊，须穷致弊之由"。首先要区分是"时弊"还是"法弊"，对症下药。如果是时弊，则"但理其时"；如果是"法弊"，则"革其法，揆新校旧，以虑远图难"。相反，如果知道弊病应该革除，但没有去

---

① （清）刚毅：《居官镜》，刘俊文等编《官箴书集成》第9册，黄山书社1997年版，第272页。

② 参（清）刚毅《居官镜》，刘俊文等编《官箴书集成》第9册，黄山书社1997年版，第273页。

探求导致弊病的根源；如果可以采取新的办法，但是在操作上不得要领，那么就会造成旧患未去，而新患复滋，使局面得不到缓解反而加重。这都是用一种弊病去代替另一种弊病罢了，没有丝毫除弊的效用。容易革除的弊病，如果不剖析它的源头，命令下达而欺诈就会兴起。这样既无法除掉弊病，又违背了众人的意愿。因此，救弊应探究致弊的缘由。

3. 忧公忘私，以谋长远

居官者无论是主动腐败还是被动腐败，都可以归结为公与私的问题，大致都是与以权谋私、假公济私、公私不分等关联在一起。

西晋傅玄《傅子·问政》中载："政在去私。私不去，则公道亡。"为政者须除去一己私欲，如若私欲不去，何谈公道。公道立，天下正，民心从。司马光认为"安国家、利百姓是仁之实"①。为官者当做到居安思危，和平年代要考虑到战争，丰收的岁月要考虑到饥荒。上自公卿下至低级官吏，大多都是得过且过，怀求苟安，既没有十年之计，也没有"万事之虑"。

计谋深远的人和迂腐笨拙的人相似，大家都轻视厌恶他们。那为何大家轻视厌恶深谋远虑之人？刚毅提出："盖因其无攻身之急，无旦夕之验故也。"并指出当今的官员现状：现在百官任职，求取功名迅速，责其过错也有防备。他们不是结交达官贵人，蓄意谋取美名升迁，就是使自身免于过错等待离任。所以这些官员大都为了求取功名或者保全自己，而不是为了社稷、百姓，又怎么会忧国忧民、公而忘私呢？只是大抵怀有苟且计谋，一个连十年的政治规划都没有的人，就更不会有万世的谋划了。②

因此，在其位就要谋其政，为官者不该只怀有苟且的计谋，而应居安思危、忧公忘私、胸怀社稷、心系民生。只有忧公忘私，以谋长远，为民谋实事、干实事，才能风清气正、河清海晏。

（四）选贤任能，合理驭吏

1. 选拔人才不应只注重外表而舍弃内质

刚毅强调选拔人才不应只注重外表而舍弃内质。对此，他以唐朝选拔

---

① 程应镠：《司马光新传》，上海人民出版社 2016 年版，第 45 页。

② 参（清）刚毅《居官镜》，刘俊文等编《官箴书集成》第 9 册，黄山书社 1997 年版，第 288 页。

人才的四项基准"身、言、书、判"来进行论说。唐朝选官，进士及第后不直接授官，须由吏部铨试，铨试合格者才可授予官职，铨试的内容就是"身、言、书、判"。《通典》记载："其择人有四事：一曰身，取其体貌丰伟；二曰言，取其言词辩正；三曰书，取其楷法遒美；四曰判，取其文理优长。此四事者皆可取，则先德行，德均以才，才均以劳。已试而铨，察其身、言；已铨而注，询其便利而拟其官。"① 刚毅强调：济世的策略是存在心中的，与其身体丰瘠无关；泽民的志向是埋藏在心中的，与其是否能言善辩无关；经世的文章在乎文辞，与其字体工整还是粗劣无关；诱导百姓的方法在于德行，与其断事敏锐还是迟钝无关。② 刚毅以历史上的功臣杜预、周昌、王导、司马光等为例，指出杜预不会骑马，却成为西晋时期著名的政治家和军事家；周昌说话结巴，却得到了汉高帝的重用；王导的书法不如王羲之，却成了使国家转衰为盛的贤相；司马光不会写四六句的骈文，却成了宋朝名臣。如果都使用唐朝选拔人才的方法，那怎么会有这样的功臣名垂青史！因此，这种唐朝的选材方法应当舍弃，相比较于体貌和言辞，为政的策略、爱民的志向、自身的德行等这些内在的品质才是最重要的。

2. 举贤不避亲仇

有些人举贤荐能不敢用亲，觉得人言可畏；有些人举贤不敢用仇，是因为出于私利。刚毅以"祁奚荐贤"为例，主张举贤荐能应不避亲仇。

《左传》载：祁奚请求解甲归田，晋国君主问谁可接替他。称解狐，其仇也。将立之而卒。又问焉，对曰："午也可。"于是羊舌职死矣。晋侯问："孰可以代之？"对曰："赤也可。"因此授予祁午中军尉的职位，佐之以羊舌赤。③ 作为老臣，祁奚拥有良好的政治智慧和成熟的判断力。解狐是祁奚的仇人，祁午是祁奚的儿子，羊舌赤是他的副手，举荐这些人不为谄媚，不为私心。其为人公私分明，做事思虑周全，洞察力极强，祁奚无私的政治主张令人肃然起敬。

---

① 张典友：《宋代书制论稿》，文物出版社 2012 年版，第 374 页。

② 参（清）刚毅《居官镜》，刘俊文等编《官箴书集成》第 9 册，黄山书社 1997 年版，第 288 页。

③ 参杨华译注《左传译注》，商务印书馆 2015 年版，第 177 页。

刚毅大赞祁奚荐贤之举，进一步提出"举仇犹可，举亲其难"①。在刚毅看来，举亲比举仇难上加难。庸鄙的人只会为了庇护自己的亲人而引荐，因憎恨自己的仇人而疏远排挤，这些人自然不能称得上是君子。然而某些所谓的君子会为了维护自己的名声而避嫌，忍痛割爱以回避亲人，反而以一种大义凛然的姿态举荐仇人，此类行为虽然与庸俗鄙陋之人不同，但本质上和那些庸俗鄙陋之人并无差别。因此，举荐人才，惟举其善。

3. 事上率下要明大义

朱子注"訚訚"："和悦而诤，此事上官之道也。"②"和悦则极恭极慎，诤则无少唯阿，无稍隐匿。"③作为下属官员，侍奉上司长官要做到"和悦而诤"，"和悦"要求极其恭敬极其谨慎，"诤"则要求无须少许唯唯诺诺，无须稍微隐匿遮掩。

想要在上司面前表现得体，或者是想要得到上司的赏识，最重要的是要有正确的自我认知和定位："首先，要认识到，上司是人，我也是人，与上司有同等的人格，必须保持自尊；其次，我是国家一介官员，国家和民众的利益是最根本的宗旨，在任何人面前都代表一方之利益，应堂堂正正，无有尊卑之分；第三，既然你是上司，我要尊重你的地位和权利，有服从的义务。"④以此三点为基准，根据不同的上司采取相应的方式，这才是正确的事上之道，而不是一味地谄媚权贵，溜须拍马，或是尽显长处，无所顾忌。

雍正即位以来，内外文武官员，不论是否相识，一登仕途，便互通信息，互相庇护，矜名图利，害正误公，积成大恶。由此可见，官场中的朋比请托之风大为盛行，官场作风腐败堕落。因此雍正在上谕中指出"人臣事

---

① （清）刚毅：《居官镜》，刘俊文等编《官箴书集成》第9册，黄山书社1997年版，第274页。

② 张原君、陶毅主编：《为官之道——清代四大官箴书辑要》，学习出版社1999年版，第232页。

③ 张原君、陶毅主编：《为官之道——清代四大官箴书辑要》，学习出版社1999年版，第233页。

④ 张原君、陶毅主编：《为官之道——清代四大官箴书辑要》，学习出版社1999年版，第233—234页。

君，须明大义"①。

在"事君"方面，刚毅引用雍正上谕，提出"事君须明大义"，切勿掩饰矫情，标新立异，更不能依恃私党，与他们同流合污。处事奉君，要做到不随波逐流，将个人的得失利害置之度外，全心全意精忠报国，慈爱百姓，自然能够得到君上的信任。不求声名、富贵，而荣誉爵禄纷至。相反，苟且迁就，竭力周旋，只能使自己身败名裂，行止卑污，禄位反而保不住。"既登仕籍，奈何为此市井之谈耶?"②人臣者，侍奉君主切勿标新立异、结党营私，不然就会深陷其中，无法自拔。在官场上，结党营私本就是君上痛恨之事，况且结党营私之人无法做到坦诚相待，在利益场上相互争夺，遇到危险反而各自退却，不能团结一致。竭力周旋或是苟且升迁，只会使自己身败名裂，爵禄不保，得不偿失。而应不随波逐流，将个人利益置之度外，上为精忠报国，下为爱护百姓，必会得到天理人心的公平，也会获得君主的信赖与赏识。从而，"不求名而声誉自孚，不求荣而爵禄自至"③，名利皆收。

刚毅认为"统辖属员，必须中正和平，推诚布公"。其一，作为上司长官，在对待下属时，要做到中正平和，惩恶扬善。对于官吏要适当地褒奖其成就，训导其瑕疵，使其醒悟整改。斥恶奖善才能起到激浊扬清的作用。其二，大臣要为国惜才，在弹劾属员时，尤其应当慎重，误劾失去一个有才干的官员，其过错比误荐一个劣员更严重。因为劣员终有一天会自然败露，而有才干的官员一旦被弹劾罢黜，将不可重振。因此，为官者在弹劾或者罢免属员之时，要慎重考虑，切莫误劾失去有才干之人。其三，为官者不可妄自尊大，残暴凶狠，恣意横行。不可因为一时的喜怒哀乐，而随意调派属员。更不能因与属员意见不一致，而谩骂侮辱，这样残暴凶狠、妄自尊大，不仅违背大臣的德行，属员也会忌惮、害怕，只剩阿谀奉承罢了，丧失

---

① 陈维昭：《带血的挽歌——清代文人心态史》，河北教育出版社 2001 年版，第 122 页。

② （清）刚毅：《居官镜》，刘俊文等编《官箴书集成》第 9 册，黄山书社 1997 年版，第 274 页。

③ （清）刚毅：《居官镜》，刘俊文等编《官箴书集成》第 9 册，黄山书社 1997 年版，第 274 页。

了应有的气节，还怎么为国效忠，何谈建国立业！因此，"率属之道，公明而已"。

4. 观吏治民风，究吏变坏之由

吏是中国古代一个非常特殊的群体，他们没有官职，实际却掌握着很大的权力。古代为防地方官徇私，实行同乡回避制度，经常调任，所以地方官对上任之地的各项事务不甚了了，甚至一无所知，这就需要有了解当地政务的吏来辅助。吏多是当地人，他们穿梭于本地各个势力之间，而且官会有调任，但吏不会变更。在古代衙门里，吏几乎经办一切大事小情，他们有管治安的、刑法的、文书的、户口的、粮米的。吏是上达民情、下传政令的纽带，吏的好坏不仅关系到百姓的安危还牵扯到一方政治的安稳与动荡，吏在地方政治中充当着非常关键的角色。因此，为官者要深谙驭吏之道，既不能被吏牵着鼻子走，也不可对其纵容，任其扰民害民、欺压百姓。

"与民休息"是历史上最享美誉的一种治国理民方式。也就是让百姓休养生息，即不打扰百姓，不伤害百姓，轻敛薄赋，鼓励生产，减轻刑罚等，使社会安定，经济恢复发展。但对统治者来说，要让吏不扰民、不害民是困难的。他们发财致富的主要对象就是民众。因此，真正为民者少，而扰民害民者多，更多的是官员特别是吏借此以榨取民财、搜刮民脂民膏，从而导致社会动荡不安。因此，吏治的好坏关系着民众生活的安逸或是艰辛。

刚毅认为社会致乱之弊，在吏，也在民。《孟子·离娄上》载："上无道揆也，下无法守也。""道揆"意为尺度、准则。意思是国家没有一定的法律制度和道德规范，百姓也就不会遵守，容易犯错误。刚毅强调官吏的作风政绩和百姓的风俗习惯与国家治乱息息相关，因此官吏要尽职尽责，百姓要安分守己，各守其道。

刚毅强调，治理国政的方法就是要民众得到休养，而民众休养的关键就是除去劳累民众的事情，使其宽然自得，各谋生计，安居乐业，然后富足可期。但是有些官吏将苛刻置于心中，以繁琐苛刻为精明能干，以此来蒙蔽昏庸寡识者，以至于劳累民众。刚毅举例说："催征钱粮""拘讯词讼""抽分釐金"等，使民众受累严重。还有"查拿私盐之累，胥役、营兵因缘为奸，佐职、武弁横肆贪酷，一案化为数案，一人波及数人"①，诸如此类，不胜枚举。

刚毅还强调，与民休息不代表官吏不作为。有些官吏被称为"因循不振者"，这些官吏借口与民休息，自己不扰，却放纵恶人扰民，对于奸诈扰民之恶徒无所作为。还有部分官吏被称为"任事者"，这部分官吏只是致力于查考核算，没有有效的利民之举，和不作为有什么区别！这些行为伤害了民众的切身利益，何谈不扰、不害，只是换了种扰民、害民的方式而已。

所谓休养生息，治国理政主要有两点，一是安民，一是察吏。刚毅主张欲安民，必先察吏。官吏需要夯实作风、提高修养，为民筹谋划策，使百姓过上安定太平的生活。

吏长久盘踞衙门官署，拥有复杂的关系网，手段非常，既能欺上又能瞒下，甚至把长官玩弄于股掌之间，长官既摆脱不了，又无法依靠。吏已成为一股强大的势力，操纵地方政治权柄，并且利用职权欺压百姓，谋取私利。特别是在日常的司法案件中，吏能够上下其手，大捞好处。"吏之害"也成为明清时期祸乱朝政的极大危害。尤其是有清一代，后世学者有"与吏共天下"的评价。

在刚毅的观点中，这些吏贪婪残暴，但在未任官职之前或许他们还是善良的人。为何担任吏类的官职会改变他们的秉性呢？刚毅指出是钱的原因。为了支撑一家老小的生计，吏既然入了官署，就只能把官署当成自己永恒的职业，既不能依靠读书来考取功名获得爵禄，也不能像普通的百姓一样耕田劳作来谋生，一家数口的生活需求都从官署中索取，以至于所说多非实言，所行多非正事。这或许是初入官署的吏压榨民财、巧取豪夺的原因之一，但长此以往下去，他们就会丧失本心，言不义之言，行不义之行，言行慢慢形成习惯，把贪婪索取的不义之财当成自己应得的东西，于是变得伤天害理，大肆欺诈百姓，搜刮民脂民膏。

晚清重臣阎敬铭大力整顿山东吏治，经朝廷批准，先后弹劾罢黜州县

---

① （清）刚毅：《居官镜》，刘俊文等编《官箴书集成》第 9 册，黄山书社 1997 年版，第 287 页。

"庸劣不职"的大小官员百余人，恢复廉洁正派的官风，深受朝野上下的赞誉。阎敬铭在给同治帝的上谕中指出整顿吏治的方法，"官有以养其廉，终不可以为治。否则虽峻法严刑，亦有难施"①。因此，正确的驭吏之道，不仅可纠正官场的贪污腐败之风，还可使生产得到发展，百姓安居乐业。

5. 用人不易，知人尤难

"国家政治，在乎得人。"② 任人，当属为政之要。为官者要学会用人，如何辨别人才优劣，如何恰如其分用其材，则需要用人者有一定的眼光和把握，并要善于根据不同的情况，恰当地用不同的人。

人都有优点长处，即便是小人也并非一无所用，如孟尝君那样，鸡鸣狗盗之徒也能派上用场。"鸡鸣狗盗"之徒是为君子所不齿，但就是这样的人被孟尝君收于门下，并在关键时刻挽救其性命。

"小人如水，要看其盛器如何。"③ 在刚毅看来，各级官吏，只要有才均可用，哪怕是小人有才也可用。"自大吏以至于一命，皆有其责。"④ 政事有缓有急，人才也分量等级，不仅上等、中等人才可有作为，小人也有其存在的价值。其实小人能不能用，关键在于用人者的控制能力。如果为官者才识平庸，那一定是无法用人的，更无法驾驭小人。小人物也可以有大作用，关键在于用人者一定要知人善用，并且要细大不捐地笼络人才，将他们用在正确的地方。

人的才能有大有小，大材小用会浪费人才，小才大用会有危险。刚毅把任用人才比作安置器具，制置的安危是由情势决定的，嘱托授予的人能否成功取决于他的才能。人才的任用就好比器具的安置，把它放在危险的地方就会倾覆，放在平地就会平稳。而才能就像负重，超出其能力之外的事情就会失败，而适合能力的事情才会成功。"有巨力而加重负，犹恐蹶跌之不虞，

---

① 阎忠济、阎悌律：《晚清重臣阎敬铭》，太白文艺出版社 2014 年版，第 62 页。
② （清）刚毅：《居官镜》，刘俊文等编《官箴书集成》第 9 册，黄山书社 1997 年版，第 285 页。
③ 裴传永：《为官思想录》（下册），中共中央党校出版社 2005 年版，第 500 页。
④ （清）刚毅：《居官镜》，刘俊文等编《官箴书集成》第 9 册，黄山书社 1997 年版，第 285 页。

择安地而置大器，尚虑倾覆之难备，安有委非所任、置非所安而望其不颠不危，固亦难矣。"① 因此，身负重任的官员，用人应当量才而用，如此一来，"俾官无弃人，斯政无废事矣"②。

作为朝廷重臣的刚毅深知用人不易，知人之难。能否合理地选拔人才才是吏治的关键。

刚毅提到用人实属不易，比如诚实的人可能才质平庸，机警的人可能器识偏狭。簿书俗吏不懂得先王的典章，只会写迂腐的文章而不明白律令之旨要。刀笔之吏长期忙于处理公文，周旋于官曹之中，所以他们不会用温文尔雅的气质来润饰自己，多苛察刻薄。而竹帛之儒来于讲堂，交游于乡校之间，所以他们不会裁决严猛断割之事，多处事迂缓。金无足赤，人无完人。每个人都有自己的优点、缺点，不同的生活环境培养出不同性格的人，闪光点的背后也会有不堪的景象。因此，如何恰当且充分地利用其优点，尽可能地避免缺点，是用人的关键。

在知人方面，刚毅主张，作为上司应随时审查检验官吏的言行，特别提防四种人：乡愿之徒、众恶之徒、奸巧之徒、好事之徒。

乡愿之徒即伪善者，刚毅提到根据舆论来判定官吏贤否是不合理的，因为百姓所喜欢的不是政治清明的贤才，就是貌似清明实则同流合污的伪善者。而伪善者"巧于迎合，工于窥探，托小廉曲谨之名，为欺世诳人之事"③。这类表面廉明谨慎实则道德败坏的贼人，应格外注意。众恶之徒或是迂腐荒谬，或是恃强凌弱，自私狭隘，作恶一方，被百姓所厌恶，他们也被称为官吏中的蠹虫。这类人自然是不可被任用的。奸巧之徒对于上司委托的事务，若稍有繁难，则称这并非分内之事，逃避责任，心怀欺诈，还能获得不迎合上司的正直之名。这类人更是不可被任用。好事之徒不安分守己、盲

---

① （清）刚毅：《居官镜》，刘俊文等编《官箴书集成》第 9 册，黄山书社 1997 年版，第 285 页。

② （清）刚毅：《居官镜》，刘俊文等编《官箴书集成》第 9 册，黄山书社 1997 年版，第 285 页。

③ （清）刚毅：《居官镜》，刘俊文等编《官箴书集成》第 9 册，黄山书社 1997 年版，第 285 页。

目自大、吹嘘夸耀，也是不可用的人。

作为上司长官，要随时审察，并根据不同事情的具体情况进行检验，酌情应之，酌力处之，在知人、用人方面就不会出现大的错误。

6. 谨防谄谀之辈蒙骗

刘向《说苑》卷 12《奉使》载"豚尹观晋"一事：楚庄王欲伐晋，"可矣！初之贤人死矣，谄谀多在君之庐者，其君好乐而无礼，其下危处以怨上。上下离心，兴师伐之，其民必先反。"庄王从之，果如其言矣。豚尹聪明睿智，有其独特的观察和分析问题的方法，但同时晋国国君过于愚蠢，仅一年时间就使原本欣欣向荣的晋国风气骤改。贤臣死，朝中尽是谄谀之辈，以致君好乐无礼，不能励精图治，政治定是腐败，百姓危怨，"上下离心"。以此，伐之必胜。

刚毅指出花言巧语、阿谀奉承的人往往都是见利忘义的小人，这些人察言观色、巧舌如簧，以上级为靠山，围绕在靠山身边。

> 彼必揣所悦意者则侈其言度，所恶闻者则小其事，致使但见其是而不见其非，终身错误而不觉。如彼作一事，上称其是，则曰托上之福，遵上之教，以中上听。上责其非，则曰从前尤甚，一时难返，以掩己过。如上称他人之善，其人与彼投合者，则曰上能知人，某感知遇。其人与彼不睦者，则曰才余守亏，外实内诈。上责他人之恶，其人与彼投合者，即就上言而解之，如言其因循，则曰谨慎宏沉，如言其平庸，则曰老成持重，如言其浮躁，则曰振作勇往，如言其狡猾，则曰才具明敏。其人与彼不睦者，则曰难逃洞鉴。的确如此。①

谄谀之辈在不自觉的情况下充当了唯命是从的小人。这些人巧舌如簧，以个人利益为中心，对于人事只会凭着自己心意夸大其词，乱说乱话。甚至是制造事端挑拨是非，利用口才加以煽动，以促使自己在其中行事自如。这些人

---

① （清）刚毅：《居官镜》，刘俊文等编《官箴书集成》第 9 册，黄山书社 1997 年版，第 286 页。

有的是为了保住饭碗，寻找靠山，于是对靠山阿谀奉承；有的是为了个人的前途，为了个人的发展，而对上级溜须拍马。

如此谄媚之徒，拨弄是非，变乱善恶，实为国之蟊贼。因此，为官者，特别是掌握一定权力的官员，在日常的政治生活中不可轻信他人，应倡导进善退馋、亲贤远佞，还要不时地警醒自己、告诫后人。

四、《居官镜》的礼法思想

（一）导德齐礼、明德慎罚

《论语·为政》曰："道之以政，齐之以刑，民免而无耻；道之以德，齐之以礼，有耻且格。""道"通"导"，引导之意。"为政以德"是孔子"民本思想"的政治主张。孔子认为如果执政者用强权、政令来治理国家，采取强硬的刑法、压制的手段来约束百姓，虽然能使他们做到所谓的"安分守己"，但这只不过是可以避免犯罪，心里却不懂犯罪可耻的道理。所呈现出来的，也不过是表面上的一片祥和而已。执政者应以道德来教化百姓，使之心存仁德，以礼法来引导百姓，使之自我约束。如此一来，百姓既能循规蹈矩，又有知耻之心。"导德齐礼"对于治理国家具有非常重要的意义。

后晋刘昫等《旧唐书·裴矩传》载，唐太宗时期，为了采取措施制止作奸犯科的官吏，暗中派人给主事官员送财物上门检验。主管的官吏接受了下属绢帛一匹的贿赂，这使得唐太宗极为震怒，要下令杀掉他。裴矩进谏说：此人受赂，诚合重诛。但陛下用财物来试探他，陷人以罪，这恐非导德齐礼之义。此官受贿理应受惩处，但是裴矩认为这属于诱导犯罪，是唐太宗用财物引诱此官吏，在性质上属于诬陷其犯罪，因此，唐太宗的行为不符合"导德齐礼"之义。

刚毅认为，圣王明君治理国家的本意是"导德齐礼"，而"齐之以刑"是有不得已的苦衷。因为百姓良莠不齐，对于那些为非作歹的人，唯刑罚不能整治，所以施之以刑罚实属不得已而为之。所以，道德和礼制是治理百姓不可或缺的因素。

刚毅主张"明刑所以弼教，除暴所以安良。何恩何怨，何宽何严，处之无心，并非二事。准乎天理，生亦不为慈；协乎人情，杀亦不为忍。"① 刚毅认为明刑才可以弼教，除暴才能够安良。把刑律传谕百姓，使之知法畏法以致守法。铲除暴乱，安抚百姓，使之国泰民安。在量刑处罚时要心存公正，主持正义，"抱刑期无刑之心，持辟以止辟之法"②。刑律也属于教化的一部分，适当的杀戮与刑罚，是对百姓慈爱关怀、仁德教化的一种方式。刚毅以"虞廷以钦恤垂训，周书以慎罚为辞"为例，指出古代帝王在用刑之际，虽然会以法律为准则，但也是怀着一颗仁厚的心去处理案情。《书·尧典》载："钦哉钦哉，惟刑之恤哉！"尧舜在施刑时慎重不滥，心存怜悯。《尚书·康诰》载："惟乃丕显考文王，克明德慎罚。"明德是慎罚的指导思想和保证，是西周立法的指导思想之一。因此，刚毅以"人畏烈火"，强调朝廷立法自当严明，执法长官应当做到外露严明，心存仁恕。如遇疑问案件，宁可过分仁厚，也不可超礼逾义。要在尚德、敬德的前提下，不乱罚无罪，不滥杀无辜。

　　早在西周早期文献《尚书·康诰》中就已出现了"明德慎罚"的观点。荀子在此基础上提出"厚德音以先之……然后刑于是起矣"③，阐述了先德后刑的治国理念，也包含了德礼为主、刑罚为辅的原则。此外，荀子还强调要谨慎用刑，《成相》篇载："听之经，明其请，参伍明谨施赏刑。……言有节，稽其实，信、诞以分赏罚必。"④ 刑罚的基础是弄清实情，把情况多次反复调查清楚之后，再谨慎地量刑处罚。言词要合法，并考察其真伪，案件水落石出才可以严明赏罚。

　　因此，刑罚的实施要"明"，要"慎"。刚毅认为"用刑之大旨，不外乎明慎二字。"所谓"明"，是指"知其事之原委，察其情之虚实，二者俱备，虚中听断，犯法者甘心认罪，受害者了无嗔怨，此明之功效也"⑤。查清

---

① （清）刚毅：《居官镜》，刘俊文等编《官箴书集成》第9册，黄山书社1997年版，第305页。

② （清）刚毅：《居官镜》，刘俊文等编《官箴书集成》第9册，黄山书社1997年版，第305页。

③ （清）王先谦撰，沈啸寰、王星贤整理：《荀子集解》，中华书局2012年版，第455页。

④ 参俞荣根《儒言治世　儒学治国之术》，四川人民出版社1995年版，第57页。

⑤ （清）刚毅：《居官镜》，刘俊文等编《官箴书集成》第9册，黄山书社1997年版，第305页。

事情的来龙去脉、真假虚实，而后断案，这样不仅犯法的人甘心认罪，受害者也不会有抱怨。所谓"慎"，是指"胞与为怀，哀矜勿喜，片言不确，不厌重推，总期心无疑窦，情真法协，此慎之功效也"①。怜爱他人，但不以怜悯为喜爱，推理案情，不放过任何疑点，用法才会适宜。因此，刑罚要做到"刑贵平恕，宽而不滥，严而不枉，但须详求精密，得其至情"②，只有这样，才能做到"明德慎罚"，减少冤假错案的发生。

在刚毅的观点中，"导德齐礼"起到了不可替代的桥梁作用，这也是治理社会的一种行之有效的方式。以德、礼进行约束，使每一个人的内心向善发展，并且能够清楚明白地定位自己的社会价值和社会地位，并且可以遵从德、礼来规范生活，从而保证社会有序地发展。

在"导德齐礼""明德慎刑"的儒家思想体系之下，百姓犯法会被制裁，所以刑罚可以使百姓畏而远之，但不能让他们去行善。而德礼教化不仅能帮百姓断恶，还能使人自知迁善，预防犯罪于前。因此，"导德齐礼""明德慎罚"是治理国家、稳定社会秩序不可忽视的因素。刑罚与德礼，要相辅相成，不可偏废。刚毅这一观点是儒家为政思想的发展，相比较于冷酷的刑罚，更注重用德和礼的方式潜移默化人们内心，这是从根本上解决社会矛盾，维护社会秩序的途径。

随着历史的发展，当今社会已与孔子年代大不相同，距刚毅所在的晚清也有100多年了，人们的价值观念发生了巨大的变化，但是儒家的治国理念仍然给予我们借鉴和启发。

（二）因俗施教、政调于时

自古以来，中国当政者十分注重社会风俗，认为社会风俗对政治制度有着举足轻重的影响。在"导德齐礼""明德慎罚"的儒家思想治国体系下，孔子主张应对人民实行教化，反对"不教而杀"，更提出"不教而杀谓之虐"③。

---

① （清）刚毅：《居官镜》，刘俊文等编《官箴书集成》第9册，黄山书社1997年版，第305页。

② （清）刚毅：《居官镜》，刘俊文等编《官箴书集成》第9册，黄山书社1997年版，第305页。

③ 参薛和、徐克谦《先秦法学思想资料译注》，江苏古籍出版社1990年版，第231页。

孔子认为刑罚可以禁人为非，但只是暂时的，而德礼可以使人懂得是非，从而避免犯罪。

《后汉书·桓谭传》载："善政者，视俗而施教，察失而立防。"作为两汉时期著名的政论家和思想家，桓谭热切追求社会和谐乃至天人整体和谐的局面。在国家治理的方式上，桓谭反对简单粗暴的强制性统治，主张将治理手段和社会风俗结合在一起，相互协调配合。

刚毅作为晚清时期的朝廷重臣，深受儒家思想的熏陶，充分认识到了这一点，总结了"因俗施教""政调于时"的治国思想，主张执政者在处理政治事务时，须合时宜，要附合当地的社会风俗，才能取得实效。为了论证自己的观点，刚毅以康熙帝为例展开论述。康熙是历史上有名的保民、安民思想的倡导者和实践者。在位期间，曾发布长谕："共四海之利为利，一天下之心为心。体群臣，子庶民，保邦于未安，制治于未乱。"① 康熙帝认为国家政策应以天下百姓为先，要符合民众的心愿及利益。要有因俗施教的意识，在天下未乱之时就要制定出完善的施政策略与方法。皇帝的诏令有利于推进德礼教化，但是在地方事务上，更多的是由地方官处理的，所以地方官的政务与儒家的教化思想存在着密切的关系，自然地方官也就肩负着因俗施教的重任。

对于地方官吏而言，刚毅告诫官吏要珍惜民力："从来与民休息，道在不扰，多一事不如少一事。"② 有些官吏只求虚假的名誉，不探求实际的道理，只想表现自己的能力，不顾及国家的政体，靠自己的猜测臆想来变法，以此彰显能力，博取虚名。打着利民的旗号，殊不知不但不能利民，还会招致弊害，使得民众生活窘迫。为官者只有竭尽心力，严格地遵循良法，善体美意，才有利于化民成俗之道。

对于地方制度而言，必须因地制宜，因俗施教，宽猛有所不同，以惠民利民作为施政的根本，最终要把地方社会变成教化的场所和良风美俗的聚集地。因此，制度不仅是约束民众行为的规范，也是民众言行的准则。

---

① 参见苑广增《中国古代管理思想荟萃》，科学技术文献出版社 1992 年版，第 165 页。

② （清）刚毅：《居官镜》，刘俊文等编《官箴书集成》第 9 册，黄山书社 1997 年版，第 284 页。

作为一个精明的为官者，刚毅清楚地知道对于百姓而言，精神的驯化远比身体的控制更为重要。所以除了法律、纲纪的约束，"因俗施教""政调于时"是治理百姓的关键。刚毅认为"凡事规略未详悉固不率行，利害非相悬固不苟变"，施政策略一定要规划详细无所遗漏，才能展开行动；在利害关系没有表现出来之前不可轻举妄动。刚毅提出"欲拯积弊，须穷致弊之由"①的理念，除弊需分清致弊的源头是时弊还是法弊，分别采取相应的措施。但是应值得注意的是，若要采取新的政策，一定要操作得当，以免旧患没有除去，反而增加新的弊病，而且还违背了百姓的意愿。所以要达到除弊兴利的目的，最重要的是"视俗施教，察失立防，然后可以政调于时矣"②。制定制度或政策时要考虑到现实情况，不可脱离实际事务，还要考虑到具体的施政能力，这样就可化民成俗，做到政务与时世相协调。

作为人臣，刚毅以史为鉴，因俗施教、政调于时，深谙化民成俗之道。刚毅遵从"与民休息，道在不扰"的理念，认为"自古帝王治天下，因革损益，原期尽善尽美，但无数百年，不弊之法果属法弊，难行自应参酌时宜，归于可久"③。随着时间的推移，社会的变革，再完美的制度也会过时或者说难以适应社会的发展，变得寸步难行。这时"因俗施教""政调于时"就显得尤为重要，将难以实行的制度参酌时宜进行修改，使之长远有效。

第三节　《牧令须知》的思想内涵

一、《牧令须知》的编纂

光绪十一年（1885），刚毅担任云南按察使，辑录各种文牍程式编成一书，名为《牧令须知》，以便地方官吏以式抄用，这部官箴书为各地官员的

---

① （清）刚毅：《居官镜》，刘俊文等编《官箴书集成》第 9 册，黄山书社 1997 年版，第284 页。

② （清）刚毅：《居官镜》，刘俊文等编《官箴书集成》第 9 册，黄山书社 1997 年版，第284 页。

③ （清）刚毅：《居官镜》，刘俊文等编《官箴书集成》第 9 册，黄山书社 1997 年版，第284 页。

培训、考核以及识人用材等方面提供行之有效的依据，教导地方州县官为政之法、各类文书的书写模式，并且鼓励官员亲民、爱民、澄清吏治，提高了各级官吏的自身素质，保障了各个司署的信息通畅，使得各类事务得以严格有序地处理。此书被视为晚清地方州县官执政掌权的指导性用书，颇有针砭时弊的苦心。

但是随着时代背景的变化，新鲜事物的滋长，特别是科举考试的弊端显露无遗。"清代的学士们多数以求取功名为目的，只以科举考试为学习导向，对当代时事政治和治吏所知很少……而通过捐纳等方式谋官的候补官员，其知识和能力更加不足以应对刑、名、钱、谷等繁琐的传统行政事务和新生政务。"① 经科举考试的官员存在着诸多不足之处。另一方面，清道光以后，衙门的公文案牍名目繁多，面对这些不断增长的问题，刚毅也在不断地完善《牧令须知》。

光绪十八年（1892），刚毅在《牧令须知·序》中具体叙述了当时的社会形势：其一，"政事之端，纠纷万绪。不离乎吏户礼兵刑工六曹之所掌。其所以布教施令，达上行下之文，一代自有程度，垂诸令甲"②。其二，"近世之士，稽古而不通今。身登仕籍，端坐堂皇。吏日抱尺许厚牍以请判，据案署尾，茫然不知其中为何事。而黠者乘之以因缘为奸……今之人无昔人之才识，而鄙薄书钱谷为不屑道。居其位而不知其职，食其禄而不知其事。一委之于幕客吏胥，其何以为政"③。其三，"三代而下，世风不古。诈伪滋多，科条亦因以日密。虽尧舜复生，不能无为而化。汉以尚吏而治，晋以清谈而败，时势然也"④。社会动荡，国家内忧外患。国家政事，千丝万缕，为吏户礼兵刑工六部所掌管运行，政令的上行下达在官场政治中起到了重

---

① 田晓美：《刚毅及其〈牧令须知〉中的文书学术论述初探》，硕士学位论文，内蒙古师范大学，2016 年，第 12 页。

② （清）刚毅：《牧令须知》，刘俊文等编《官箴书集成》第 9 册，黄山书社 1997 年版，第 213 页。

③ （清）刚毅：《牧令须知》，刘俊文等编《官箴书集成》第 9 册，黄山书社 1997 年版，第 213 页。

④ （清）刚毅：《牧令须知》，刘俊文等编《官箴书集成》第 9 册，黄山书社 1997 年版，第 213—214 页。

要的桥梁作用。但是由于世风日下，弄虚作假、欺骗诈骗之事越来越多，随之涌现的科律条目也不断增多。而为官者却不通古今，更无识人用人之才，委事于幕客胥吏，不问政事，使得奸邪当道。如此州县政治形势不容乐观，为此，刚毅"曾手辑吏牍程式各种，栞之于滇南藩署。命之曰《牧令须知》，以告世之学仕者。比以行箧所带无多，复续栞于晋，并增列居官莅政各论"①。

《牧令须知》以吏、户、礼、兵、刑、工六部为主，全书分为6卷。

卷1指出牧令的各项工作程序以及注意事项，分为《居官》《莅任》《关防》《用人》《陋规》《书役》《同寅》《赌博》《相验》《催科》《办差》《邮政》《听讼》《弥盗》《荒政》《交代》《保甲》，共17篇。《居官》阐述了为官之道，重在清慎勤三字、牧令乃民之父母、居官以操守为本等重要的道德修养。《莅任》主要讲述了"居官办事，宅心于中。着脚于庸，以义理为权衡"②，牧令所司应以刑名钱谷二事为先、到任之初应实地考察民情地利等等，并附告示1篇。《关防》主要指出谨防胥吏和家丁勾结，以关节欺人。《用人》指出家丁应选用明白谨慎之人且不可滥用，幕友应选择品学兼优之人，"倚势虐民，招摇撞骗，勾串书差，表里为奸"③者不可用。并附告示1篇。《陋规》指出当除一切陋例，并附告示1篇。《书役》叙述"州县六房之设，各有专司"④，所用差役应为明白谨慎、熟悉公事之人。告诫官员不可滥用差役，并且对其要"宽猛相济，重赏严罚"⑤。并附告示1篇。《同寅》指出同僚之间不可结党营私，文武百官皆是朝廷之臣，性情不一，各有所长，彼此之间应

---

① （清）刚毅：《牧令须知》，刘俊文等编《官箴书集成》第9册，黄山书社1997年版，第213页。

② （清）刚毅：《牧令须知》，刘俊文等编《官箴书集成》第9册，黄山书社1997年版，第216页。

③ （清）刚毅：《牧令须知》，刘俊文等编《官箴书集成》第9册，黄山书社1997年版，第218页。

④ （清）刚毅：《牧令须知》，刘俊文等编《官箴书集成》第9册，黄山书社1997年版，第219页。

⑤ （清）刚毅：《牧令须知》，刘俊文等编《官箴书集成》第9册，黄山书社1997年版，第219页。

"直言告知，婉言劝阻"①，和衷共济。《赌博》害人害己，居官者有化民成俗之责，应严禁开设赌馆，严惩赌博之人。《相验》命案盗案宜迅速，以防事实被包庇、作假，"带件作、刑书各一名，差役二名，仆从一名"② 即可，所需费用由本县播发。《催科》宜细心且不扰百姓，州县下乡须携带粮策，逐一询明，认真核对。《办差》叙述了大宪过境，其随从往往无中生事，实难应酬。所以，州县官应提前选择明白良善的家丁，根据实际情况接待。《邮政》是往来文书传递的重要枢纽，讲求迅速。因此驿站宜选用诚实可靠之人，分管兵房、马牌、背包、送差、兽医、喂马等事务。《听讼》指出户婚田土关系着小民的身家性命，应审讯明确、详察真伪，尽量开导以平息诉讼。并附告示1篇。《弥盗》叙述"居官首在安民，安民必先弭盗"③，平日应力行保甲制度，清盗窃之源，对于捕役应"拏获有赏，玩延有罚"。《荒政》讲述救灾之事。如遇灾害，应迅速上报，以"安贫宜先保富，保富正可济贫"为原则，一边详查灾祸缘由，一边倡捐以救民。借鉴明代林希元《荒政丛言》中叙述的"二难、三便、六急、三权、留禁、三贼"的救灾之策，以缓解灾情。《交代》申明：经手的仓库钱粮，应时刻清楚，逐项核对。《保甲》道：完善保甲制度，因地制宜，订立条约章程。户口查清，登记在册。编查保甲，保卫安全。

卷2为《吏房》，主要叙述官吏的任免、赏罚、升降等事宜，列举了16个文移稿件式：申报到任、申报公出、移知公出、申报公回、移知公回、大计申文、转报到任、揭参格式、申覆教职候选、请咨投供、请咨会试、转报官属、请咨回旗籍详文、申报举贡、充补典史、送考吏攢。

卷3为《户房》，主要叙述了盘查钱谷、年款须清、库储钱粮、催科原无难辨、呈报开垦不宜遽准、题报灾赈等事务的注意事项，并列举了相关方面的文移稿件式：交代、钱粮、积谷、月报、垦荒、厘务、盐务、灾赈、税

---

① （清）刚毅：《牧令须知》，刘俊文等编《官箴书集成》第9册，黄山书社1997年版，第220页。

② （清）刚毅：《牧令须知》，刘俊文等编《官箴书集成》第9册，黄山书社1997年版，第220页。

③ （清）刚毅：《牧令须知》，刘俊文等编《官箴书集成》第9册，黄山书社1997年版，第222页。

务、杂件。

卷4为《礼房》，列举了4个方面的文移稿件式：坛庙祭祀、书院、旌表节孝、杂务。

卷5为《兵房》，叙述了兵房要务以及注意事项，包括：递解人犯、护送饷鞘、递送公文。并列举了5个方面的文移稿件式：驿传、差务、捕务、保甲、杂件。

卷6为《刑房》和《工房》两部分。《刑房》主要叙述了办案方法、准则、各个方面的文移稿件式，包括词讼、监狱班馆、命盗案、赌博娼妓烟馆4个方面。《工房》主要叙述了工程和水利两方面，工程方面的文移稿件式有：请委估勘详、工程销案详、请领经费详、具保固结；水利方面的文移稿件式有：定渠案轮浇章程示、劝富户举办以资仿效示。

二、《牧令须知》的居官思想

（一）"清""慎""勤"

《牧令须知》卷1《居官》，着重叙述为官之道，重在"清""慎""勤"三字，旨在提高居官者的道德修养。《牧令须知》开篇即云："当官之法，惟'清''慎''勤'三字，宋吕文清之官箴也。"①可见，在宋代，"清""慎""勤"作为官箴言流行于当时官场中。到了清朝，统治者更是极为看重"清""慎""勤"。康熙帝玄烨曾亲自倡导并御书"清""慎""勤"三字，遍赐京师与各地衙门。由此，"清""慎""勤"三字对清代的官箴思想产生了极大影响。

到了晚清时期，吏风败坏。《牧令须知》描述当时的吏风："今之入仕者，当听鼓之日。日夜计量缺地之肥瘠，奔走要津，伺候颜色。而于所谓立身之道、报国之忱、勤民之隐，一切置之度外。一旦得官，持筹握算，惟利是图。宫室车马之奉，妻子田园之计。纠结胸中，神魂颠倒。其节不清，其心更昏昏如醉。尚安冀其慎且勤哉……盖彼之所谓清者，大半藉为

① （清）刚毅：《牧令须知》，刘俊文等编《官箴书集成》第9册，黄山书社1997年版，第215页。

邀名之讦，以图引进之阶，饰其貌而不矢以实心。"① 晚清时期，官员们唯利是图、尸位素餐。即便是有所谓清者，大多也是徒有其表，有名无实，"清""慎""勤"三字几乎谈不上了。

在这样的历史背景之下，刚毅对于《牧令须知》中的"清""慎""勤"进行了详细的阐述。"所谓清者，了然于义理之辨，绝去乎物欲之私。洁其心以事君，知有国而不知有家。专其念以任职，不好利亦不好名。不以身家妻子纷其念，并不以毁誉得失扰其神。念清则神清，神清则心清。"② 刚毅指出，居官者要做到"清"，应该明辨事理，革除私欲，忧国忧民，尽职尽责。而不应被妻儿、荣耀扰乱心神。"清"与"贪"相互对立，在此，刚毅也指出了贪的危害，如果一时贪鄙，被左右所知，借此分肥，并且以此要挟，最后落得"声名狼藉，一列弹章，身名俱败"③ 的地步。相应地，刚毅提倡官员应崇尚"俭"，并指出州县官员的俸禄有千金之余，为何人人还不满足？究其原因，大多是虚于排场，沉迷应酬，入不敷出，以至于亏缺累累。因此，作为州县官员应勤俭节约，节省资源，而不是大讲排场，奢靡应酬。

"所谓慎者，立身不愧于影衾，图事必审其终始，事事为小民计身家，勿以喜怒咨威福，处处若鬼神之临鉴，勿以幽独昧天良。"④ 刚毅指出，居官者要做到"慎"，审案要慎，取予要慎，事事为小民身家着想，不可作威作福，更不能驱逐利益违背天良。

"所谓勤者，视国事如家事，时切绸缪未雨之思。视小民如儿孙，恒怀痛痒相关之念。"⑤ 刚毅指出，居官者要做到"勤"，勤能补拙，勤可寡过，

---

① （清）刚毅：《牧令须知》，刘俊文等编《官箴书集成》第 9 册，黄山书社 1997 年版，第 215 页。

② （清）刚毅：《牧令须知》，刘俊文等编《官箴书集成》第 9 册，黄山书社 1997 年版，第 215 页。

③ （清）刚毅：《牧令须知》，刘俊文等编《官箴书集成》第 9 册，黄山书社 1997 年版，第 216 页。

④ （清）刚毅：《牧令须知》，刘俊文等编《官箴书集成》第 9 册，黄山书社 1997 年版，第 215 页。

⑤ （清）刚毅：《牧令须知》，刘俊文等编《官箴书集成》第 9 册，黄山书社 1997 年版，第 215 页。

审理公务要勤，查禁赌博要勤，治水要勤，防盗要勤。作为州县官应把国事视为家事，时时刻刻怀有未雨绸缪的思虑，关爱百姓衣食教养的责任。

紧随其后，刚毅对"清""慎""勤"思想进行了总体的论述：把清、慎、勤三字拆分来看，各有其自身的含义。合而论之，其源实由一心。州县牧令应视国如家，待民若子，不以朘民来肥身，不以贪婪来蠹国。那么操守必然清，清则志定神一。① 刚毅认为"清""慎""勤"三字合而观之，其主旨即州县官应心存国家、爱民如子，清正廉洁，平衡厉害，躬亲处事，做到清廉、谨慎、勤勉。

（二）牧令乃民之父母

"牧令"为旧时对地方长官的称呼，即州县官，又俗称"父母官"。在封建社会中，父母不仅可以主宰子女的命运，还承担着关心、爱护子女的责任。百姓也把好官、清官赞为"民之父母"，称他们"爱民如子"。"父母官"之说直接体现了州县官对百姓的直接领导，更体现了州县官应像父母关爱子女一般的官箴思想。因此，"父母官"们不仅要"爱民"，还要"教民""化民"。据此，刚毅对州县官何以称"父母官"作了较为清晰的叙述：夫官有大小，民间称谓不同。惟牧令民称父母，何也？因为牧令有教养百姓之责，这与百姓生产劳作紧密相关，故称其为父母。使其顾名思义，常存惠爱之心。牧令者，应当把眼前的百姓看作膝下的儿孙。② 体现了刚毅要求州县官员"民之父母""爱民如子"的官箴思想。

州县官被尊称为百姓的"父母官"，理应要爱民、亲民。刚毅对于州县官如何"为民父母"做了明确的阐述："父母官"应把百姓的利益放在第一位，好民之所好，恶民之所恶。严格管束丁役的恶劣行为，缉捕盗贼，减少差徭，慎重催科，预备仓储，兴修水利等等，绝不能欺压百姓，鱼肉乡民。

刚毅还主张"父母官"要深入百姓之中，探访民情，教导百姓勤俭持家、安分守己，礼遇贤者，教导愚者，嘱咐百姓不要争讼、赌钱、窝匪、肆

① 参（清）刚毅《牧令须知》，刘俊文等编《官箴书集成》第 9 册，黄山书社 1997 年版，第 215 页。

② 参（清）刚毅《牧令须知》，刘俊文等编《官箴书集成》第 9 册，黄山书社 1997 年版，第 216 页。

意妄为。教其礼仪、劝之耕桑，还要设立学校，宣讲圣谕。决不能压榨、残害百姓。除此之外，作为"父母官"还要注重水利、建立社仓，给予鳏寡孤独或是患有疾病的百姓以帮助等等。

刚毅在其官箴书《居官镜》中也指出："牧令有教养斯民之责，故民呼谓父母，必当顾名思义，休戚相关，以目前之赤子，犹如膝下之儿孙。"①"父母官"要教养一方百姓，像父母关爱儿孙一样对待百姓，不可欺民，顺民以情，导民以善，要做到让百姓衣食无忧，让社会氛围和谐繁荣。可见，刚毅十分重视"牧令乃民之父母"的称谓，倡导要亲民、爱民的官箴思想。此书蒙诏饬行各省，在当时的官场具有较大影响。

三、《牧令须知》的文书学贡献

（一）行文严谨

《牧令须知·序》中记载："历代之成法，参酌损益，一字一牍，皆有程式。其中杜渐防微，釐奸剔蠹，莫不寓有深意。所谓道揆法守者，其在斯乎? 有司苟能体立法之初心，随事考察，奉行惟谨。"② 文书作为信息的重要载体，在国家上行下达政令中扮演着关键的角色，起到不可或缺的作用。因此，如何严谨地进行文书书写就显得尤为重要。在刚毅的观点中，文书中的一字一句都要有其规范的程序，以事实利弊为依据，实事求是。不能自以为是，泥古不化。而应一字一句认真斟酌，谨防细小的疏漏，革除弊病，做到行文严谨。

（二）"迹乃心之所寓"

《牧令须知·序》中记载："况迹乃为心之所寓，诗书者，圣贤之迹也。政刑者，德礼之迹也。即其迹可以推其心，未有废其迹而独师其心者。"③ 在刚毅看来，"迹"是"心"的外在体现形式，"心"是"迹"的支配者，"迹"

---

① （清）刚毅：《居官镜》，刘俊文等编《官箴书集成》第9册，黄山书社1997年版，第297页。

② （清）刚毅：《牧令须知》，刘俊文等编《官箴书集成》第9册，黄山书社1997年版，第213页。

③ （清）刚毅：《牧令须知》，刘俊文等编《官箴书集成》第9册，黄山书社1997年版，第213页。

与"心"须合一，不可分而论之。刚毅指出"愚闻为政以心不以迹……虽尧舜复生，不能无为而化。汉以尚吏而治，晋以清谈而败，时势然也"[①]。居官者不可无为而治，更不能重"心"不重"迹"，而应多为百姓着想，要求官员们规范文书写作格式，提高公务效率。

自不待言，时势造就了刚毅褒贬参差的一生。刚毅生活的年代，在内有清王朝日渐衰弱，在外有西方列强侵略中国，内忧外患的环境使身在其中的刚毅亦功亦过。观其一生事迹，刚毅的过表现为其任职期间顽固守旧，他阻挠戊戌变法、利用义和团盲目排外以致局面失控，无可挽回。但是刚毅在其他方面可谓功不可没，他对有关国计民生的大事，如裁汰冗员、积谷设仓、治理防务、筹饷练兵、清理财政等等，都鞠躬尽瘁，其勤政为民可见一斑。刚毅从笔帖式这样的小吏一步一步成长为中枢重臣，其政绩斐然，不容磨灭。

《离骚》有语"老冉冉其将至兮，恐修名之不立"。古之贤圣无一不仰"三不朽"之名，刚毅的《居观镜》和《牧令须知》两部官箴书，教范后世，扬宪官风，"立言"之功实属可贵。《居官镜》和《牧令须知》，不仅是刚毅为官经验的总结，也是刚毅思想的体现，并成为晚清时期的从政参考指南。《居官镜》一书共包含三个主要思想，其中臣道思想中向我们展示了"忠、敬、诚、直、勤、慎、廉、明"八字宗旨，"猷、为、守"三者并重，"礼、义、廉、耻"国之四维以及"六正""六邪"人臣之行。刚毅吏治思想包括：设官分职，各司其职，为官戒奢、爱民为务，做人要实、谋事要实，选贤任能、合理驭吏。其礼法思想认为：为官为民应该导德齐礼、明德慎罚、因俗施教、政调于时。《牧令须知》一书包含居官思想和文书学思想。居官思想的内容主要有"清""慎""勤"和牧令乃民之父母；文书学思想主要陈述了"迹乃心之所寓"及行文严谨。无论是《居官镜》还是《牧令须知》，两部官箴书中所含的思想不仅在清代富含意义，对今天地方行政事宜亦具有参考价值和启示。

---

① （清）刚毅：《牧令须知》，刘俊文等编《官箴书集成》第9册，黄山书社1997年版，第213页。

第八章 清代官箴书的价值

清代创作的数量丰富的官箴作品中，以基层行政单元——州县为创作对象的官箴书，历来受到最高统治者和为官者的重视，在清代特殊的政治、经济和社会背景下，以其实践性和可操作性获得了较大的发展和突破，其在清代官吏行政文化建设和具体的地方行政实践中发挥的重要作用。与此同时，清代官箴书中又表现出较多的渗透着封建糟粕思想的内容，我们在对其积极意义进行研究的同时，还应引起高度的重视。唯有如此，我们才能更为全面地理解和认识官箴书，取其精华，去其糟粕，使官箴书这一中国独特的文化现象，体现出更为丰富和深邃的文化价值。基于此，本章拟对清代官箴书对地方行政实践的意义、清代官箴思想局限及其现代启示等问题进行分析，探索清代官箴文化精华与糟粕的双重属性，进而对清代官箴书的价值予以揭示。

第一节 清代官箴书对地方行政实践的意义

一、初仕圭臬

乾隆年间著名的幕僚汪辉祖曾言：州县牧令"须周一县一州而知之，有一未知，虽欲尽心而不能"[1]。黄六鸿在其《福惠全书》中，亦将治理一县之地，比作"如主翁之治家"[2]。而在前面的论述中我们得知，清代统治者为巩

---

[1] （清）汪辉祖：《学治臆说》，刘俊文等编《官箴书集成》第 5 册，黄山书社 1997 年版，第 268 页。

[2] （清）黄六鸿：《福惠全书》，刘俊文等编《官箴书集成》第 3 册，黄山书社 1997 年版，第 216 页。

固对地方的统治，任官施行"回避制"，本省官员需到他省任职，这就造成了任职地方的官员对所治之地和所治之民的陌生和茫然，缺乏对地方风俗民情以及与胥吏、衙役、门丁等各种群体利益关系的基本认知。这种情况对地方官，尤其是被称为"父母官"的州县牧令来讲，是一个极大的困惑和挑战。对于初仕的州县官而言，更增加了施政的难度和周期。另一方面，清代以四书五经为基本主体的教育内容和八股取士的教育模式，使得所培养的官员在上任之前，实践能力和操作技能极为欠缺和匮乏。其中，以专业化的刑名、钱谷知识的欠缺最为典型。官员在学习中，虽会涉及《大清律》等内容，但多为死板教条之学，缺乏技巧性和灵活性。而地方官在施政过程中，关于刑名诉讼的部分又占有重要比重，因而法律知识和法律技巧的欠缺极大地限制了州县官行政效率的提高和施政威信的树立。正如清代著名循吏刘衡在赴粤上任时所言："律未熟，未得要领，苦无胆力。"① 至于钱谷征收、储藏、上缴等环节的琐碎知识和技巧，更是匮乏。基于以上官员在初仕时遇到的基本问题和困难，很多官吏在任职时非常注重对地方风土人情的记载和各种施政实践技巧的总结，并编纂成书以示后人。如黄六鸿所著《福惠全书》涉及从谒选至离任、从民务至刑务、从聘用辅佐至亲力亲为诸方面的经验和教训，并有"坊间盛行，初仕者奉为金针"② 的评价；汪辉祖撰《学治臆说》《学治续说》《佐治药言》等著作，对地方官吏廉洁、治民、用人、施政等方方面面的情况进行指导和规诫。清嘉道名臣阮元曾评价其《学治臆说》和《佐治药言》言："士人初领州县，持此以为治，虽愚必明，虽柔必强。"③ 由此可见，以州县为创作对象的官箴书，可以在较短的时间内帮助初仕地方的官员对所治地方有一个初步的认识，并掌握相应的常用施政技巧，迅速进入状态和角色，少走弯路，顺利开展工作。可以说，官箴书对初仕地方的官吏有着极强的指导作用和参考价值，是手边案头的必备书。

---

① （清）刘衡：《蜀僚问答》，刘俊文等编《官箴书集成》第 6 册，黄山书社 1997 年版，第149 页。

② （清）戴璐：《藤阴杂记》卷 2，上海古籍出版社 1985 年版，第 22 页。

③ （清）阮元：《揅经室集》上册，中华书局 1993 年版，第 442 页。

二、亲民治民

汪辉祖在其《学治臆说》自序中曾言："天下者，州县之所积也……亲民之治，实为州县，州县而上皆以整饬州县之治为治而已。"① 这一句话不但点出了州县之治在整个国家行政序列中的基础性作用，而且指出了州县之治的重要内容乃是"亲民"。因为，"民"不但是整个国家的基本组成部分，政府施政的基本对象，而且还是国家财富的创造者，赋税的缴纳者。所以，亲民治民便无可争辩地成为地方官行政工作的核心与主题。如陈宏谋所言："吾辈居官，当事事从民生起见。"② 作为基层行政者的州县官，不但代表着国家意志行使权力，而且在一定程度上具有和"民"直接面对面的现实性特点。陈宏谋曾提出"体民心以己心，筹民事如家事。"③ 因此地方官能否将"民"放到一个较高的地位来看待，妥善处理官民关系，保护百姓利益，直接关系到国家政权的稳固与否。地方官要"以地方为己任，悉心抚字，与民休养，雪民冤抑"④，不但需要将"亲民"内化为一种意识，而且还要将其外化为实际的行动。地方官唯有常怀亲民之心，常有亲民之举，悉心体察民情，为民办事，才能达到"民之于官无不可白之隐，自无不乐从之令"⑤ 的治理效果。利得兴、弊得除、曲得伸，则和谐融洽的官民关系自然得以建立。民得治，则国家的前途和命运自然有强有力的保证。这一切都有赖于地方官的亲民意识和行为，正如汪辉祖所言：

> 长民者，不患民之不尊，而患民之不亲。尊由畏法，亲则感恩。

① （清）汪辉祖：《学治臆说》，刘俊文等编《官箴书集成》第 5 册，黄山书社 1997 年版，第 267 页。

② 张原君、陶毅主编：《为官之道：清代四大官司箴书辑要》，学习出版社 1999 年版，第 28 页。

③ 张原君、陶毅主编：《为官之道：清代四大官司箴书辑要》，学习出版社 1999 年版，第 29 页。

④ （清）汪辉祖：《学治臆说》，刘俊文等编《官箴书集成》第 5 册，黄山书社 1997 年版，第 279 页。

⑤ （清）汪辉祖：《学治臆说》，刘俊文等编《官箴书集成》第 5 册，黄山书社 1997 年版，第 279 页。

> 欲民之服教，非亲不可……遇之以诚，示之以信，不觉官之可畏，而
> 觉官之可感，斯有官民一体之象矣……故治以亲民为要。①

清代著名循吏刘衡，在亲民上非常注重官民之间的情感沟通。他强调
"知县为亲民之官，官与民亲，则血脉贯通，官民联为一体，而情无不通，
即事无不治"②。因此，他在对百姓的施政过程中经常大打感情牌，如其曾
言："今躬膺民社，官称父母，若明知地方有如此大害，不为痛革，是本县
纵蠹殃民，亦即民之贼也。"③地方官直接降低身份，将自己与百姓的利益连
在一起，给人造成一种感同身受的心理氛围，极易获得百姓的心理认同。另
外，刘衡在颁布亲民告示时，非常注意用语的直白性，通常以口语化的劝导
方式对百姓进行教化。如其在《劝民切勿轻生告示》中所言：

> 川省愚夫愚妇，往往因亲邻些小事故，遽尔寻死，或吊颈或投水，
> 一念之差，片时毕命……却要晓得，自己寻死，谓之轻生，律例内并
> 无抵命之条，连板子都不打的，何能害人受罪？④

此种用语，不但直白浅显，而且还融入了地方口语的形式，如拉家常，摒弃
了口号式的宣教，直接切中百姓的利益神经，极易被普通百姓理解和接受。
久而久之，百姓与州县官便建立了一种情感上的认同感和信任感，自然拜服
于官员的教化，主动倾诉自己的困扰，对于州县官的施政工作大有裨益。

由以上分析可知，清代州县官所著官箴书体现和强调的亲民理念和亲
民实践，对于清代地方行政具有基石和支点的作用，是地方官施政的首要之

---

① （清）汪辉祖：《学治臆说》，刘俊文等编《官箴书集成》第 5 册，黄山书社 1997 年版，
第 275 页。

② （清）刘衡：《庸吏庸言》，刘俊文等编《官箴书集成》第 6 册，黄山书社 1997 年版，第
177 页。

③ （清）刘衡：《庸吏庸言》，刘俊文等编《官箴书集成》第 6 册，黄山书社 1997 年版，第
178 页。

④ （清）刘衡：《庸吏庸言》，刘俊文等编《官箴书集成》第 6 册，黄山书社 1997 年版，第
191 页。

义。对地方官来讲，很好地践行这种理念，有利于地方官在工作中集中力量，重点突破，取得"官有劳于民，民无不承"的效果。对民而言，以"亲民"为理念和指导原则的行政，其切身的利益能够在最大程度上得以维护，建立民对官的信任和认同，达到民"不觉官之可畏，而觉官之可感"的效果。如此，则有"官民一体之象"①，地方治矣。

三、善驭幕役

清代地方官行政，除最基本的治民活动之外，还有一项重要内容便是妥善处理地方官与幕宾、胥吏、衙役、门丁、长随等利益群体的关系。幕宾也叫幕友，大多为具备行政领域专业知识的人，弥补官员在专业领域知识匮乏的缺陷，负责为官员出谋划策的工作；胥役多为久居地方，世代盘踞衙门的人，熟知地方情形和衙门奥妙，负责地方具体行政任务的执行；门丁、长随是官员的私人仆役，负责官员的日常生活和书信文件传递等简单工作。从以上诸种人群的分工来看，在地方官的施政过程中，都是必不可少的角色。如汪辉祖所言："今之为治，必不能离此三种人。"② 然而，此三种人又都有各自的劣根性。幕友掌握专业知识，容易搬弄是非，窃取官职，架空官员；胥役社会地位低下，进仕无望，加之奸猾老练，多以诈勒百姓为务；门丁、长随常在官员左右，便利用自己的亲信身份，与胥役互为耳目和爪牙，谋取私利。即如汪辉祖所言："求端人于幕宾，已什不四五；书吏间知守法，然视用之者以为转移；至长随则罔知义理，惟利是图，倚为腹心，鲜不偾事。"③ 由此，地方官员与此三种人之间，在一定意义上就构成了利用与反利用的矛盾。同时，此三种人，尤其是胥役群体又有与百姓直接接触的特点，其劣根性极易与百姓形成争夺利益的矛盾。然而胥役群体有代表官府行使权

---

① （清）汪辉祖：《学治臆说》，刘俊文等编《官箴书集成》第5册，黄山书社1997年版，第275页。

② （清）汪辉祖：《学治续说》，刘俊文等编《官箴书集成》第5册，黄山书社1997年版，第302页。

③ （清）汪辉祖：《学治续说》，刘俊文等编《官箴书集成》第5册，黄山书社1997年版，第302页。

力的特点，因此他们与百姓的矛盾又很容易转嫁和演变为官与民的矛盾。稍不留心，就会造成官员自身被架空、官民关系僵化、亲民形象毁于一旦的危险。基于以上的认识和体会，地方官历来都很重视妥善处理与此三种人的关系问题。

首先，地方官员很注重幕友、胥役等群体的人品。黄六鸿在聘请幕友时，就提出"故兼长为难，先取品，识次之，才又次之"①的观点和认识。对于胥役人员的选用也是遵循"必老成殷实、小心畏法者方可"的原则②。汪辉祖对幕友、胥役等群体的人品关系之重大亦有清醒认识，因而在选择时倍加小心，"同寅推荐不宜滥许……勿轻信妄任，驯致误事。"③对于胥役，汪辉祖惮于"若辈性多苍滑，揣摩附会是其所长"，亦主张选用"服役既久，历事必多，周知利害，类能持重"④的老成之人。其次，地方官还很注重加强对幕友、胥役等群体的教育。乾隆名臣陈宏谋便有"天下无不可教之人，亦无可以不教之人"⑤的教育原则，汪辉祖在教育幕友时曾说："食人之食，而谋之不忠，天岂有以福之？……故佐治以尽心为本。"⑥劝导幕友能够端正心态，尽心辅佐，以不违天降福之理，以不枉官赐食之禄。循吏刘衡认为，以书吏为代表的胥吏群体，有一定的道德基础，尚存天良，可以悉心劝育，使其恪守本分，积极向善。其言曰："本县以为，公门中好修行，为书吏者，不但守法兼可积德，若果能随事随时留心行善，必有好报。"⑦

地方官除了注重以人品为基础，对幕友、胥役等佐治人员进行有条件

---

① （清）黄六鸿：《福惠全书》，刘俊文等编《官箴书集成》第 3 册，黄山书社 1997 年版，第 229 页。

② （清）黄六鸿：《福惠全书》，刘俊文等编《官箴书集成》第 3 册，黄山书社 1997 年版，第 286 页。

③ （清）汪辉祖：《学治臆说》，刘俊文等编《官箴书集成》第 5 册，黄山书社 1997 年版，第 269 页。

④ （清）汪辉祖：《学治臆说》，刘俊文等编《官箴书集成》第 5 册，黄山书社 1997 年版，第 285 页。

⑤ 孟昭华、王涵主编：《中国民政通史》下卷，中国社会出版社 2006 年版，第 1022 页。

⑥ 刘俊文等编：《官箴书集成》第 5 册《佐治药言·尽心》，黄山书社 1997 年版，第 314 页。

⑦ （清）刘衡：《庸吏庸言》，刘俊文等编《官箴书集成》第 6 册，黄山书社 1997 年版，第 179 页。

性选择，并对其进行积极教育之外，还提出了很多具体的措施，力图将此三种人的危害降到最低。如刘衡为方便控告差役勒索、人命偷盗等重要案件的受理，减少中间环节的干扰和影响，将一面大锣悬挂于大堂之上，允许百姓直接到堂敲击。然而，通过我们对胥役的分析得知，胥役在清代的行政系统里是一个留之则全身大痛、去之则全身不能动的带有矛盾属性的毒瘤，因而以上诸种情形，均为对表面的小修小补。那么在既有的行政体制和有限的行政条件下，驾驭和利用此三种人，最根本和有效的途径是努力提高自身的知识修养和实践能力，勤于政事。汪辉祖便提出"一切公事，究宜亲身习练，不可专倚于人。"①唯有如此，方可"权操在手，而人为我用"②。幕友、胥役、长随等群体贪图利益，为害地方，无形中在官与民之间设置了一道隔阂，对官员亲民治民的工作处处掣肘，同时也是影响官民关系的痼疾之一，这是清代地方官都有着清醒认识，但却无法改变和回避的问题。基于对国家的使命和对百姓的责任，他们能做的只能是不断地提高自身，总结经验，将这种危害降到最低。很多地方官如刘衡等，将自己的认识、经历、体验、技巧汇集成册，编著成书，力求给予后人以参照和启示，使之能更好地完成自己的为官使命。由此观之，清代官箴书对地方行政实践发挥着积极重要的意义。

第二节　清代官箴思想的局限及其现代启示

清代官箴书有着丰富积极的思想内涵，如注重品行、清正廉洁、勤政爱民、注重教化、宽严相济、虚心务实等为官价值观，至今仍有重要的参考价值和借鉴意义。其提倡的诸种为官戒条，不但融注了中国文明发展的思想精华，而且经受了长时间的理论和实践检验，具有积极的意义。中国的文化发展具有延续性和继承性的特点，因而清代官箴思想经过今人的发挥和改造，完全可以发挥其"现代价值"，为当代行政建设提供借鉴和帮助。然而，

---

① （清）汪辉祖：《学治臆说》，刘俊文等编《官箴书集成》第 5 册，黄山书社 1997 年版，第 269—270 页。

② （清）汪辉祖：《学治臆说》，刘俊文等编《官箴书集成》第 5 册，黄山书社 1997 年版，第 280 页。

清代官箴书毕竟产生在专制集权的封建社会，在很多方面呈现了其消极的一面，值得我们研究和反思。兹对其关于陋规、富民、廉政方面的局限带给我们的启示进行初步讨论。

一、关于陋规

清代官场有很多陋规，但清律中没有关于何谓"陋规"的定义。多体现在上司与属员之间的财物受与关系和各部门各地方衙门"外支闲款"的存留和使用上。清代《刑律·受赃·官吏受财》附例中载："凡上司经过，属员呈送下程及供应夫马车辆一切陋规，俱行革除。如属员仍有供应，上司仍有勒索者，俱革职提问。"① 再如《刑律·受赃·在官求索借贷人财物》本律中载"若接受所部内馈送土宜礼物，受者笞四十，与者减一等。若因事而受者，计赃，以不枉法论。"② 从散见于清代刑律之下的条文看，将陋规视为犯罪行为，至少是持不支持态度。然而，清代皇帝在具体的操作中，对陋规多表现出暧昧的态度。雍正皇帝对于陋规问题，甚至曾给予地方官"凡如等此事，皆在尔等相机度理而行之"③ 的批示。乾隆皇帝对于陋规问题曾言："不败露则苟免，既败露则应问"④，给人以掩耳盗铃之感。

对于陋规的消极态度，在清代官箴书当中也有普遍的反映。汪辉祖在其《学治续说》中言：

> 裁陋规美举也，然官中公事廉俸所入，容有不敷支给之处，是以因俗制宜，取赢应用。忽予汰革，目前自获廉名，迨用无所出，势复取给于民，且有变本而加厉者……不宜轻言革除。⑤

---

① 马建石、杨育棠主编：《大清律例通考校注》，中国政法大学出版社 1992 年版，第 910 页。
② 马建石、杨育棠主编：《大清律例通考校注》，中国政法大学出版社 1992 年版，第 917 页。
③ 转引自郭成康《18 世纪的中国与世界·政治卷》，辽海出版社 1996 年版，第 356 页。
④ 转引自张妍《17—19 世纪中国的人口与生存环境》，黄山书社 2008 年版，第 421 页。
⑤ （清）汪辉祖：《学治续说》，刘俊文等编《官箴书集成》第 5 册，黄山书社 1997 年版，第 296 页。

从汪辉祖的论调中，我们可以看出，他虽然认为陋规确为行政之害，但又极力为陋规的存在做辩解，言语中透露出其作为一个良吏矛盾复杂的心态。清人方大湜在其《平平言》中曰："陋规乃地方历来之成例，各处名目不一，有必应裁革者，有不必裁革者……未有之陋规，无论可得不可得，万不可自我作俑。"①亦表达了其作为一个地方官吏，在清代特定的行政环境下，对部分陋规存在的认可。通过以上清代官箴书中对陋规的看法得知：首先，在官员们看来，从治民的角度出发，在当时的社会政治语境下，陋规是保境安民必不可少的对策，是一种"舍末逐本"的手段。其次，其对陋规持一种中庸的心态，均遵循一种不求有功、但求无过的原则，没有体现出一种在认识到问题存在之后应有的力求政治革新的意识。再次，陋规是官场上的常例，陋规的合理性成为大多数官员的共识，并逐渐形成一种陋规合理的论调。

但是，由于陋规与犯罪之间模糊的界限，以及最高统治者所采取的模棱两可、甚至是纵容的态度，再加之官员之中陋规合理论调的推波助澜，使得陋规在清代恶性发展。尤其是乾隆中期以后，"大小官吏凭借自己的政治权利，肆无忌惮的索受商民士子的陋规"②，形成泛滥之势。从陋规产生的恶劣影响看，在根本上，它不但没有起到保境安民的效果，反而成了进一步剥削民众的挡箭牌，加重了民众的经济负担。对于整个社会行政文化的健康发展和良好政治风气的形成大为不利。基于此，从官箴书本身的角度而言，这无疑降低了它的文化和思想价值；从官箴研究的角度而言，它应当引起我们足够的重视，要全面理性地看待官箴；从官箴借鉴的角度而言，它足以给我们警醒和启示。当今中国脱胎于几千年的封建社会，很多社会弊端相沿成习，陋规即是其中一个很重要的方面，并在当代社会中多有反映。当今，请客吃饭、馈赠礼物、铺张浪费等习气，在很多政府行政人员中存在，败坏了社会风气，损害了政府形象。很多单位部门私设"小金库"，严重影响了国家的财务管理工作。此等"陋规"在一定意义上，可以说与封建时代的陋规如出一辙。我们应该从前人的教训中吸取经验，加强和改善自己的工作，首

① （清）方大湜：《平平言》，刘俊文等编《官箴书集成》第7册，黄山书社1997年版，第610页。

② 郭成康：《十八世纪的中国与世界·政治卷》，辽海出版社1996年版，第358页。

先在法律上对其明确定位，从根本上予以否定，不留空白和"中间地带"，做到有法可依。其次，严格贯彻依法治国理念，有法必依，对敢于以身试法者绝不姑息纵容；再次，加强对政府行政工作人员的思想教育，从源头上消除传统陋规给行政人员思想上带来的消极影响。

二、关于富民

清朝前期的统治者大都比较重视发展生产，封建经济得到极大的发展。随着经济的发展，民间货币资本的积累也相当巨大，出现了"徽商""晋商"等著名的地域性商人集团，并且在国家的政治经济生活中发挥着越来越重要的作用，由此也导致了社会阶层的进一步分化。基于中国传统富民思想的影响，清代的为官者意识到，保护富民的实践对"维持官僚政治的运行具有经济的支撑和政治稳定的双重意义。"① 汪辉祖就曾对保护富民的重要意义进行了系统表述：

> 藏富于民，非专为民计也。水旱戎役，非财不可。长民者保富有素，遇需财之时，恳恻劝谕，必能捐财给匮。虽吝于财者，亦感奋从公，而事无不济矣。且富人者，贫人之所仰给也……故保富是为治要道。②

汪辉祖点出了富者在危时疏财、资养贫者等方面发挥了不可替代的作用，并进一步提出了保护富民的思想。刘衡也很重视保护富民的问题，其代表性著作《蜀僚问答》，开篇便是讨论贫富关系，以及如何保护富民的问题，其言曰："或问何以恤贫民，曰：但谨握《周礼》保富二字而已……邑富民多，便省却官长恤贫一半心力，故保富所以恤贫也。"③ 刘衡不但在主张保护富民

---

① 王忠春：《从利害考量看清代官箴民本思想的文化认同》，《山东科技大学学报》2009 年第 1 期。
② （清）汪辉祖：《学治续说》，刘俊文等编《官箴书集成》第 5 册，黄山书社 1997 年版，第 297 页。
③ （清）刘衡：《蜀僚问答》，刘俊文等编《官箴书集成》第 6 册，黄山书社 1997 年版，第 148 页。

的论调上与汪辉祖一致，而且对于富民在地方行政中发挥的作用也持相似的看法。从上述言论我们可以得知，首先，富民作为随着经济发展衍生而来的社会阶层，在清代地方行政中确实发挥着重要作用，是地方官在施政过程中需要倚重的力量；其次，保护富民是中国封建社会长久以来的传统，而且是地方官员坚信不疑的信念和共识。

从上述官员对富民的认识来看，在清代封建社会特有的社会政治背景之下，其保护富民的思想确实是无可厚非。然而，从当今的社会语境出发，其对富民的认识存在着较大的局限性。首先，清代的地方官对富民作用的认识存在局限。富民在地方行政建设中固然发挥着重要作用，当今亦然，然而其没有认识到，富民作为一个社会阶层，其财富本身就来源于社会。他们资养贫民，属于其应尽的社会责任，没有必要对其抱有一种感恩戴德的情绪。同时，清代地方官片面地将富民的作用定位在捐财以及恤养贫民上，没有认识到富民应该带动贫民共同致富。治理贫民的根本之道不在于"恤"，而在于通过政府和富民的共同帮助使其"富"，即实现共同富裕，这也是国家富强的根本之道。其次，他们一味地保护富民的认识存在局限。富民之所以富，固然与其勤劳节俭、踏实肯干分不开，但是同样也离不开其在经商活动和田产兼并过程中对贫者的压榨和剥削，如果一味地保护富者，势必会造成地方官对富者的过度倚重，并形成富者对地方官的要挟之势。同时，也会有导致社会贫富悬殊进一步拉大，而更加侵害贫者的利益，成为影响社会稳定的潜在威胁。再次，官员对富民的保护也存在局限。在很大程度上，官员对富民的保护仅仅是一种思想上的意识，或者说仅仅是一种口号。如刘衡在谈及保富时所言："或问何以保富，曰：但力图兴利除弊而已。"[1] 汪辉祖亦言："保富之道，在严治诬扰，使无赖不敢藉端生事，富人可以安分无事。"[2] 这两段论述均缺乏实际有效的具体保富措施，更缺乏相应的保护富民的法律基础，导致无良官吏勒索压榨富民的事件屡见不鲜，使保富流为空谈。

---

[1] （清）刘衡：《蜀僚问答》，刘俊文等编《官箴书集成》第 6 册，黄山书社 1997 年版，第 148 页。

[2] （清）汪辉祖：《学治续说》，刘俊文等编《官箴书集成》第 5 册，黄山书社 1997 年版，第 297 页。

　　随着改革开放的深入进行，中国社会也产生了很多"富民"，他们在国家的经济建设方面发挥的作用值得我们给予充分的肯定。但是，随着经济发展形势的不断深入，我们对待富民的认识和方式，都要以清代官箴中保富思想的局限性为警戒。首先，正确对待其在经济建设中的贡献，既不贬低，也不刻意拔高。全面发挥"富民"的带头作用，引导他们先富带动后富，最终实现全社会共同富裕。其次，对富者的经营活动依法进行规范，并运用政府的力量对社会财富的分配进行合理调节，以免进一步拉大贫富差距，造成社会的动荡。再次，国家立法机构，要制定相关法律法规，依法保护富者的合法收入及合理利益，以便其为国家的经济建设作出更大的贡献。第四，作为为官者，在当前的经济形势下，要树立一律平等的意识，心怀百姓，热爱百姓，不对任何人群产生偏见，一切的行为和措施都以造福百姓、富强国家为本。唯有如此，国家才能富强，百姓才能乐业，社会才能和谐。

三、关于廉政

　　中国历代官员都非常重视廉政建设，将"清""慎""勤"奉为为官圭臬。黄六鸿曾言："夫为官之道，必以操守为先，而州邑为尤要。"[①]汪辉祖更是将自身的廉政意识落实到具体的实际生活当中，他认为，为官者一举一动都为人所瞩目，因而"声色货利，无一可染，即读书赋诗，临池作画，皆为召弊之缘。"[②]给人树立了一个廉洁自律的清官形象。然而，清代的为官者所强调的廉政并非完美无缺，而是有其局限性。比较典型的就是在处理与同僚，尤其是与上司的关系上往往不能坚持原则，甚至枉法。汪辉祖在其《学治续说》当中就特撰《勿彰前官之短》，其言曰：

　　　　人无全德，亦无全才。所治官事，必不能一无过举。且好恶之口，不免异同。去官之后，瑕疵易见，全赖接任官弥缝其阙失。居心刻薄

---

① （清）黄六鸿：《福惠全书》，刘俊文等编《官箴书集成》第 3 册，黄山书社 1997 年版，第 259 页。

② （清）汪辉祖：《学治臆说》，刘俊文等编《官箴书集成》第 5 册，黄山书社 1997 年版，第 287 页。

者，多好彰前官之短，自形其长……不留余地以处人者，人亦不留余
地以相处，徒伤厚德，为长者所鄙。①

其在文中首先强调了"人无完人"的常理，这无可厚非，但他却将之作为前
官有短而不揭的理论依据，则将"人无完人"的意义狭隘化。另外，汪辉祖
还错误地将揭人之短划入道德范畴予以讨伐，究其质是一种为自己留后路的
明哲保身之道。另如黄六鸿在谈及上司审理访犯时就强调："要看上司意旨
何如，未审之先，要请教口气，以便迟速宽严。既审之后，要请教口气，以
便轻重定拟。"②则充分体现出其老练圆滑的一面，置法律威严于不顾，因而
他之前所强调的为官操守的成色就大为降低。

　　由此观之，要想真正做到廉政，就要全面地理解廉政的内涵。不但要
做到基本的为官准则，还要做到敢于直言，敢于"揭短"。唯有如此，才能
及时发现问题并解决问题。同时，要有敢于秉持正义的勇气，做到法不阿
贵，才能有效地维护法律的权威，使之发挥应有的作用。另外，中国传统社
会具有注重人情的传统，反映在政治领域就会出现任人唯亲、法外施恩等消
极的现象，这也是官箴书在具体运用时往往大打折扣的原因。汪辉祖作为清
代享有盛名的良吏尚且如此，其他官员在廉政的体认和践行上，恐怕也难以
突破认识狭隘的局限。通过对清代官员廉政观的分析，我们应该得到这样的
启示，即当代的廉政建设应该首先加强官员关于全面的廉政观的教育，以清
代官箴书为借鉴，帮助干部排除消极因素的干扰。培养干部敢于"揭短"并
解决问题的意识和勇气，还要积极引导干部处理好政治、法律与人情的关
系。同时，还要完善法律法规，形成有效的行政监督、社会监督机制，在全
社会的共同努力下建设适应中国国情的新型廉政观。

---

① （清）汪辉祖：《学治续说》，刘俊文等编《官箴书集成》第5册，黄山书社1997年版，
　　第295页。
② （清）黄六鸿：《福惠全书》，刘俊文等编《官箴书集成》第3册，黄山书社1997年版，
　　第435页。

后 记

官箴文化作为中国古代政治文化的一个组成部分，同其他文化一样具有相对完整的发展体系和特殊价值。目前，在官箴研究领域往往集中于对历代官箴的发展历程作通论性的分析和综述，或专注于对中国古代官箴内涵、起源、早期文献等基本问题的考辨，较少有针对某一特定时期展开系统研究的成果。中国传统官箴经历了由"箴文"到"官箴书"的发展历程，官箴形态由最初的"官箴王阙"演变为"官吏自箴"。至宋元明清时期，官箴文化中"箴官"层面的主体地位进一步强化，特别是在清代，基本定格在"官吏自箴"。清代是古代官箴文化发展的繁盛时期，在吸取前人研究成果的基础上，对清代官箴文化进行全方位系统性研究和个案研究具有一定的学术价值和现实意义。清代官箴书数量众多，很难逐一进行全面研究，本书选取汪辉祖、刘衡、黄六鸿、周际华、刚毅5人的13部官箴书，进行个案研究，以期由点及面，能从中窥见清代官箴文化的概貌，进而梳理出清代官箴书在官吏自我管理及廉政建设方面的实践意义，寻绎清代官箴书的局限及现代启示。

本书是山东省社会科学规划项目"中国传统官箴文化"的最终成果，参加本项目研究的有任福兴（第四章）、唐百城（代前言、第一章）、陈伟（第二、五、八章）、齐晓青（第三章）、张莹莹（第七章）、高寒（第六章）六位青年学者，他们对该成果的成书付出了许多艰辛。书稿完成后，王春彦博士、郑立娟博士、王芸芸博士分别核对了注释引文，最后由项目负责人全晰纲统稿、定稿。在研究过程中，得到山东师范大学齐鲁文化研究院领导和同事的支持和帮助，又在吕文明院长的支持下得以在人民出版社出版。人民出版社王萍编审为本书的出版付出了艰辛的劳动。在此，对关心、支持本课题研究和出版的领导、朋友表示诚挚的感谢。由于学识所限，肯定存在许多不足和问题，也希望得到各方的批评指正。

仝晰纲
2023 年 7 月